給yiyi

你代表希望、勇氣與不可解釋的樂觀

A YOUNG REFORMER

青年變革者
梁啟超 1873－1898

許知遠 著

香港中和出版有限公司
www.hkopenpage.com

一個青年變革者

一

　　梁啟超正盯着我。他鼻正口闊，短髮整潔而富有光澤，由中間清晰地分開，豎領白衫漿得筆挺，繫一條窄領帶，嘴角掛有一絲驕傲，眼神尤為堅定。

　　這該是他三十歲左右的樣子，拍攝地可能是橫濱、墨爾本或是溫哥華。他動員散落在世界各處的華人商人與勞工捐獻資金，組織起來，營救受困的皇帝，建立一個富強的中國。幾年前，他還是個腦後拖着長辮的舉人，如今已經展現出一個現代知識分子的風貌。

　　在城市之光書店的書架上，梁啟超與絡腮鬍鬚的印度詩人泰戈爾，以及一位裹頭、皺眉的男子並列在一本書的封面上。我翻開書，得知裹頭男子名為馬丁・阿富汗尼，一位來自阿富汗的思想家。他們三人是 20 世紀初亞洲知識分子的代表，目睹各自帝國的瓦解與西方的壓力，分別以不同方式幫助祖國重獲自尊。

　　它引發了我的興趣。這是 2013 年深秋，我剛過三十七歲，厭倦了新聞業的碎片與短暫，想尋求一種更遼闊與深沉的表達，從北京搬到舊金山一帶也是這種尋找的一部分。隨之而來的閒暇裡，哥

倫布街上的城市之光書店成了消磨時光的最佳去所。我喜歡它豐富的世界文學書目，二樓 poetry room 的寂寥，以及櫥窗上凱魯亞克（Jack Kerouac）的黑白照片。這家書店不僅是「垮掉一代」作家的發源地，代表着自由不羈的文學趣味，還身處兩個世界的交匯地。它背後的唐人街的歷史足以追溯到 19 世紀中葉，大批廣東人和福建人因淘金潮來到這裡，成為這座城市的最初締造者之一；斜對面是「小意大利」，在這家令科波拉（Francis Ford Coppola）流連的小咖啡館裡，黑咖啡與老式點唱機尤其令人着迷。

與梁啟超的偶遇，特別是他目光之堅定，令這種模糊的尋求清晰起來。為何不寫一部他的傳記，藉此追溯近代中國的轉型呢？它肯定足夠遼闊與深入，也與我的個人經驗緊密相連。

二

當梁啟超 1873 年生於廣東一個普通的鄉村時，清帝國正處於最後的平靜時期；當他 1929 年在北京去世時，帝國早已瓦解，新生的共和國也陷入分裂與動盪，他昔日的政治對手國民黨名義上統一了中國，一個信奉馬克思主義的年輕組織正迅速崛起。社會變革席捲了每個角落：昔日的纏足女人走入學堂，探討「娜拉出走後怎麼辦」；閱讀報紙、雜誌成了日常習慣，人們在茶館裡、飯桌上談論着來自世界各地的消息；戲台上的名角將《定軍山》《長生殿》留在電影屏幕與密紋唱片上；因為火車、輪船、電報的普及，再遙遠的鄉村都可以感到時代之脈搏。思想的變化更是驚人，儘管很多人熟記四書五經，遵從三綱五常，如今卻宣佈拋棄整個傳統，要寫白話文，追求個人自由。曾自成一個天下的榮光與傲慢被屈辱與自卑

取代，人們飢渴、不無盲目地尋求日本、英國、德國、美國甚至印度的觀念的滋養。

梁啟超經歷着這一切，同時是這種轉變的積極參與者。他是一位行動者，二十五歲就捲入百日維新的旋渦中，流亡日本後又參與策劃自立軍起義。他在袁世凱與張勳的兩次復辟中挺身而出，成為再造共和的關鍵人物，還是中國加入第一次世界大戰的幕後推動者。

他是個思想者，倘若你談論中國現代思想的形成，科學、經濟學、佛學、法學、政治思想、小說理論……幾乎沒有一個領域能迴避他的影響，他甚至往往還是開創者。他更是個書寫者，自1896年出任《時務報》主筆以來，他在三十三年時間裡，不間斷地寫下至少1400萬字，涉及時事批評、戰鬥檄文、組織章程、詩詞小說、學術專著、演講、人物傳記……幾代人如飢似渴地閱讀他的作品，20世紀的歷史性人物——陳獨秀、胡適、毛澤東——都列居其中。

我也是他的讀者，並生活在他締造的傳統之中。我就讀的北京大學演變自京師大學堂，而他正是大學堂最初章程的起草人。我進入新聞業後，他更是一個無法忽略的存在，他也很可能是中國最偉大的新聞記者，沒有誰能像他一樣，用筆與報刊參與了如此多的變革。

但我感覺，在歷史書寫中，他至關重要卻又面目模糊。他的政治與思想遺產仍強有力地影響着我們的生活，他對現代中國的構建與想像還佔據着公共討論的中心，「新民說」仍是日常語彙，流行偶像則把「少年強則中國強」寫入歌詞。但他的思想與性格、希望與挫敗，他的內心掙扎、與同代人的爭辯，卻很少得到充分的展現與分析。

在世界舞台上，他更是被低估的人物，他理應進入塞繆爾·約翰遜（Samuel Johnson）、伏爾泰、福澤諭吉與愛默生（Ralph Waldo Emerson）的行列，他們身處一個新舊思想與知識交替的時代，成為百科全書式的存在，喚醒了某種沉睡的精神。即使置於他自己的時代，梁啟超也該進入全球最敏銳心靈的行列。這些人看到一個技術、民族主義、全球化驅動的現代世界的到來，在希望與掙扎中搖擺。梁啟超則從中國語境出發，回應了很多普遍性問題，對於科學、民族主義、個人精神都作出獨特判斷。但與用英文寫作的泰戈爾不同，他從未被中國之外的讀者廣泛認知。

這種情況與近代歷史的動盪和斷裂有關，也受困於中文歷史書寫的特徵。中國的歷史人物常受困於意識形態，很難得到連續與公正的評價。梁啟超自己也曾嘗試開啟現代傳記寫作，這一傳統從未真正扎根於中文世界，沒有一位中國人像鮑斯威爾（James Boswell）觀察約翰遜博士那樣描述一個人，更不會像愛默生一樣篤信「沒有歷史，只有傳記」。個人更像是歷史潮流的產物，而非自成一個世界。

這也與觀察角度有關。梁啟超常常僅被置於中國自身語境中敘述，很少被放在世界維度中，但他其實是上一波全球化浪潮的擁抱者，在輪船、電報、鐵路、印刷術構造的現代網絡中遊刃有餘。他在橫濱編輯的雜誌被偷運到國內，給一代人展現了嶄新的知識與思想。他的足跡遍及日本、大洋洲、美洲與歐洲，所到之處受到海外華人的熱烈歡迎，當地政要與新聞界對他趨之若鶩，認定他握有中國的未來。他在華盛頓會見了西奧多·羅斯福（Theodore Roosevelt），在紐約拜訪了摩根（John Pierpont Morgan），邀請羅素（Bertrand Russell）、杜威（John Dewey）訪問中國，在戰後的歐洲與柏格森（Henri Bergson）探討現代性的困境。

三

2015 年 9 月，在被書架上的梁啟超注視了兩年之後，我寫下第一行字。接下來的三年裡，這次寫作變成了一樁徹頭徹尾的苦役。

這個旅程比想像的更為艱難。梁啟超的作品以及他參與的政治、社會轉型的廣度與深度，都令人望而生畏，個人與時代之關係也難以把握。英國作家 Philip Guedalla 的警告始終在耳邊迴響：「傳記是一個非常明確的區域，北面的邊界是歷史，南面是小說，東方是訃告，西方則是冗長沉悶。」

對於在西方思想與文學滋養中成長的我來說，漢學與宋學之爭、公羊學的興起是一片充滿荊棘的森林，甚至僅僅文言閱讀就讓我頭痛不已。清代是中國傳統學術的終結時刻，是一個吃力而盲目地擁抱新潮流的開端。我受困於中國歷史書寫對個人情緒與性格的習慣性忽略，使得作為兒子、丈夫與朋友的梁啟超在個性的展現方面顯得過分單薄。

出於畏懼，最初的計劃被拆解成三部曲。這一卷有關他的早年歲月，從出生到戊戌變法的失敗，短短二十五年中，他從一個邊陲之地熟讀四書五經的少年，蛻變為將孔子改制與明治維新嫁接一處的年輕變革者。他的敏銳開放、自我創造與行動慾望，在這個時期展現無遺。他不顧功名等級的限制，拜入康有為門下；在上海的四馬路上，他駕馭現代印刷業發展的新浪潮，成為一種新文體的開創者。他迫不及待地將思想轉化成行動，是公車上書的策動者之一，並在學堂中鼓動年輕人的反叛意識，隨後捲入百日維新的派系鬥爭。

不管梁啟超多麼傑出，未來將怎樣聲譽卓著，此刻仍是歷史的配角，作為狂生康有為的主要助手出場。在彼時的中國學術與權力地圖上，他們都是邊緣人。但邊緣賦予他們特別的勇氣，令他們成為既有秩序的挑戰者。這也是歷史迷人之處，即使人人都受制於自身環境，自由意志仍催促一些人脫穎而出，成為異端與反叛者。倘若你不理解 19 世紀末的政治與文化轉型，不了解一個帝國晚期讀書人怎樣應考，怎麼理解外部知識，聽甚麼戲，朋友間如何通信、宴請，審查之恐懼如何無處不在，你就很難理解這種反叛之價值。

　　地域特性就像時代氛圍一樣，給個人打上鮮明的烙印。我在茶坑村散步，品嚐了用陳皮製作的各種菜餚，一個夏日午後坐在殘留的廣州萬木草堂一角發呆；在衰落的福州路上想像報館與青樓林立的昔日繁盛，在夜晚的火宮殿小吃攤上，猜測梁啟超剛抵達長沙的心情；或是在北京的法源寺外閒坐，想像他與譚嗣同、夏曾佑熱烈的青春⋯⋯很可惜，在一輪輪的拆毀與重建中，歷史現場早已面目全非，你只能依賴想像力，儘管它常不可靠。

　　寫作不可避免地帶着當代意識。在觸發這本書產生的舊金山，梁啟超也曾在一個世紀前到來。他四處演講，出席宴請，接見華人領袖，還品嚐了一種叫王老吉的飲料。他感受到這裡的人「愛鄉心甚重」，「義俠頗重」，更看到了不潔的街道、林立的宗派、政治能力與現代德行的缺失。他感慨，若把「自由、立憲、共和」的理念和制度引入中國，可能像是夏天的裘皮大衣、冬日的葛布單衣──「美非不美，其如於我不適何」。[1] 如果不能塑造出一種「新民」、一套新的價值觀，任何變革都是無效的。一個世紀過去了，華人後代

---

① 梁啟超《新大陸遊記》，北京：商務印書館，2014 年，第 132、146 頁。

中有一位成了市長，另一位買下了曾鼓吹排華的《舊金山紀事報》，這座城市開始熱烈期待引入中國投資人……但走在此刻的唐人街，你會感到梁啟超的一些憂慮與困惑仍頑強地存在着，能激起迴響，已經獲得富強的中國也在尋找某種政治與社會秩序。

梁啟超那一代人也面臨一個加速度的、技術革命與知識爆炸的時代，他應對這些變革時的勇敢與迷惘，激起了我強烈的共鳴。這本書是個避難所，每當我對現實感到無奈，就躲入了另一個時空尋求慰藉。在經常令人厭倦的寫作中，意外的驚喜也不時湧來。我感到自己日漸篤定，甚至生長出一種新的雄心。我越來越希望這三卷本的傳記成為一部悲喜劇、一部近代中國的百科全書。我期望它能復活時代的細節與情緒，展現出幾代人的焦灼與渴望、勇氣與怯懦。當梁啟超成為聲名鵲起的《時務報》主筆時，比他年長四十五歲的改革者王韜已走到了生命的最後歲月，他看着自己一生呼籲的理念正展現在這個年輕人的報紙上；同樣閱讀這份報紙的還有安慶的少年讀者陳獨秀，二十年後，他將成為新文化運動的發起人；在1898年北京躁動的夏日裡，身經英法聯軍火燒圓明園、太平天國運動、甲午之戰的李鴻章，旁觀着康有為、梁啟超這兩個青年過分活躍的舉動，心中不屑卻又暗自欽佩。人性之弱點與光輝，個性之必然與命運之偶然，彼此交織。那些相濡以沫的同志，在歷史考驗面前也經常反目成仇，彼此疏離，然後在人生下一個路口再度交匯。

第一卷即將完成時，我讀到了博爾赫斯對吉本《古羅馬帝國的衰亡》的評論，在他眼中，閱讀這本書仿若「投身於並且幸運地迷失在一部人物眾多的長篇小說裡。其中的人物是人類的一代又一代，劇場就是世界，而其漫長久遠的時間則是以朝代、征服、發現

以及語言和偶像的嬗變來計量的」。[①] 我很期待，這三卷本完成時，我的讀者也能有相似的感受，如果你尚未在這一卷中獲得，就請耐心地等待第二卷。

① 〔阿根廷〕博爾赫斯《愛德華·吉本〈歷史與自傳選編〉》，《序言集以及序言之序言》，上海：上海譯文出版社，2015 年，第 124 頁。

目錄

引言

———————

逃 亡

一個青年匆匆闖入日本駐清公使館。他額頭寬闊，鼻梁挺直，面色焦急，要找代理公使林權助。這一天是 1898 年 9 月 21 日午後，陰，炎熱異常，北京秋日的清爽尚未到來。[①]

日本公使館是「一棟單層磚木結構的平房……正立面七開間，中砌磚作拱券式的大門」，帶有明顯的歐洲古典主義風格，門頂檐上的女兒牆上又砌了三角花。它的設計者片山東熊曾入讀東京帝國大學，是日本最早接受西方訓練的建築師之一。[②]

公使館的建築風格也是日本身份的另一種隱喻：渴望西方卻仍深植於東方。它所處的東交民巷正是中國與世界關係的縮影。東交民巷的歷史足以追溯到元代，南方稻米經由大運河運到此處交易，因此得名江米巷。到了明代，一些重要衙署、王府與寺廟開始在這裡興建。專供學習外國語言的四夷館也設立於此，「特設蒙古、女直（女真）、西番（西藏）、西天（印度）、回回、百夷（傣族）、高昌（維吾爾）、緬甸八館……又增設暹羅（泰國）」[③]，這就是中華帝國眼中的異域世界，外來者總是朝貢者，臣服於帝國的繁盛與文明。由於「江米」與「交民」讀音相近，巷子逐漸被稱作「交民巷」，又變成了「東交民巷」，它不再僅指一個巷子，而是一片區域。清代的東交民巷更為喧鬧，宗人府、吏部、戶部、禮部都在巷子西口，而兵部、工部、鴻臚寺、欽天監、太醫院、翰林院則在另一端。

巷子的意涵在 19 世紀後半葉再度發生改變。圓明園被一把大火燒毀之後，清帝國終於同意英國與法國在北京設立使館，這意味着中國人與外部的關係已徹底轉變。長久以來的「朝貢系統」被顛覆 —— 這些

---

① 惲毓鼎，史曉風整理《惲毓鼎澄齋日記》，杭州：浙江古籍出版社，2004 年，第 169 頁。時為農曆八月初六。
② 孔祥吉、村田雄二郎《中島雄其人與〈往復文信目錄〉》，北京：國家圖書館出版社，2009 年，第 27—28 頁。
③ 《明史》卷七十四《職官三》，北京：中華書局，1974 年，第 1797 頁。

「野蠻人」與昔日「四夷」不同，他們更強大，還有自己獨特的文明。

英國與法國之後，俄國、美國、德國、比利時、西班牙、意大利、奧匈帝國先後到來，建立使館。這條曾經用作稻米交易的狹長巷子，如今變成了一個西方建築、生活方式的展覽場，空氣裡經常飄蕩着清朝海關總稅務司赫德先生著名的銅管樂隊演奏的曲子。與上海、福州、寧波、廣州的租界不同，這裡沒有治外法權，仍被包容於北京的生活中，使節與夫人們也常抱怨北京道路的泥濘與腐臭。

日本公使館是東交民巷的後來者。儘管早在 1871 年中日就已建交，但在相當長的時間裡，日本使館要麼在寺廟要麼在租借的民房中暫時棲身 —— 這也折射出中國對日本的態度：尚未將其看作一個平等的國家。直到 1886 年，日本終於在東交民巷有了一席之地。接下來的十二年中，公使館目睹了中日關係的戲劇性轉變。日本不僅在甲午戰爭中擊敗中國，還成了清朝革新者們模仿的對象。日本公使曾為覲見皇帝焦灼不已，皇帝如今則充滿期待地等待着下野的伊藤博文的到來。

這位匆匆進入使館的青年，正是這樣一位革新者。「他臉色蒼白，悲壯非常。我判斷事體極為不尋常」，多年之後，時任使館參贊的林權助回憶。林權助認識這個年輕人，他是夏日北京活躍的維新者中的一員，名叫梁啟超，他的老師康有為更是有名，曾專門給皇帝上呈關於明治維新的著作。

林權助把梁啟超請入房間，開始筆談，漢語是彼時「東亞的拉丁語」，是通用的書面語。「僕三日內須赴市曹救死，願有兩事奉託，君若猶念兄弟之國，不忘舊交，許其一言。」林權助覺得這樣交流太緩慢，按鈴叫翻譯官進來。梁啟超隨即寫道「筆談為好，不必翻譯」，接着寫下「寡君以變法之故，思守舊老耄之臣，不足以共事，思願易之，觸皇太后之怒……」

此刻，翻譯官走了進來，對話加速起來。梁啟超乞求，日本出面

救助光緒帝與康有為，他自己準備迎接死亡，「我如被逮捕，三天之內會被殺」。

這個場景必定令林權助深感震撼，以至於將近四十年後仍能栩栩如生地回憶起來。其細節或有出入，情緒卻異常飽滿。這也與林權助的個人經歷相關，這位面頰修長的外交官三十八歲，是明治維新的產物。他的祖父與父親都死於倒幕之戰，且站在失敗的幕府一邊。他運氣甚佳，被戰勝一方收養，並有幸進入創建不久的東京帝國大學就讀，畢業後進入外務省，被派往中國煙台、朝鮮與英國倫敦，是同代人中最有經驗的外交官之一。比起回國度假的公使矢野文雄，他的視野與決斷更勝一籌。他體驗過北京維新的熱浪，還為京師大學堂的創辦提過諸多建議。在這些中國維新者身上，他不難看到日本志士的身影。

林權助允諾梁啟超，努力去辦他交代的兩件事，並勸他：「你不必死。你好好想一想，必要時隨時到我這裡來。我會救你。」

梁啟超離去後，林權助向正住在公使館的伊藤博文匯報，這位明治維新的重要締造人剛卸任首相，正在進行中國遊歷計劃，此刻恰在使館。「我完全明白了。梁這個年輕人了不起。真是令人佩服。」伊藤感慨道。

夜晚，使館門口一陣嘈雜，接着梁啟超闖了進來。伊藤要林權助救助梁啟超，「讓他逃往日本。到了日本以後我來幫助他」，「梁這個年輕人對於支那而言是一個奢侈的靈魂」。[1]

留在公使館的梁啟超，當夜必定難眠。這是充滿慌亂與恐懼的一

---

① 以上過程的記載見《林權助回憶錄》，岩井尊人筆記、陳鵬仁譯，台北：致良出版社，2015年，第38—40頁。中國史學會主編《戊戌變法》(三)也收錄了林權助的文章《救快男兒梁啟超》(第570—575頁)，不過是節錄，且譯文風格有所不同。

日。早晨，太后宣佈訓政，收回皇帝手中原本就很有限的權力。她頒佈的首道政令就是捉拿康有為兄弟：「康有為結黨營私，莠言亂政，屢經被人參奏，著革職，並其弟康廣仁，均著步軍統領衙門拿交刑部，按律治罪。」康有為的支持者御史宋伯魯也「即行革職」。①

康有為因稍早離開北京，躲過了一劫，康廣仁則在南海會館被捕。一時間流言四起，據說康有為的另一位支持者、總理衙門大臣張蔭桓的家也被抄了。在京城的茶館中，人們紛傳皇帝設謀加害太后，且引外人相助，太后因此才再度垂簾。②

已預感到大禍將至的梁啟超，當日早晨正在瀏陽會館與譚嗣同「對坐榻上，有所擘畫」，這時「抄捕南海館之報忽至，旋聞垂簾之諭」。③他們連忙拜訪李提摩太，想做最後的努力。多年來，這個操着山東口音的英國傳教士以促進中國變革為己任。三人隨即商定尋求國際力量，容閎去拜訪美國公使，李提摩太去找英國公使，梁啟超則前往日本使館。但美國公使進了西山避暑，英國公使正在北戴河度假，只有梁啟超找到了林權助。

除去給他提供個人庇護，日方拿不出更具體的方案。梁啟超或許也被某種羞愧左右，他無法解救陷入危險的皇帝與老師，還躲避起來。翌日，這種羞愧更為加劇。

譚嗣同八月初七（9月22日）進入公使館，隨身攜帶了著作與詩文、家書的稿本數冊，請求梁啟超保存。他勸梁東渡日本，自己則選擇留下，並以程嬰與杵臼、月照與西鄉這兩個例子來慰藉梁與自己，

---

① 茅海建《戊戌政變的時間、過程與原委 —— 先前研究各說的認知、補證、修正》，見《戊戌變法史事考》，北京：生活·讀書·新知三聯書店，2005年，第121—122頁。
② 清華大學歷史系編《戊戌變法文獻資料系日》，上海：上海書店出版社，1998年，第1051頁。
③ 王夏剛《譚嗣同與晚清社會》，北京：中國社會科學出版社，2015年，第248頁。

分別通過一死一生來踐行理念。在另一則更為生動的回憶裡，譚嗣同還說，海外有很多廣東華僑，梁啟超可以鼓動他們，建立新的變革基礎，而自己作為一個言語不通的湖南人，發揮不了作用。說完這些，他們「遂相與一抱而別」。[①]

對於林權助而言，這也是個充滿考驗的時刻。收容梁啟超的決定，並未得到日本外務省的許可，林尚不知首相兼外相大隈重信的態度。八月初七，他發電給外交部，談及政變的發生、被通緝的康有為、張蔭桓府邸被圍等事。他意識到持續了整個夏天的變法終結了，「皇帝陛下最近數月間已成改革運動之中心，經如此之變故，其權勢應有所削減」。他沒提梁啟超正在使館內躲避。[②]

時間意味着新的危險，對梁啟超的通緝尚未到來，卻隨時可能發生。當天，林權助請鄭永昌（日本駐天津領事，據說還是鄭成功的後人）護送梁啟超離開北京，計劃先乘火車抵達天津，再搭商船玄海丸前往日本。離開公使館前，梁啟超做出人生另一個重大決定，他剪掉腦後的辮子，並換上了西裝。或許維新者私下談論了很多次斷髮易服之必要，但真的發生時，內心恐怕也不無掙扎，它畢竟意味着公開成為反叛者。

梁啟超隨鄭永昌走出使館時，看上去就像個日本人，中國僕人緊隨其後。當天下午三點，火車開赴天津。在紫竹林車站，等候在此的日本領事館翻譯井原真澄發現，同行者中還有「一個穿西裝、用手帕遮着鼻子的男士和中國的僕人」。他問鄭永昌此人是誰，卻沒得到答案，只是被命令要警戒前後。回到領事館後，他才知道，原來這就是

①　王夏剛《譚嗣同與晚清社會》，第 249 頁。譚嗣同是否真的進入了日本公使館，仍存疑。
②　茅海建《戊戌變法史事考》，第 482—483 頁。

大名鼎鼎的梁啟超。[1]

　　他們將梁啟超藏在領事館二樓，一切需求由僕人代辦。井原真澄隨即發現，不斷來訪的天津變革者說，梁啟超已經下落不明，還請他設法相助。李鴻章建立的洋務事業在天津催生出一個維新群體，其中很多人來自廣東，「都很熱衷於思想和政治的革新」，對伊藤的到訪抱有很大的期待。[2] 政變消息早已傳得沸沸揚揚，他們慶幸康有為躲過一劫，但一定想不到梁啟超正在樓上。

　　在八月初八的電報中，林權助向東京彙報整個事件：「主張改革的梁啟超因怕可能隨時被捕而來到本館，需求保護。他住了一晚上。由於害怕清國會產生懷疑，我勸他在逮捕他的命令下達前離開北京……他尚未受到任何指控，而我允許他在本館住一晚上也不至於給清國政府留下任何罪名。如果他在路上還沒有被捕的話，幾天後，他將乘玄海丸從天津赴日本。」他強調伊藤正住在使館，「當前的這種政治局勢迫使我要求這麼做」。他期望得到 2000 元電匯電信費，還有 1000 元的津貼費，作為機動費用。

　　他同時致電鄭永昌與駐上海領事諸井六郎，要求「高雄艦、大島艦的艦長由此奉命與你們一起觀察近日的事態發展」，高雄艦正在上海，大島艦則在天津大沽港。[3]

　　大隈重信支持了林權助的決定，還在同一天發電報給聖彼得堡與倫敦的日本使館，通報了北京的政治新動向，令他們探聽這些國家的態度。

　　梁啟超躲藏在天津領事館時，氣氛已經變得越發緊張。八月初

---

① 陳鵬仁《梁啟超逃出中國之經緯》引井原真澄的回憶，載《林權助回憶錄》，第 206 頁。
② 同上，第 205 頁。
③ 茅海建《戊戌變法史事考》，第 484 頁。

九，新的上諭到來：「張蔭桓、徐致靖、楊深秀、楊銳、林旭、譚嗣同、劉光弟均著先行革職，交步軍統領衙門，拿解刑部治罪。」[1]

對梁啟超的通緝令也隨即到來，在北京捉拿未遂後，朝廷又電旨兩江總督劉坤一在上海緝拿。八月初十，上海道台蔡鈞搜捕了已改為官書局的大同譯書局。所幸，住在其中的梁寶瑛、梁啟勳及李蕙仙聽聞北京消息後，已於八月七日返回廣東。

天津領事館意識到，讓梁啟超等到四天後再登玄海丸就太危險了。八月九日晚九點，鄭永昌與另兩個日本人陪梁啟超由紫竹林搭船前往大沽，他們化妝成打獵的樣子，計劃遇到清兵盤問就說自己要去打鳥。在河上航行一段後，他們被一艘蒸汽快船追蹤，上面乘坐着持槍的清兵。十號凌晨兩點左右，他們終於在新河附近被追上。快馬號士兵聲稱自己在追拿要犯康有為，懷疑康就在這艘船上。

鄭永昌隨即抗議，說船上並無此人，拒絕搜查。士兵毫不理會，他們將繩索纏上這艘小船，準備將其強行拖回天津。逆行了兩百多米後，鄭永昌斥責這些士兵非法，又一輪爭辯後，快馬號同意回天津向總督府彙報，同時派一隊士兵登上小船，以護送之名前往塘沽。大約七點，小船抵達塘沽港，恰好與日本大島號軍艦相遇。鄭隨即揮帽，軍艦也放下快艇迎接他們。清兵感到不妙，乘坐路過的一艘清國船隻離去，不願再談。鄭永昌登上軍艦後，留下梁啟超，自己前往塘沽火車站。[2]

經過這驚魂未定的一夜，梁啟超甚至來不及喘口氣，新危險就再度湧來。第二天八點，又一隊清兵登上大島號，聲稱要追捕康有為。派遣者正是袁世凱，因榮祿奉旨入京，他暫時護理直隸總督。「該華人年約在三十以內，似非康犯，或為康黨」，袁世凱在八月十一日給

---

[1] 清華大學歷史系編《戊戌變法文獻資料系日》，第 1061 頁。
[2] 茅海建《戊戌變法史事考》，第 491 頁。

總理衙門的電報中寫道。一天後，他又在電報中更詳細地描述情形，稱派往查看的洋員魏貝爾在查詢時，大島艦主「堅不肯認，佯不知康犯」，而經過一番訪查後，魏貝爾發現船上「實有華人一名，年紀甚輕，已剃髮改裝。究係何人，無由確查」。[①]

很快，9月26日，大島艦上又來了一位逃亡者。王照是梁啟超的朋友，也是一名活躍的維新者，但與康有為、梁啟超不無分歧。他兩日前被以「莠言亂政，奸黨竊權」的名義彈劾，同樣被日本人所救。這是涕淚交集的相遇，在這天崩地裂式的悲劇面前，之前的分歧變得毫不重要。他們對外界所知甚少，不知同志們是生是死，同樣不知光緒皇帝會面臨怎樣的命運，革新的中國又會如何。

他們決定給伊藤博文與林權助寫「泣血百拜」的書信，目之所及，似乎唯有這兩位外來者才可能提供某種幫助。「啟超等憂患餘生，所志不成，承君侯與諸公不棄，挈而出之於虎狼之口，其為感激，豈有涯耶」，他們先是表達了感激之心，接着開始擔憂光緒的境況，相信外界謠傳的光緒患重病的消息只是有意的構陷，皇帝可能被謀害了，因為他在幾個月的變法中一直表現得生氣勃勃。他們請求日本聯合英美諸國，或者致信慈禧太后和總理衙門，要「揭破其欲弒君之陰謀，詰問其幽囚寡君之何如」。他們甚至說，諸國干涉或許會導致亡國，但比起俄國庇護下的滿洲政權導致的「亡國」，寧可要日本、英、美維持下的亡國。他們還懇求伊藤，代為救助身陷獄中的譚嗣同、徐致靖、康廣仁等人，因為中國「風氣初開，人才甚少」，他們這些「血性男子」之中，或許就有西鄉隆盛式的豪傑，若被「一網打盡，敝邦元氣無付之士」。落款處是「啟超，照，又拜」。[②]

---

① 茅海建《戊戌變法史事考》，第493頁。
② 〔日〕伊原澤周《從「筆談外交」到「以史為鑒」——中日近代關係史探研》，北京：中華書局，2003年，第217—218頁。

第一章

———————

茶 坑 村

一

　　對於自己出生的年份，梁啟超日後寫道，是太平天國在南京覆滅後的第十年，大學士曾國藩逝世一年後，普法戰爭結束的第三年，意大利則在這一年於羅馬建國。

　　《三十自述》寫於 1902 年。按照中國人出生即為一歲的習俗，梁啟超恰好三十歲，倘若孔夫子的教誨沒錯，他該進入一個言行恰當、懂得禮數的人生階段。梁啟超的自述與慣常的中國文人不同，他用一種令人難忘的視野，把自己的命運編織進一個更廣闊的時代畫卷，既與中國內部的興衰有關，也與世界性的歷史事件產生聯繫，儘管他犯了一個小小的錯誤：意大利建國於 1870 年，而不是 1873 年。

　　當梁啟超在 1873 年 2 月 23 日出生時，這樣想像時間與空間在中國幾乎沒有可能。他的出生被嚴格限制於中國的農曆紀年方式，癸酉年正月二十六日，這種紀年六十年一循環，暗示着不管是個人軌跡還是歷史變遷，都是無往不復的。時間也遵循着政治權力的節奏，這一年是同治十二年，帝國正逐漸從巨大的內亂中恢復過來，與西方外來者達成了暫時平衡，史官已經迫不及待地用「同治中興」來形容這個時刻。梁啟超就誕生於這個短暫的、相對平靜的中興時代。

　　同樣平淡的是他的降生地點。茶坑村是熊子鄉的五個村莊之一，整個鄉是水面上的一座孤島。它所在的新會縣位於珠江三角洲西南部，歷史悠久，足以追溯到三國時期。與嶺南大部分地區一樣，在很長一段時間裡，新會不過是野蠻南方的一個區域，充斥着瘴氣、怪獸與野人，離中原文明遙遠之至。它的轄區與名字隨着朝代更迭變化，在隋代與唐代，還曾短暫得名岡州，是中央政權從中原不斷向南擴展的明證。不過，真正塑造了此地的兩個歷史事件都與宋王朝的崩潰有關。1273 年，相傳宋度宗的胡姓妃子與商人私奔，藏身於廣東北部

南雄的珠璣巷。①朝廷要派兵緝拿的傳聞造成大量居民南遷，新會的很多家族都把自己的源頭追溯於此，包括茶坑的梁氏。這座小村莊橫跨梅嶺關口，是長江流域與珠江流域貿易往來的必經之地。廣東的珠璣里就像山西的大槐樹一樣，被很多人視作家族的起源。②這半神話半真實的族譜也象徵中國歷史的最堅韌之處，憑藉流動的家族力量，得以對抗外族入侵、政治動盪、自然災害。另一個決定性事件發生於五年後，南宋末代皇帝趙昺率二十萬軍民駐紮崖山，建立「行朝草市」，第二年失敗後，幸存者便留在了本地。③這兩個事件都是蒙古人征服中原引發的逃亡，這段不無誇張的虛構歷史給予本地人一種特別的身份感——儘管身處帝國的邊緣，卻以中國正統自詡。

湧入的人口也改變了這裡的地理面貌。按照一位歷史學家的大膽猜想，蒙古軍隊的入侵導致北部山區被拋荒，加速了土地被侵蝕，將更多的泥沙通過北江送入珠三角區域。這一進程與羅馬帝國衰落時的景象頗有些類似，地中海山區的土地被拋棄、腐蝕後，山嶺退化，泥土也逐漸沉澱到低地區域。④移民不斷填海造田，種植稻米、桑樹，原來的沼澤、濕地、森林變成沙田。擴展的田地與不斷繁衍的人口相互促進，催生出一個越來越繁榮的珠三角區域。這個進程在 16 世紀中葉陡然增強了，因為廣州、長崎、馬尼拉貿易圈的形成，加上歐洲人對茶葉和蠶絲的大量需求，白銀源源不斷地湧入，這個地區也迅速商業化。

---

① 《新會縣志》，廣州：廣東人民出版社，1995 年，第 4 頁。
② 蕭鳳霞、劉志偉《宗族、市場、盜寇與蛋民：明以後珠江三角洲的族群與社會》，《中國社會經濟史研究》2004 年第 3 期。趙世瑜《祖先記憶、家園象徵與族群歷史——山西洪洞大槐樹傳說解析》，《歷史研究》2006 年第 1 期。
③ 《新會縣志》，第 4 頁。
④ 〔美〕馬立博《虎、米、絲、泥——帝制晚期華南的環境與經濟》，王玉茹、關永強譯，南京：江蘇人民出版社，2011 年，第 79 頁。

新會縣正建於這塊仍在不斷擴展的沖積平原上。它離廣州 110 公里，西江縱貫新會全境，潭江橫穿其西部，它們在入海口處匯成銀洲湖，南海就此展現在眼前。居民在河流、溪水旁築造小堤基，最初種植稻穀，隨着商業化浪潮的興起，茶葉、蠶桑、紅煙、蔬菜、蒲葵與甜橙成為主要的種植物 —— 後兩種尤為著名，它們是明清兩代的貢品，還遠銷周邊的省份。到了清代，新會已經是廣東最繁華的市鎮之一，儘管跟臨近的佛山、順德相比仍有不小的差距。

倘若有人在 1873 年經過新會，看到的一定是再典型不過的珠江三角洲的景象，大大小小的水路連接着市鎮與鄉村，比起遼闊的平原與水域，這些城鎮與市集多少像是「散落在碟子裡的豌豆」。一位名叫托馬斯（R. D. Thomas）的旅行者 1903 年途經西江流域，看到成片的稻田，果樹、魚塘、桑樹一眼看不到頭。在繁榮的市鎮裡，他看到祖祠前竪着旗桿，石墩上刻着獲取科甲功名的家族成員的名字，村中還有為風水而建的石碑與寶塔。[1]

茶坑村就是這圖景中的一個普通村落。如今一條大道聯通着村口與縣城，撈沙填海早已讓城郊連成一片，但在 19 世紀後半葉，西江、潭江與銀洲湖匯成了一片汪洋，很多村落點綴其中，茶坑村是一個不折不扣的孤島，而梁啟超，就像他自己宣稱的，是中國南部邊陲的一個島民。

二

茶坑村的歷史可以上溯到 15 世紀初，也就是明代初期雄心勃勃的永樂皇帝的年代，除了篡奪侄兒的皇位，他以派遣鄭和出海聞名。

---

[1] Helen F. Siu, *Agents and Victims in South China: Accomplices in Rural Revolution,* Yale University Press, 1989, p. 16.

梁姓與袁姓依山而居，在溪水旁種茶樹，茶坑村便因此得名。這個孤島因島上的熊子山著名，山頂矗立着七層高的凌雲塔，修建於1609年，離這個王朝的崩潰為時不遠。圍繞着凌雲塔有兩個傳說，一個說它是為了壓制山下有毒的三腳魚，另一個則是因為此地文風不盛，而它將帶來好運氣。塔尖設計如葫蘆，中空，有大小孔眼排列，一有風吹過，就會發出動人的聲響。

梁啟超出生時，這個家族已在此居住了超過十五代。梁家聲稱來自南雄的珠璣里，再向前則追溯到福州。可考的紹祖是北宋進士，曾任廣東提幹，以孝著稱，母親去世後，他在墓旁造蘆草屋守孝，還在周圍種植松柏，修建亭子，據說蘇東坡為此賦詩給他，並書其亭為「甘露亭」。[1]但接下來，梁家似乎再未產生與之媲美的人物。

梁啟超這一支是明代天啟年間（1621—1627）定居茶坑村的。村中梁氏分為大井里、羈馬里、南興里、嘉亨里四個不同的宗族，梁啟超屬於嘉亨里。對這個家庭來說，更清晰可考的祖先是梁毅軒，他出生於乾隆二十年，直到二十七歲才生下唯一的兒子梁寅齋，從推崇多子多福的傳統看來，這無疑是個打擊。不過寅齋給家族增添了新的希望，一連生下八個兒子，其中老二梁維清是梁啟超的祖父。

生於1815年的梁維清給家族帶來了起色。這個勤奮的讀書人分家時僅分得幾分田地、一間磚房，卻充滿了上進心。他苦練唐代柳公權的書法，最終也考取了秀才，儘管只是科舉功名中最低的一等，卻已經足以變成士紳階層的一員，躋身村裡的領導人物行列。

在梁啟超的描述中，梁維清再好不過地體現了一個儒生的作為。他同時肩負知識與道德權力，在村中參與公共事務，將土路修成石路，興修水利，發展教育；他粗通醫術，替鄉人看病時從不計較診

---

[1] 新會梁氏族譜研究會編《新會梁氏族譜》，2003年，第25頁。

金。在特別的危急時刻，他還捲入平定叛亂、保衛家園的活動中。1854 年，陳開、李文茂的紅巾軍圍攻廣州，新會的陳松年、呂萃晉起兵響應，圍攻會城。各縣成立「保良局」來應對叛亂，各鄉推選有功名或年長者擔任「保良會」會長。茶坑村也陷入騷動不安，「無賴者輒思逞」，梁維清在熊子山下的四個自然村設立保良會，「以故一鄉無亂民」。[①] 數百年來，整個帝國秩序正是依賴一個個這樣的本地士紳艱難維持。

梁啟超也願意強調祖父的美德，用千篇一律的文辭來形容他：勤儉樸實，行為縝密，忠厚仁慈，待人周到，治家嚴格。有樁事跡的確可以多少證明這一點：父親去世後，梁維清作為一家之主，把財產平分給兄弟，其中一些只是同父異母的兄弟。

梁維清娶了一位官宦之後。妻子黎氏的父親曾高中乾隆四十六年的探花，死在廣西提督的任上，她嫁到茶坑村，多少像是家道迅速衰落的結果。黎氏為梁家生下三個兒子，梁寶瑛最年幼（或許也最聰穎），梁維清寵愛他，竭力傳授他讀書。比起父親，梁寶瑛的科舉之路更不平坦，甚至連秀才都沒考取。不過，生活還不算糟糕，梁維清將二十多畝土地平分給三個兒子，梁寶瑛分到六七畝，自耕自種。他沒放棄書本，成為鄉間教書先生，自稱「舌耕為業」。當時流行一句諺語，「家有三石糧，不作童子王」，說明這是再典型不過的失意文人的選擇。[②]

梁寶瑛娶了一位聰明賢惠的妻子。趙氏出身書香人家，祖父曾高中舉人。她以賢良孝順著稱，不僅善於女紅，而且識字 —— 當時讀書是男孩的特權 —— 讓她顯得很不尋常。她的品德讓很多人折服，族中

---

① 丁文江、趙豐田編《梁啟超年譜長編》，上海：上海人民出版社，2009 年，第 6 頁。
② 〔英〕沈艾娣《夢醒子：一位華人鄉居者的人生（1857—1942）》，趙妍傑譯，北京：北京大學出版社，2013 年，第 33 頁。

女孩願意跟隨她學習女紅，據說村中兒女婚配時，只要女方曾跟隨她學過女紅，就會贏得「德性必佳」的信任。[1]不難理解，她也是梁維清最鍾愛的兒媳。

梁啟超的出生給這個家庭帶來了滿足與希望，他是這個小家庭的第一個男孩，也是長孫，是家族未來的繼承人，注定肩負起與宗族其他支脈競爭的任務。

如同所有孩子一樣，母親在他生活中扮演了第一個重要的角色。趙氏性格活潑、靈巧而富有藝術感，梁啟超日後的情感充沛或許與此不無關係。她也是他最初的啟蒙者，教他牙牙學語、讀書識字。日後，梁啟超批評中國女學不興，致使兒童不過在灶膛、閨房這些地方廝混成長，無法自幼學習文化與知識，而他的母親肯定不屬於這個行列。趙氏有一種樸素而強烈的道德意識，梁啟超記得自己童年時，不知因何事說謊，終日含笑的母親突然盛怒，鞭打他數十下，警告他再說謊會變成盜賊與乞丐。這不無詛咒的訓誡影響了梁啟超一生，以至於他多年後還記憶清晰，始終保持誠實，對他人與自我有一種難得的坦誠。

父親則是嚴厲得多的角色。「生平不苟言笑，跬步必衷於禮，恆性嗜好，無大小一切屏絕；取予之間，一介必謹；自奉至素約，終身未嘗改其度」，梁啟超日後說父親尤通「淑身與濟物」之道 ——「淑身之道，在嚴其格以自繩；濟物之道，在隨所遇以為施」。[2]在僅存的一張合照上，梁寶瑛臉頰消瘦，額頭寬闊，顴骨頗高，有一種隨年齡而來的鎮定。可以想像，他應該是個過分拘謹的讀書人，將科舉的失敗轉化成更深的道德要求，而這道德要求又經常是脆弱的，容易被現實誘惑吞沒 —— 這也是整個帝國的特徵，在一套高潔、誇張的言辭

---

[1] 丁文江、趙豐田編《梁啟超年譜長編》，第 7 頁。
[2] 同上。

背後，是一個道德坍塌的社會。日後，他東渡日本，向流亡中的梁啟超索要錢款購置產業，甚至以死相威脅，直到梁的學生集資 1200 銀圓，讓他得以回去繼續購買田產。多年後，梁啟超還在勸父親不要着迷於田產，聲稱自己寧可買雞吃，也不買田產。

在儒家倫理支配的家庭秩序中，父子關係常陷入緊張與拘謹。梁寶瑛經常因外出教書，不能陪伴在兒子身邊，還要刻意保持父親的威嚴。親密感反而發生於祖父與孫子之間。梁維清是梁啟超最有力的童年塑造者，這個不算得志的秀才把諸多期望都寄託在長孫身上，從三個兒子中選擇到幼子家居住，好與長孫朝夕相伴，把自己的學問、感受傳授下去。他最初教授的啟蒙課本大概是俗稱的「三百千」。從宋代開始流行的《三字經》是大約五百個漢字構成的初級識字課本，三字一行，便於記憶，涉及的內容包括讀書、倫理、數目、家畜、五穀諸方面，最初的四句「人之初，性本善，性相近，習相遠」，是中國人對人性最基礎的看法。《百家姓》用 472 個漢字列舉出中國最常見的姓氏，其中梁姓排在第 128 位。《千字文》通常是很多人的第一本教科書，裡面包含一千個各不相同的漢字，四字一韻，包括自然現象、歷代名人、帝王朝廷、為人處世、農耕、飲食、園林、祭祀等方方面面。這三本書大約兩千個漢字，構成了一個兒童最初的文化世界。

充滿期待的祖父不滿足於只給梁啟超看這些啟蒙讀物。梁啟超不過四五歲，就已經開始聽祖父講解《詩經》與「四書」了。教育不僅存於書本上，也體現在日常生活裡。祖父會帶孫子們去看廟宇裡的古畫，給他們講解二十四忠臣、二十四孝子的故事，並指點着牆壁上的畫作，說這是朱壽昌棄官尋母，這又是岳飛出師北征 —— 它們都傳達着中國讀書人最愛的忠義道理。在北帝廟中，祖父還寫過一幅長聯：週歲三百六旬，屈指計期，試問煙景陽春，一年有幾？展開四十八

幅，舉頭看望，也知忠臣孝子，自古無多。[1]

梁維清尤其喜歡講述南宋、晚明之事。每年清明，全家從村子裡乘舟來崖山掃墓——他們的高祖葬於此地——沿西江而下時，會路過一塊高約數丈的巨石，突出在江面上，上刻「鎮國大將軍張宏範滅宋於此」。[2] 1279 年春，南宋與元做最後的決戰，二十萬軍隊捲入其中，戰鬥持續了二十三天，它的結束與高潮同時到來，陸秀夫背着九歲的趙昺從江中一塊巨石上縱身一躍。這充滿象徵的一躍，不僅是一個朝代的謝幕，在後世很多人看來也是某種文明形態的結束。據說文天祥被囚禁在蒙古戰船上，目睹了這場天崩式的失敗。漢人將領張弘範轉投蒙古政權，成為這一悲劇的催生者之一。

晚明與南宋分享着相似的悲愴。船過巨石時，梁維清喜歡吟誦陳元孝的詩句：「海水有門分上下，關山無界限華夷。」[3] 這位明末清初的詩人以遺民自居，認定滿人就像四百年前的蒙古人一樣，都意味着華夏文明被野蠻力量吞噬。每當吟誦時，祖父還會提高聲調，聲音中充滿悲壯。清王朝的統治已近兩百年，這樣公開地感慨華夷之分不無反叛的意味。

梁啟超日後也喜歡把崖山視作故鄉新會最光榮的一刻，「黃帝子孫與北狄異種血戰不勝，君臣殉國……留悲憤之記念於歷史上之一縣」。[4] 很有可能，流亡中的梁啟超因排滿需要誇大了這種回憶，不過這的確是嶺南特有的傳統，這裡的文人執着於宋明理學，對忠誠、氣節尤其迷戀，始終與某種反叛性相連。

---

① 佳木《梁啟超故鄉述聞》，夏曉虹編《追憶梁啟超》（增訂本），北京：生活·讀書·新知三聯書店，2009 年，第 49 頁
② 丁文江、趙豐田編《梁啟超年譜長編》，第 5 頁。
③ 同上。
④ 崔志海編《梁啟超自述》，開封：河南人民出版社，2004 年，第 1 頁。

三

在某種意義上，這個家庭正遵循着「田可耕兮書可讀，半為農者半為儒」的生活方式。這是一個不斷擴充的家庭，趙氏生了四子二女。兩個女兒沒留下名字，像是女性地位低下的充分證明。梁啟超幼年常與比他年長三歲的姐姐嬉戲，年幼四歲的梁啟勳則一直追隨他。因為缺乏醫療技術、普遍的營養不足，死亡從來是傳統社會的一部分，梁啟超出生兩個月後祖母就離世了，三弟也在五歲時夭折。不過家庭仍然充滿和睦，祖父溺愛長孫，有次吃飯蒸了一隻雞蛋給啟超，啟超分了一半給啟勳，啟勳又分給其他弟弟。這些親密感至關重要，讓梁啟超一生都非常看重人與人之間的溫情。

梁啟超日後說，茶坑生活「不問世事，如桃源中人」，自己是個「不帶雜質之鄉人」，「夢夢然，不知有天下事！」[①] 這既有賴於帝國晚期的暫時平靜，也與嶺南地區特有的結構有關。宗族早在宋代已經成型，直到明代才在珠三角地區發展出一套錯綜複雜的系統，與皇權妥協又保持着相當的獨立。晚清帝國控制力進一步衰減，宗族影響力則相應增加，新會城內遍佈的宗族、祠堂都象徵了這一點，人人都知道，五罡沖的劉氏、南邊壙的許氏、南門頭的莫氏沒人敢惹。何氏家族更是聲名顯赫，祖上有人出任過明代南京的六部尚書，僅尚書坊的何氏祠堂就有二十餘間。

在茶坑，梁氏是絕對的大姓，五千居民中約佔三千，自為一保，剩下的余、袁、聶等姓分為二保。這樣的村莊遵循着自治原則，村裡的最高權威是「三保廟」，氏族糾紛都必須通過它的裁定。族內居民的所有問題，都由各族的宗祠來解決。對於梁姓人家來說，從禮儀性

---

① 梁啟超《夏威夷遊記》，《飲冰室合集》第 7 冊，專集之二十二，北京：中華書局，1989 年，第 185 頁。

的祖宗祭祀，到偷盜、賭博、通姦的家庭糾紛，娛樂性的正月放燈、七月打醮、請外來戲班演出，再到設立蒙館三四所，聘請教師教育本族兒童，都是由宗祠「疊繩堂」來掌管的。疊繩堂既負責經濟管理，也代表道德權威，負責懲罰族內的不法行為，比如偷盜、通姦、不孝等。懲罰方式頗有想像力，犯錯者會被「停胙」、「革胙」，禁止拜祭祖宗，在一個祖先崇拜的社會中，這是極大的處罰，不啻剝奪了人生之身份。對姦淫的懲罰更富想像力，疊繩堂殺掉全村的豬分配給全鄉人，犯罪家庭則要按豬價賠償，稱為「倒豬罪」。

「疊繩堂」的管理結合了道德權威與內部民主，由五十一歲以上的老人組成的耆老會議頗像古羅馬的元老院，有功名的年輕人（秀才、監生）亦可參加，總數有六七十人，但開會不必全到。未滿五十者可以旁聽，也可以插話。四至六名壯年子弟擔任值理，執行耆老會議的決議，其中兩人專管會計。保長一人，專門應對官員。會議每年兩次，春秋二祭之前一日舉行，有時也會有臨時召開，負責調解紛爭。族人都普遍承認它的權威，很少訴訟至官府，他們普遍覺得這樣做不道德。禮儀與教育是日常生活的核心，族中貧戶即使無力納糧，學堂也不得拒絕其子孫入學。這種系統正符合一個農業帝國的統治方式，個人忠於自己的宗族與家鄉，而不是抽象的國家，藉由教育與道德語言，帝國也將教化滲透到每個臣民內心。

梁啟超是被稻田、茶園、溪流、祠堂、迷信包圍的，他被保護、同時也被控制。茶坑村的景象令人想起一位英國人對中國的感歎：「儘管發生了無數次的叛亂和入侵，但經歷滄桑之後，她那燦爛的文明和受到祖先崇拜及宗族教育的固有傳統仍然被完整無缺地保存下來……中國確實有一些令我們本能地心懷敬重的東西，有時甚至是帶有嫉妒的羨慕……正是中國人對實踐和實用有限考慮的從容不迫的態度，以及中國

人長於沉思的哲學和甚至身處貧困之境也能歡欣快樂的品格。」[1]

「吾鄉鄉自治最美滿時代，」梁啟超日後寫道，「此種鄉自治，除納錢糧外，幾與地方官全無交涉。」[2]他可能將過去浪漫化了，其實這裡民間械鬥的風氣甚濃，1882年，陳姓與林姓就因爭奪沙塘圩賭規械鬥，直到知縣派兵鎮壓，責令陳姓賠償林姓五十二條人命（折合白銀 10 400 兩）。[3]西邊的天馬鄉、東南的三江鄉均族大人多。茶坑村仍會仍受到鄰村的欺侮，有一年茶坑人在三堡廟做戲，鄰近的天馬鄉人撐舊船來看戲，回去時把茶坑人的新船撐走，事情最後落得不了了之。在茶坑村內部，梁氏是權力中心，譚姓、陳姓不得與梁姓通婚，只能為梁家挖沙，抬棺材 —— 以船為家的疍民很久後才被接納。

四

六歲，梁啟超正式上學。祖父在附近一間小屋開設了「怡堂書室」，梁啟超與家族裡年齡相仿的學童是第一批學生，表伯父張乙星充當第一任老師。按當地風俗，入學這一天，梁啟超要穿上新衣，母親則把一棵青葱捲上紅紙，以示孩子越來越聰明。廳堂前有一個小天井，孔子像掛在堂上，新學生給孔子牌位叩頭，給老師行跪拜禮，正式進入一個禮儀化的世界。

這也是人生的一個關鍵時刻，他們從此擁有了擺脫鄉村生活、光耀門楣的可能。自唐代創建科舉制度以來，除去反叛，讀書是獲得權力、財富、榮耀的主要途徑，也是個人擺脫壓抑的底層生活的重要手

---

① 〔英〕約翰·濮蘭德《李鴻章傳》，張啟耀譯，天津：天津人民出版社，2008年，第13頁。
② 梁啟超《中國文化史：社會組織篇》，《飲冰室合集》第10冊，專集之八十六，第60頁。
③ 《新會縣志》，第30頁。

段。科舉制形成了對書本、讀書人的一種天然崇拜，在廣袤的帝國，每個兒童都會熟記「書中自有黃金屋，書中自有顏如玉」的訓導，一個鄉間老太都知道「敬惜字紙」的含義，文字蘊含着權力與財富，帶字的紙張不能被踩在腳下、焚燒。這種讀書熱忱常令外來者吃驚不已，17 世紀初，一位傳教士在廣東發現「學校多如牛毛。不僅二十或四十戶人家的小村子有學校，而且每個鎮的街上都有好幾所學校。我們在經過的街上幾乎一直都能聽到孩童背誦課文的聲音」。[①]

但這位傳教士並不知道這些課程是多麼單調、乏味，又是多麼扼殺想像力。背誦是這種教育的首要特徵，而且要用一種搖頭晃腦、大聲朗讀的方式，似乎唯有這樣的戲劇化動作才能將知識塞入腦中。日後歷史學家估測，從兩三歲起到八歲，一個學童要認識兩千個字，接下來則要背誦四書、五經等經典。接着，最重要的訓練登場，他們要學作「制藝」，也就是所謂八股文，科舉考試的唯一文體。[②]

「怡堂書室」是遍佈中華帝國的各式學校中最不起眼的一種，像所有學堂一樣，它也是維繫帝國統一的重要組成，灌輸給帝國子民相似的觀念，激起他們共同的希望，還規訓他們的言行。

在學堂裡，梁啟超的聰慧立刻突顯出來，他記憶力驚人，對語言極度敏感，尤其善於作對子。在科舉應試中，作帖詩一項關鍵在於對仗，比如天對地，雨對風。六七歲時，他就以「南國人懷召伯棠」對私塾先生的「東籬客採陶潛菊」；他為前來拜訪祖父的客人奉茶時，客人問他「飲茶龍上水」，他則不無俏皮對以「寫字狗扒田」，這兩句都是新會的俗語。[③] 這種能力讓梁啟超的家人對他充滿期待。

① 〔美〕包筠雅《文化貿易：清代至民國時期四堡的書籍交易》，劉永華等譯，北京：北京大學出版社，2015 年，第 229 頁。
② 參見鄭曦原編《帝國的回憶 ——〈紐約時報〉晚清觀察記》，北京：生活·讀書·新知三聯書店，2001 年，第 88—94 頁。
③ 丁文江、趙豐田編《梁啟超年譜長編》，第 11 頁。

張乙星之後，梁寶瑛成為學堂先生。屢次挫敗後，他正式放棄了應試，安心做個教書匠。這種安心飽含着新的憧憬，他要讓長子走上功名之路。跟他讀書的梁啟勳日後說，父親的課堂不過是讓幾個族內孩子陪着梁啟超讀書而已，誰都知道梁啟超前程遠大。

　　八歲時，梁啟超開始正式學習「制藝」，這是學童的一個重要時刻，意味着科舉之路的開啟。短短七百字的文章，要分為破題、承題、起講、入題、起股、中股、後股、束股八部分，題目一律出自四書五經，後面四個部分各有兩股排比對偶的文字，合起來一共八股，因此俗稱「八股文」。他們要用孔子、孟子的口氣說話，要讓四副對子平仄對仗，不能違背朱熹注解的經義，自我表達更是被嚴格禁止。在嚴苛的形式感下，書寫者發揮空間極小。你可以想像它對孩子天賦的抹殺，教授者自身就充滿不足，即使父親是他的教師，梁啟超也終身對鄉村學究充滿憎恨，甚至用「蠢陋野悍」來形容這些人，批判他們的教學方法：「未嘗識字，而即授之以經，未嘗辨訓，未嘗造句，而即強之為文。開塾未及一月，而大學之道在明明德之語，騰躍於口，洋溢於耳。」[①]

　　梁啟超當時還不會有這樣的想法，他看不到另一種可能，況且一個兒童眼中的事物總是充滿新奇，生活中滿是各種嬉笑、玩耍。他可以和夥伴們下水捉魚，登上凌雲塔吹風，在廟宇、祠堂裡做遊戲。他沒有留下童年照片，當時照相術已經傳入中國，只有很少的人接觸過，大部分人相信，它能勾走魂魄。根據梁啟超日後的照片推測，他這時候已經是那種廣東人常見的樣子，寬額頭、闊鼻子、臉頰圓潤。他剃掉前額的頭髮，後面紮起辮子，這是滿人統治者的征服記憶與漢人臣服的標誌。

---

① 梁啟超《論幼學》，《梁啟超全集》第一冊，北京：北京出版社，1999 年，第 34 頁。並見《飲冰室合集》第 1 冊，文集一，第 45 頁。

整個家族似乎都把希望寄託在了這個男孩身上，以至於當他玩耍興奮過度時，父親都會提醒他：「汝自視乃如常兒乎？」[1]因為這種期待，祖父與父親認定他值得有個更恰當的老師。十歲時，他前往新會縣城跟隨周惺吾在專門的經館中學習。

　　秀才周惺吾是城中著名的私塾老師。會城是一個更豐富的世界，繁鬧的市場、城隍廟、縣衙、學宮，還有一處為陳白沙修建的紀念堂。陳白沙是新會歷史上最著名的文人，以對儒學的創新性洞察而聞名。

　　一些新事物也已經湧入這座老城。1871 年，美國基督教長老會牧師那夏禮（Dr. Henry V. Noyes）來到會城，設立關東街福音教堂；1874 年，香山、新會自行捐造火輪船作為緝捕船；一些新會人則加入了海外移民的行列，美國的鐵路、巴拿馬運河、馬來西亞的橡膠園、澳大利亞的煤礦、秘魯的金礦，都需要勞動力，這些移民在海外建立了各式的岡州會館、四邑會館，為中國與世界建立了聯繫，也成為梁啟超日後變革中國的基礎。[2]還有一些少年則獲得另一種人生選擇，1872 年，清政府選派了第一批三十位留美幼童出國，其中有新會縣人陳巨溶（十三歲）、陳榮貴（十四歲），領隊人是來自臨近香山縣的容閎，他是第一位中國赴美留學生，畢業於耶魯大學。

　　梁啟超對於這些外界變化渾然不覺，還沉浸在一個目的明確的世界裡。九歲時，他已能下筆千言。十歲時，他贏得了神童的名聲。多虧了周惺吾這個善教的先生，梁啟超很快就邁出漫長科舉生涯的第一步，參加了童子試。

　　童試由三場連續的考試組成，新會城的縣試，廣州府的府試，最後是學政主持的院試，考生三場全部通過才能獲得生員功名。縣試在

---

① 丁文江、趙豐田編《梁啟超年譜長編》，第 7 頁。
② 〔美〕譚雅倫《落葉歸根（摘譯）──新會 1893 年義塚札記》，舒奮譯，《五邑大學學報》，2001 年第 3 卷第 2 期。

北門學宮旁的考棚舉行。考生要完成一系列繁瑣的手續，先去衙門的禮房報名，填上祖輩三代姓名出身，還有與擔保人出具的保結 —— 擔保應試人無人冒籍、頂替、喪匿，身世清白。考試也對娼妓、優伶、皂隸子弟有所排斥，他們不能參加科舉。[①] 這些都意味着梁啟超進入了一種嶄新的人生節奏，他的生活將圍繞一連串考試展開，得中秀才之後，還有三年一次的鄉試與會試。他將進入一種永恆的競爭，只要沒有考中舉人，就會被無法消除的緊張感所包圍。

梁啟超是個幸運的孩子，他在縣試中脫穎而出。這一年的主考官是縣令彭君穀，任新會縣令十多年，頗享有勤政愛民的聲譽。接着，梁啟超就要前往廣州參加府試，新會與廣州的輪船尚未開通，應試者往往結伴購買一艘小船，沿西江而上，一起度過這三日的行程。梁啟超是船上最年幼的一位，其他人都是父輩 —— 屢試不中是大多數讀書人的命運 —— 他們在船上做文字遊戲，即興的詩詞、對聯幫他們逃避枯燥的典籍，展示個人才華。一日午飯時，一位同船者指着盤中的鹹魚，希望梁啟超以此為題作詩一句，梁啟超即刻對以「太公垂釣後，膠鬲舉鹽初」，滿座動容，神童之名由此傳開。[②]

梁啟超的好運氣沒在廣州再現，他沒能在府試中嶄露頭角。這是他第一次離開家鄉，很有可能是在這次廣州之行中買到了《輶軒語》與《書目答問》。西湖街上的書肆，為這個少年展現了一個新世界。現代印刷尚未普及，雕版印刷的書籍仍是奢侈品，品類稀少，有權勢與財富的人才能創建自己的藏書樓，並且只為族內開放，很少成為公共圖書館。儘管梁家已經算得上鄉村中的書香門第，但除去四書五經及應試的書籍，也只有《史記》《綱鑑易知錄》而已，當梁啟超從父

---

① 商衍鎏《清代科舉考試述錄及有關著作》，天津：百花文藝出版社，2004 年，第5 頁。
② 丁文江、趙豐田編《梁啟超年譜長編》，第 11 頁。

輩手裡獲得《漢書》《古文辭類纂》時，已經大喜過望。他偏愛《史記》，司馬遷高度的文學性與對歷史之熱忱早早就扎根於梁啟超的心裡，多年後他正是以這兩種特質聞名。

《輶軒語》與《書目答問》則把他引向一個更豐沛的學問世界。這兩本書是聲譽日隆的官員張之洞的作品，1870年代出版後隨即風靡讀書界。前者設定的對象是渴望進學的童生、害怕歲考的秀才，告訴他們如何應對考試，如何維持一個讀書人的道德水準。後者更複雜，是對清代學術的某種總結，從傑出學者到不同的學科分類，再到目錄學、版本學這些考證功夫，都給出了簡明的介紹與指引。張之洞二十六歲高中探花的經歷、四川學政的身份，使這種勸誡尤具說服力。兩本書的風行也從反面折射出時代風氣：讀書人日益狹窄、品質也不斷墮落。不管怎樣，這兩本書給梁啟超打開了一個新世界，讓他感受到純粹學術之樂趣，「歸而讀之，始知天地間有所謂學問者」，感慨此前「瞢不知學」。[①] 他怎麼也想不到，自己日後會與這位大人物關係密切。

梁啟超在1884年的院試中勝出，成為一名生員，俗稱秀才。考慮到當時中秀才的平均年齡是二十四歲，十二歲的梁啟超已經顯得過分早熟與幸運。新秀才要簪花披紅、齊聚學道衙門，分班排列，賜酒一杯。茶坑村充滿了歡聲笑語、鞭炮聲，梁啟超從此進入特權階層，可以穿著緣青的藍綢長袍、戴無花的銀頂帽子，還能免繳人頭稅、免服雜役，見到官員不用下跪，成為宗族的代表。更重要的是，他從此走上了一條功名之路，有機會考中舉人甚至進士，成為天子門生。

更令人喜悅的一幕接踵而來。廣東學政葉大焯巡視全省、來到新會時，照例要對所有秀才進行考試，並從中選拔秀異之士。梁啟超脫

---

① 丁文江、趙豐田編《梁啟超年譜長編》，第12頁。

穎而出，應答頗令學政滿意。面見結束，眾人退下時，梁啟超突然跪下，請學政為即將七十大壽的祖父寫一幅壽序文，以求「永大父之日月，慰吾仲父、吾父之孝思，且以為宗族交遊光寵也」。這真是一個理想神童的作為，他不僅關注功名，更關注孝道。葉意外之餘深表讚賞，毫不遲疑地把梁啟超放入劉敲、柳偓、陸從典、顧野王的行列，這些人都是歷史上著名的神童，也是在十二歲時顯現出驚人的才華，要麼能解《莊子》，要麼能讀《尚書》，要麼能作《柳賦》……他還讚許茶葉坑的梁家「祖孫父子兄弟，相聚一堂，怡怡濟濟」，就連漢代的石氏、唐代的柳氏、宋代的呂氏也不過如此。[①]

---

① 丁文江、趙豐田編《梁啟超年譜長編》，第 12—13 頁。

第二章

———————

學 海 堂

一

　　廣州一定是 19 世紀最擁擠也最激動人心的世界都市之一，很多觀察者——商人、外交官、記者、傳教士——在此駐守多年或匆匆一瞥，留下了類似的記載。

　　「你一旦來到廣州的大街上，」一位美國記者在 1871 年的《紐約時報》上寫道，「就幾乎分辨不清東南西北。」密密麻麻的街巷上，是更為密密麻麻的店鋪，「這些店鋪老闆的名字和他經營的業務都油漆在一塊長長的厚木板上，木板垂直地懸掛在店鋪的門口，如果有一陣大風吹來，它們就會左右搖擺，彼此碰撞，發出噼里啪啦的聲音。」

　　在一家家禽鋪前（很可能是燒味鋪），他看到「一隻一隻又肥又大的雞鴨，它們整隻整隻地被壓成板狀，做成了乾貨，油脂肥厚，露出深黃的顏色」；他還發現，這裡遍地是茶館，「常常是三十人圍坐在一些小桌子旁，面前擺放着茶水、餅乾和糖果之類的東西。他們之間的談話歡快但不喧囂」；他也發現當地人喜歡吃狗肉與貓肉，因為製作的工藝複雜，味美異常，所以「如果你不去想這點，很可能會情不自禁地坐下來，美美地享受它一大盤」；大煙館也是城市裡普遍的景象，他看到「十到十二個各種年齡的男人在噴雲吐霧……他們所有人都似乎在盡力於從他們所置身的客觀存在中消失，忘卻這人世上他們所無法忍受的煩惱和憂傷」。

　　登上一座典當行的頂樓時，他看到了整座城市的面貌：「寬闊的珠江、清式和西式的閣樓、寶塔、博物館、清真寺、大廈、倉庫、商鋪等等，這些建築物……毫不間斷地緊緊挨在一起。遠處可見英國領事館的小教堂，上面有鐘樓和高高的十字架。高高的粵秀山和白雲山聳入雲端」，而藉助望遠鏡，他看到城外的鄉村，「像世外桃源一樣，

如歌如詩」。^①

　　十三歲那年，梁啟超來到這座城市。這裡有眾多書院和琳琅滿目的書籍，還有給予他指點的名師，助他科舉之路更進一步。這是他第一次離家居住，由父親陪同，表兄譚鑣也一起到來。比起孤島上的茶坑村和小小的新會城，廣州是個規模宏大、光怪陸離的新世界，他們進入的是一個全然陌生的環境。

　　《紐約時報》的觀察，是這座城市漫長的傳統、層疊記憶的一個切片。自唐代以來，廣州就以刺激、財富與世界主義聞名，與東南亞、中東、非洲的貿易不僅帶來巨額財富，也帶來了陌生的文明。懷聖寺光塔上隨風改變方向的金雞，訴說遠道而來的阿拉伯商人的故事；六祖慧能在光孝寺剃度，給後世留下了「風動幡動還是心動」的著名論辯。這城市屢遭摧殘，黃巢曾在 9 世紀將它一把火燒毀，17 世紀的耿精忠、尚可喜也曾殘忍地屠城。自 19 世紀中葉以來，危機開始接連不斷地到來，廣州先是在 1839 年至 1842 年的中英戰爭中成為前線，接着在 1854 年的紅巾軍起義中被圍，當時的總督葉名琛大開殺戒，幾乎血洗了廣州的街道；再後來是英法聯軍佔領廣州城，時間長達三年之久。但這裡總有令人讚歎的消化能力，能輕易從混亂、屠殺、陌生的衝擊中恢復過來，再重新一頭紮入鬧哄哄、元氣充沛的日常生活。

　　廣州也見證了中華帝國由盛至衰、由封閉至開放的過程。它是 18 世紀中國唯一的通商口岸，那些渴望中國絲綢、茶葉、瓷器的外來商人生活在珠江旁一個狹窄的地段，與指定的中國行商進行交易。他們不能與當地人交往，不能進城，不能學習中文，甚至連攜帶女眷都被視作異常行為，派往中國的使節更是被傲慢地拒絕。這一模式被稱作

---

① 鄭曦原編《帝國的回憶——〈紐約時報〉晚清觀察記》，第 38—40、43 頁。

「廣州體系」（Canton System），象徵了中華帝國沉溺於自我中心，對外部世界不屑一顧。

　　但這些外來者最終證明自己與之前的阿拉伯、印度商人大為不同。他們用武力攻陷了這座城市，甚至有一段時間還託管了它，以自己的方式進行改造。在小島沙面上，他們不斷建立起新巴洛克、古典風格的建築，修造花壇、公園、俱樂部、雕塑、球場、草坪，讓它變成了一座小型的歐洲城市。他們帶來的科技、商業、品味也逐漸滲入日常生活。一些餐廳提供煎牛排，來自美國的麵粉「色白粉細」，洋酒（特別是香檳）、色拉油、餅乾很受歡迎，曼徹斯特的進口洋布也讓當地人感歎「洋紗幼細而勻，所織成之布自比土布更為可愛，而其染色更嬌豔奪目，非土布所能望其肩背」。[①]當地的大戶人家在住宅中採用鐵鑄的廊柱，扶手椅、梳化、彈簧床、皮大椅、洗面台，這些傢具日漸普遍。一層商店、二層住宅的騎樓在市區內出現，它的廊道令人想起本雅明日後所描繪的拱廊式巴黎。外國人曾經連城都不能進，中文都不允許學習，現在已經可以在這裡創辦學校，開設現代醫院，編輯報紙，雖然仍要承受大量的敵意與偏見，卻慢慢站穩了腳跟。中國人也以自己的方式回應着這種衝擊。輪船招商局在廣州開闢新航線，廣州可以通往上海、汕頭、香港、澳門、煙台、牛莊，這些通商口岸構成了一個中國港口的網絡。廣州還架設了與香港、上海的陸路電報線。造紙廠、鍋爐廠，接着是製革廠、玻璃廠、縫紉機廠、罐頭廠逐一出現。

　　古老的習俗也與這些新事物如影隨形。這是一個炫耀與寄生的社會，沒有一個商人與官員不被大批僕從所包圍，迷戀用玉石做成的如意、煙盒、扣子、戒指、手鐲，每個人的右手拇指上都戴着「扳指」。

---

① 梁鼎芬、丁仁長等編《番禺縣續志》卷 12，台北：成文出版社，1967 年，第 188 頁。

社會疾病——鴉片館、妓院——遍佈每個角落，對於很多人來說，廣州散發着一股邪惡的誘惑，一個法國人甚至說夜晚的廣州「像個富有、美麗的高級妓女，她頭戴花冠，全身珠光寶氣，用迷人的聲音、古怪的旋律，喃喃低唱着三色堇愛情歌曲，在夜色的掩護下，毫無矜持地進行着它那撩人情慾的交易」。[①]

梁啟超在 1885 年來到這裡時，這座城市剛剛從一次恐慌中擺脫出來。兩年前，法國與中國在越南北部（常被稱作東京）爆發衝突。這是一個新興的歐洲強國與一個陷入衰退的東方帝國之間的對抗。前者想擴大自己在東南亞的勢力範圍，後者則想重申自己對於越南的宗主國地位。這場衝突也將強烈好戰的「清流派」官員推到了權力中心，他們相信只有強硬姿態才會威懾住西方蠻夷，他們的言辭表明，可以找到更好的應對方式。清流派紛紛被推向了前線。聲名顯赫的張佩綸被派往福州，領導南洋的水師；張之洞則從山西巡撫任上被調到廣州，出任兩廣總督。作為前線指揮部的廣州陷入焦灼，擔心法國人的攻擊。廣州的脆弱在這場危機中再次顯露無遺，儘管經過了兩次鴉片戰爭，它在海防上仍毫無準備。張之洞發現廣東只有飛雲號、濟安號兩艘噸位不足的兵船，倘若法國人來攻，清軍毫無應對能力。

廣州改變了張之洞，他從一個沉迷於道德文章的清流派變為一位推崇洋務的地方大員，儘管自以為是的作風沒有絲毫改變。他開始鋪設電報線路，創辦水陸師學堂，建立廣東錢局鑄造銀圓，籌建煉鐵廠、織布局，熟悉了「克虜伯」「毛瑟槍」這些新名詞。他還修建了廣東第一條馬路，總督署則安裝了發電機，電燈照明轟動了廣州城。在廣東，他發現自己不得不應對一些新問題，例如洶湧的出國浪潮，以及如何保護海外華人勞工的權益。

---

① 〔法〕伊凡《廣州城內：法國公使隨員 1840 年代廣州見聞錄》，張小貴、楊向艷譯，廣州：廣東人民出版社，2008 年，第 115 頁。

對於這嶄新的廣州生活，梁啟超沒有留下任何記錄。很有可能，梁啟超尚不知如何描述這一切，他所受的所有訓練，都是如何像古人一樣思考、表達，而不是用自己的眼睛來觀察。尤其是，對於這個十三歲的新會少年來說，訓練制藝準備科舉才是首要考慮。

與大部分來到省城的學生一樣，梁啟超先要尋找一家「大館」就讀。「大館」專為應試的學生而設，先生至少獲得過舉人功名，他們往往租賃祠堂或是寺廟中的閒置房屋，招收生徒。每館招收學生上百人，全靠授課先生的名聲、課程與個人魅力。在館中，先生每日講課一兩個小時，內容以八股文寫作為主，兼帶經史、詩賦、策論，都與鄉試、會試有關。每週都有考試，除去八股文，還有試帖詩、律賦、史論等。學生的試卷，由先生批改，優等者會張貼出來供人觀摩。

梁啟超先是在呂拔湖的學館中就學。呂拔湖曾中舉人，是聞名一時的科舉教學者，學館前張貼着門聯：「兩朝三進士，一榜半門生」，以標榜自己卓越的教學成就。[1] 他以風流不羈的名士做派著稱，流連於珠江的紫洞庭上，同代人的詩詞中常出現與他一同出遊的記載。他一定是個富有幽默感的人物，一位文人多年後回憶起廣州往事，還用方言寫道：「呂拔湖八股文章講起，秀才笑口合唔埋。」[2] 接着，梁啟超前往佛山書院，受教於陳梅坪。舉人陳梅坪曾出任學海堂的學長，除去梁啟超，日後聞名的梁士詒、吳沃堯也出自他的門下。

梁啟超接着入讀於石星巢設在翰墨池旁邊的大館。番禺人石星巢1873 年中舉，曾短暫地在廣西與四川出任地方官員，但很快就發現自己更適合教書，並鍾情於縱酒之樂。梁啟超和石星巢情義甚篤，日

---

[1] 宋巧燕《詁經精舍與學海堂兩書院的文學教育研究》，濟南：齊魯書社，2012 年，第 310 頁。
[2] 廖恩燾《嬉笑集》序，轉引自戴勝德《粵謳與粵語詩詞》，《羊城晚報》2013 年 11月 16 日。

後聲稱自己十五六歲所學的知識都是來自這位先生，民國後還為這位家貧的先生謀取職業，請他給梁思成教課。翰墨書館有一座圖書館，名字頗富禪意——徂徠山館。石星巢將藏書開放，學生們可以自由借閱，一位叫康有為的讀書人偶爾也會從隱居的西樵山過來借書讀。

在梁啟超的新生活中，應考是最重要的事。他已在第一級考試中展現出才能，接下來的鄉試中，要應對來自全省的競爭者。考試的內容從小題變成了大題。小題是應對縣試、府試所用，常有故作聰明的截搭題目；大題則用於鄉試與會試，題義更為完整，又分為連章題、數節題、一節題、單句題等，考生不僅要更熟練記憶四書五經的內容，還要把它發展成更富技巧的寫作。每個時代都有自己的文風，倘若你不能抓住這個時代的風氣，便無法脫穎而出。八股文聲稱要為聖人代言，在被稱作「時文」以後，已經形成了一個有趣的悖論，它的思想、內容被嚴格限制於四書五經中，文體高度形式化，但又要求寫作者同時發揮出獨特的感受與判斷。評審的標準充滿個人色彩與偶然性，有限的考官根本無法應對如此多的考卷，很多不過是匆匆一瞥，於是揣摩考官的趣味就成為一項重要的技能，像是舉業中的「金針」，按照小說家吳敬梓的辛辣諷刺，倘若沒有揣摩的能力，聖人也未必能考中。「大館」先生的聲譽正是建立在他們的揣摩能力之上。

湧入梁啟超生活的還有大量的應試指南。三年一次的鄉試、會試分別叫秋闈與春闈，試卷被稱作「闈墨」，卷旁還有考官的點評。被選中「闈墨」是時代趣味的最佳反映，讓應試者訓練他們的「揣摩」之技。新生的出版業則催生了這個產業，石印冊子只需要雕版印刷時間的十分之一，常常是考試剛剛結束，對應的文選就已印出來，被迅速分發到全國各地。在廣州，同文書局就是這樣的新興石印書局。《策學備纂》《詩句解題總匯》《事類統編》《大題文府》《大題觀海》《五經合纂大成》，這樣的書籍四處可見。

「闈墨」的氾濫也象徵了這個時代的學風，這些被認為是帝國最聰明、最有前途的青年，將所有的精力都投入對速朽的「時文」的模仿中。當時的一位士人感慨道，學人崇拜這些墨卷，反而不讀書了；《申報》則評論說，一般的學子從事試帖制藝，平日孜孜以求的，不過是「三場程式、八股聲調、歷科試卷、高頭講章，以是為利祿之資，功名之券」[①]，而一旦學會作文、中了科名，則將所有經書都束之高閣，在這樣的情況下，「師不以是教，弟子不以是學」。

　　這是一種驚人的知識停滯，記者發現中國的士人「反對電報、鐵路以及一切新鮮的東西。他們閱讀的經典著作是孔夫子時代創作的，世界歷史或人類思想、智慧的發展史，以及所有事物發展和學問來源之一切最本質的東西，就在那個時刻停頓下來」，而「人的心智就像大清國女人的小腳一樣被擠壓而萎縮」。[②]另一位路過廣州的旅行者則發現，「中國的學者把精力浪費在維護知識的一成不變之上」，他接觸到那些久負盛名的教師，「他們對地理、歷史和物理一竅不通」，「那些強大的腦力，若環境適宜，本可掌握最尖端的課題，從事最崇高的探索……卻被浪費在一種幼稚而荒誕的體系中」。他震驚於僵化知識與中國人日常生活中表現出的高度靈活性之間的反差：「中國人足智多謀，將他們對物理學有限的知識發揮得淋漓盡致，實是讓人歎為觀止。令人迷惑不解的是，他們既能將知識應用於日常生活，為何又長期故步自封，駐足不前？」[③]

　　即使尚不具備這樣的批判性視角，梁啟超也會感受到八股文的乏味與荒誕，功利世俗的同學也多少令人厭煩。與新會的秀才塾師不

---

① 蔡傑《晚清石印舉業用書的營銷與流通》，《江漢論壇》2014 年第 9 期。
② 鄭曦原編《帝國的回憶——〈紐約時報〉晚清觀察記》，第 91 頁。
③ 〔英〕施美夫《五口通商城市遊記》，溫時幸譯，北京：北京圖書館出版社，2007年，第 90—91 頁。

同，廣州城的先生不僅功名更高，還有更廣泛的見識，他們都去北京應試過，與各地文人有着這樣或那樣的交往。他們都來自廣東最重要的學術機構，聲譽卓著的學海堂，其中陳梅坪還做過一任學長。這些閱歷與學養一定也在課堂上、閱卷中傳遞給梁啟超，將他帶到了學術的邊緣。

在呂拔湖口中，梁啟超第一次了解到段玉裁與王念孫的訓詁學，「大好之，漸有棄帖括之志」。[①] 但倘若真想進入學術世界，還必須去一家真正的書院就讀。除了學海堂，梁啟超並無他選。

二

廣州書院的歷史可以追溯到南宋嘉定年間（1208—1224）。那是個書院開始興起的年代，朱熹的白鹿洞書院創造了一種新傳統，學者授課、交流學問，有圖書館可供借閱，還因地處山林獲得了某種象徵性的獨立，只與學問有關，不受政治權力影響。廣州的禺山書院正誕生於那個年代。

這種理念就像中國歷史本身一樣，為各種動盪所打斷。書院的另一次興盛期是明末，它變成了政治的延伸，學者通過歷史、哲學之辯，來實踐他們未竟的政治抱負，其中風頭最盛的無錫東林書院更是充當了批評政治權力的舞台。除了陳白沙創建的書院略為知名，廣東在這次浪潮中缺乏影響力。

滿人統治的到來令這個系統迅速崩潰。書院被視作政權的威脅，順治皇帝下旨「不許別創書院，群聚徒黨，及號召他方遊食無形之徒，空談廢業」。[②] 直到 1733 年，雍正帝才再度允許創辦書院，這位勤

---

① 丁文江、趙豐田編《梁啟超年譜長編》，第 13 頁。
② 王建軍、慕容動《論清代廣州書院城市化》，《華東師範大學學報》2005 年 1 期。

勉、着迷思想控制的皇帝只許官方創辦書院，而且只准教授八股文，不能公開講學。書院成了馴化士人的重要手段。

18 世紀的中國相對平靜，社會經濟繁榮，人口數量激增，科舉考試穩定進行，令嚴酷的禁令逐漸鬆弛，一股興建書院的浪潮又開始了。清水壕旁的番山書院創建於 1683 年；一群鹽商在 1755 年創辦了越華書院，專為外來的商人之子求學所用；當十三行在 18 世紀末崛起，從海洋貿易中獲利的行商在 1811 年建立了文瀾書院，再加上省級、府級、縣級書院與學宮，構成了一個層次豐富的書院系統。

但廣州未產生有全國影響力的書院。在文化版圖上，不管是科舉成功的人數，還是湧現出的傑出學者，廣東遠落在浙江、安徽、江蘇這樣的省份之後。1817 年，一位梁姓的廣州舉人前往北京參加會試，在考棚內，旁邊的考生偷偷詢問他一個問題，他立刻說出自《漢書》，另一個浙江考生聽到對話後驚呼道：廣東人居然也知道《漢書》。①

這一悲慘現狀最終被阮元改變。出生於 1764 年的揚州人阮元，既是那一代仕途最得意的官員，也是最重要的學術贊助人，他對於經學、史學、金石、天文、書畫、輿地、歷算都深感興趣，是考據學派的最後一位重要人物，廣博的知識在同代人中無人能及。他還開創性地編輯出版了《疇人傳》，將天文學家與數學家列為可以認真對待的寫作對象，這些人此前從來都被中國的思想傳統所忽略。他將自己的知識趣味融入支持的學術事業中，1810 年署理浙江巡撫時創立了詁經精舍，要求書院擁有自己的學術獨立性，而不僅僅是科舉的附庸，並鼓勵學子對學問本身產生興趣，不要沉迷於應試技巧。詁經精舍不考八股文，也不閉卷考試，除去經學、史學，還增加了算學、天文學、地理學，隨即成為新型書院的表率，在它培養出的眾多著名學者中，

① 〔美〕麥哲維《學海堂與晚清嶺南學術文化》，沈正邦譯，廣州：廣東人民出版社，2018 年，第 1 頁。原文出自譚宗浚《荔村隨筆》。

有一位叫章太炎，日後將成為梁啟超的同事與對手。

阮元 1817 年出任兩廣總督時，把這股雄心也帶到了廣州。對他來說，廣東的學術世界面臨着雙重的挑戰。它被知識版圖遺忘，在過去兩百年以考據為中心的學術思潮中，江蘇、浙江與安徽是牢固的中心，廣東位於邊緣；尊崇的學術傳統也令人憂慮，珠江三角洲最受人尊敬的學術人物陳白沙，是晚明學風的締造者之一，講求個人對世界的直覺感悟，而不是知識性的考察。

阮元想通過興建一所新書院來打破這種僵局。書院設在粵秀山上，遠離商業與權力中心，暗示着對純粹學術的追求。「學海堂」這個名字是對東漢學者何休的紀念，何休學識淵博，學問有如海洋。阮元特意為書院撰寫楹聯「公羊傳經司馬記史，白虎論德雕龍文心」，象徵貫通中國學術的雄心。[①]

學海堂立刻成為廣州的學術與風尚中心。它不僅是阮元的個人志趣，也容納了本地精英的文化抱負。總督府撥發銀兩與田地，捐助人有來自江南與福建的文化、商業精英，也有客家人，以及居住在內城的旗人子弟，還包括著名的商人伍崇曜，他是珠江旁的十三行的領袖，也可能是當時世界上最富有的人之一，其財富有相當比重來自鴉片貿易。[②]

學海堂的組織結構與普通書院不同，它期望學生能有一個更為專門化的知識探索框架，因此設立八名各有所長的「學長」，而不是一名「山長」。只有貢生才有資格入學，一般童生則無緣。一旦被錄取，這些學生會獲得善待，優秀者甚至可以每月領取作為補助的「膏火

① 程美寶《地域文化與國家認同：晚晴以來「廣東文化」觀的形成》，北京：生活·讀書·新知三聯書店，2006 年，第 170—171 頁。
② 〔美〕艾爾曼《學海堂與今文經學在廣州的興起》，車行健譯，《湖南大學學報》（社會科學版），2006 年第 2 期。

銀」。課業分為四科，每科由兩位學長執掌，每月授課兩次。這裡倡導自學，學長面授學生的僅僅是些提綱挈領的講述。札記是主要的交流平台，每個學生有日程簿，將每日所學填上，學長藉此督促進學。學生與學長每月聚餐，共商學問。每學期的優秀課卷會刊刻在書院的文集上。

學海堂吸引了大批傑出的學者與學生，1829 年《皇清經解》的出版標誌着它的成熟：七十多位作者，一百八十多種著作，三百六十多卷，一千四百多頁，是對過去兩個世紀漢學研究的一個總結。除去惠棟、戴震、錢大昕、段玉裁這樣的漢學家，書中還收錄了莊存與、孔廣森等人的作品，他們屬於常州學派，尊崇何休代表的今文經學。學海堂不滿足於只是將江南文化移植到廣州，他們嘗試用考據的方法重寫嶺南的歷史，學長吳蘭修撰寫了《南漢紀》，伍崇曜則資助出版《嶺南遺書》，通過重新敘述嶺南的漫長歷史，重塑廣東人的身份意識。

學海堂也深刻地捲入廣州城的歷史中。它僥倖逃過第一次鴉片戰爭、紅巾軍起義，卻未能躲掉 1857 年英法聯軍的到來，炮火徹底摧毀了學海堂的主建築，「野蠻人」佔領了廣州，學堂停課，師生們躲到了鄉下，大批書籍被焚毀、散落各處，《皇清經解》刻版丟失大半。

英國人與法國人在 1861 年撤離後，一場重建開始了。領導這場重建的是陳澧，他是再典型不過的學海堂產物，這位首屆專課生曾出任學長，是嶺南聲譽最卓著的學者。危機將他推向了一個至關重要的地位。他將重建變成一次擴充，學海堂購買了更多的田產，大規模重刻了著作，包括《學海堂叢刻》《通典》《皇朝通典》等。學海堂的復興也可以視作「同治中興」的一個縮影。比起江南的書院，學海堂的這場危機不值一提，因為太平天國之戰徹底摧毀了江南的學術傳統，書院、藏書樓幾乎被毀壞殆盡，學者四處流落，甚至死於戰火。廣州反而成了相對幸運的地方，阮元的雄心實現了，世人在評論學術時，

開始說「江浙衰而粵轉盛」。[①] 學海堂的兩位肄業生陳澧與朱次琦開始享受全國性的聲譽，被視作咸同年間的學術領袖，廣東士人無須在江南士人面前感到自卑了。

高級官員都試圖在這所學堂留下某種痕跡。1865 年，廣東巡撫郭嵩燾決定，在經史外增加數學一門，由精通算學的鄒伯奇講授。張之洞到來後，則將專課生的數量從十名增加到二十名。新書院不斷湧現，卻沒有一所能挑戰學海堂的地位，時人稱道：「（廣東學子）見聞日擴，而其文亦漸進純熟，嶺海人物，蒸蒸日上，不致為風氣所囿者，學海堂之力也。」[②]

對於梁啟超這樣的優秀少年，學海堂自然是城中的最佳選擇。1888 年，他以十六歲之齡成為這所書院的正班生。此刻，阮元的黃金時代早已過去，陳澧代表的白銀時代也已成為往事，學海堂正不可避免地滑入衰落。強有力的學者消失，學長們不再具有廣泛的影響力，1886 年刊刻的《學海堂四集》是最後一部詩文集，此後既無經費也缺乏優秀人才來刊刻新的文集了。1870 年代末，一位名叫汪瑔的專課生頗為感傷地回憶起道光年間的輝煌歲月，包括老一代學長對荔枝的日常吟誦。[③]

梁啟超仍能感受到阮元的痕跡。特為阮元興建的祠堂裡懸掛着這位創建人的大幅畫像，每年正月二十日，師生們照例行禮紀念。他的學術志趣也被傳承下來，翻開學海堂 1888 年的考試題，既可以看到對《詩經》《尚書》的測試，又有關於《史記》、杜甫與韓愈的內容。

進入學海堂也意味着梁啟超成了學術社群的一員，要養成治學的

---

① 梁啟超《論中國學術思想變遷之大勢》，《飲冰室合集》第 1 冊，文集之七，第 94 頁。
② 崔弼《新建粵秀山學海堂記》，轉引自趙所生、薛正興編《中國歷代書院志》第 13 冊，南京：江蘇教育出版社，1995 年，第 278—279 頁。
③ 麥哲維《學海堂與晚清嶺南學術文化》，第 350 頁。

習慣。「大抵當時好學之士，每人必置一『札記冊子』，每讀書有心得則記焉」，他後來寫道。顧炎武可能是這種傳統的開創者，他在《日知錄》中記下每日的讀書、思考。這是一種嚴格的思維訓練，分為四個步驟：首先，你要留心觀察，發現事物的特別之處；其次，你要注意與詞語相關的事物，將它們羅列比較；接下來，再綜合這些觀察，得出自己的看法；最後則是多方收集資料，來證明或推翻自己的觀點。[1] 在學海堂，這套邏輯發展成「句讀、評校、抄錄、著述」四項訓練。

考據學正是建立於這種歸納法之上。清代學者的主要著作幾乎都是札記之書。不管是打開梁啟超學術視野的王引之，還是陳澧著名的《東塾讀書記》，都遵循這一方法。他們警惕任何猜想與自我發揮，講求句句有出處。梁啟超日後常用此法勉勵年輕人，但他自己卻並非完美的實踐者，熱忱、想像力與經常缺乏根據的猜想，才是他寫作的基調。

「自吾之生，而乾嘉學者已零落略盡」，梁啟超也體會到了學術風氣的轉變。他曾寫過洋洋萬言的《漢學商兌跋》，回應方東樹的《漢學商兌》。出版於 1826 年的《漢學商兌》，儘管充斥着門戶之爭、個人偏見，但預示着一種新的學術風氣的到來，盛行了一個多世紀的考證學派，亦即所謂的「漢學」，開始暴露越來越顯著的弱點，如何兼容漢學與宋學成為新的學術風尚。

梁啟超強烈的書寫慾已展現出來，曾手批《四庫提要》六十或八十冊。他在課業上表現非凡，據說曾經連續四次季考第一 —— 獲得過相似榮耀的是文廷式，學海堂另一位著名才子，比他年長十七歲。這些成功帶來了豐厚的膏火銀，讓他的嗜書慾得到滿足，購買《皇清

---

① 梁啟超《清代學術概論》，上海：上海古籍出版社，2000 年，第 62 頁。

經解》《四庫提要》《四史》《百子全書》諸多圖書。梁啟勳回憶說，每當假日，梁啟超就帶着大捆書籍回到茶坑村。[①]

學海堂不僅意味着一套學術訓練，也是一種生活方式。和學友們在粵秀山賞花，在荔枝灣的花船上飲酒，在富人的風雅花園中聯詩，感悟歷史、山水、友情、節氣變化、人生之悲歡。在日記中，第一任學長謝蘭生描述過一個廣東雅士的典型生活，對這個群體的文學趣味、纖細的感受力、對詞語的精確把握倍加推崇。上巳花朝，中秋看月，九月賞菊，冬至觀梅，是他們的共同記憶。初夏，紅豔的木棉花環繞山堂，激發起嶺南詩人對於家鄉的吟唱，學海堂中也頗有因詩詞聞名的師生，梁啟超不屬於這個群體，詩詞不是他表現自我的方式。

進入學海堂，就意味着進入了地方精英的行列。梁啟超自稱是1887年的專課生，但名錄上卻沒有他的名字。這很可能與他主動退出有關，又或許是因為1903年學海堂關閉時他仍是在逃的通緝犯，需要被刻意忽略。抑或原因沒有那麼複雜，僅僅是他的記憶失誤而已。名單上的二十名專課生，並未產生一位對歷史稍有影響的人物，或許只有香山人譚駿謀值得一提。1891年中舉後，譚駿謀成為一名外交官，曾出使古巴與秘魯。1888年的專課生名單上，梁啟超的表兄譚鑣名列其中；還有香山人陳景華，他不僅將在七年後的公車上書中頗值一書，還捲入民國的廣東政治中；陳慶龢則是陳澧的長孫，代表這一偉大傳統的延續。

學海堂是一個紀律鬆散的學術機構，每月兩課、每年只有四次季考。學生可以在其他書院選修課程，梁啟超是菊坡精舍、粵秀、粵華三家書院的院外生，它們是廣州幾家最知名的書院，菊坡精舍尤其講究詞章訓練。院外生只需要在書院裡固定參與考試，成績優秀者也可

---

① 丁文江、趙豐田編《梁啟超年譜長編》，第14頁。

獲得膏火銀。

　　1888 年，梁啟超多了一個新選擇。張之洞開設了廣雅書院，規模恢弘，準備每年在兩廣地區招收 200 名學生，書院不僅資金豐厚，還開創性地為師生設立了齋社，以使他們的學業生活更為穩定。山長梁鼎芬的絡腮鬍與他的詩才一樣著名，他是風頭正勁的清流派文人，因彈劾李鴻章名譟一時。張之洞期待廣雅書院能成為這個時代的學海堂，助他建立起阮元式的聲譽。梁啟超內心的驕傲此刻顯露出來，他發現這所學校官氣十足，一旦長官蒞臨，全體學生必須在門口站班迎接，便退出了書院。

　　藉由這些學生彼此重合的書院，梁啟超拓展着自己的交友範圍，麥孟華、江逢辰、楊壽昌與曾習經、陳千秋都成了他的親密夥伴。他們的情誼與學識交流都將塑造他，有些人還會與他相伴終身。這些層層級級的書院，來來往往的年輕人，西湖街一帶的繁榮書肆，構成了一個活躍的、令人興奮的學者社區。緊隨北京、蘇州之後，廣州成為第三大刻書中心，《（光緒）廣州府志》記載：「粵省號富饒，而書板絕少，坊間所售，惟科場應用之書，此外無從購。」但經過兩代人之後，府志的編纂者開始宣稱「廣州學者不出門，而坐擁百城矣」。[①]

　　但不管學者多麼努力，他們面對的仍是一個僵化的、失去現實感的知識世界。儘管廣州處於與西方交匯的前沿，一些學者也目睹着這些外來者帶來的災難，但在很大程度上，學海堂仍沉浸在一個自足的世界裡。鄒伯奇的學問和思想頗能折射出學海堂是如何應對時代轉變的。他不僅對傳統的天文、曆算、地理學有獨到研究，甚至發明了中國第一部攝影機。他還是一位繪圖高手，阮太傅祠的畫像便出自他之手，郭嵩燾則請他繪製一幅現代廣州地圖。然而這些嘗試最終都是

---

① 《（光緒）廣州府志》卷一百二十九，列傳十八，台北：成文出版社，1966 年，第 296 頁。

淺嘗輒止的，鄒伯奇是「西學中源說」的最初創建者，在《論西法皆古所有》一文中，他認定墨子早已精通數學、顯微鏡。而兩位最傑出的學海堂成員陳澧、朱次琦仍把注意力放在儒家的內部爭論上，着力將漢學與宋學調和在一處，朱次琦私下對郭嵩燾出使英國經歷的評論中，其痛心疾首之情與保守鄉紳並無二致。[①]

變革進入中國的速度是如此遲緩，仍然停留在邊緣與表層。即使在廣州這樣的城市，即使在學海堂這樣的學府，一個敏銳如梁啟超的人也很少遇到這些西方思想。在新會時，他仍相信經書中蘊含着永恆的真理，「不知天地間於括帖之外，更有所學也」，在廣州雖然知道有段玉裁、王念孫王引之父子的訓詁，卻不知還有一個更大的世界。這種學術是去政治化的，經過乾嘉時代嚴酷的文字獄，學者們不由自主地都迴避政治問題，所有的學宮明倫堂都立着這樣的石條，上刻《臥碑文》，其中一條是「生員不許糾黨，多人立盟結社……所作文字，不許妄行刊刻，違者聽提調官治罪。」[②]

三

學問的世界很迷人，然而應試才是證明個人成功的關鍵。梁啟超運氣頗佳，因為光緒皇帝大婚在即，1889 年加開了鄉試與會試。藉着這次皇恩浩蕩，讀書人多獲得了一次改變命運的機會。

考試照例在貢院舉辦，首場的日期是八月初八。鄉試因在秋天舉辦，也稱作秋闈。廣州貢院是晚清四大貢院之一，它的歷史也象徵了

① 艾爾曼《學海堂與今文經學在廣州的興起》，《湖南大學學報》（社會科學版），2006 年第 2 期。
② 素爾訥等《欽定學政全書》卷二《學校條規》，《近代中國史料叢刊初編》第 30 輯第 293 冊，台北：文海出版社，1968 年影印本，第 39—42 頁。

廣東日益增加的人口、日益尖銳的競爭。貢院在 1684 年修建時，設有 5000 餘間號舍，它毀於第二次鴉片戰爭。兩廣總督勞崇光 1861 年重建後，號舍增加至 11708 間，數十間為一列，用千字文編號，象徵了重新到來的穩定與繁榮，以及更為殘酷競爭。1867 年，超過一萬人參加考試，只有 109 人中舉。只有少數人有幸成功，失敗者則偶爾會引發巨大的破壞，廣州城的命運與這些失敗者緊密相關：在唐代，屢試不中的黃巢一把火燒掉了廣州城；僅僅四十年前，另一位失意秀才洪秀全發動了太平天國運動。當然，科舉成功者的表現也讓人難以恭維，富有文名的兩廣總督葉名琛被英國人擄至印度的加爾各答，充分彰顯出帝國的選拔制度無力應對陌生挑戰。

但在制度徹底崩塌前，它仍吸引着每一個青年。與所有考生一樣，梁啟超一早手提考籃，在貢院門前等待，場面壯觀而喧鬧。「南方省份滿懷希望的士人又一次會集廣州。沙裡淘金，要從九千餘名士子中挑選出最有中選希望的才子」，一位傳教士描述道。[1] 考生中既有梁啟超這樣躊躇滿志的少年，也有屢試不中的中年人，甚至白髮蒼蒼的老者。這是一個年齡、身份、經驗各異、純粹由男性組成的群體，相似的經典教育、一朝成名的夢想將他們匯聚成一個牢固的群體，他們飽嘗挫敗、哀歎，卻仍舊滿懷希望，為貢院門口巨大匾牌上的兩個大字「龍門」暗含的願景深深癡迷。

比起牌匾上的光輝許諾，進入考場之後場面頗為尷尬，甚至令人感到羞辱。這些已獲得特權的生員，只能穿單層衫褂、防止不慎夾入紙條被當成舞弊。考籃要以竹條或柳條編成，有玲瓏格眼，筆管、蠟燭台、硯台最好也是鏤空的，甚至充飢的糕餅與饅頭都要切成兩

---

[1] 這位傳教士叫尤爾（F. H. Ewer），轉引自張仲禮《中國紳士：關於其在十九世紀中國社會中作用的研究》，上海：上海社會科學院出版社，1991 年，第 171 頁注 1。

半，以示沒有塞進紙條……盤查者大聲吆喝每個考生的名字，完成搜查。科場是通向權力與聲望的唯一渠道，舞弊是對權力合法性的公開否定，怎樣嚴厲都不為過。這看似公正的嚴厲也象徵了帝國的統治風格——不相信任何人，以各種方式讓她的子民斯文掃地。小說家蒲松齡把這些應考的秀才形容成赤腳提籃的乞丐、受審之犯人，他們有些人可能尚未考試就被趕出了考場。

考試讓人備受折磨。連續三場，每場皆是兩夜三日。首場考試在初十日結束，接下來是十一日至十三日的第二場，十四日到十六日的第三場。狹窄的號舍內放置兩塊木板，白天分別用作桌椅，晚上則合為床。考生入內即封號棚，直到交卷後才打開，你要在其中構思文章、煮飯、睡覺、對月長歎，聽旁邊號舍的考生興奮、歎息，甚至發狂。倘若號舍恰好在廁所旁，你恐怕更是度日如年。

夏日的炎熱增加了這種痛苦，一位官員向總督張之洞報告說，貢院的空間太過逼仄，「人氣相蒸，易生疾病，且散漫無稽」。[①] 而他們終於結束考試出闈時，則「神情悵怳，天地異色，似出籠之病鳥」。[②]

這一年鄉試的題目依然是典型的舊題材。第一場試題分為（1）「子所雅言詩書執禮」至「子不語怪力亂神」，（2）「來百工則財用足」，（3）「離婁之明，公輸子之巧」。詩題則是「荔實周天兩歲星」，得星字。[③] 主考官李端棻是 1863 年進士，頗受倭仁器重，思想卻並不保守。他遵循着一個翰林院編修的典型道路，出任地方的學政，充當考官。副考官是福建人王仁堪，同考官之一的李滋然是張之洞創建的尊經書院的肄業生。

① 吳劍傑《張之洞年譜長編》，上海：上海交通大學出版社，2009 年，第 225 頁。
② 蒲松齡《聊齋志異》卷十六《王子安》，轉引自卜永堅、李林主編《科場、八股、世變：光緒十二年丙戌科進士群體研究》，香港：中華書局，2015 年，第 267 頁。
③ 丁文江、趙豐田編《梁啟超年譜長編》，第 15 頁。

張榜是在九月十六日聚奎堂。聚奎堂過於狹窄，榜單甚至不能平鋪展開。現場也是一幕人間悲喜劇，擁來看榜的人有的發出狂喜的叫聲，有的則黯然離開，「草木皆驚」。[①]

　　幾年來的訓練富有成效，梁啟超榜列第八名，對於一個十七歲的少年來說，這實在是個值得慶賀的時刻。他的文章被刻入己丑恩科的廣東闈墨，供以後的考生研讀。這一年僅有 85 名中舉者，譚鑣中榜，曾習經名列第五十九名，同榜的還有張元濟。他們互稱「同年兄」，這是讀書人最重要的身份認同之一，就像來自同一個家鄉或是出自同一位老師門下一樣，能夠帶來即刻的友誼與認可。總督府外專門為新科舉子設立了鹿鳴宴，這是唐代開始的傳統，用《詩經》中的「呦呦鹿鳴」來比喻招呼同伴的歡宴。

　　接下來還有一連串令人陶醉的歡慶，各式宴請、祝福紛紛湧來。功名將進入家譜，如果你願意，還可以在家門口樹立旗桿。中舉還意味着實際利益，饋贈、賞金將使舉人過上上層生活。

　　喜事接踵而至，主考官李端棻決定將自己的堂妹許配給梁啟超。這幾乎是中國讀書人的完美際遇：一個勤奮、聰穎的少年，金榜題名與洞房花燭同時到來。在流傳的說法中，原本希望把女兒許配給他的是副主考官，不過被李端棻佔了先機。面對這樣重大的提議，梁啟超有一絲困惑，他要按照慣例向父親稟報，婚姻要接受家族的安排，而非個人選擇。據說梁寶瑛一開始不敢接受婚事，擔心兩家地位過於懸殊，而李端棻堅持認為，儘管梁啟超出身寒門，卻並非池中之物，終有一日會飛黃騰達。[②]

---

① 卜永堅、李林主編《科場、八股、世變：光緒十二年丙戌科進士群體研究》，第 267 頁。
② 盧湘父《萬木草堂憶舊（選錄）》，《追憶梁啟超》，第 147 頁。

第三章

———————

春闈

一

　　1890 年初春，梁啟超前往北京，參加庚寅年會試。會試於三月舉行，因此稱作「春闈」。這個十七歲的少年肩負整個家族的希望，若金榜題名、成為天子門生，將給茶坑梁家帶來無限榮耀。祖父特令梁寶瑛同行，好生照應長孫。梁寶瑛大概也樂於此行，身為一名失敗的讀書人，一睹京城會試盛況不失為一種補償，何況他還要拜會親家李端棻，商討梁啟超與李蕙仙的婚事。

　　對於梁氏父子，這是一次大開眼界之旅。在漫長的歲月裡，進京趕考是一個艱苦而興奮的旅程。帝國疆域遼闊，考生依靠騎馬、騾車、帆船與步行抵達京城，倘若地處邊陲，往往要花上幾個月時間。這走走停停的行程也會變成一場拓展眼界之旅，考生可以暫時從枯燥的典籍中擺脫出來，遊覽山川、名勝古蹟，拜會文友，作詩飲酒，如果足夠敏感，還有機會觀察民間疾苦，這都是日後躋身帝國統治階層的重要一課。

　　這也是場充滿自豪與憧憬的旅程，會試資格標誌着他們已經成為全國精英中的一員，享有特權。每個舉子都可按照路途遠近，獲得相應的旅行補助，自幾兩至一二十兩不等。其中一些偏遠考生還可以使用驛馬服務，沿途以「禮部會試」的黃布旗書為標識。[1]

　　到了梁啟超這一代，這些體驗陡然發生了變化。「烈火轉孤輪，浩蕩隨所適」，「四海真一家，萬里乃咫尺」，一位舉子這樣形容乘坐輪船的經驗。[2]近代交通令帝國的空間驟然縮小，動輒經月的路程縮短為幾天，速度的刺激成為新體驗。這是一場被迫的革新。僅僅四十

---

① 商衍鎏《清代科舉考試述錄及有關著作》，第 126 頁。
② 卜永堅、李林主編《科場、八股、世變：光緒十二年丙戌科進士群體研究》，第155 頁。

年前，英國人的輪船想從虎門駛至廣州時，還引起了當地人的驚呼，認為輪船不僅會盡殺水中鱗蟲，而且破壞風水，小艇疍戶也將失去營生。[①] 但如今，廣州的商人、官員、舉子已習慣在珠江北岸的丁字碼頭登船，前往香港、澳門、汕頭與上海，英國人的太古公司與中國人的輪船招商局，都可以提供穩定的船班。

梁啟超父子先順珠江而下到出海口，然後沿東南海岸線抵達上海，稍作休息，等待前往天津的航班。照例，他們會住在廣東人聚集的虹口區，此處的鴻安客棧是南來北往的廣東人最喜歡的落腳處。迅速崛起為中國最重要港口的上海，一定令梁啟超眼花繚亂。上海至天津已是帝國最忙碌的航運路線之一，《申報》上還會定期刊載船訊，比起昔日要一個多月才能到天津的大運河線路，蒸汽船海運只需要三天。

天津是最繁華的北方港口城市，海河旁的新古典建築是各種洋行的落腳處。自李鴻章在 1870 年出任直隸總督以來，這裡還獲得了顯著的政治意義，以第二首都的面貌出現，各國的外交官、新聞記者、地方政治人物前往北京時，總希望能拜會李大人，有些人甚至覺得，北京的總理衙門不過是直隸總督府的一個分支。

很可惜，李鴻章鋪設天津至北京鐵路的建議未獲通過，否則梁啟超將更快、更舒適地抵達北京。他們在大沽上岸，換內河船沿潮白河西行到通州，再乘坐騾車進入北京城。這短短一段路程反而是旅途中最困苦的部分，不止一位旅客描述過這個糟糕體驗。一位德國女作家形容，「這條路看起來好像剛剛經受了一場可怕的地震的衝擊：鋪路的方石塊缺損很多，缺損處盡是一個個黑窟窿，走在上面一腳深一腳淺」，他們乘坐的沒有減震裝置的大車更是會帶來特別體驗，「倒霉的

---

① 葉顯恩、周兆晴《廣東航運業的近代化》，《珠江經濟》2008 年第 11 期。

旅客必須蹲在一個堅硬的大方斗裡……他們從方斗的一角被甩到另一角，撞得全身青一塊紫一塊」，所有人都要在旅途中骯髒的小旅店裡住上一夜。[①] 來自南通的舉人張謇在日記中寫到車夫彪悍、旅途顛簸，「下車勞倦已甚」。[②] 也有旅客在其中看到詩意，德國女作家發現潮白河的縴夫「身板結實俊美，如同古希臘長跑者的健美體形」。[③] 新任中國公使巴夏禮（Harry Smith Parkes）抵達通州時，「在河岸上看到……一群馱着茶葉的駱駝慢悠悠地前行」。

對於外來者，東便門城牆是他們最初看到的北京城。巴夏禮的女兒提到，「我必須承認，它給我的第一眼感覺並不那樣讓人印象深刻，灰色的磚砌起又高又厚的城牆，好像一座巨大的監獄」。[④] 穿過城門就是糟糕的街道，「一會兒踩到了一堆淤泥，一會兒又被石堆絆一下；在房屋和馬路之間的空地上積滿了臭烘烘的死水」，[⑤] 這景象或許還暗示了令人不安的精神狀態，「這裡的人民一定是處在停滯的狀態中，對任何改革都提不起興趣」，跟他剛離開的日本比起來，「中國人十分魯莽、易怒，經常悶悶不樂，他們的生活似乎充滿了沉重的色彩」。[⑥] 就像這個矛盾重重的帝國一樣，道路的污濁只是一部分，它同樣有「精雕細刻的店鋪門面，飄着紅色三角旗的典雅招幌，隨風晃動的鮮豔燈籠，以及四處張開的流動商販頭上的大傘，這些是比較吸引人的地方」。[⑦]

---

① 〔德〕海靖夫人《德國公使夫人日記》，秦俊峰譯，福州：福建教育出版社，2012年，第 13 頁。
② 《張謇全集》第六卷，南京：江蘇古籍出版社，1994 年，第 334 頁。
③ 海靖夫人《德國公使夫人日記》，第 12 頁。
④ 〔英〕萊恩-普爾、維克多·狄更斯《巴夏禮在中國》，金瑩譯，桂林：廣西師範大學出版社，2008 年，第 357 頁。
⑤ 海靖夫人《德國公使夫人日記》，第 14 頁。
⑥ 萊恩-普爾《巴夏禮在中國》，第 357 頁。
⑦ 〔美〕卡瑟琳·卡爾《美國女畫師的清宮回憶》，王和平譯，北京：故宮出版社，2011 年，第 147 頁。

梁啟超的感受與這些外國旅行者有所不同。監獄式的城牆稀鬆平常，從一個普通家庭院落到新會縣城、廣州府，都是被這些灰色圍牆包圍。至於人的精神世界，整個帝國都被這種萎靡不振所裹挾，北方與南方並無太大差別。

對於梁啟超這樣的趕考者，「春風得意馬蹄疾，一日看盡長安花」更能體現他們的心情。千年來，帝國的首都從長安變為開封、杭州、南京與北京，這句詩一直激勵着每一代赴考者，這是他們最重要的人生機會，有可能「朝為田舍郎，暮登天子堂」。梁啟超或許會驚異於北京的色調與南方的色彩斑斕不同，總是灰蒙蒙，還有廣東人無法想像的寒冷、乾燥與沙塵暴。北京的南方官僚會在日記中記下，「大風悽懍如三冬」，「黃沙蔽天」，「昨夜半大風動地，竟日不止，甚寒冷」。①

與大多數舉子一樣，梁啟超父子住在家鄉的會館中。與廟宇、茶館、戲院、青樓一樣，會館是北京重要的公共空間。趕考舉子們也藉此迅速融入京城生活。北京的會館歷史可以追溯到明代，是旅居京師的商人與官員籌資共建，兼具旅館與公共客廳的功能。它為同鄉人提供住宿、宴請的服務。在這種氛圍中，官職與地位暫時退隱，相似的語言與鄉土經驗將他們連接起來，共話鄉情平撫孤獨，緩解思鄉之苦。

宣武門南擁擠着近四百座會館，它們以省、府、縣的名義而建，在大街旁或胡同內，有的規模恢弘，有的不過平房幾間，折射出不同區域的財富與影響力。

粉房琉璃廠街上的新會會館，坐西向東，硬山合瓦頂，房間分前半部與後半部，有大約五十間房。相比南橫街上的粵東會館、米市胡

---

① 翁萬戈整理《翁同龢日記》第五卷，上海：中西書局，2011 年，第 2387—2397 頁。

同的南海會館，顯得相當低調。館內懸掛着陳白沙的對聯：「紫水黃山，五百年必生名士；橙香葵綠，八千里共話鄉風。」會館建於 1853年，在《新會邑館記》中，創建者期待它可以讓奔波千里的本鄉人能「盡歌適館於數千里之外，而賓至如歸」。館記由順德人、翰林院編修李文田書寫，他是聲名卓著的書法家，精通邊疆史地之學，日後也將與梁啟超發生有趣的交集。①

　　像所有初次抵京的舉子一樣，暫緩旅途勞頓後，梁啟超隨即投身於各種拜訪中。他首先要獲得同鄉官員的印結，這種官員聯署的印結是為了防止考生舞弊，確認並非冒名者。舉子還要前往拜會自己的座師，正是由於他們的慧眼，舉子們才得以脫穎而出。這是一次再好不過的社交機會，可以結識京官同鄉，與同年舉人建立聯繫。對於京官來說，印結費、門生錢是光明正大的收入，彌補普遍低廉的官俸。帝國統治建立於道德之上，朝廷給官員的俸祿極低，相信他們理應被道德責任而非物質利益驅動，這樣反倒形成了一個矛盾的結構：那些因道德文章而躋身官僚階層的讀書人往往會着力尋找物質回報。連接文人官僚的不僅是文章、詩酒，更是名目繁多的禮金。一種制度性腐敗在四處蔓延。

　　在各地舉人中，梁啟超並不引人矚目。他年紀小，初次入京，免不了生澀、拘謹。資深的赴考者早已熟悉北京的文人生活。浙江舉人鄭孝胥在廣和居吃飯，到廣惠寺祭奠亡友，與同期舉人相聚，到東單牌樓買珠毛褂②，張謇則不斷「謁客」。③ 來自浙江的考生蔡元培興衝衝地去見他崇拜的同鄉京官李慈銘，李慈銘以詩文與性情狂狷著稱，是

---

① 白繼增《北京宣南會館拾遺》，北京：中國檔案出版社，2011 年，第 226—227 頁。
② 勞祖德整理《鄭孝胥日記》，北京：中華書局，1993 年，第 164 頁。
③ 《張謇全集》第六卷，第 334 頁。

個不知疲倦的日記作家，對蔡的評價是「年少知古學，雋才也」。[①]
在廣東舉人中，文廷式最為知名，與張謇、鄭孝胥及山東的王懿榮並
稱四大舉人。前三人也都與戶部尚書翁同龢關係密切，以他的門人自
居。翁同龢生於江蘇常熟，不僅是戶部尚書，還是皇帝的老師，被視
作南方士林領袖。

當然，比起普通舉人，梁啟超有自己的優勢，他是一位翰林院學
士的未來內弟，另一位座師王仁堪對他也頗為賞識。石星巢還着力幫
他拓展交友網絡，介紹他與浙江舉人汪康年相識，後者曾隨石星巢讀
書，平日居住在武漢，是張之洞的幕僚，此時也在北京參加會試。翰
墨書館有九位學生中舉，石星巢尤其欣賞梁啟超、譚鑣、梁志文、賴
際熙，稱這四位得意門生是「卓犖之士，經學詞章各有所長」，希望
汪康年能與另外三人「一結面緣」。[②]梁啟超沒有描述過二人見面的情
形，但他倆很快就成了無話不談的朋友。

對於梁啟超來說，廣東人的圈子尚能應付，但倘若離開了粵語，
則連交流都成了問題。來自四方的舉子、官員經常說一口不標準的官
話，濃重的廣東口音也會造成不小的交流障礙，正如一個考生在日記
中寫道：「造盧投謁，或終日不遇一人。既見，又不能作寒暄語，賓
主恆瞠然相對。偶語一事，則方音雜糅，彼此皆不能詳其顛末。」[③]

社交拜訪固然重要，不過應試才是最讓人焦慮的事。有了印結，
新舉人還要通過一場復試，才可以正式參加會試。他們要去琉璃廠挑
選筆墨紙硯，梁啟超熟悉考具的準備過程，但北方天寒，他要攜帶特
別的小炭爐，既用來取暖，也可以煮飯，還能溫硯台，以防筆墨凍住。

---

① 李慈銘《越縵堂日記》1890 年閏二月十三日條，轉引自張桂麗《李慈銘年譜》，上
海：上海古籍出版社，2016 年，第 305 頁。
② 丁文江、趙豐田編《梁啟超年譜長編》，第 16 頁。
③ 卜永堅、李林主編《科場、八股、世變：光緒十二年丙戌科進士群體研究》，第
162 頁。

三月初六，乾清門侍衛領旨到午門交大學士拆封，御使唱名，正式宣佈考官的名字。宣旨後，考官就不能回私宅了，而要直接入闈，以防作弊。這是帝國每三年一次的重要事務，必須隆重、謹慎對待。這一年的主考官是孫毓汶，副考官是滿人貴恆與漢人許應騤、沈源深，同考官中則包括褚成博、楊崇伊等，梁啟超的座師王仁堪也名列其中。[1]

第一場照舊是在三月初八。這一天「晨風止，陰有雨意」，儘管被稱作「春闈」，冬意卻未散去。舉子們蜂擁至崇文門東南角的順天貢院，貢院外牆高八尺，號門高六尺，寬三尺。比起廣州的貢院，這裡的場面更為壯觀與慌亂。準備入闈的舉子更是來自五湖四海，操着各式鄉音，他們是全國挑選出的精英，只等着躍入龍門，成為天子門生。會試檢查更為嚴格，而在此刻的北京脫開長衫不免痛苦萬分。這一年共有 6124 名考生，[2] 其中只有少數幸運兒將躋身帝國統治階層。入門處是一座大牌坊，中間寫着「天開文運」，東西分別為「明經取士」「為國求賢」，進大門後是「龍門」—— 比起廣州貢院，這裡才是真正的龍門。[3]

外來者很容易被貢院中的景象震驚。大多數人相信這是帝國最為公正的人才選拔機制，它不是基於血緣、神權，而是建立在個人才能之上。一位英國人受此啟發，建議本國採取「一種考慮周詳的地方與京城考試制度，就如中國近一千年來所實行而迄少變更的普通考試制度一樣。但欲將來參加行政部門以下的各附屬部門工作，則必須先經過普通考試及格然後再參加京城的專門考試」。但有些人看出了這

---

① 翁萬戈整理《翁同龢日記》第五卷，第 2398 頁。
② 同上。
③ 卜永堅、李林主編《科場、八股、世變：光緒十二年丙戌科進士群體研究》，第 236 頁。

種選拔的弊端，認為這是「韃靼人的一個小朝廷能利用文官競爭考試的制度來網絡全中國的才智之士」。[1]中國的舉子當然不會知曉這些看法，畢竟他們看不到人生還有其他選擇。

午正封門後，考生開始了人生中最重要的考試。考卷長一尺、寬四寸，上有紅線橫直格，每頁十二行，每行二十五字，先要寫下姓名、籍貫、年齡、出身、三代，才能作答。第一場的題目是「子貢曰夫子之文章」。[2]與鄉試一樣，這一場的四書文最為重要。

對於梁啟超這樣的南方舉子，北方考棚尤為難熬，儘管有油布為簾遮風擋雨，卻依舊難抵寒氣。在連續三天的應試中，第二天轉晴，風卻到晚上才停，第三天「濃陰，辰正雨有聲，雖小而密，至未正始止」。[3]梁啟超如果知道蒲松齡的描述，也一定深有同感：「其歸號舍謁，孔孔伸頸，房房露腳，似秋末之冷蜂。」[4]

十一日，梁啟超再度入場。坐在東玉號的鄭孝胥在夜間答題甚速。[5]即使考場的規定嚴苛，甚至對上廁所的次數都有規定，但就像帝國的統治風格一樣，威嚴外表之下到處是漏洞。第三場時，鄭孝胥甚至幫一旁的台灣考生寫了策論。

三月十六日，考試終於結束了，舉子們獲得了暫時的放鬆。鄭孝胥立刻去拜會朋友，欣賞庭院中盛開的牡丹。梁啟超初來北京，可以品味這裡的文化生活，去琉璃廠買書、戲院聽戲。自四大徽班進京以來，京劇成了最時髦的娛樂，大柵欄就有六家戲院，其中三慶園戲院最有名，譚鑫培、尚小雲都是一時名角，據說慈禧太后也常在宮中吟

---

① 鄧嗣禹《中國考試制度西傳考》，《鄧嗣禹先生學術論文選集》，台北：食貨出版社，1980年，第147—155頁。
② 翁萬戈整理《翁同龢日記》第五卷，第2399頁。
③ 同上。
④ 王德昭《清代科舉制度研究》，北京：中華書局，1984年，第131—134頁。
⑤ 勞祖德整理《鄭孝胥日記》，第173頁。

唱。舉人們還可以去胡同吃小吃，到天橋書茶社小坐，富貴街上的五香醬羊肉也很有名。「斜日市樓評酒味，秋風門巷聽車聲」，其中一位這樣形容這閒蕩的快樂。[1]

舉子們的焦灼從未消失，人人祈禱自己得中。這一年的放榜定於四月初十。性急的舉人擁擠到琉璃廠的放榜處，越過擁擠的人頭，尋找自己的名字，或忐忑地在會館中等待寫在絹本上的紅字捷報。

梁啟超的好運氣沒能再現，他落榜了。不過他不必沮喪，他才十七歲，有足夠的時間等待。以 1886 年為例，光緒丙戌科進士的平均年齡將近三十六歲，首考就中的例證更是少得可憐，約有三分之二的進士是在成為舉人十年內獲得的。[2] 名聞天下的鄭孝胥與張謇也都同樣落榜。學海堂的同學曾習經中了貢士，留下來準備殿試。

放榜也意味着一場新狂歡，戲院、酒肆擠滿了舉子，有的為高中而癲狂，有的藉酒澆愁。除了少數幸運者留下來等待殿試，幾千名舉人如鳥獸散，京城從喧囂轉為平靜。

對於這次北京之行，梁啟超沒留下任何記錄。或許他急於準備會試，無心觀察一切，或許被接踵而至的新經驗佔據着，不知如何描述它。比起北京，上海似乎意味着一個富有誘惑的新世界，對他更有吸引力。在回鄉路過上海時，他在四馬路的書局買到徐繼畬的《瀛寰志略》，意外地發現世界上原來還有五大洲之說，中國不過是這五大洲中的一國。他還看到上海製造局譯出的西書若干種，可惜無力購買。

落第不會給他帶來太多的影響，這是每個讀書人再常見不過的經驗，從挫敗中迅速復原是必須經歷的一課。梁啟超該先回茶坑村，向祖父彙報一路見聞，勸慰因落榜給老人帶來的失落，還要談及即將到

---

① 王榮商《贈江亭芙比部》，《容膝軒詩草》卷四，轉引自卜永堅、李林主編《科場、八股、世變：光緒十二年丙戌科進士群體研究》，第 163 頁。
② 張傑《清代科舉家族》，北京：社會科學文獻出版社，2003 年，第 159 頁。

來的婚事。他又回到自己熟悉的生活軌跡，在學海堂與翰墨書館之間穿梭，鑽研時文、詞章、考據之學。

這平靜的生活，很快被一次會面打破。

二

梁啟超的新朋友陳千秋剛剛畢業於學業海堂，告訴他一樁異事，城裡來了一位名叫康有為的學者，儘管只是個監生，卻曾在北京上書皇帝呼籲變法。出於好奇，陳千秋前往康先生的住所拜訪，隨即被他的個人魅力與學識折服。康有為談論了《詩》《禮》與諸經，攻擊盛行多年的考據之風，還用自己的視角重新詮釋了孔子。陳千秋滿懷激動地告訴梁啟超，康先生的學問是他們做夢都想不到的，這才是他們期待的老師。

陳千秋的話激起了梁啟超的好奇，或許還有一絲懷疑。他儘管在會試中敗北，但怎麼說也仍是個新科舉人，自認在訓詁與詞章上「頗有所知」，不免有些「沾沾自喜」，[①]一個沒取得過功名的康先生，能有怎樣的學問？

八月的一天，梁啟超隨陳千秋前往惠愛街上的雲衢書屋，去拜會這位康先生。他中等身材，眼睛不大卻炯炯有神，唇上有兩撇向下彎的鬍鬚，膚色微黑，有股武人氣，與讀書人常見的文弱樣子不大相同。他們可能有過短暫的寒暄，廣州的學者社群聯繫緊密，康有為曾師從呂拔湖學習過「制藝」，另一位老師朱次琦則是肄業於學海堂的著名學者，也與石星巢相熟。正式談話開始後，梁啟超的沾沾自喜幾乎立刻就消失了。康先生氣勢逼人，聲線洪亮、滔滔不絕，語氣中充

① 丁文江、趙豐田編《梁啟超年譜長編》，第 16 頁。

滿了不容置疑的判斷。

即使有了陳千秋的事先鋪墊，康先生帶來的震撼還是超越想像。夏末廣州的炎熱暫時被遺忘了，甚至時間都凝滯了，辰時開始的見面，一直到戌時才結束。「先生乃以大海潮音，作獅子吼，取其所挾持之數百年無用舊學更端駁詰，悉舉而摧陷廓清之」，梁啟超日後寫道。[1]

走出房門的梁啟超感到如「冷水澆背，當頭一棒」。他陷入暈眩，整夜輾轉反側，無法入眠，感到舊自我被摧毀後的茫然，「且驚且喜，且怨且艾，且疑且懼」。[2] 翌日，他再次前往雲衢書屋，這次康先生的態度和緩下來，又講述了陸九淵與王陽明的心學，還有對史學與西方知識的看法。對於一個生活在彼時知識氣氛中的年輕人，這些觀點帶有顯著的異端色彩，富有別樣的魅力。他徹底認同了陳千秋的看法，康有為的確是他們夢想的老師。

這是梁啟超人生中碰到的第一個強有力的人格，或許是最強有力的一個。不管學識、閱歷還是個人風格，比梁啟超年長十五歲的康有為都像是來自另一個世界。

康有為也享有神童的名聲，自稱十一歲讀畢四書五經，十二歲觀賞龍舟競賽，即席寫下了四十句長詩。他曾入讀朱次琦的禮山草堂，朱次琦想掃去漢宋之門戶之見，將孔子視作最終的詮釋者，推崇個人品行與實踐。同樣是在這裡，康有為發現，比起程頤、朱熹代表的理學傳統，陸九淵與王陽明的心學「直捷明誠，活潑有用」，尤其符合自己的脾性。[3]

---

[1] 丁文江、趙豐田編《梁啟超年譜長編》，第 16 頁。
[2] 同上。
[3] 梁啟超《康有為傳》，中國史學會主編《戊戌變法》(四)，上海人民出版社，1981 年，第 8 頁。

他高度地以自我為中心，早早就認定自己「能指揮人事」，十一歲時就像成年人一樣處理父親的喪事，家鄉人甚至用「聖人為」來譏諷他的一本正經。他結婚時不讓人鬧洞房，不讓女兒纏足。他立志三十歲前讀完群書、成為聖賢，還曾到山中冥想世界，感到天地萬物與自己成為一體，轉而憂慮著生困苦，放聲大笑大哭。生活屢屢挑戰他的自信，科舉考試屢屢失敗，讓他仇恨八股文的束縛，卻又更加渴望功名。

倘若按照這個路徑發展下去，康有為不過就是一個落魄天才而已，這在中國傳統上屢見不鮮。幸好他還對外界充滿好奇，遊歷從江南到塞外長城的景觀，十七歲讀到《瀛寰志略》，「知萬國之故、地球之理」。[①] 他還對一個新世界有直接感受，在香港看到「宮室之瑰麗、道路之整潔、巡捕之嚴密，乃始知西人治國有法度，不得以古舊之夷狄視之」。[②] 上海租界再次印證了他在香港的印象，西方人的管理比中國人更勝一籌。對於當時的中國讀書人，這是個了不起的發現，或許唯有身在倫敦的郭嵩燾、嚴復等幾人才有類似的看法。他購買了大量江南製造局的翻譯書籍，從幾何、數學到政治制度，無所不包，還訂閱了《萬國公報》。他在顯微鏡鏡頭中發現一隻螞蟻有大象這麼大，一片菊花瓣像是一片芭蕉葉，一滴水裡竟有如此之多的微生物，有鱗有角，如蛟龍一樣蠕動。這些都給予他觀察世界的全新方法，大與小、重與輕、長久與短暫，一切都變成相對的，與佛教典籍頗有相通之處，萬物真實又虛幻。

這些經歷與性格賦予了康有為嶄新的想像力。他試圖在儒家學說與西方知識之間找到某種聯通，解釋說六藝中的「射」在孔子時代是武備的意思，在今天武備是槍炮，「御」則是駕駛火車輪船。

---

① 康有為《康南海自編年譜》，中國史學會主編《戊戌變法》（四），第 112 頁。
② 同上，第 115 頁。

他更有一種罕見的行動能力，深信自己的「經營天下之志」。偶然結識翰林院編修張鼎華後，他了解到京城的風氣，道光、咸豐、同治這三朝的掌故，開始遍讀《東華錄》《大清會典》等書。

1888 年，康有為再次前往北京參加順天府鄉試。他是一名與眾不同的應試者，不僅對再度落榜不以為意，還認定自己「學有所得，超然物表而遊於人中，倜儻自喜」。[①] 他馬不停蹄地結交各種權貴，期望獲得他們的賞識，試圖讓他們替自己上呈遞上書。在上書中，他公開要求皇帝下罪己詔，還描繪了一個令人驚恐的圖景：俄國在北方築造鐵路，迫近盛京；英國入侵緬甸，並窺伺四川與雲南；法國以越南為跳板取得廣東、雲南。中國正在陷入包圍之中，而「日本雖小，然其君臣自改紀後，日夜謀我，內治兵餉，外購鐵艦，大小已三十艘，將翦朝鮮而窺我邊」。[②] 他大膽催促皇帝變成法、通下情、慎左右。

上書並沒有抵達皇帝手中，康有為的不祥警告沒有引發共鳴，卻帶來爭議。大清國兩百多年來，第一次有監生試圖上書，簡直是不折不扣的犯上。與康有為良好的自我感覺不同，人們被他的躁進、功利弄得不勝其擾。北京的一些廣東人把他視作恥辱與危險，要把他驅逐出北京。連欣賞他的朋友也說他性格中「冬夏氣多，春秋氣少」，勸他平和一些。[③]

梁啟超遇到的正是這樣一個康有為，帶着失落與傲慢，混雜着古今中外的奇怪學識。他痛陳時代弊病，雄辯滔滔，既能大談孔子之道，也能描述西洋事物，比起尋常學者的木訥、低調，他似乎顯得過分生機勃勃了。

---

① 康有為《康南海自編年譜》，中國史學會主編《戊戌變法》（四），第 120 頁。
② 康有為《上清帝第一書》，中國史學會主編《戊戌變法》（二），第 123—131 頁。
③ 康有為《與沈刑部子培書》，《康有為全集》第一集，第 238 頁。

第四章

狂 生

一

　　長興里是一條短短的、毫不起眼的小街，甚至沒有出現在廣州城坊志中。向北走上幾十米，就是熱鬧非凡的惠愛街，總督府、城隍廟、巡撫衙門、學宮沿街而立，撐起「廣府第一街」的名號。

　　邱氏書屋是長興里一座三進的院落，中院種有兩棵玉蘭樹，邱家的祖宗牌位位於裡院。書屋建於嘉慶年間，像廣州城內很多宗祠學堂一樣，專為本姓家族士子應試而建。當他們從廣東各地趕來省城，參加府試與鄉試時，可以落腳於此。

　　這裡也是對外出租的商業空間。1891 年初，康有為租下其中的一間，開設了自己的學館。這個決定與陳千秋、梁啟超相關。在醍醐灌頂式的相遇後，兩人決定執弟子禮，請康有為開館教學。三水人徐勤的到來加速了這個進程，他忠厚慷慨，家道殷實，願以家財支持。這家書館空間窄小，生徒寥寥，名字也平淡無奇 —— 長興學舍 —— 不要說學海堂、廣雅、粵秀、粵華書院，就連那些專授科舉的「小館」也比不上。這個小小的院落與樸素的名字之下，卻有一顆遼闊（或許過分遼闊）的雄心，要「思聖道之衰，憫王制之缺，慨然發憤，思易天下」。[①]

　　對於康有為，這是一個重要的開始。僅僅一年前，他還處於壯志未酬的憤懣中。順天鄉試落榜，上書又未達天聽，他把北京描述成典型的衰世，「人才之凡下，氣節之萎靡，學術之荒蕪，人情之媮惰，為自古衰世之所無」。他不滿學術界的風氣，認為「朱學窮物理，而問學太多，流為記誦；王學指本心，而節行易簹，流於獨狂」；[②]他嚮往的人物是東漢的陳蕃、李膺，宋代的司馬光、蘇東坡，明末的東林

---

① 康有為《長興學記》「陳千秋跋」，《康有為全集》第一集，第 351 頁。
② 康有為《與祁子和總憲書》，《康有為全集》第一集，第 240 頁。

黨人，這些人都以道德理想主義對抗時代的墮落，可惜如今再難出現了。

他感到前途迷惘，對朋友感慨地說，自己「無土地，無人民，無統緒，無事權」，只能以教書為業，又覺得「為文詞則巧言以奪志，為考據則瑣碎而破道」。想教授天文，「無三十五萬金所築之高台，二十五萬金所購之千里鏡」；考察輿地，「則足跡不能遍行地球以測繪之，財力不能遍購地圖以參核之」。[1]

回廣州後，他試圖開館授徒，卻因無舉人、進士功名，招來嘲笑，好事者甚至在告示旁邊用淡墨寫上：「監生亦居然出而教館乎？」[2]如今有了獨立言說的空間，還有了虔誠的追隨者，他受此鼓舞，洋洋灑灑地寫就《長興學記》，陳述自己的教育主張。他以「志於道」「據於德」「依於仁」「遊於藝」這四項為教學綱領。綱領之下是具體規範，比如「志於道」分為「格物」「克己」「勵節」「慎獨」，分別代表着對知識的追求、對氣節的塑造、是非之判斷、內在道德要求。「據於德」則分為「主靜出倪」，取自陳白沙的「於靜中養出端倪」，從個人心中看到這個世界；「養心不動」是要養成從容、浩然之氣；「變化氣質」是培養一種高度的教養；「檢攝威儀」則是對外在儀態的重視，也是內在的延伸。「依於仁」包括「敦行孝弟」「崇尚任恤」等，皆為對他人之同情與愛；「遊於藝」分為「禮」「樂」「書」「數」「圖」「槍」，是古代六藝之學對智力與體格的要求。

課程分類同樣新穎，分別是義理、考據、經世、文字四課。義理之學含有孔學、佛學、先秦諸子學、宋明理學、西方哲學，考據之學有中國的經學、史學、萬國史學、地理學、數學、格致學，經世之學

---

① 康有為《與沈刑部子培書》，第 238 頁。
② 吳敬軒《康聖人的故事》，夏曉虹編《追憶康有為》(增訂本)，北京：生活·讀書·新知三聯書店，2009 年，第 169 頁。

有政治學、中國政治史、萬國政治史、政治應用學群學，文字之學中既有中國詞章學，又有外國語言文字學。在校內，康有為要求他們每月初一教授演講課，每天交日記，涉及養心、修身、接人、執事、讀書、時務六項；在校外則每隔日就要有體操，並鼓勵學生外出遊歷。

這個教學綱領延續着禮山草堂的風格，追求對人格的塑造，強調知識傳統的兼容。康有為也添加了新內容，要求學生學習外國政治、風俗、科學，以便理解正在變化的世界。他尤其重視德育，因為這正是君子理想的延續，而且實踐仁慈與寬恕的精神，在藝術中尋找歡樂，磨礪氣節，會賦予人生一種強烈的使命感。這些綱領、課程及書院與學館都不大相同，既不專注於八股應試，亦非考據功夫。梁啟超日後將這套方法理解成現代意義上的德育、智育與體育。但康有為尚未驕傲到忽視八股訓練，在學記中，他特闢一小節論「科舉之學」，就經義、策問、詩賦、楷法四項作出論述。他的制藝文章頗見功力，私下裡或許還在為自己的屢試不售憤憤不平。

對梁啟超這樣的少年，長興學舍的學綱與課程固然富有新意，但康有為的個人魅力才是關鍵所在 —— 除去與眾不同的知識結構，他更有一種演講天才。當時的山長、館主可能不缺乏輕狂的名士派頭，卻很少善於演說，只習慣在紙面上表達自己的觀點。康有為恰好相反，當面對人群時，他尤其激情四溢。有一次在翰墨書館代課時，他「懸河不竭之口，旁徵博引，獨出新解。一席既終，學生咸互相駭愕，以為聞所未聞」。據說因為那次代課，「漸有至其處執經問難者」。[1]

「學術源流」這門課完美地展現了康有為的魅力。從儒、墨、法、道等到宋代的理學、清代的考據學，從王羲之書法到唐詩中的李白、杜甫，康有為試圖將這些思想與人物都納入一個歷史框架，給予歷史

---

① 吳敬軒《康聖人的故事》，《追憶康有為》，第 170 頁。

性的解釋。他的眼界也經常跨出邊界，把自己一知半解的西方知識講述給學生。他提到《聖經》中的大洪水，人類可以上溯到五千年；地球是圓的，「凡圓轉於空中者，無不圓」；如果換算成中國的紀年，哥白尼的日心說是明朝嘉靖五年的發現；地下五十里煤之下，有大獸骨；墨西哥挖掘古城，其中有文字；苔又為生物之始；落基山有天文鏡甚大；印度沒有冬天，伊斯蘭教則沒有閏月……

他用新視角來解釋中國歷史，堯舜就像今天的土司頭人，各大土司變成了諸侯國。除去江南製造局的西學譯書，佛學也是重要的參照體系，他說地球是從太陽產生，月球又是從地球產生，崑崙山則是地球之頂，上面有四大金龍池，一條流入俄國，一條流入波斯、印度，還有一條黃河流入中國……①

對於長期被禁錮於八股、詞章的年輕人來說，這幾乎是一個知識的迪士尼樂園，它把你頭腦中支離破碎的知識置於一個脈絡中，還提供一個聞所未聞的新圖景。沒人有能力深究這些過分混雜的知識正確與否，首先會沉醉於快感中。「講者忘倦，聽者也忘倦」，梁啟超回憶說，「每聽一度，則各各歡喜踴躍，自以為有所創獲，退省則醰醰然有味，歷久而彌永也。」康有為更有一種憂患意識，每談及國事危難、民生憔悴、外侮到來，「輒慷慨欷歔，或至流涕」。這給年輕人帶來使命感，「懍然於匹夫之責而不敢自放棄，自暇逸」。②

這是梁啟超大開眼界的一年，自稱「一生學問之得力，皆在此年」，並迫不及待地要將新體驗分享出去。在長興學舍度過幾個月後，他與陳千秋回到學海堂，幾乎每天都「大詆訶舊學，與長老儕輩辯詰」。③

---

① 康有為《萬木草堂口說》，北京：中國人民大學出版社，2010 年，第 3—4 頁。
② 丁文江、趙豐田編《梁啟超年譜長編》，第 18—19 頁。
③ 同上，第 17 頁。

辯論不僅是自我炫耀，更可以招朋引伴。在陳千秋、梁啟超與徐勤之後，韓文舉、梁朝傑、曹泰、麥孟華、王覺任先後加入長興學舍。這緣於康有為的吸引力，也是梁啟超、陳千秋的勸說。麥孟華來自順德，樣貌俊美，善於詩詞，風格「婉約深秀」，他只比梁啟超小一歲，兩人尤為親近，以梁麥並稱，「相將顧盼惜毛羽，睹者輒比雙鳳鳴」。[①] 番禺人韓文舉是明末烈士韓上桂的後代，一位商人之子，他心儀東晉時捫蝨而談的王猛，自命為「捫蝨談虎客」。林奎是新會人，性格頗為仗義，尤善臧否歷史人物。陳和澤是康有為的遠親，喜歡追問各種問題。東莞人王覺任是最年長的一位，生於 1860 年，僅比康有為年輕兩歲，他心思細膩，自尊自愛。最年輕的梁朝傑來自新寧，加入長興學舍時只有十四歲，以過目不忘、沉迷佛學著稱。

南海人曹泰再好不過地表現了學舍弟子的特性。梁啟超與陳千秋在廣州街頭閒逛時，看到一家翰墨池館，從門縫中看到一副對聯：「我輩耐十年寒，供斯民衽蓆；朝廷具一付淚，聞天下笑聲。」他們被對聯的氣魄感到驚異。曹泰正是對聯的作者，隨後也進入長興學舍。[②]

這些年齡相仿、個性不同的少年，是一個微縮版的珠三角精英群體。他們頭腦敏銳，脾性怪異，彼此找到了共鳴，都能體會到被康先生當頭棒喝的震驚感，成為最初也最忠誠的追隨者，被外人稱為「長興里十大弟子」。

康有為是父、兄的混合體。他鼓勵學舍的自治與參與性，學舍每年設立一名學長，挑選秀異與負有威望的學生，督促其他人的學業，也在老師缺席時講學。儘管梁啟超日後最有成就，在當時卻並非最受青睞的學生。陳千秋成為第一任學長，一直到他離世都最得欣賞與信任。曹泰以天資聰穎著稱，他與陳千秋最能領會康有為，並稱為學舍

---

① 陳漢才《康門弟子述略》，廣州：廣東高等教育出版社，1991 年，第 10 頁。
② 梁啟勳《「萬木草堂」回憶》，《追憶康有為》，第 194—195 頁。

的龍與象。每當康有為討論新理念，陳千秋是最理想的討論對象，二人「辨析入微」，梁啟超則只能「輒侍末席，有聽受，無問難，蓋知其美而不能通其故也」。對於康鍾愛的佛學，他插不上話，遺憾自己「夙根淺薄，不能多所受」。[1]

學舍是一個親密的共同體，弟子們隔三岔五就一起遊逛，足跡遍至粵秀山上的學海堂、菊坡精舍、紅棉草堂、鎮海樓。他們賞月、閒談，討論白天的所學所感，彼此熱烈爭論。如果康先生同往，野外就變成了課堂，眾人「拱默以聽」；倘若先生不在，則「主客論難鋒起，聲往往振林木；或聯臂高歌，驚樹中棲鴉拍拍起」。[2]夏日時分，他們租船出遊珠江，到江中飲酒、吃夜宵、暢談。珠江遊船如織，最豪華的紫洞艇只要一元，更有無數小艇穿梭其中，兜售食物，「艇仔粥」尤受歡迎。

二

與其他學館更為不同的是，長興學舍弟子還有機會參與編纂書籍。朱次琦述而不作，康有為卻是一個狂熱的書寫者，他邀請弟子成為合作者，收集資料、校對文稿，或許還參與初稿寫作。

對於康有為，這是個高產的年份。在完成了《長興學記》五個月後，《新學偽經考》付諸刻印。全書規模驚人，共十四個章節，超過二十萬字。陳千秋、梁啟超是編檢，或許還撰寫了一些章節，韓文舉與林奎校對史料。出於對陳千秋的顯著偏愛，康有為邀請他撰寫後記。

這是梁啟超首次參與一本書的創作，或許就像初逢康有為那樣，

---

① 丁文江、趙豐田編《梁啟超年譜長編》，第 17 頁。
② 同上，第 18 頁。

滿是顛覆式的震驚。「始作偽，亂聖制者，自劉歆；佈行偽經，篡孔統者，成於鄭玄」，《新學偽經考》以這樣大膽的判斷開篇。[1]

這判斷背後是學術界正發生的戲劇性變化，今文經學迅速興起，挑戰既有的學術秩序。這一切源頭要回到六經，也就是傳說中孔子整理的六本典籍，《詩》《書》《禮》《易》《樂》與《春秋》。因《樂》經佚失，六經後來變成了五經。自漢代以來，不管朝代如何更迭，它們都被視作一切智慧的源泉，從安邦定國到個人規範，皆能提供指導。對它們的研究、註釋則被稱作經學，比如圍繞《春秋》，就產生了《左傳》《公羊傳》《穀梁傳》這三種詮釋性的著作。

歷代統治者依賴教化來控制社會，經學成為「為國家特權合法性辯護的具有意識形態封閉性、排他性的系統」，而「皇帝、朝臣、軍官、士紳都藉經典為他們對公共及私人事務的壟斷辯護」。[2] 同時，經書語言模糊，不同時代產生不同的詮釋者，按照自己所處環境重新理解。在某種意義上，誰控制了經典的解釋權，誰就接近了政治權力。宋代以來，對它的詮釋是文人獲得功名最主要的途徑。南宋朱熹取《禮記》中的《中庸》《大學》兩篇文章單獨成書，與《論語》《孟子》合編為「四書」，強調修身之重要。宋元以後，四書與五經作為科舉考試的基礎教材，佔據着讀書人知識生活的中心。

今文經學與古文經學的爭端要回到秦始皇時代。這位統一思想的皇帝用小篆取代各國文字，用焚書坑儒來消除異端思想，人們普遍相信，古典著作有相當一部分因此遺失。秦漢之際，項羽火燒咸陽，秦官方藏書也被付之一炬，先秦典籍損失嚴重。漢代學者依賴殘存的經文來理解古人的思想，這些用漢代通行的隸書體書寫的經文被稱作今

---

① 康有為《新學偽經考·述敘》，《康有為全集》第一集，第 355 頁。
② 〔美〕艾爾曼《經學、政治和宗族：中華帝國晚期常州今文學派研究》，南京：江蘇人民出版社，2013 年，第 236 頁。

文經。漢武帝末年，魯恭王拆孔子舊宅以擴其宮室，在孔府舊宅的牆壁內發現《尚書》《禮記》《孝經》等經書，它們用古時的籀文書寫，被認為是僥倖逃脫焚燒的古代經文。這個發現引發後世長久的爭論：到底哪個版本才是真實的？

政治介入使爭論變得更為複雜。今文經講求在經文中發現現實政治意義，曾一度佔據優勢。「獨尊儒術」的董仲舒是其擁躉。劉歆是古文經支持者，他奏請漢哀帝將《左傳》《周禮》《毛詩》《古文尚書》等新發現的經書頒入太學。當王莽篡位改國號為「新」時，劉歆的期望成為現實，古文經成為正統。新朝只持續了十五年，劉秀恢復的漢室重新將今文經尊為官方的意識形態。

歷史充滿弔詭，東漢中葉以後，儘管有官方認可，有何休這樣的偉大詮釋者，今文經派卻逐漸衰落了。因為馬融、鄭玄等古文經學大師的努力，被打入民間的古文經學逐漸獲得了學術生命力。在漫長的歲月裡，很少有學者關注古、今文經之爭，除了唐宋時期的些微波瀾，它到 18 世紀末才再度興起。常州學派大儒莊存與對和珅時代的腐敗充滿憤怒，藉由重新詮釋經書，表達自己的政治不滿，其中《公羊傳》是他依賴的主要典籍。《春秋》在六經中佔有特殊地位，被視作唯一由孔子親自撰寫的著作。這部魯國編年史被從不同視角解讀，古文學派用《左傳》的視角把它理解成一部單純的史書，信奉《公羊傳》的今文學派卻讀出了道德褒貶，將它視作某種政治哲學，何休的《公羊解詁》正是這種論點的代表作。

莊存與試圖在《春秋》中找到着力點，在嚴酷的文化環境中發揮自己的理念：上天制定了世界的秩序，聖人則將它表述出來，人有義務參與治亂，儒生要用行動糾正危機。他看重《公羊傳》中的微言大義，其中蘊含的道德意義。莊存與還有一位才智非凡的外孫劉逢祿，用一種嚴格的考據法將學說發揚光大，在他的幾本著作中，都將何休

公羊論中「非常異義可怪之論，如張三世、通三統、絀周王魯、受命改制諸議，次第發明」。[1]

「張三世」表明歷史的進化，從「亂世」轉向「昇平世」，最終通往「太平世」。何休相信，孔子在《春秋》中藏有對產生「大一統」的昇平世的敘述。[2]「通三統」則代表着三種制度形式，以紅、白、黃三色代表，例如夏代是「黑統」，商代「白統」，周為「赤統」。朝代更迭意味着承天命、改正朔、易服飾、定國色，也意味着任何朝代都不會長盛不衰，上承天命的新王朝會取代失去天命的舊王朝。

經學家劉逢祿有位著名的外甥龔自珍，天才般地將公羊學精神帶入時事評論中，那些尖銳言辭是對沉悶時代的最佳反抗。公羊學形成一個若隱若現的傳統，它言辭模糊，足以接納不同的解釋方式，尤其吸引那些心靈敏感之人。由它生發出的意義世界，則可能應對越來越複雜的時代環境。

康有為屬於這個傳統，卻比任何人都走得遠。《新學偽經考》宣稱凡是漢代劉歆力爭為之設立博士的經書 ——《周禮》《儀禮》《左傳》、毛注的《詩經》 —— 都是偽造的。劉歆為了取悅「新」皇帝，偽造經書確認篡位者的合法性。「新學」得名於王莽篡位後設立的「新朝」。兩千年來的經學家都錯了，他們不該奉「偽經」為真旨。孔子真正的精神被埋沒，藏於煙霧中，以至於「天地反常，日月變色」。[3]

尊崇鄭玄與古文經是清代學術主流的基礎，康有為的宣言無疑是對這種傳統的直接顛覆。這個異端念頭並非純然是從康有為的頭腦中產生的，他刻意忽略了四川人廖平的影響。作為王闓運的高足，廖平孜孜於今古文之爭，他的《知聖篇》與《辟劉篇》早已做出相似的判

---

① 梁啟超《清代學術概論》，第 67 頁。
② 艾爾曼《經學、政治和宗族：中華帝國晚期常州今文學派研究》，第 169 頁。
③ 康有為《新學偽經考》，《康有為全集》第一集，第 355 頁。

斷。很有可能，康有為 1888 年在北京讀到了這些作品。一年前，廖平途經廣州，與康有為相互拜訪，後者還寫了一封不客氣的長信，斥責他「好名鶩外，輕變前說，急當焚毀」。但僅僅一年之後，這本新著大量沿襲了廖平的思考。「倚馬成書，真絕倫矣」，廖平日後譏諷說。① 梁啟超以後倒是大方地承認了廖平對自己的影響。

在梁啟超看來，《新學偽經考》不啻「思想界的大颶風」，「第一，清學正統派之立腳點，根本動搖；第二，一切古書，皆須從新檢查估價」。否定帶來解放，規範被打破帶來自由。他了解這種論調，長興學舍弟子入門的第一本書就是《公羊傳》，康有為更是着力把孔子描繪為另一個形象：他不是一個歷史記述者與教育者，本身就是一位制度設計者、偉大革新者、一個無冕的「素王」；他洞悉一切，有扭轉乾坤的行動能力，藉《春秋》描繪了一整套政治制度。

梁啟超對康有為的寫作風格略感不安，曾對陳千秋私下抱怨老師的武斷，「其對於客觀的事實，或竟蔑視，或必欲強之從我」。但這種「萬事純任主觀，自信力極強，而持之極毅」的風格，其實正是康式魅力的核心。②

在 1891 年的廣州，一些讀者覺得這些不過是狂生之言。「五經去其四，而《論語》猶在疑信之間，學者幾無可讀之書」，在給康有為的信中，廣雅書院山長朱一新表達了這種不安。這位浙江義烏人求學於詁經精舍，官至陝西道、監察御史，也是清流派一員，因彈劾李蓮英被降職，被張之洞聘為廣雅書院的山長。朱一新意識到時代之困境，卻篤信應靠「正人心，端學術，濟時艱」來應對。他將自己的講義命名為《無邪堂答問》，他覺得康有為不無「邪」之可疑，是在以

---

① 廖平《經話甲編》，轉引自錢穆《中國近三百年學術史》，北京：商務印書館，1997 年，第 715—716 頁。
② 梁啟超《清代學術概論》，第 70—71 頁。

「偽經」的名義摧毀經學傳統。

他也吃驚康有為竟然為秦始皇辯護，在康有為眼中，秦始皇不再是個焚書坑儒的暴君，而是孔子的支持者。當康有為送他《舊約》時，疑慮更是大為增強。康有為將今文學、古文學的爭論類比為《新約》與《舊約》之分，西方富強全因《新約》取代了《舊約》，今文學是中國急需的《新約》。這個類比還暗示，康有為自己正是中國的馬丁·路德。

朱一新說康有為神化了劉歆的作用，「仰尊孔子，陰祖耶穌」，勸他不要「將鼓一世聰穎之士顛倒於新奇可喜之論」，因為很可能「惑經之風於是乎熾」。康有為辯解說，自己的教學是「求義理於宋、明之儒，以得其貫通，兼涉外國政俗教治，講求時務，以待措施，而皆本之孔子之大義以為斷」，還寄了弟子們的十二冊札記給朱一新，以表明自己「不敢以考據浮誇領率後生。……蓋皆宋儒之遺法，非敢薄之」。他對自己的教育實踐也頗有自得：「門人興起者，亦頗有人（雖未能大治身心，亦頗淡榮利）。」[1]

這場充滿破綻的論爭頗能展現當時的思想氣氛。朱一新代表嚴肅學者，憂慮「異教入侵，聖學衰微」，康有為則是為「以夷變夏」開啟了大門。朱一新高估了康有為的西化程度，在給另一位學者洪右臣的信中，康有為承認「泰西之政，比於三代，猶不及也」。[2]

三

1891 年初冬，梁啟超前往北京，履行兩年前的婚約。長興學舍滿

---

[1] 兩人論爭過程，見康有為《與朱一新論學書牘》，《康有為全集》第一集，第314—336 頁。

[2] 康有為《與洪右臣給諫論中西異學書》，《康有為全集》第一集，第 337 頁。

是分離的感傷。師徒都有一種自我賦予的救世情結。「道入天人際，江門風月存。小心結豪俊，內熱救黎元。憂國吾其已，乘雲世易尊。賈生正年少，誅蕩上天門。」在臨行贈詩中，康有為把梁啟超比作天才政論家賈誼，期望他在京師廣結豪傑，以天下為己任。陳千秋的語句更是悲壯：「豈無江海志，誅蕩恣游遭，蒼生慘流血，敝席安得暖。」[1]

「十月入京師，結婚李氏」[2]，梁啟超對這一重大人生事件，只有寥寥一筆提及，沒留下任何細節。婚房是新會會館的三間北房，這是他第一次見到李蕙仙。蕙仙父母早逝，全賴堂兄李端棻撫養成人，她樣貌不算出眾，但性格尚稱得上賢良，只是據說尤嗜檳榔。這是一樁不對等的婚姻，對於來自官宦之家也更年長的妻子，梁啟超總有種特別的敬意。這段婚姻把梁啟超帶到了人生的另一個階段，他從此以李端棻內弟的身份出現在京官與文士當中。

婚後不久，梁啟超返回廣州，為來年的春闈做準備。茶坑梁家的悲傷緊接喜事而來，梁維清在第二年正月去世。這是母親離世後，梁啟超又一位至親離去。不過梁維清應該是帶着滿足離去的，畢竟他最疼愛的長孫已經高中舉人，還迎娶了高官顯宦之女，這些都足令一名鄉村秀才感到驕傲。

祖父葬禮後不久，梁啟超再度前往北京參加考試。這一年的主考官是戶部尚書翁同龢，李端棻則是三位副主考官之一。據說，李端棻曾試圖為這位內弟疏通關節。直接舞弊當然是科場大忌，但考官們仍想方設法拔擢自己信賴的考生 —— 翁同龢就一心期望提攜自己欣賞的張謇 —— 通過猜測考卷的文風之類，這些考官常常能從中辨認出自己心儀的學生。這在當時是頗為普遍的做法，不過，梁啟超婉拒了李端

---

① 丁文江、趙豐田編《梁啟超年譜長編》，第 19 頁。
② 梁啟超《三十自述》，《飲冰室合集》第 2 冊，文集之十一，第 17 頁。

菜的好意。

他再度體驗到名落孫山的苦澀。這一年的進士榜上有張元濟、蔡元培（補練楷書後，順利高中）。一位名叫曾樸的舉人也金榜題名，他日後將以小說家聞名。汪康年也榜上有名，對於三十歲的他來說，這總算是一份遲來的獎賞。藉由汪康年，梁啟超還結識了汪的表弟夏曾佑，一位著名的數學家之子，兩年前高中會元，殿試中獲得二甲第八十七名，這一年被授予禮部主事。夏曾佑見識廣闊，不僅遊歷過廣東、香港與武昌，拜會過英國傳教士傅蘭雅（John Fryer），也對今文學深感興趣，被同代人誇讚為黃宗羲、龔自珍的傳人。這是梁啟超第一個非廣東籍的密友，他們相差十歲，但這顯然並未阻礙他們的交流熱情。

家庭與友情，都給予落榜的梁啟超某種慰藉。這些人微言輕卻胸懷高遠的青年，定會感到京城中的不祥氣氛。同治中興的氣象早已衰退，清流派代表的銳氣（儘管經常是幼稚的）全然落敗，一種貪腐、縱樂的風氣肆無忌憚地四處瀰漫。

「都門近事，江河日下，樞府唯以觀劇為樂，酒醴笙簧，月必數數相會。南城士大夫，藉一題目，即音尊召客，自樞王以下，相率赴飲。長夜將半，則趁筵次入朝。賄賂公行，不知紀極。投金暮夜，亦有等差。」一位京官曾這樣描述北京。在這樣的賄賂等級中，軍機大臣孫毓汶因與慈禧、李蓮英關係密切而權勢熏天，排名第一，綽號「大聖」，見他一面需要六百金，滿人親貴禮親王世鐸要三百，許庚身要兩百，張之萬是一百。[①]

兩年後的慈禧六旬萬壽慶典逐漸成了中心話題。重修三海、頤和園催生了越發臃腫的官僚機構，工程尚未開始，工部已經派遣司員

---

① 黃濬《花隨人聖庵摭憶》，參見石泉《甲午戰爭前後之晚清政局》，《石泉文集》，武漢：武漢大學出版社，2006年，第576頁。

六十名，接着增加到八十人。御史李慈銘在奏摺中稱官員的品級賞賜得太過隨意，連一個主事都會加上四品銜，他擔心「宵人竊位，則志士傷心；倖者冒功，則勞臣奪氣」。[①]

梁啟超攜新婚妻子返回家鄉，在茶坑村舉辦婚禮，洞房就是狹小的怡堂書室。「夫人以宦族生長北地，嬪炎鄉以農家子，日親井臼操作，未嘗有戚容」，梁啟超對於妻子的包容深為感激，這個官宦之女還頗會處理婆媳衝突。梁寶瑛的新妻子只比李大兩歲，但「夫人愉愉色養，大得母歡，篤愛之過所生」[②]。這位夫人也鬧了笑話，她的家鄉貴州為鴉片出產地，男女老幼皆吸鴉片，所以常問別人吸不吸煙。

整整一年，梁啟超在茶坑過着家居生活。梁家充滿了死亡與新生，繼母所生的五弟數日後就夭折了，庶母則生下了六弟。第二年，長女梁思順在二月出生，梁啟超也成了父親。

茶坑生活平靜，梁啟超卻變了模樣。他大量閱讀江南製造局的譯書，既有來自瑞士學者馬爾頓（Charles de Martens）撰寫的外交指南，也有中國出訪者的日記，以及傅蘭雅編輯的《格致彙編》（*The Chinese Scientific Magazine*）。他如今有了新朋友可以抒發志向。在給汪康年的信中，他表達了自己的無力感，「周覽天人，知天下之事無可為」，與兩三個同志一起著書似乎變成唯一的選擇。[③]他希望汪能給他提一些人生建議：「足下愛我，其何以教之哉？」[④]他還把正在浙江擔任小官吏的康廣仁介紹給汪康年，希望他能幫助此人結識更多的浙江名士，銷售《新學偽經考》。

在另一封信中，梁啟超展現出對鐵路的迷信。他覺得「中國人士

① 張桂麗《李慈銘年譜》，第 333 頁。
② 梁啟超《悼啟》，參見丁文江、趙豐田編《梁啟超年譜長編》，第 656 頁。
③ 丁文江、趙豐田編《梁啟超年譜長編》，第 20 頁。
④ 《汪康年師友書札》，上海：上海古籍出版社，1986 年，第 1827 頁。

寡聞淺見，專以守殘，數百年如坐暗室，一無知覺」，而鐵路能夠打破封閉、守舊的習俗，令人「耳目一新，故見廓清，人人有海若望洋之思」。他感慨，有權勢與威望的老一代「因循觀望」，年輕一代有志向卻無權力，「坐論莫展一籌」。他對張之洞寄予厚望，盼着作為幕僚的汪康年能勸說這位回任武昌的總督行動起來，推動鐵路的修建：「誠能於南北衢途成一大陸，而令商民於各省直接築，則十年之間，如身使臂，臂使指，與今日電線相應，轉弱為強之機，可計日而待也。」他還在計劃一次旅行，臘月時先前往貴州，然後再去北京，途中路過湖北。他很想去拜會汪康年，如果汪那時恰好在武漢的話。[①]

四

這趟旅程終於未能成行，梁啟超 1893 年回到廣州。一年多來，長興學舍不斷擴張，先從長興里搬到衛邊街鄺氏祠堂，又搬遷到廣府學宮仰高祠，更名為萬木草堂。在此過程中，徐勤與梁啟超出力最多，他們篤信草堂的遠大前程，捐款簽下了十年租約。這一年，梁啟超和陳千秋成為學長，弟弟啟勳也隨他進入草堂。[②]

這是萬木草堂富有轉折意義的一年。康有為在鄉試中高中第八名，麥孟華也同樣上榜，使得草堂在怪異名聲之外又增加了新的維度：原來他們也善於寫制藝文章。康有為保持着他的狂傲，沒有依照慣例去拜訪座師，這令主考官頗為不悅，多少為日後的災難埋下了伏筆。

朱一新「新奇顛倒」的憂慮成了現實，康有為的才華與個性引來新的追隨者，長興學舍人數不比大館，弟子資質卻令人稱奇。新會人

---

① 《汪康年師友書札》，第 1828—1829 頁。
② 丁文江、趙豐田編《梁啟超年譜長編》，第 21 頁。

陳子褒名列此次鄉試第五名，自己設館於六榕寺塔後，學生有六七十名，比萬木草堂還多。他曾聽梁啟超講述康有為的學識與風采，中舉後對康「一見傾倒」，即執贄為弟子，並對朋友盧湘父說：「上下三千年，縱橫九萬里，康先生盡之矣。」[①]梁啟超也領教了康式魅力，「善能震蕩學者之腦氣，使之悚息感動，終身不能忘；又常反覆說明，使聽者渙然冰釋，怡然理順，心悅而誠服」。[②]一年後，盧湘父也加入萬木草堂。廣西臨桂人龍澤厚已被簽發為四川某知縣，路過廣州時被康有為的學識、風采折服，拜入門下。[③]梁鼎芬送來贈詩，其中有「九流混混誰真派，萬木森森一草堂」的句子，暗示草堂的遠大前程。[④]梁鼎芬是當世名士、學海堂學長張維屏的曾外孫，他的舅父則是對康有為大加賞識的張鼎華。他是張之洞最器重的幕僚之一，以美髯著稱，與文廷式私交甚篤。這種同代名流的讚賞，最令康有為感到自得，然而誰也預料不到，不久之後他們將勢同水火。

新弟子馬上就領略了萬木草堂的魅力。與尋常學館擊梆開課不同，萬木草堂以擊鼓為開始。三通鼓後，弟子們分列東西，鵠形站立在課堂前。接着，康有為走進來，左右點頭致意後落座，眾人也坐下。

強烈的儀式感也表現在身體姿態上。康有為正襟危坐，八字腳着地，從不交足疊股。弟子們坐在硬凳上，身體挺立。不過當他一開口，學生們就把這身體的束縛遺忘了。講台上沒有書本與講義，只有茶壺與茶杯。一堂課持續三四個小時，「由甲起乙，由乙起丙，以至國際形勢，國內變化，幾至無所不言」。他的氣勢更是攝人，「氣壯如

---

① 盧湘父《萬木草堂憶舊（選錄）》，《追憶康有為》，第 179 頁。
② 梁啟超《南海康先生傳》，《追憶康有為》，第 7 頁。
③ 陳漢才《康門弟子述略》，第 69 頁。
④ 梁啟勳《「萬木草堂」回憶》，《追憶康有為》，第 192 頁。

第四章　狂生　　079

少年，每發一詞，則滔滔不休」。^①

　　講到一半，小童會端上茶點，康有為稍作休息，接着講下半場。弟子們對學術源流尤為興奮，熱衷於聽到康有為「把儒、墨、法、道等所謂九流，以及漢代的考證學、宋代的理學等，歷舉其源流派別。又如文學中的書、畫、詩、詞等亦然。書法如晉之羲、獻：羲、獻以前如何成立，羲、獻以後如何變化……皆源源本本、列舉其綱要」。^②每當草堂貼出「今日講學術源流考」，大家都歡呼雀躍。

　　康有為也着迷於這種興奮，聽眾愈多，他的表現也會愈佳。

　　「（同學們）都是二十左右歲的人，正是求知慾最發達的時候。腦海中本來空空洞洞，一張白紙，甚麼東西都可以收納」，梁啟勳日後回憶說，「又值方面複雜、材料豐富的學術源流講義以誘導之，所以同學們的思想盡情奔放，各隨其意志之所接近，衝動之所趨向，如萬壑分流，各歸一方。」^③

　　其中常有虛妄的評論。康有為從樂器中發現「笛管甚長，手指不能遠壓，不能成聲。乃悟古人身體甚長，故尚有長狄，去巨獸之期不遠，地熱力甚大故也。今隔兩千餘年，地繞日漸遠，熱力漸小，人身漸短，因推再過兩千餘年，今笛亦不合後人之用，後萬年小人極多」。^④

　　康有為還自創了一套尊孔禮儀，草堂中有一個禮樂庫，包括鐘、鼓、磬、鐸、干、戚、羽、旄等樂器，並引用西人禮拜堂的琴弦樂歌、舞蹈，還有投壺所用的竹箭。每月一次的習禮時，「鐘磬齊奏，干戚雜陳，禮容甚盛」。康多少相信，這種禮樂精神正是時代所稀缺。^⑤

---

① 任啟聖《康有為晚年講學及其逝世之經過》，《追憶康有為》，第 381 頁。
② 梁啟勳《「萬木草堂」回憶》，《追憶康有為》，第 189—190 頁。
③ 同上，第 193 頁。
④ 康有為《康南海自編年譜》，中國史學會主編《戊戌變法》（四），第 124 頁。
⑤ 梁啟勳《「萬木草堂」回憶》，《追憶康有為》，第 191 頁。

康先生令人折服的不僅是學識、想像力，還有過人的精力。在硬板凳上坐了幾個小時，弟子們下堂後，立刻躺在了床上，康有為卻繼續批閱功課。每個弟子都有一本功課簿，寫下讀書時的疑問或心得，每半月上交一次。即使是一個簡短的疑問，康有為也常常作出長篇批答。批作業時，他還會傳喚弟子來面談。這是令人惴惴不安的一刻，他們剛躺上床、攤開手腳休息，卻要被叫起來接受詢問。

草堂內像是原始共產主義社會，書籍、用具、衣著不分彼此，有時連康有為都忍不住提醒他們，外面的世界斷不會這樣良善。草堂的圖書館在不斷擴充，除去康有為的捐贈，弟子們也捐出自己的圖書。草堂藏書共七千餘卷，派弟子負責管理，以省去眾人分別購買的麻煩，也讓好學的貧寒學生得以閱讀。草堂中有一本《蓄德錄》，每天順着宿舍依次傳遞，每個人隨自己的喜好在上面錄入格言，寫滿後儲存於圖書館內，新同學可借閱。

編書則是另一項集體行為，在編輯《孔子改制考》時，康有為「指定一二十個同學，把上自秦漢、下至宋代各學者的著述，從頭檢閱。凡是關於孔子改制的言論，簡單錄出，注明見於某書之第幾卷、第幾篇」。[1]

隨着學生的增加，以及康有為日益頻繁的外出講學，學長制變得日益重要。草堂變成了一個自治組織，可以讓一群特立獨行的青年自由切磋。陳千秋學習勤奮，做事富有條理，對書籍有一種特別虔誠的態度，倘若在房中踱步看書，必用長袖托書，若在桌前則一定要把桌面擦乾淨，才把書放在上面。這裡沒有其他教師，都用學生來教：博文科學長負責助理教授及分校功課，約禮科學長負責督率體操、書器。康有為最重要的助手也從中脫穎而出。梁啟超是第二任學長。來

---

[1] 梁啟勳《「萬木草堂」回憶》，《追憶康有為》，第 191 頁。

自三水的徐勤則以慷慨、忠誠、勤力著稱，他家資豐厚，不僅主動承擔貧困同學的學費，還是草堂各項事業最重要的贊助人。他經常和同學們討論大同理想，陳和澤有一次笑着問他，可否把自己的綢緞褲子讓同門兄弟穿，他聽完之後立刻就脫了下來。如果說陳千秋是最受康有為青睞的學生，徐勤則是最忠誠的一位，甚至時常督促偷懶的同學們編書。麥孟華聰穎異常，他的弟弟麥仲華日後娶了康有為的長女康同薇。曹泰喜歡躺着讀書，床上堆滿了書，夜晚索性就睡在其中。他習慣晚起，不無詼諧地寫了一張客約貼在臥室裡：「五更未睡不能起，木蝨咬傷不能起。」[①] 他還着迷於求仙問道，頗有些虛無傾向。這與陳千秋恰成對比，陳推崇行動精神，感慨「吾窮天下之理已至矣，已無書可讀矣，惟未嘗試於事」。[②] 作為草堂的龍與象，二人的辯論經常引發所有同學的興趣。每當其中一人發言時，眾人覺得對方肯定無法回應，然而另一人不僅成功回應，而且同樣令人覺得無法辯駁。兩人常能這樣交鋒甚久，令同學們驚歎不已。他們常說，陳千秋像是永嘉學派，曹泰似乎更近於王陽明。少年們常熬夜讀書，每當悟出一些新道理，便相視大笑。

沒人比梁啟超更善於寫文章。因為有膏火可領，草堂弟子也在其他書院註冊，參與考試，一般是前往粵秀、粵華、羊城書院，梁啟超則多去應元、菊坡精舍 —— 只有舉人才有資格進入應元，而菊坡所考經史詞章難度太大。一位同學記得，每次應課，別人都埋頭伏案、夜以繼日地寫作，梁啟超卻總是悠然自得、無所事事，同別人一起說笑，直到夜深才開始動筆，從不打草稿，直接答畢交卷。[③]

他們也在古代智者中尋找自我認同。在梁啟勳心目中，陳千秋是

---

① 梁啟勳《「萬木草堂」回憶》，《追憶康有為》，第 195 頁。
② 康有為《康南海自編年譜》，中國史學會主編《戊戌變法》（四），第 127 頁。
③ 盧湘父《萬木草堂憶舊（選錄）》，《追憶梁啟超》，第 146 頁。

追求經世的法家，曹泰是嚮往個體自由的道家，梁啟超有一種「無我博愛」的精神，可被稱作墨家。他作為一個性格溫和的溝通者、敏銳的闡述者的特性已顯露出來。在這種類比背後，是諸子學說在清末的興起。與今文學說一樣，對於墨子、韓非子、孟子、荀子等的研究象徵了裂變的學術世界：既然要越過歷代注經者直接向孔子尋求智慧，那與孔子同時代的思想者、他的門徒當然應該更接近經典的智識。

　　草堂弟子有強烈的身份意識。他們都穿藍夏布長衫、束腳褲（這也是儀容端莊的一部分），一看就知道是康有為的學生。他們普遍健談，在一些考場與聚會上，只聽到他們在高談闊論，其他學館的弟子只能旁聽。他們努力擴散草堂的影響力，推廣康有為的學說，不管是「公羊三世」「大同學說」，還是《萬國公報》上的言論，都讓他們亢奮不已，認定自己掌握了時代的脈搏，體會到了歷史的發展方向。梁啟超與徐勤等同學曾成立「輔仁精廬」，租借西湖街的一間書室，邀人開會聚談，想仿效康式講學，拓展風氣。不過，猛然湧來的一百多位學子弄得他們手忙腳亂，「八面周旋，唇焦舌敝，其結果命題會文而已」。[①] 輔仁精廬是年輕人眾多短命的嘗試之一，也可以看成未來行動的某種預演。草堂將成為新的變革中心，每個學生都是組織者與行動者。「康黨」的稱呼將很快隨他們而來，這種充滿戲謔的名頭蘊含着某種叛逆，因為孔子教誨人「君子群而不黨」。他們也的確有種強烈的道德感。廣府學宮仰高祠奉祀廣東歷代著名官員，講堂中的神龕供奉這些人的木牌位，梁啟超有天發現了崖山之戰時元軍漢將張弘範的牌位，眾人大怒，在公佈他的罪行後，梁啟勳劈開木牌，將之投入廚火之中。

　　梁啟超頻繁造訪雙門底的聖教書樓。這是廣州唯一一家販賣西學書籍的書店，由一位基督教徒開辦，離萬木草堂幾步之遙，康有為也

---

① 　盧湘父《萬木草堂憶舊（選錄）》，《追憶康有為》，第 183 頁。

是這裡的常客。書樓前廳擺放着廣學會的西文書籍，《萬國公報》尤為顯著，後廳是禮拜堂，似乎暗示着新知識總是伴隨信仰而來。書樓司事王質甫是兼職牧師，每逢星期天在此佈道。

梁啟超也日益以獨立學者的姿態出現。1893年冬天，他與韓文舉一同前往東莞開館，學館就設在城內墩頭街的周氏宗祠內。除去教授應試技巧，這裡也是康有為思想的講台。「先生命治公羊學，每發大同義理，余思想為之一變，始知所謂世界公理，國家思想」，時年十七歲的東莞少年張伯楨在日記裡回憶說。①

面對這些聽眾，梁啟超還編纂了人生中第一部著作《讀書分月課程》。「四庫之書，浩如煙海，從何處讀起耶？」梁啟超劈頭問道。他把學問分為五類：經學、史學、子學、理學、西學，並提供了一份六個月的速成書單，幾乎是康有為教學的翻版。他強調了對墨子與孟子的興趣，最不喜歡荀子。他要求學生先讀《萬國史記》，「以知其沿革」，其次讀《瀛寰志略》，「以審其形勢」，隨後讀《列國歲計政要》，「以知其富強之原」，讀《西國近事彙編》，「以知其近日之局」。除此之外，還有一本天文學著作《談天》，一本地質學的《地學淺識》。②

他顯得過於樂觀，認為傳統的知識經過一年半載便可全盤掌握，西學也「不出三年」，然後便可以成為一代通儒。這種語氣帶有一個二十歲青年重構知識世界的鮮明痕跡。他強調筆記的重要性，「當如老吏斷獄，一字不放過」。在結尾處，他鼓勵讀者「稍一優游，則此三年已成白駒過隙，亦何苦而不激其志氣以務求成就乎？朱子曰：『惟志不立，天下無可為之事，是在學者。』」③ 這種激勵式的語氣是他日後寫作的重要特點。

---

① 《張篁溪日記》，轉引自丁文江、趙豐田編《梁啟超年譜長編》，第21頁。
② 梁啟超《讀書分月課程》，《梁啟超全集》第一冊，第3—4頁。
③ 同上，第4頁。

第五章

———————

戰 爭

一

甲午年是在一連串晉封與賞賜中開始的。正月初一（2月6日），瑾嬪、珍嬪分別被晉升為瑾妃、珍妃，奕劻由慶郡王變為慶親王。李鴻章也被賞賜三眼花翎，在大清國兩百多年歷史上，除去王公，此前唯有乾隆朝的傅恆與福康安、嘉慶朝的和琳、道光朝的長齡與禧恩得到過這樣的賞賜，在漢人大臣之中，李鴻章更是第一個獲此殊榮的人。[1] 這次賞賜範圍之廣前所未見，北洋海軍提督丁汝昌賞加尚書銜，總兵劉步蟾賜給寶壽字一方，大卷八絲綢緞二匹。[2] 戶部尚書翁同龢則贏得了雙眼花翎。「未至午即上殿恭俟筵宴」，他在當天的日記中寫道，「午正上升坐，樂舞如常儀，四刻多畢。」[3]

晉封與賞賜只是這場浩大、漫長慶典的一環。這一年十月十日，慈禧太后將迎來她的六十歲生日。按照中國人的紀年方式，這次生日不僅是一個輪迴的結束，也象徵着一個嶄新的開始。這場事先張揚的慶典早在八年前就開始籌備了，清漪園被重修，並更名為頤和園——「頤養沖和」之意顯然適於太后的晚年生活。負責慶典的內務府參照的標準是 1751 年崇慶太后的六旬萬壽慶典與 1790 年乾隆的八十萬壽大慶，那是帝國最輝煌的時刻。一場全國性的動員也早已開始，帝國的官僚被鼓勵捐出四分之一的薪水，並竭盡全力尋找奇珍異寶，富商也被鼓勵集資奉獻，據說光是上貢的白銀就超過百萬兩。北京城內，紫禁城、西苑三海、萬壽寺與頤和園都修繕一新，從頤和園到西華門的道路設為六十段景點，分別搭建龍棚、龍樓、經棚、戲台、樓牌、

---

① 吉辰《昂貴的和平：中日馬關議和研究》，北京：生活·讀書·新知三聯書店，2014 年，第 3 頁。
② 姜鳴《龍旗飄揚的艦隊：中國近代海軍興衰史》，北京：生活·讀書·新知三聯書店，2014 年，第 332 頁。
③ 翁萬戈整理《翁同龢日記》第六卷，第 2708 頁。

亭座，以便太后途中休憩，僅此一項花費就高達 240 萬兩白銀。[1]

這的確是一個值得慶祝的時刻，沒人能料到這個沒落的滿人官僚之女能走得這樣遠。她成為一名垂簾太后時剛剛二十六歲，不僅置身於洶湧的宮廷政治中，還要面對一個內憂與外患交織的帝國。不過，她不僅保住了自己的權力，還阻止了帝國的分崩離析，甚至依靠滿人親貴恭親王與漢人大臣曾國藩、李鴻章的合作，打造了一段中興歲月。這中興不僅是傳統王朝意義的，也帶有國際色彩，製造船艦、翻譯書籍、派遣使節、開放通商口岸……帝國儘管割讓了一個島嶼，並逐一失去了對琉球、安南、緬甸這些藩屬國的控制權，然而對於大多數人來說，這些發生在帝國邊緣的事情大可忽略不計。中國的傳統、規模與嶄新的嘗試讓人不無敬畏，仍充滿生命力，朝廷平定了西北叛亂，建立了新疆省，擴大了帝國疆域。慈禧太后即使不是這一切變化的推動者，也是其中最核心的力量。

比起治理國家，她在權力控制上更具天賦，可以隨時清除潛在的政治敵手，扶植追隨者。她還藐視傳統，在這個男性絕對主導的政治傳統中，進入了少數女性統治者的行列，足以與漢代的呂后、唐代的武則天媲美——當然，她不會喜歡這個類比，這兩人在歷史中都聲譽不佳，像是貿然闖入的異端。她從未以實際上的統治者面貌出現，而是依賴一種非正式的權力，在自己的兒子同治皇帝駕崩後，她安排了三歲的姪子繼任皇位，繼續以垂簾的方式主宰一切。

光緒 1889 年親政後，她退居到頤和園，泛舟、聽戲、作畫、寫字，將自己裝扮成觀音大士拍照。她無疑是個充滿魅力的女人。「她的身材無懈可擊，舉止敏捷而優雅，處處呈現出她作為一名傑出女性和統治者的風姿。她的面容與其說十分美麗，倒不如說是活躍動人。

---

[1]　姜鳴《龍旗飄揚的艦隊：中國近代海軍興衰史》，第 333 頁。

她的膚色稍帶橄欖色。照亮她的臉膛的是掩映在濃濃的睫毛後面的漆黑的雙眸，其中潛伏着恩寵的笑容和盛怒的閃電。」一位見過他的傳教士寫道。[①]她傾向於隱藏這種盛怒，喜歡別人稱呼自己為「老佛爺」，標榜自己不僅有菩薩般的柔軟心腸，還寓含某種歸隱之意。只是，她從未也不可能真正歸隱，仍對權力高度敏感，她或許不再理會日常的政務管理，但重大的決策都要經過她的同意。皇帝的紫禁城與老佛爺的頤和園是平行卻不對等的，權力中心仍顯著地傾向後者。

慈禧期待「六旬萬壽」。這可能是她第一個在平安中度過的整歲生日。她太早捲入動盪的生活，三十歲時經歷着太平軍與湘軍的死戰，四十歲時同治帝夭折，五十歲時趕上了中法之戰。

二

梁啟超抵達北京時，不會感受不到這種慶典氣氛。同行者除了康有為、麥孟華，還有康有為的摯友梁小山。李蕙仙已在新會住了一年多，這次也一同來到北京。他們是這次慶典的受益者，加開的恩科多給了他們一次會試機會。梁啟超已享有兩次恩科機會，顯得尤其幸運。

梁啟超夫婦住在新會會館，再度感受到春日北京的寒冷，在他們入城的 3 月 18 日，風颳了一整天，直到夜晚才停歇。康有為先是住在盛昱家中，然後移居到三條胡同金鼎廟的客房。在抵京的最初幾日，照舊是一套禮儀：拜客、訪友、向同鄉的京官尋求印結。作為新科舉人，康有為與麥孟華要參與舉人復試，因錯過了復試時間，他們

---

① 〔美〕何德蘭《慈禧與光緒：中國宮廷中的生存遊戲》，晏方譯，北京：中華書局，2004 年，第 65 頁。

二月二十六日參加了補試。[1]

　　京城生活仍是自足、悠閒的，很少有人感受到即將到來的危機，叛亂的消息偶爾傳來：湖南天地會的匪徒進攻江西，雲南的邪教又起事了，河南有人自封終明王，四川爆發了一場教亂。[2]對大多數人來說，這些事情對自己的生活毫無影響，它們僅只存在於官員的奏摺中。一些更振奮人心的消息為壽慶增加了喜悅。3月12日，海軍提督丁汝昌率北洋艦隊訪問新加坡、馬六甲與檳榔嶼，激起了南洋強烈的反響，像是再度確認了清國的自強。3月23日，穿著黃馬褂的李鴻章奉旨檢閱海軍，北洋艦隊已被視作亞洲最令人生畏的海軍力量，一份西方軍事雜誌將它列為全球第八。4月5日，台北至新竹的鐵路在台灣巡撫邵友濂的主持下竣工，是這個島嶼最新的成就之一。或許偶爾有人會讀到3月末上海《申報》上面的報道，一位名叫金玉鈞的朝鮮流亡者遇刺身亡，儘管誰也意識不到這件事有甚麼重要之處。[3]

　　除去準備應考，萬木草堂師徒遊山玩水，訪僧問道，吟詩作畫，校書讀帖，流連於琉璃廠，沉浸在士大夫的雅事中。康有為保持着他一貫的社交狂熱，與六年前來參加順天府鄉試的際遇不同，他不僅是個新科舉人，還有了眾多的追隨者。但他保持了一貫的傲慢，沒像別人一樣去拜會座師，據說這尤其令廣東鄉試的主考官惱火。[4]

　　但他也贏得了一些新朋友，其中一位對他尤其激賞，儘管認為他「中外形勢惜未透闢」，但畢竟「此才竟不易得，宜調護之」。五十七歲的張蔭桓是南海人，從未在科舉中勝出，他通過捐班進入官僚系統，此刻正出任總理衙門大臣。或許因為從未在傳統的儒學世界充分

① 茅海建《從甲午到戊戌：康有為〈我史〉鑒注》，北京：生活·讀書·新知三聯書店，2009年，第31—35頁。
② 郭廷以《近代中國史事日誌》，北京：中華書局，1987年，第859—860頁。
③ 姜鳴《龍旗飄揚的艦隊：中國近代海軍興衰史》，第333—336頁。
④ 茅海建《從甲午到戊戌：康有為〈我史〉鑒注》，第41頁。

獲得自我實現感，又或是南海縣與外部世界密切連接，總之他在外交事務中脫穎而出，成為一名「鬼使」，出任駐美國、秘魯、西班牙公使。回國後，他在北京的外交圈中以直率、吃西餐、熱愛打惠斯勒牌出名，被公認為清政府中能幹的官員。作為一位年長、更富權威的同鄉，張蔭桓對康有為欣賞有加。除去徹夜飲酒、談詩論佛，他們還一起觀看埃及的圖片 —— 或許會在這個淪為英國殖民地的文明古國上看到大清國的影子。他們也談起過薛福成的《出使英法義比四國日記》，或許張蔭桓與康有為會在先驅者身上看到了自己。與湖南人郭嵩燾一樣，江蘇人薛福成是最早理解世界的大臣，他們都被歐洲景象深深震撼，這些國家不僅不是「蠻夷」，甚至處於一個更高級的文明狀態，「堯舜禹」的三代之治也不過如此。他們回國後都陷入孤立，很少有士大夫對這些見聞感興趣，還把他們視作異端。在日記中，張蔭桓也提到了梁啟超，不過沒作一字評價。在這些會面中，梁啟超只以配角出現，他尚未獲得自己的聲音，才華與獨特性也無由展示。[①]

　　會試如期進行，主考官是清流派的領袖人物李鴻藻。此次共有6543 名舉人參與，其中一位貴州考生因拿錯號，被逐出考場。[②] 頭場的四書題是「達巷黨人曰大哉孔子」，詩題則為「賦得雨洗亭皋千畝綠，得皋字」，絲毫看不出時代面臨的挑戰。[③] 倒是天氣顯出了某種異常，頭場這一天「大風塵霾」，第二場結束時下起了大雨，「平地水深，泥淖沒踝，尤為狼狽……人言數十年未有之事」。[④]

　　草堂師徒都落榜了。他們的縱橫捭闔、肆意妄為，無法在八股文

---

① 茅海建《從甲午到戊戌：康有為〈我史〉鑒注》，第 36 頁。
② 翁萬戈整理《翁同龢日記》第六卷，第 2727 頁。
③ 茅海建《從甲午到戊戌：康有為〈我史〉鑒注》，第 35 頁。《翁同龢日記》所記詩題為「慶以地雨洗，亭皋千畝綠」，見第 2728 頁。關於此次考試的更多細節，參見張劍整理《翁斌孫日記》，南京：鳳凰出版社，2015 年，第 1—6 頁。
④ 《張謇全集》第六卷，第 361 頁。

中獲得展現。這一年的狀元是翁同龢最器重的門生、南通人張謇,他在四次落敗之後,終於拔得頭籌。

落榜沒太影響到康有為、梁啟超的情緒。他們沒有急於回到廣州,而是繼續在北京過文人生活。康有為開始獲得更多的關注,並把《新學偽經考》四處送人,連翁同龢都注意到了——七年前康有為投帖拜訪他的時候,還被拒之門外。這本書沒激起翁同龢的讚賞,反而給他帶來了不安,他在五月二日(6月5日)寫道:「看康長素《新學偽經考》,以為劉歆古文無一不偽,竄亂六經,而鄭康成以下皆為所惑云云。真說經家一野狐,驚詫不已。」[1]三天後,他再度拒絕了康有為的拜訪。

這位「野狐」不夠靈巧,在前往晉陽寺遊覽時,剛下車就扭傷了腳,傷勢還頗為嚴重,扶着牆都難以行走。康有為說自己頹敗不堪,只能像枯木一樣臥在床上。稍作休養之後,他決定返回廣東。[2]

梁啟超留了下來。他有家眷在此,還結交了新朋友,「於京國所謂名士者,多所往還」。[3]名士是指重新聚攏起來的清流派,產生於咸同年間,當帝國面臨內憂外患時,這一派保守主義者篤信,最佳的政治、社會秩序早已蘊含於古代典籍中,只需要遵從原則就行。他們用道德眼光來看待世事,重視禮法,崇尚內在修養,厭惡貪污、鄙俗。「清流」正象徵着道德上的純潔、清澈,不管是腐敗、墮落的官僚,還是洋務者以及他們代表的西方事物,都是憎惡的對象。他們的影響力在1880年代初達到頂峰,在這個重獲穩定的時代,科舉取代軍功成為晉升之階,朝廷亦可容納更多批評。清流派長期出任各級考官,造就了一批忠實門生,散佈在翰林院、詹事府這樣的言論機構。他們

---

① 翁萬戈整理《翁同龢日記》第六卷,第2741頁。
② 茅海建《從甲午到戊戌:康有為〈我史〉鑒注》,第35頁。
③ 丁文江、趙豐田編《梁啟超年譜長編》,第22頁。

的鋒利言辭、道德主義令人望而生畏。

這種活躍在中法戰爭中戛然而止。他們好戰、排外，批評李鴻章猶豫妥協，但奏章與言談上的意氣和戰略在現實中不堪一擊，眾望所歸的清流派健將張佩綸被派往福建督導戰事時，坐看南洋水師被法軍摧毀。清流派的聲譽跌入谷底，只有翁同龢與張之洞幸存了下來。

經由十年，被壓制的清流派逐漸恢復元氣，甲申之後的政治衰敗給予了他們新動力。清流派中年長一代包括盛昱、沈曾植、安維峻、李文田等人，文廷式、志銳、張謇則屬於年輕一代。李鴻藻與翁同龢是這個群體的核心，也是清流派演變的縮影。李鴻藻並不是一個傑出的思想家，卻性格耿直、品德純正，他的政治生命可以追溯到咸豐初年，同時擔任過同治與光緒帝的老師。翁同龢比他年輕十歲，狀元及第，是山水畫和楷書的高手，還是個堅定的道德主義者。他們都因擔任皇帝的老師獲得了非比尋常的權力，又對現實世界的運轉缺乏真正的理解。翁同龢是皇帝最親密、最信賴的老師，他尤其厭惡李鴻章對於現代商業、科技的迷戀，相信財富只應產生於節儉與農業中。

一個日漸成年的年輕皇帝期待證明自己，也給了清流派新的動力，他們因此獲得「帝黨」的名稱，與圍繞在慈禧太后周圍的「后黨」相對。二者的對立反映了宮廷的內在矛盾，一個期望行使權力的皇帝與一個不願意放棄權力的太后，必然產生摩擦。清流派憎惡的對手既有李鴻章，也有軍機大臣孫毓汶、徐用儀，他們不僅在道德上堪憂，更是慈禧太后的忠實擁躉。

梁啟超沒有成為「帝黨」的資格，他太年輕，缺乏功名與資歷，只處於這個鬆散團體的邊緣。他也許能感受到甲午年的平靜正被打破，因為來自朝鮮的零星消息將逐漸演化成更大的混亂與危險。

三

朝鮮東學黨在春天發動事變時，幾乎沒引起北京的注意。在士大夫眼中，朝鮮與緬甸、越南、琉球一樣，是帝國的藩屬國，只因與「龍興之地」毗鄰才顯得重要起來。如今，其他藩屬國接連喪失，朝鮮已經是大清最後一個名義上的屬國，這種重要性也就顯得更加突出了。

早在 1870 年代，朝鮮就成為日趨衰落的中國與不斷擴張的日本爭奪的戰場。日本試圖在朝鮮扶持親日勢力，對抗中國無所不在的影響力。在壬午兵變與甲申之變中，中國佔據了上風，一個叫袁世凱的年輕人在危機中脫穎而出，以辦理朝鮮交涉通商事務的名義成為李鴻章在漢城的代理人。但明確的朝鮮政策從未誕生，一位幕僚勸李鴻章，要麼讓其自主，與中國脫離關係，要麼派遣欽差大臣與軍隊直接治理。李的回應頗有玩世之感，他說大清國都不敢擔保有二十年的壽命，何況高麗。[①]在袁世凱主導朝鮮事務的歲月裡，不管是宮廷內部腐敗還是普遍的社會貧困，他對朝鮮的內在政治、社會矛盾毫無興趣，只關心維繫中國宗主國的體面，加強對朝鮮的控制。在駐守朝鮮的外交官中，袁世凱以盛氣凌人著稱。很有可能，這種咄咄逼人的姿態加劇了日本人的不安。

日本的朝鮮政策日漸清晰。西鄉隆盛的「征韓論」由來已久，福澤諭吉則把制伏中國視作日本自立的第一步，參謀本部第一局局長小川又次於 1887 年提出了《清國征討方略》，要先討台灣、干涉朝鮮、處分琉球，最後斷然決定同清國交戰。日本首相山縣有朋在 1890 年首屆帝國議會上發表施政演說，提到不僅要保衛國境這一「主權線」，

---

① 權赫秀《馬相伯在朝鮮的顧問活動（1882 年 11 月—1884 年 4 月）》，《近代史研究》2003 年 3 期。

還要保衛與此相關的「利益線」——向北延伸至朝鮮，向南則到中國的福建。[1] 當沙皇俄國在 1891 年宣佈修建橫穿西伯利亞的鐵路時，日本的憂慮上升到新高度，他們認定若想抵制俄國的影響力，更有必要佔領朝鮮。

中國不僅對於朝鮮缺乏興趣，對日本同樣如此。即使在信息最靈通的上海，普遍的情緒也是「重俄輕日」，比起日本，俄國才是主要的威脅。「俄人鐵路逼近黑龍江，此中國心腹大患也。俄意專在亞洲之國，以中國為大」，1894 年 1 月 2 日的《字林滬報》寫道。東學黨起義時，人們普遍擔心的是俄國入侵——「俄人久為中國患，得此（朝鮮）則如虎展翼，其勢不可複製。中國無朝鮮為屏翰，不特東三省可危，而畿輔亦形岌岌。」[2]

李鴻章在四月初一（5 月 5 日）接到袁世凱來電彙報全羅道的東學黨起義時，不會太在意。朝鮮國王一個月後「議求華遣兵代剿」，李鴻章依然沒將朝鮮危機看得多麼嚴重。九年前他與伊藤博文簽訂的《天津條約》規定，倘若因朝鮮事務，一方派兵前往，必須知會另一方。這項條款並未引起李鴻章的重視。他眼中多少認為，這件事只需要照例履行宗主國的責任就可以，聶士成、葉志超率領的一千五百名淮軍一旦開赴朝鮮，秩序將很快恢復。而駐日公使汪鳳藻則在電報中確信，日本正忙於議會政治的混亂，無心對外生事。[3]

日本人當然不會放過這次機會。漢城、天津、東京的外交官各懷

① 〔日〕原田敬一《日清、日俄戰爭》，徐靜波譯，香港：中和出版有限公司，2016 年，第 89—90 頁。
② 《論俄國不以兵力助法人》，《字林滬報》1894 年 1 月 2 日、8 日，轉引自李敬《甲午戰爭期間的〈字林滬報〉輿論》，華東師範大學碩士論文，2006 年，第 5 頁。
③ 《直督李鴻章致總署袁電韓被亂黨戰敗韓王擬求我代剿嗣惑人言又復遲疑電二件》，四月二十九日，王彥威輯、王亮編《清季外交史料》卷九十，轉引自戴東陽《晚清駐日使團與甲午戰前的中日關係（1876—1894）》，北京：社會科學文獻出版社，2012 年，第 320 頁。

心意。日本外交官雖然曾許諾，倘若清國派兵，「我政府必無他意[①]」，但話音未落，衝突就很快到來了。

如果說伊藤博文尚保有某種謹慎，外相陸奧宗光則代表更年輕一代的聲音，他們更富冒險性，更希望建立個人功業。更何況，這一屆政府正面臨彈劾，亟需一場重大事件轉移公眾的不滿。

日本的行動極為果斷。6月2日，伊藤博文稟報天皇要出兵朝鮮，解散國會，天皇其實並沒有獲勝的信心，但還是認可了這兩個決定。三天後，日本便在關東設置了戰時大本營，五十九歲的參謀總長有棲川宮熾仁親王出任總負責人。[②]

這是一場賭博式的戰爭。長久以來，日本意見領袖們對中國的情感頗為複雜，他們受惠於中國文化的影響，又認定它是亞洲進步的障礙，擔心生殖力強、富有心計、勤儉的中國人遲早會橫行全球。作家德富蘇峰將戰爭看作日本自我成熟的重要方式：「我不主張為了戰爭而戰爭。我也不提倡搶奪他國土地。但是我堅持要求對中國作戰，為的是把日本從一個迄今向內收縮的國家改造成為向外擴張的國家。」[③]

李鴻章沒有準備開戰。這不僅緣於他一貫的「以夷治夷」的外交哲學，想藉助英、俄的調停來壓制日本，也因為他強烈的現實感。看似龐大的規模往往會掩飾實際的困境，與日本全國動員式的做法不同，他能指揮的只是北洋的陸軍與海軍。即使是這支號稱最精良的部隊，也飽受裝備不足與訓練不利的影響，而為人稱道的北洋艦隊則已經有七年沒有添置新的艦艇了，陸軍也只有三四萬人，「自守則有餘，出境作戰則頗不足也」。[④]

---

① 姜鳴《龍旗飄揚的艦隊：中國近代海軍興衰史》，第 337 頁。
② 原田敬一《日清、日俄戰爭》，第 98 頁。
③ 〔美〕馬里烏斯·B.詹森主編《劍橋日本史》第 5 卷《十九世紀》，王翔譯，杭州：浙江大學出版社，2014 年，第 698—699 頁。
④ 石泉《甲午戰爭前後之晚清政局》，《石泉文集》，第 600 頁。

京師的官僚對朝鮮、日本普遍缺乏了解。直到五月十一日（6月14日），翁同龢才帶着全然的勝利口吻，在日記裡提到了朝鮮：「夜得樵野函，知高麗叛黨已散，韓兵屢有小勝，我兵將歸矣。」他接着寫道：「東撫奏土匪充斥情形，旨敕令速捕。」[1] 在他的頭腦中，朝鮮問題並不比山東土匪問題更緊迫。6月25日，翁在日記中寫到，日軍不僅沒有撤軍，反而添兵五千進入漢城，「欲變易其政事，練其兵卒，而不認為中國屬國」。他還感慨李鴻章的北洋軍隊數量太小，只停在了仁川和牙山，沒有向漢城推進。[2]

翁同龢的得意門生、新科狀元張謇直到五月二十九日（7月2日）才意識到「朝鮮事大棘」。[3] 他十二年前曾隨吳長慶前往朝鮮，參與平定「壬午兵亂」，被視作最了解朝鮮的人，連袁世凱都曾對他執師生禮。張謇很了解日本對朝鮮的野心，認定中日之間遲早會有一戰，既然如此，晚戰不如早戰。但對日本這十年發生的變化，他所知甚少。他對翁同龢說，日本的五艘鐵甲艦已經過時，剩下的二十九艘巡海快船沒有鐵甲艦，遠不及我方艦船，北洋艦隊的船隻噸位是日本的數倍，更有鎮遠、定遠這樣的戰艦，而陸軍方面，中日裝備相仿，不過中國已佔據了地利優勢。

其他士大夫更為無知，在接連的請戰奏摺中，他們將日本視作「蕞爾小國」，把接下來的較量視為一場必勝的戰爭。他們私下還將戰爭視作一個爭奪權力的手段，一個主戰的皇帝將牢牢樹立權威，清流派的主要敵人 —— 中樞的孫毓汶、徐用儀，地方上的李鴻章 —— 都因主和成為明確的攻擊對象。

相比日本媒體對於戰事的各種分析，北京官員對於即將發生的衝

---

① 翁萬戈整理《翁同龢日記》第六卷，第 2744 頁。
② 同上，第 2747 頁。
③ 《張謇全集》第六卷，第 363 頁。

突所知甚少，翰林院編修蔡元培在 7 月 15 日讀到兩週前上海《新聞報》（五月二十七日）的消息，說中日要開戰，北京還「杳不得消息，未知若何」。[1]

這種無知不斷激發出盲目的樂觀。當 7 月 25 日載滿北洋士兵的高昇號被日艦擊沉後，好戰之聲隨之而起。《字林滬報》評論說：「觀總而論之，中國理直氣壯，將士用命，既入漢江，而至瑞興，則反客為主，其勢亦處於順。有李傅相坐鎮於津沽，轉餉運兵，源源不已，可操勝算者，十中六七。」[2] 兩江總督劉坤一篤信日本「兵多係抽調而來，是驅市井之徒以犯鋒鏑，金鼓一震，心膽皆寒，安能當我百戰勁旅」。[3] 海關總稅務司、精通中國政治的赫德發現，「如今在一千個中國人中有九百九十九人肯定大中國可以打敗小日本，只有千分之一的人想法相反」。[4]

四

梁啟超也能感受到這股好戰的熱忱。在酒席茶肆的閒談上，人們以八仙來作比主戰派，李鴻藻是張果老，翁同龢是呂洞賓，禮親王是曹國舅，張謇則是背着葫蘆開藥方的仙童。[5] 梁啟超身處這個圈子的邊緣，沒人傾聽他的觀點，他「悁憤時局，時有所吐露，人微言輕，莫之聞也」，最後只能埋頭讀書，「治算學、地理、歷史等」。[6] 所幸汪康

---

[1] 高平叔整理《蔡元培年譜》，北京：中華書局，1980 年，第 6 頁。
[2] 《中日決戰説》，《字林滬報》1894 年 7 月 25 日，轉引自李敖《甲午戰爭期間的〈字林滬報〉輿論》，華東師範大學碩士論文，2006 年。
[3] 《南洋大臣劉坤一奏為中日既經開戰不宜輕與議和摺》，戚其章主編《中日戰爭》（一），北京：中華書局，1989 年，第 205—206 頁。
[4] 《中國海關密檔》(6)，北京：中華書局，1995 年，第 94 頁。
[5] 劉成禺《世載堂雜憶》，瀋陽：遼寧教育出版社，1997 年，第 91 頁。
[6] 丁文江、趙豐田編《梁啟超年譜長編》，第 22 頁。

年與夏曾佑也在京城，在這兩位朋友面前，他還能暢所欲言。

梁啟超有遠比朝鮮更令他焦灼的事情。康有為的「野狐禪」驚動了更多人。七月初四，也就是中日正式宣戰的第四天，給事中余晉珊上疏彈劾康有為，稱他「非聖無法，惑世誣民」，竟敢自稱「長素」（即長於素王之意），其子弟則有「超回」「軼賜」為號，更是對顏回、子貢的藐視。《新學偽經考》「以詭辯之才，肆狂瞽之談」，余晉珊請皇帝下旨銷毀，而且援引「太公戮華士，孔子誅少正卯」的例子，要求法辦康有為。皇帝隨即給兩廣總督李瀚章發去諭旨，要求他查辦此事。[①]

余晉珊的參劾令康有為師徒陷入極度焦慮。一整個夏天，梁啟超都在忙於處理此事，他將新朋友網絡變成了一個營救系統，請沈曾植發電給廣東學政徐琪，請曾廣鈞發電給李鴻章的哥哥李瀚章。他擔心這樣的力度仍不夠，又通過張謇轉請翁同龢發電給廣東。但在此刻的北京，這實在是小事一椿，翁同龢甚至都沒在日記裡提及。

主戰派的判斷隨即被證明荒謬不堪。中國軍隊先是在平壤作戰失利，接着是大東溝的海戰慘敗，其脆弱超出了中國人自己的預料，也令日本人驚詫不已。山縣有朋感慨：「平壤的陷落實在是出人意料的結果」，「接着的海戰大捷也是出乎意料的」。[②]

「大軍以八月十八日（9月18日）失利於平壤，全軍盡殲，豐伸泰、左寶貴死之，葉、聶諸人不知何往。二十日又在營口喪戰艦五隻。」失敗的消息傳回北京後，梁啟超於 9 月 23 日致信康有為報告戰況。他的消息不盡準確，清軍在平壤失敗是 9 月 16 日，他還把將領豐升阿寫成了豐伸泰，實際上此人並未戰死。梁啟超提到的營口海戰，其實是大東溝海戰，發生於 9 月 17 日的黃海。但除了這些細

---

① 茅海建《從甲午到戊戌：康有為〈我史〉鑒注》，第 39 頁。
② 原田敬一《日清、日俄戰爭》，第 124 頁。

節，梁啟超對戰敗卻並未感到意外：「平壤軍心之潰、器械之缺、餉道之斷、敵焰之雄……今之覆沒，實意中事矣」。

他還提到京城「人民咸有愁慘之色」，普遍擔心日本軍隊將在數日之間跨過鴨綠江，進入東三省，作為陪京的奉天瞬間失陷，日本水師會直搗天津大沽。他透露出強烈的無奈感，又在憂懼中抱有某種盲目的期待，「兵事雖殷，講和亦速，十年內盡可從容」。他認定日本與火燒圓明園的英法聯軍不同，其狡猾非別的國家可比，很可能借勢佔據大清領土。他還擔心，倘若日本與英、法達成聯盟，「事在旦夕可也」。他預感到一個動盪時代的來臨，即使外患稍加緩解，各省的會匪反叛也將到來。國事與個人前途都令他頗感迷惘，甚至擔心是否還能見到康有為，唯有在信中自我勉勵，「但求堅定此心，今雖歷千劫，皆能自立」。[①]

像所有敏感的年輕人一樣，他在樂觀與悲觀之間搖擺，在混亂中看到了可能性。既有的富貴利慾都被打破，每個人都要重新思考安身立命之所，給予他們這些傳道者新的機會，就像在乾淨的田地耕種，頗有不勞而成之感。陳千秋因捲入南海同人局之事，心力交瘁，陷入重病。他的病情也加劇了梁啟超的悲觀。梁啟超覺得這是因小失大，因為「仁」是天地所依靠的支柱，但「愛質太多，不加割捨，則於事必多窒息」。他還感慨墨子的兼愛之學固然美好，但實行起來太困難，若參與具體事務，一定要掌握一些老子學說，才會讓人更自在、從容。他特地提到林奎，其人輕信又自以為是，在京城中的頗多談話已經成為他人笑柄，他與麥孟華都不知如何說服林奎，很希望康有為能夠去信規勸一下。

信中最重要的部分是關於彈劾的。他對諸多努力沒有特別的把

---

① 楊天石《梁啟超為康有為彈禍——近世名人未刊函電過眼錄》，《光明日報》史學版，2003 年 7 月 8 日。

握，很難找人遞上反駁奏摺，「非肝膽交及深明此道者，安肯為力」，而且「政府向無交情，曲折更數人乃始達之，未有能盡心者也」。他勸康有為盡快銷毀《新學偽經考》的刻版，安慰他不要氣餒，他把此刻的朝廷比作短命的秦朝，康有為的著作則如孔子所作六藝，前者「一片江山，已近黃昏時候，縱為無道……何足芥蒂」，後者則傳播千秋萬代。或許這一彈劾事件對萬木草堂也有好處，「此後若有來遊者，必皆命世之才也，所缺者亦不過風流沾被之人，多寡不關輕重，聽之而已」。在信末，他談到了一種可能的選擇，有意前往陝西一家書院任教。[①]

信沒有立刻寄出，幾天後梁啟超又補充了新消息。他得到張謇的確認，翁同龢已經應允盡力周旋彈劾一事，可惜翁正忙於軍務，而且身體欠佳，不一定能十分盡力。慈禧太后以「倭人肇釁」為由，暫停六十壽典，不在頤和園受賀。主戰派則已經亂作一團，李鴻藻被召見時與光緒皇帝對泣不已。梁啟超繪聲繪色地描述北京的種種傳聞：清流派開始相互指責，翁同龢把罪責都推給了李鴻藻；皇帝想重新啟用恭親王，但慈禧仍不願意見這位宿敵。日本人在東北的宣傳戰也傳到了北京，他們不僅準備佔領土地，還想俘獲中國人的心，否定清朝的合法性，說滿族人不過是篡權者，華夏之邦被這個遊牧民族佔領，荼毒生民 —— 這種說法「實屬橫謬可恨」。[②]

信件發出後，北京進入了另一個時期，人們開始竭力尋找應對戰敗之策。一些舊人物、老辦法再度被啟用，似乎他們能提供暫時的鎮定。清流派將目光投向了恭親王奕訢。三十四年前，正是年輕的恭親王留在北京與英法聯軍談判，開創了一個新時代。9 月 29 日，慈禧

---

① 楊天石《梁啟超為康有為弭禍 —— 近世名人未刊函電過眼錄》，《光明日報》史學版，2003 年 7 月 8 日。
② 同上。

太后與光緒皇帝召見了恭親王，令他負責總理衙門事務、添派總理海軍、會同辦理軍務。這注定是一次令人失望的回歸，恭親王的雄心與魄力早已散去，尤其是甲申年再度被彈劾後，他已經陷入自我放逐式的生活，沉浸於賞花、會友，在詩句中感慨命運之無常 ——「千古是非輪蝶夢，到頭難與運相爭」。[1]

湘軍也被啟用，以替代節節敗退的李鴻章的淮軍，劉坤一被考慮任命為前敵總指揮，湖南巡撫吳大澂也主動請纓。主戰派的樂觀雖然消退，卻仍僥倖地期待湘軍如三十年前鎮壓太平天國一樣，能再創奇跡。他們還寄望於國際參與，一群翰林院學士 10 月 7 日聯名上《奏請密聯英、德以禦倭人摺》，提出了抗日對策，建議提供軍費，邀請英、德組成參戰同盟。這群名士似乎對世界格局一無所知，以為可以把《戰國策》裡的縱橫捭闔直接挪到現實中來。

不管是恭親王還是湘軍，很快證明清流派的期待是虛妄的，一連串潰敗接踵而至。10 月，日軍跨過鴨綠江，在遼東半島登陸，進入中國境內。綠營兵被迫再度啟用，開往山海關，但一個目擊者看到這些士兵「黧黑而瘠」，「馬瘦而小，未出南城，人馬之汗如雨」，士兵都把鴉片煙槍懸掛於馬鞍旁，還有人提着鳥籠，用口中咀嚼物餵鳥。[2]

赫德是清醒的旁觀者，他發現這是一個完全錯亂的管理系統。在給同事的信中，他提到近來北京多雨，街道非常泥濘，他去總理衙門途中看見北京的炮兵把一批大炮放在街上，陷在泥轍裡沒人管……他向總理衙門的大人提到此事，這些人不覺得應該派士兵在那裡站崗守衛，只是命令老百姓躲開。當他試圖與大人們討論戰事時，只感受到敷衍，彷彿「牛奶已經潑翻了，我們現正準備罐子，不幸的是這頭奶

---

① 董守義《恭親王奕訢》，北京：人民文學出版社，2010 年，第 324 頁。
② 嵩目生《龜蔽禕言》，轉引自姜鳴《龍旗飄揚的艦隊：中國近代海軍興衰史》，第 394 頁。

牛也是一頭愛踢的牛」。[①]軍機大臣孫毓汶、徐用儀幾乎痛哭流涕，願意聽從他的一切建議。

初冬到來時，新一輪的恐慌開始蔓延。北京糧價開始飛漲，原來三兩四錢可以購得 140 斤糧食，如今十二兩只能買 100 斤。因為大批人離京，北京到天津的車價暴漲至十多兩。德國外交官福蘭閣（Otto Frank）發現，「人們開始擔心日本人會包圍城市」，使館區的女士都轉移到天津，舞會自然也隨之消失了。對於中國文物的收藏者來說，這倒是好時候，那些漂亮的銅器和漆器如今以便宜的價格出售，日後頗有一些進入了歐洲的博物館。」[②]

五

梁啟超決定返回廣州，把李蕙仙送回貴州，他們要趕在大沽港冰凍前乘船。十月初六（11 月 3 日），他們離京這一天，山縣有朋的第一軍攻陷了奉天的寬甸，黑龍江將軍伊克唐敗走。權力中樞也發生了變化，翁同龢、李鴻藻、剛毅被任命為新的軍機大臣。大規模慶壽活動被縮減，慈禧太后期盼已久的壽辰又宿命般地沒過好，有人還用「一人慶有，萬壽疆無」這種話來譏諷她。[③]

糟糕的戰事消息跟隨着梁啟超到了上海，他聽到大連丟失、旅順不守，一時無法判斷是真是假。主和說已被公開談論，上海的一份報紙評論說：「戰既不能，守又不可，無可奈何之中，萬不得已之際，

[①] 《中國海關密檔》(6)，第 108—112 頁。
[②] 〔德〕福蘭閣《兩個世界的回憶：個人生命的旁白》，傅復生編、歐陽甦譯，北京：社會科學文獻出版社，2014 年，第 77—78 頁。
[③] 姜鳴《龍旗飄揚的艦隊：中國近代海軍興衰史》，第 391 頁。

惟有和之一策乎？」^①梁啟超原打算與夏曾佑共同前往杭州拜會汪康年，聽說汪已離開杭州前往湖北，他在信裡感慨：「天涯漂泊，同病相憐，未知良晤又在何日。」^②

上海卻向他發出了邀請。名士沈善登來訪，請他出任一所正在籌建的書院的教習。沈是口岸知識分子的代表人物，進士出身，曾參與湖北荊門煤礦的開採，也對電報系統的建立出過力。他是個活躍的慈善家，以精研佛學著稱，所以朋友中既有鄭觀應、經元善這些洋務人物，也有楊文會、許靈虛這樣的佛學家。沈善登欣賞《新學偽經考》，認為此書「頗有卓見」，他在幾個月前的北京偶遇康有為，發現康「真積學有道君子」，不禁佩服之至，於是認定梁啟超也「學承淵源」，恰好他與經元善打算創辦一所中西結合的新型書院，便想邀請梁來主持。^③

梁啟超回到廣州時，康有為正在桂林講學，多少也是為了躲避彈劾之禍。所幸李瀚章最終保護了他，李在九月二十一日上奏，說「長素」不是「長於素王」，而是「弱不好弄，長實素心」之意，他對孔子的質疑實際上也出自「好學之心」，「意在尊崇孔子」，《新學偽經考》可以「自行銷毀」，但不能認為康有為「非聖無法」。^④負責調查的是李滋然，正是 1889 年推薦梁啟超的考官。

康有為躲過一劫，萬木草堂卻面臨接連的死亡。十月，曹泰去世。沉醉於佛法的他聽說羅浮山有異僧，便前去探訪，不料染上山中

① 《議和說》，《字林滬報》1894 年 11 月 13 日，轉引自李敬《甲午戰爭期間的〈字林滬報〉輿論》。
② 丁文江、趙豐田編《梁啟超年譜長編》，第 23—24 頁。
③ 《經元善集》，武漢：華中師範大學出版社，1988 年，第 153 頁。張海榮《〈公車上書記〉作者滬上哀時老人未還氏究竟是誰》，《清史研究》2011 年第 2 期，第 138—144 頁。
④ 中國第一歷史檔案館編《光緒朝朱批奏摺》，第 32 輯，「戊戌變法」，北京：中華書局，1995 年，第 525—526 頁。

瘴氣，不久病死。康有為為此寫詩悼念：「深思好學似揚雄，奧字奇文誰與通？若為創教思明勝，訪道羅浮歎落紅。」[①]林奎主動承擔起了扶養曹泰家屬的責任。三個月後，陳千秋終於沒能從同人局管理的挫敗、積勞中恢復過來，咯血不止，不久後也離世了。萬木草堂內為他設立了牌位，康有為親自率弟子弔祭，放聲痛哭。一龍與一象都已離去，萬木草堂的黃金時代結束了。

---

① 康有為《禮吉二十六歲短命死矣，德業為門人冠；箸偉才學文思奇奧，二十四歲死，追思為慟》，《康有為全集》第十二集，第 176 頁。

第六章

上 書

一

途經上海時，恰逢下雪，這在已經立春的江南多少有些讓人意外。「春寒惻惻逼春衣，二月江南雪尚霏，一事生平忘不得，京華除夜擁爐時。」在給妻子的信中，梁啟超流露出少見的兒女情長。[①]

六天前，他再度從廣州啟程，參加乙未年（1895）會試。出於對戰事的恐懼，頗多南方舉人放棄了北上，但草堂師生照舊出發。他們經常刻意掩飾自己的功名心，一邊對八股文章口誅筆伐，一邊又勤於應考：康有為說他迫於母命，梁啟超則歸結於父親的壓力。

促使梁啟超感傷的不僅是天氣，也有對國家的憂慮。與日本的戰事不斷惡化，在報業發達的上海，他能夠聽聞各種戰敗消息。在海上，提督丁汝昌正月十八日（2 月 12 日）在劉公島自殺，北洋艦隊徹底覆滅；在陸地，重新被啟用的湘軍沒有表現出任何人們期待中的力量。即使依賴英國人、法國人保護而暫時獲得平靜的上海，也處於不確定之中，相傳日本人不僅要直取北京，還會進攻南京。上海名士鄭觀應勸自己的朋友、天津海關道盛宣懷回蘇州創辦民團，抵禦可能到來的日軍。[②]

對於個人前途，梁啟超同樣躊躇不定。接連三次的落榜不免令人意興闌珊，時局如斯，獲得功名又如何。他對夏曾佑說此行並不是為了參加會試，而只想做一番「汗漫遊」，「以略求天下之人才」。他喜歡上海，因為這裡是「南北要衝，人才湊入之地」。他提起了中西書院的邀請，教席「雖所得微薄」，但有西文老師，可一邊教書一邊學西文。[③]在給汪康年的信中，他對去年北京相聚懷念不已，「京華萍

---

① 《上海遇雪寄蕙仙》，《飲冰室合集》第 5 冊，文集之四十五（下），第 1 頁。
② 夏東元編《盛宣懷年譜長編》，上海：上海交通大學出版社，2004 年，第 474 頁。
③ 丁文江、趙豐田編《梁啟超年譜長編》，第 26 頁。

合，已成影事，不任惆悵」，之後不無抱怨地說，已半年沒接到夏曾佑的來信了，羨慕夏在湖北的「同人之樂」，他也很想去一趟湖北，拜會新老朋友。他把借閱的《中俄交界圖》還給汪康年在上海的弟弟——這本書的作者洪鈞曾出任駐柏林與聖彼得堡公使，娶了著名煙花女子賽金花為妾。「我輩今日無一事可為，只有廣聯人才，創開風氣，此事尚可半主」，他在信中再度表達了這個觀點。在要廣聯的人才中，他特意提及了孫文，說這個人「略通西學，憤嫉時變之流」，又非哥老會式的江湖人物，追隨者都是遍佈南洋與美洲的商人或留學生。他還聽說張之洞有一位梁姓幕僚，也是孫中山的追隨者，希望汪能去一探究竟。[①]

將孫文視作一個可聯絡的人才，或許跟偶遇陳少白有關。陳少白也是新會人，比梁啟超年長四歲，英俊而富有才智。他生於一個基督教家庭，父親是一位牧師，對他影響甚深的三叔也是基督徒，常從廣州帶回西學譯書，讓他學習英文、日文。梁啟超求學於學海堂時，陳少白進入了美國人創辦的格致書院，兩年後進入香港的西醫書院，成為孫文的密友。他幫孫文起草了給李鴻章的上書，提出變法的建議。李鴻章忙於即將到來的中日衝突，無暇給一個香港醫學院畢業生太多的關注。這種挫敗感將孫文與同伴們推向另一個方向，「知和平之法無可復施」，遂於 1894 年末在檀香山成立興中會，致力於推翻滿清政權，如今正四處尋求可能聯合的力量。[②]

此刻，陳少白也住在洋涇浜的全安棧。陳少白試圖接近康有為，而後者保持着一貫的傲慢——「莊重接見，正襟危坐，儀容肅然」。當陳少白「痛言清朝政治日壞，非推翻改造，決不足以挽救危局」，

---

① 《汪康年師友書札》，第 1830—1831 頁。
② 孫中山《倫敦被難記》，《孫中山全集》第 1 卷，第 52 頁。嚴昌洪主編《辛亥革命史事長編》第一冊，武漢：武漢出版社，2011 年，第 14 頁。

康有為沒有感到詫異，還多少認同了這種看法。他隨即介紹梁啟超給陳少白，兩人年齡相仿，「談論頗歡」。[1] 誰也不知道，談興濃時，陳少白是否會無意講起興中會正在醞釀的大膽計劃。二月二十日（3月16日），孫文在香港主持興中會幹部會議，計劃攻取廣州，並採用青天白日革命軍旗。[2]

儘管梁啟超沒記述這次見面的情形，陳少白的談話多少還是會觸動他，兩人一起分享了對現政權的厭惡。但與孫文、陳少白不同，草堂師生仍自視為正途，康有為的傲慢多少流露出這一點，作為舉人的他們仍有機會金榜題名，躋身權力與榮耀的中心，這或許才是更有效的變革方式。

梁啟超乘船北上時，戰事似乎變得愈加嚴重。二月二十三日（3月19日），即將駛入大沽港的客輪被一艘日本軍艦攔截，日本人懷疑從上海來的商輪上可能藏有軍火，直接登船搜查。渤海灣幾乎淪為日本的內湖，日本軍艦可以自由往來，而中國方面對此毫無辦法。

稽查沒有引發特別後果，卻讓康有為與梁啟超第一次切身感受到戰敗之屈辱。對康有為而言，這羞辱中還包括懷才未遇的憤懣——倘若朝廷早日相信他在 1888 年上書中對日本野心的判斷，「必無此辱也」。[3]

抵達天津時，他們可能感覺到這座城市正在發生的戲劇性變化。這裡正面臨着二十五年來最大的一次權力交接：三個月前，李鴻章被免去直隸總督、北洋大臣之職，由王文韶取代。這是李鴻章一生最大的一次政治挫敗，除此之外，他還要肩負起與日本談判的任務，剛離

---

① 馮自由《革命逸史‧戊戌前孫康二派之關係》，中國史學會主編《戊戌變法》(四)，第 241 頁。
② 清華大學歷史系編《戊戌變法文獻資料系日》，第 23 頁。
③ 茅海建《從甲午到戊戌：康有為〈我史〉鑒注》，第 61 頁。

開大沽港前往馬關會見伊藤博文。這已經是中國派出的第三個議和使團了，此前不管是德國人崔德琳領銜的使團，還是張蔭桓、邵友濂使團，都因缺乏足夠權威被日本人拒絕。在日本人心中，唯有恭親王與李鴻章符合談判的資格。這是一次注定被唾罵的出使，朝廷不可能讓皇胄宗室陷於這樣的窘境，恥辱必須由漢人大臣來承擔。李鴻章的確要為這羞辱負責，天津城中的一些插曲曾反映出這是一場必敗的戰爭。作為李鴻章重要幕僚的羅豐祿，戰時焦慮的不是國家的命運，而是自己的小家庭，聽到威海失守的消息後，他寫信給遠方的愛妾說：「但使倭寇不來，不至無家可歸，餘事皆可存而不論矣。」[①]

萬木草堂師生到達北京時，春意已頗為濃厚，陶然亭的海棠應已含苞欲放。比起梁啟超四個月前離開時，京城氣氛又發生了不少變化。恭親王沒有給人們帶來想像中的改進，他徹底喪失了昔日的風采，在翁同龢的眼中，他已經老弱不堪，「疾甚，唯唯」。[②]主戰派對於湘軍的殷切期待也已經化作泡影。清流派的激憤與正義感不僅於事無補，反而把國家引入更深的危機，就連他們眼中「素為知兵」的李秉衡，對於日軍在榮成登陸、突襲威海也束手無策。

作戰的勇氣早已失去，歎息與哭聲瀰漫於宮廷，慈禧曾對劉坤一說：「我哭，皇帝亦哭，往往母子對哭。」[③]但相擁痛哭也掩飾不住母子的鬥爭，慈禧以干政、賣官的名義，貶斥了光緒最寵愛的珍妃，這也引發了「帝黨」與「后黨」之間新的衝突。御史安維峻去年末上奏摺，大膽且不無臆想地提及兩宮矛盾，並勸「皇太后既歸政皇上，若仍遇事牽制，將何以上對祖宗，下對天下臣民？」奏章把戰敗歸咎於李鴻

① 孔祥吉《甲午戰爭中北洋海軍上層心態 —— 營務處總辦羅豐祿家書解讀》，見《晚清史探微》，成都：巴蜀書社，2001 年，第 1—25 頁，引文見第 19 頁。
② 翁萬戈整理《翁同龢日記》第六卷，第 2837 頁。
③ 石泉《甲午戰爭前後之晚清政局》，《石泉文集》，第 685 頁。

章，請求將其誅殺。這是清流派最慣常的風格，用個人恩怨、道德判斷來替代複雜的現實。不出意料，安維峻被革職，謫戍張家口，但他反而因此「聲震中外，人多榮之」，贏得了外界普遍的讚譽，一位名叫王正誼的京城鏢師甚至自願護送他前往戍地 —— 在江湖中，這位鏢師以「大刀王五」著稱。[1]

　　恐慌四處蔓延，刑部候補主事劉光第在家信中寫道：「京師頗形震動。京官家眷，十去其八矣。」[2] 遷都的議論喧騰不已。張之洞與李文田最初提出遷都建議，他們用「西狩」的名義掩飾這種逃離，藉助典籍將失敗轉化成新的希望 —— 在《春秋》中，正是在田野狩獵時，魯哀公捕獲麒麟，成為中興的跡象。翁同龢也主張遷都，甚至在皇帝面前與孫毓汶公開爭論了起來。頗有一些中低層官員響應這些倡議：沈曾植、蒯光典建議遷都至襄陽；文廷式則用他一貫的縱橫捭闔來證明遷都之必要，建議光緒做出類似俄國亞歷山大一世的選擇 —— 在1812年捨棄莫斯科後，俄國最終戰勝了拿破崙。然而，這些主張卻引起了滿人權貴的諸多不滿，敏銳的工部尚書孫家鼐勸告提出倡議的李文田，倘若執意如此，必然招致奇禍，嚇得李趕緊收起了主張。[3] 康有為感到了這股不安氣氛，不無臆想地寫道：「時內廷預備車輛五百，以備遷都。朝士紛紛，多慮國亡出京師者。」[4]

　　戰無可戰，遷都又無疾而終，和談便成了唯一的選擇。為了尋求國際社會的幫助，恭親王甚至接受了《紐約時報》的專訪，在譴責了日本之後，他破天荒承認中國自身的缺陷，「我們對這場戰爭處理得

---

① 董蔡時、王建華《論甲午戰爭時期帝黨和言官的「倒李」鬥爭》，《清史研究》1994 年第 4 期，第 71—77 頁。
② 《劉光第集》，北京：中華書局，1986 年，第 256 頁。
③ 黃濬《花隨人聖庵摭憶》，參見石泉《甲午戰爭前後之晚清政局》，《石泉文集》，第 646 頁。
④ 茅海建《從甲午到戊戌：康有為〈我史〉鑒注》，第 61 頁。

不夠明智，並且，有些官員的表現不稱職，不能勝任國家的責任。由於這些不利因素的存在，我們大清國在這次戰爭中蒙受了巨大的痛苦和損失」。[1] 當然，他不會承認，關鍵的問題出在最高決策者，也就是太后與皇帝身上。國際干預的確成了清帝國最後的希望，李鴻章來到京城為和談做準備時，就馬不停蹄地拜會東交民巷的公使館，尋求各國的支持。此刻，所有人都等待他從馬關傳回的消息。

　　與去年一樣，康有為住在燒酒胡同的金頂廟。梁啟超這次沒住在新會會館，而是與麥孟華一同住在南城的一家關帝廟。張蔭桓已於二月十二日（3月8日）回到北京，或許會與康有為、梁啟超談起失敗的廣島之行，以及伊藤博文、陸奧宗光之傲慢。梁啟超去年夏天結識的一批名士則陷入困境，他們的好戰姿態開始讓位於恐慌、無奈、憤恨與努力保持的傲慢。和談雖不可避免，他們卻仍舊對現實不感興趣，一味陶醉在道德姿態之中。翁同龢只是一味希望李鴻章堅守只賠款、不割地的底線，其實對日本的考量一無所知。

　　戰事沒有中斷會試，卻阻礙了很多舉子來京，尤其是東南沿海的省份，「蓋因倭人犯邊，水路不通，東南諸省皆不能來」。最終，大約五千人參加了會試，比往年少了將近兩千。[2] 帝國的疆域過於遼闊，風俗差異顯著，不同省份的舉人缺乏共同體之感。他們照例圍繞着同鄉京官、商號與會館，尋求京官印結，拜會老師，聯絡感情，準備應試，或逛一逛聞名已久的京師景勝。對於大部分舉人來說，會試才是京師中最重要的事情。

　　山西舉人劉大鵬拜會了兩位座師，準備了「贄金四兩，門敬六千，土儀藕粉二斤」，還拜見了八位山西籍的京官，逛了逛廣興糧店、恆興號等商鋪。「京城甚大，凡出門，遠則一二十里，近則三四

① 鄭曦原編《帝國的回憶——〈紐約時報〉晚清觀察記》，第 250 頁。
② 劉大鵬《退想齋日記》，喬志強校注，太原：山西人民出版社，1990 年，第 40 頁。

里，必須一日工夫」，但「出門欲坐車，隨地皆有……此外又有驢，欲省錢則騎驢」。初次入京者，很容易被都城的規模與氣勢所震驚。「京都城中，不知幾千百萬人，每日之中，無論大街小巷，莫不肩摩轂擊，攘往熙來」，劉大鵬發現，「酒飯館千百家，日日滿座，演劇院十數家，每院聽戲者且有千餘人……惟忌辰日不演」，但他又覺得京城「風氣失於浮華，一舉一動，莫非爭個虛體面」。在東嶽廟會，男女遊客雜處，竟然毫不避嫌，這讓他頗為震驚，首善之區都毫不符合孔孟之道，簡直有禮崩樂壞之嫌。他還感慨，人們並不真的關心儒家價值，考試只講究書法，「寫字為第一要緊事，其次則讀詩文及詩賦，至於翻經閱史，則為餘事也」。[①]

這種忙碌與喧鬧，似乎很容易消化前線的緊張感。劉大鵬沒有提及中日會談，只在二月二十三日（3月19日）的日記中提到了安維峻對李鴻章的彈劾，他對大刀王五的忠義之舉讚歎不已，只可惜將其錯記成「李五」。[②] 至於馬關談判、李鴻章之遇刺，他在日記裡隻字未提，很有可能也毫不知情。

馬關和談於二月二十四日（3月15日）正式開始，地點選在以河豚聞名的春帆樓，伊藤博文出任日方首席談判代表。李鴻章將每一次進展用電報發給總理衙門，等待來自北京的指示。第三次談判結束後，李鴻章回到下榻的接引寺，途中被一個日本人行刺，子彈貫穿鼻部，據說七十三歲的李鴻章鎮定異常，用手帕捂住傷口，泰然自若地回到住所。刺殺改變了談判進程，日方手腳大亂，從天皇到普通民眾都表現出熱切關注，憂慮這次刺殺事件會引發西方對中國的同情，令談判更為棘手。中方對於自己代表的命運反而相當漠然，關注點仍在談判上，「上為之不怡良久……恭邸亦相對愁絕」（《翁同龢日記》二

---

① 劉大鵬《退想齋日記》，第39—42頁。
② 同上，第41頁。

月廿九日），翁同龢在日記中沒表現出任何同情，似乎李鴻章只是代表失敗的北洋、失敗的自己。包括李鴻章本人，中國官員完全不知如何利用這個意外，把它變成談判的籌碼。讓中方興奮的是，一直期待的休戰協定終於在三月五日（3月30日）簽訂了。

對於這些歷史插曲，梁啟超沒留下個人記錄。中國與日本的差異在談判中顯露無遺，當日本媒體將談判呈現於公眾面前時。即使自認帝國精英的官員、舉子們，也只能通過零星的消息略知一二——你很難想像李鴻章的談判團中會有隨行記者。「以一人敵一國」，在日後為李鴻章作傳時，梁啟超對於這位老人不無同情。

二

在暫時的停戰中，舉子們進入考場。理學家徐桐出任主考官，副考官為啟秀、李文田、唐景崇（他的哥哥唐景崧，正在即將被割讓的台灣擔任巡撫）。危機絲毫沒有反映在考場中，試題仍然是三道「四書」題：「主忠信」「優優大哉禮儀三百」「居天下之廣居，立天下之正位，行天下之大道，得志與民由之」，詩題一道，「賦得褒德錄賢（得廉字，五言八韻）」。[①]

在考生圍繞「忠信」「禮儀」「天下」「德賢」論文作賦時，清帝國加速了瓦解。在他們進入考棚的第二天，日方開出了令人瞠目結舌的條款，包括朝鮮獨立，割讓台灣、遼東兩地，賠款三億兩，允許日本擴大在華商業利益等。這些條款是日方不同利益集團的匯總：陸軍希望擁有遼東，保持對朝鮮之控制；海軍則要佔據台灣，作為拓展東

---

① 茅海建《從甲午到戊戌：康有為〈我史〉鑒注》，第88—89頁。

南亞的基石；財政系統需要巨額賠款，為工業化提供資金……[1]

條款傳到北京後，朝廷中樞陷入震驚與憤怒。大約四十年前，恭親王曾說來自歐洲的蠻夷與之前不同，他們不佔領土地，「猶可以信義籠絡馴服其性」，[2] 如今，想不到同文同種的日本人更貪婪，直接提出了土地要求，賠款數額也是最驚人的一次。這個要求像是普魯士精神的延續（日本崇拜這個國度與它的鐵血領導者俾斯麥），在 1871 年普魯斯王國強迫法國簽下的苛刻條約，割地與賠款不是意外犒賞，它本身就是戰爭的目標。

「胸中磊塊，未易平也」，翁同龢在當日寫道。在接下來幾天，主戰與主和的爭議再起。在軍機處內，翁堅持「台不可棄」，孫毓汶則認為「戰字不能再提」，至於恭親王與慶親王，都報着「無所可否」的態度。[3] 在日記中，翁同龢密集地記下了自己的挫敗、沮喪與淚水，空有一腔憤怒，卻毫無解決方案。

三月十六日（4 月 10 日），舉人們結束最後一場考試，馬關正在進行第四場會談。對於帶傷復出的李鴻章，日方只做出了少許讓步，他們在要求割讓的遼東半島中劃出了遼陽，即清帝國「龍興之地」的一部分，將賠款由三億兩減少為兩億兩。伊藤威脅說，廣島現泊運船六十餘隻，可載兵數萬，小松親王專候此信，即日啟行。[4] 第二天，他繼續提高壓力，要清政府四日內，也就是在三月二十一日（4 月 15 日）必須作出回覆。戰事仍在繼續，停戰只限於北方，日軍正在進攻澎湖列島。

散場的舉子們原本要投各種拜會，宴請、遊蕩、疏通關係，直到

---

① W. G. Beasley, *Japanese Imperialism(1894—1945),* Oxford : Clarendon Press, 1987, p. 56.
② 《籌辦夷務始末（咸豐朝）》(7)，北京：中華書局，1979 年，第 2674 頁。
③ 翁萬戈整理《翁同龢日記》第六卷，第 2837 頁。
④ 參見茅海建《「公車上書」考證補》，《戊戌變法史事考二集》，北京：生活・讀書・新知三聯書店，2011 年，第 34 頁。

四月十二日放榜才決定去留。但這一年，對日談判的消息也進入了他們的生活，他們逃離了考棚中的緊張，捲入一種新的焦灼，意外獲得了前所未有的政治參感。

「三月二十一日，電到北京，吾先知消息」，康有為在自編年譜中沒有明確提及電報內容，[①] 馬關與北京間的頻繁電文，只有軍機處與總理衙門的少數大臣才能看到。文廷式感歎「總署事極機密，余則得聞於一二同志」。連他的消息都支離破碎，在三月二十五日（4月19日）連衘的奏摺中，還在要求推遲簽約，要求使節「與之力辯」。[②] 事實上，李鴻章已於二十一日晚間發電，將於二十三日（4月17日）上午與日方正式簽約。

士大夫在自己的歷史中縱橫捭闔，卻對國際知識所知甚少。文廷式多少相信，《馬關條約》可能如十多年前的《伊犁條約》一樣，即使大臣崇厚「勉強畫諾」，仍可能借由曾紀澤的談判挽回。那是清流派聲譽的頂峰，在他們的一連串攻擊下，朝廷被迫重新簽約。

文廷式也想借由清議力量改變結果。自談判以來，只有光緒皇帝、慈禧太后與軍機處、總理衙門的大臣了解內容。文廷式則相信「公論不可不伸於天下」，而「都中多未見其約款，余錄之遍示同人」。

等到具體條款傳到更廣泛的官僚系統後，不難想像，它的苛刻程度激起了前所未有的屈辱感。「自有中國以來，雖石晉之事契丹，南宋之事金、元，未嘗有是也」，一位士大夫的感慨代表了普遍情緒。[③] 這屈辱甚至得到了天氣的佐證。當《馬關條約》的原文條款（三月二十八日）送到北京時，原本晴朗的天空忽然颳起了大風，黃霧四處

---

① 康有為《康南海自編年譜》，中國史學會主編《戊戌變法》（四），第 130 頁。
② 茅海建《「公車上書」考證補》，《戊戌變法史事考二集》，第 37—38 頁。
③ 戚其章主編《中日戰爭》（三），北京：中華書局，1991 年，第 191 頁。

瀰漫。這很難不視作上天的警告。[①]

屈辱激發起行動。自李鴻章前往馬關，朝廷就一直收到反對議和的奏摺。台灣巡撫唐景崧在聽聞割台的條款後，於三月二十日（4月14日）電奏北京：「和議給予土地不可行。」三月二十一日，丁立鈞、華輝等五翰林上書反對議和。緊接着，從載濂、載澤這樣的王公貝勒，到張之洞、李秉衡等地方大員，再到御史、翰林學士，各種上奏紛紛湧來，要求拒和，尤其反對割地一條，為此不惜再戰。他們擔心割地會導致南北形勢發生改變，中國的防衛因此變得更難；這樣還會喪失人心，以致內亂不斷；何況這還將激發列強的野心，以後紛紛提出領土要求。他們認定中國的失敗並非系統性的問題，而是統帥非人、賞罰不明，只要找到合適的將領，紀律嚴明，就可以再戰，倘若把巨額賠款直接改作軍費，就可能通過持久戰獲勝。對日本的輕蔑之詞仍大有聽眾，他們相信日本國小民貧，無法久戰。有些人還提出了更具體的方案，比如湖北巡撫譚繼洵請求皇上與太后前往西安，以備再戰。[②] 這些奏摺無不洋洋灑灑、痛心疾首，似乎在戰場上失去的，可以在紙上奪回來。

德、法、俄三國的干涉，又給了他們新的希望。三月二十九日（4月23日），這三個國家的駐東京公使正式向日本提出要求，將遼東半島歸還中國。與其說這是中國「以夷制夷」外交策略的勝利，不如說是歐洲帝國對東方爭奪的新篇章。俄國害怕日本在朝鮮與中國東北勢力的增強，想制止日本在遼東半島取得立足點，法國希望維持東亞的均勢，德國想藉此在中國獲得一個立足點。干涉震懾了日本，卻不能改變現狀。日本最終在四月十二日（5月6日）決定放棄遼東半島，但要追加三千萬兩白銀的賠償。

---

① 《翁同龢日記》第六卷，第 2841 頁。
② 茅海建《「公車上書」考證補》，《戊戌變法史事考二集》，第 6—14 頁。

在所有的上書之中，唯一不同的聲音來自四川提督宋慶，他在四月初一（4月25日）的奏摺中委婉地提醒說，「兵非久練，不足深恃。今日之急，尤在料簡軍實，去腐留精，嘗膽臥薪，實事求是」，暗示自己主張議和。[①]宋慶曾在遼東與日軍作戰，田台莊的失敗令他刻骨銘心，而仍在前線的劉坤一、吳大澂則乾脆保持沉默 —— 他們終於獲得了少許的現實感。

文廷式頗為自得地寫道：「俄而御使爭之，宗室、貝勒、公、將軍之內廷行走者爭之，上書房、南書房之翰林爭之。於是內閣、總署及各部司員各具公疏，大臣中單疏者亦十餘人。」在這段描述的最後，是「各省之公車會試京師者亦聯名具疏，請都察院代奏……時和議幾沮」。[②]

與文廷式的敘述不同，康有為將自己視作新風潮的開創者：「即令卓如鼓動各省，並先鼓動粵中公車，上摺拒和議，湖南人和之。」官員的上書被忽略了，舉人成了主體。梁啟超附和說：「康有為創議上書拒之，梁啟超乃日夜奔走號召，連署上書論國事，廣東、湖南同日先上，各省從之，各自連署，麕集於都察院者，無日不有。」[③]因為人們慣用「公車」來指舉人，這次行動也被稱作「公車上書」。等待會試結果的五千餘名舉人，突然變成一股難以預測的政治力量。

與這對師徒日後的描述不同，上書並不是從舉人開始的，甚至最初的上書舉人也與他們的策動無關。四月三日，文廷式與戴鴻慈上奏彈劾都察院阻礙官員、舉人上書。四月初四（4月28日），台灣安平縣舉人汪春源、嘉義縣羅秀惠、淡水縣黃宗鼎在台灣籍京官具保下，

① 茅海建《「公車上書」考證補》，《戊戌變法史事考二集》，第16頁。
② 文廷式《聞塵偶記》，汪叔子編《文廷式集》下冊，北京：中華書局，1993年，第750頁。
③ 丁文江、趙豐田編《梁啟超年譜長編》，第26—27頁。

力爭朝廷不要割讓台灣，「祖宗墳墓，豈忍捨之而去？田園廬舍，誰能棄之而奔」，而「台民忠勇可用」，可與日人作戰。[①]這是最初上書的舉人。隨後，更多的「公車」開始加入。都察院是個極為低效的傳輸系統，舉人上書須有同鄉京官印結擔保，都察院全體堂官簽名，再按規定的格式抄錄一遍，還不得有「違礙字樣」。

這次接連上書是清代歷史上的創舉。常年的政治高壓與自我審查下，讀書人不能議論朝政，更不能結黨行動，這一次，屈辱感戰勝了恐懼與謹慎，無疑是對禁忌的成功挑戰。他們在聖賢書上讀到了崇高的道德理想，突然有了某種表現渠道，這肯定是一種奇妙的新體驗。他們第一次作為政治力量出現，「雖其言或通或塞，或新或舊，駁雜不一，而士氣之稍伸，實自此始」。[②]

這和南城獨特的空間有關。會館成為集結與動員的中心，同鄉京官將朝中的消息與情緒帶給了舉人們，並動員他們參與行動。地緣是最佳黏合劑。會館密集分佈，熱情可以輕易從一個省份傳遞到另一個省份，甚至產生了一種競爭心理，每個省份的舉人都想做出更有力的姿態，獲取集體榮譽感。廣東、湖南、江西的舉子尤其突出：廣東得風氣之先，湖南因湘軍神話賦予自己一種強烈的責任感，江西則與文廷式的活躍態度有關。山西舉人也多次集體上書，原本無動於衷的舉人都為此感動，劉大鵬記得，每次都是御史裕德接受上書，與舉人「相對涕泣」。[③]

一直到四月初六（4 月 30 日），梁啟超才第一次出現在上書名單中。都察院代奏了八十八名廣東舉人的上書，由梁啟超領銜，麥孟華

---

① 《都察院代遞戶部主事葉題雁等呈文》，參見江桐《台灣最後一位進士江春源：公車上書第一人》，《台聲》2016 年 2 期。
② 丁文江、趙豐田編《梁啟超年譜長編》，第 27 頁。
③ 劉大鵬《退想齋日記》，第 600 頁。

名列第五。這份名單是當日都察院代奏的七件之一，同日還有文俊鐸領銜的五十七位湖南舉人，譚紹裳領銜的二十一位湖南舉人，二十名奉天舉人，十一名四川舉人，四十三名湖南與江西舉人的聯合上書。四月初七，又有二百八十九名廣東舉人的上書，領銜者是學海堂專課生陳景華，麥孟華列第六十三位，梁啟超是二百八十四位。[①]

單從兩次署名，很難體現梁啟超的重要性。康有為沒有出現在任何一份名單中，他認為自己具有超然位置，只要梁啟超、麥孟華代表即可。與其他舉人不同，草堂師生的政治嗅覺極為敏銳，僅僅廣東上書不足以表現他們的願望與能力，需要一次跨越地域的行動。四月初七，康有為、梁啟超號召各省舉人在松筠庵集會，想要通過更多聯署，創造更大的聲勢，或許可以改變和約命運——中日雙方在四月十四日（5月8日）煙台正式換約，直到那時才會正式生效。

聚會地點松筠庵是楊繼盛故居，這位明代嘉靖年間的兵部武選司員外郎，以彈劾權傾一時的宰相嚴嵩著稱，被視為士大夫道德原則的最佳表率。即使身上被打得沒有一塊完好的皮膚，他仍堅持自己的主張，臨刑前還在吟誦「浩氣還太虛，丹心照萬古」。[②]咸豐以降，這裡成為日漸復蘇的士大夫集會的場所，清流派尤其看中它的政治與道德意味，「常於松筠庵為會，討論朝政，正言彈劾，一時殿陛風生」，黃體芳、張佩綸、寶廷、陳寶琛等光緒初年的清流派常在此聚會，文廷式也喜歡於此「日集京朝官……論朝政得失」。[③]

按照康有為計劃，各省舉人從初七到初九一起探討他撰寫的一萬八千字上書，並徵集簽名，初十向都察院投遞。康有為被一種強烈的

① 茅海建《「公車上書」考證補》，《戊戌變法史事考二集》，第 25 頁。
② 劉鶴岩《浩氣還太虛，丹心照萬古——楊繼盛其人其文》，《古典文學知識》2004年第 1 期。
③ 魏元曠《堅冰志》，中國史學會主編《戊戌變法》（四），第 311—313 頁。

激憤所佔據，稱自己僅用一天兩夜就寫成了這篇長文。梁啟超與麥孟華不僅參與撰寫，還四處奔走、聯絡舉子。

在萬言書中，康有為再度發揮了他恣意縱橫的筆觸。他勸皇帝下三道詔書：第一道是罪己詔，深切反省自己；第二道嚴懲那些主和的大臣、作戰不力的將帥、和談的使臣；第三道是求才之詔，遍求天下人才。他建議遷都，認為陝西是最佳選擇，「搶守函潼，奠定豐鎬」，接下來則是選擇將才練兵，聯合南洋的華僑助攻日本，「必有奇功」。這篇萬言書還提供了一個無所不包的改革方案，包括富國、養民、教民與革新庶政。在富國之法中，他建議發行鈔票、修築鐵路、設立輪船公司、開發礦山、創辦郵政諸多方面，這些都將增加國家財政收入。養民之法中，他強調農業仍是一切的基礎，建議推進農業的現代化，設立農學會等。文章充滿悲情意識，充斥這樣字句：「棄台民之事小，散天下民心之事大」「割地之事小，亡國之事大」。[1] 這也是當時典型的策論風格，看似提供了各種解決方案，實際上沒有一種是切實可行的。

康聲稱有一千二百人參與了聚會，梁啟超提供的數字則是一千三百名，康有為「實領袖之」，[2] 這意味着每四個舉人就有一人在萬言書上簽名。但即使經道光年間擴建，松筠庵最多也只能容納數百人，這一千餘人該如何聚集在一起呢？很有可能，參與人以簽署知單方式參與。他們出於集體的狂熱情緒在上面簽了名，實際上很少有人有興趣與耐心讀完這封上書，也無心分辨它與其他上書的不同，甚至不知道康有為是何許人也。劉大鵬就從未在日記中提到過康有為的名字，在他眼中，上書更像是舉人們的自發行為，是一場沒有領導者的運動。來自福建的舉人邱菽園也是這場跨省聯署的參與者，但從未與康有為謀面。

---

[1] 康有為《上清帝第二書》，中國史學會主編《戊戌變法》(二)，第131—154頁。
[2] 丁文江、趙豐田編《梁啟超年譜長編》，第27頁。

不管有多少人參與，它都是一個重要的集合，是知其不可為而為之的努力。松筠庵洋溢着悲情的氣氛，眾人此刻的姿態更勝於上書可能帶來的結果。

但歷史節奏與天氣都沒站在舉人一邊。四月初八（5月2日），當舉人們再度聚在松筠庵，原本晴朗的天空，「忽以向午後大雨震電，風雹交作」。儘管這場異象「逾刻而止」，卻徹底改變了院中的氣氛，眾人「但覺氣象愁慘，相對欷歔，憤悒不得語」。[1]

風暴同樣發生在天津。天津自四月二日起接連降雨，然後海嘯淹沒軍營，軍士死亡上百，不少馬匹斃命。直隸總督王文韶電報說，「沿海防務非一兩月不能成軍」。[2] 舉人們聚集於松筠庵時，王的電報也傳到北京，徹底摧毀了朝廷殘存的拒和決心。在紫禁城內，皇帝蓋上玉璽，批准和約，派遣聯芳與伍廷芳前往煙台換約。在天津養病的李鴻章則電告伊藤博文，皇帝已批准合約。

舉人傍晚散去時，「聞局已大定，不復可救，於是群議渙散」，他們中有人說「仍當力爭以圖萬一」，也有「謂成事不說無為蛇足者」。激憤的群情讓位於退卻與疏離，幾百人又取回了知單，邱菽園就是其中的一位，因為他認定「主戰之不可恃」。到了四月初九，「松筠庵之足音已跫然矣」。[3]

原本計劃於四月初十上呈的萬言書，最終夭折。康有為將之歸結於軍機大臣孫毓汶的阻撓，舉人「遂多退縮，甚且有請除名者」；他還稱王文韶「誣奏海嘯、壘械棄毀」，促成了皇帝批准和約，甚至不無故意地歪曲，直到四月十七日（5月11日）都察院仍在代奏江西舉

---

① 茅海建《「公車上書」考證補》，《戊戌變法史事考二集》，第80頁。
② 同上，第61頁。
③ 同上，第80—81頁。

人與雲南舉人的條陳。[①]這也是最後一次「公車上書」。

舉人們情緒的變化，不僅因為和約的簽訂，也因四月十二日（5月6日）發榜。除了中榜者，大部分人作鳥獸散，政治情緒隨之消散。草堂師徒迎來了喜憂參半的結果。梁啟超、麥孟華與梁朝傑再度落榜，命運卻給了康有為獎賞，他在貢士榜上名列第五。關於梁啟超的落榜，還有一個傳聞。據說副考官李文田非常讚賞他 —— 李以西北輿地之學著稱 —— 在策論中取《西遊記》的內容出題，只有梁啟超的條對甚詳。李文田與另一位副考官唐景崇拿着考卷去找徐桐，希望在滿額的榜單上增加這位考生。試卷上的今文學說卻激怒了徐桐，他責備李文田偏袒廣東同鄉。李頗感惋惜，在試卷後批注「還君明珠雙淚垂」。另一種傳言是，徐桐將梁啟超之卷誤認為康有為所作，梁是代師受過。[②]

北京的政治參與氣氛消散了。「和議之成，天下率皆不願，違眾而成，恐和議未能久耳，何如不和之為妥也」，劉大鵬在四月十五日寫道。[③]無論如何，這個山西讀書人經歷了人生一次獨特體驗，有機會表達對於國家事務的看法。這是很多人的感受：一個月來，舉人單獨或聯名上書 31 次，1555 人次，幾乎覆蓋了每一個省份。

「清朝二百餘年未有之大舉也」，梁啟超日後寫到。上書沒改變結果，卻開啟了另一個時代，「公車之人散而歸鄉里者，亦漸知天下大局之事，各省蒙昧啟闢，實起點於斯舉」，而「喚起吾國四千年之大夢，實自甲午一役始也」。[④]康梁師徒發起的聯署沒有最終上達，參與聯署的並非他們自稱的千餘名，卻也達到創紀錄的 603 名。

康有為未能將好運氣繼續下去，在四月十六日（5月20日）的復

① 茅海建《從甲午到戊戌：康有為〈我史〉鑒注》，第 70—76 頁。
② 丁文江、趙豐田編《梁啟超年譜長編》，第 25 頁。
③ 劉大鵬《退想齋日記》，第 43 頁。
④ 丁文江、趙豐田編《梁啟超年譜長編》，第 27 頁。

試中，只中了三等第四名，二十一日（5 月 15 日）的殿試中則是二甲第四十六名，保和殿的朝考中只是第二等第一百零二名。康有為的功名心與憂患意識同樣顯著，他將活動能力運用到關係疏通中，據說他想通過張蔭桓打通閱卷大臣的關節，試圖高中狀元，躋身翰林院。李文田頗為不悅，不僅將他摒斥在翰林院之外，還將他的躁進行為告訴了京城士大夫，康有為日後的論敵都將以此來攻擊他。五月初十（6 月 2 日）的新進士召見時，康有為只被授予工部學習主事的官銜。在一個充斥着冗員的官僚系統中，這無異於慢性死亡，很多人要等上十年、二十年才能得到一個實缺。他這樣的候補官員不需要赴任，也沒有具體的工作。「自知非吏才，不能供奔走」，康有為用傲慢來掩飾自己的失落。①

　　會試再度失敗沒太影響梁啟超。至少在給朋友的信裡，他沒有流露出任何失落。一連串的上書行動、康有為越來越顯著的影響力，還有迅速變化的政治氣氛，都給他某種鼓舞。在參加新貢士擬定復試時，光緒鼓勵考生「直言無隱」，想「與海內賢能力矢自強、殫心圖治」，四月二十八日（5 月 22 日）的朝考又以「變則通通則久論」為題。②

　　年輕皇帝在戰爭期間的慌亂暫時退隱了，隨之被激發出來的是變革的決心。他在和約簽訂後頒下聖諭，鼓舞朝臣振作起來：「我君臣上下，惟當艱苦一心，痛除積弊，於練兵、籌餉兩大端，盡力研求，詳籌興革，勿存懈志，勿騖空名，勿忽遠圖，勿沿故習，勿期事事核實，以收自強之效。」③

　　朝野之中，拒和的熱情同樣變成改革的熱情。從翰林院編修到地方大員，甚至普通生員，都認定變革之必要性。「大臣爭於上，庶僚

①　茅海建《從甲午到戊戌：康有為〈我史〉鑒注》，第 92 頁。
②　同上，第 90 頁。
③　《德宗實錄》（五），《清實錄》第 56 冊，北京：中華書局，1987 年，第 780 — 786 頁。

爭於下，台臣爭於內，疆臣爭於外，以及防邊之將帥，上計之公車，泣血拊膺，合詞呼籲。下至農工商賈之流，廢業奔號，輟耕太息」，王鵬運在四月十七日（5月11日）的奏摺描述到這種踴躍場景。[①] 王文韶也稱，「此誠我中國自強之一大轉機也」。[②]

五月二十一日（6月13日），康有為上奏《為安危大計乞及時變法而圖自強呈》。這是他對上一次並未呈交的萬言書的改寫，去掉了拒和，添加了自強部分。他們也開始拓展新渠道傳播自己的理念。這一年夏天，上海石印書局出版了《南海先生四上書記》。開篇是一連串序言，先是「倉山舊主」袁祖志與來自長沙的劉錫爵、斐如甫的序言，接着是署名為「滬上哀時老人未還氏」記錄事件過程的《公車上書記》，《上清帝第二書》則作為主要內容出現。[③] 書中還附有康有為的殿試文章。這對於一個三甲進士來說很不尋常，此前往往只有獲得狀元、榜眼、探花這種功名的人才有資格如此。離京南下的邱菽園此刻恰好在上海停駐，「見坊肆眾人爭翻南海康氏《殿試策》」。[④] 這些小冊子預示着康有為、梁啟超的未來之路：他們的影響力是依靠面向公眾的印刷術，而不僅是奏摺。

《公車上書記》在《申報》刊登了七次廣告，銷量高達數萬部。[⑤] 一個康有為版的「公車上書」神話開始了。

---

① 《御史王鵬運奏應相機收復遼台以繫人心而維國脈摺》，轉引自張海榮《甲午戰後改革大討論考述》，《歷史研究》2010年4期。
② 王文韶《遵旨復奏時政請以開銀行修鐵路振興商務為首要摺》，轉引自張海榮《甲午戰後改革大討論考述》。
③ 這位刻書人「滬上哀時老人未還氏」很可能正是沈善登，見張海榮《晚清舉人邱菽園對「公車上書」的兩次追憶》，《歷史檔案》2014年第1期。
④ 邱煒萲：《菽園詩集》初編卷1，沈雲龍主編：《近代中國史料叢刊續編》(368)，台北：文海出版社，1977年，第41、57頁。轉引自張海榮《晚清舉人邱菽園對「公車上書」的兩次追憶》。
⑤ 汪叔子、王凡《〈公車上書記〉刊銷真相——戊戌變法史考論之二》，《江西社會科學》1990年第4期，第99—107頁。

第七章

改革俱樂部

　　一整個夏天，梁啟超都在忙於各種計劃。他對汪康年的新想法深感興趣，許諾即將南下加入——後者準備在上海出版一份報紙，以翻譯外國報紙為主；他還託人在軍機處、總理衙門搜集有見地的奏摺、論述文章，想編輯一本《經世文新編》，「專採近人通達之言，刻以告天下」，相信它們能「轉移風氣」。[①]這種文集的歷史可以追溯到魏源編輯的《皇朝經世文編》，是文人對帝國危機作出的智識反應。「經世」一詞雖出自《莊子》，後來卻代表了中國文人參與天下治理的徹底入世精神，與修身一樣，是儒生不可推卸的責任。隨着新危機到來，迫切地需要新一代人作出回應，這種文集再度開始流行起來。

　　他原本想在五月離京，卻又捨不得新政氣象，「京中言變法者甚多，自上上下下幾乎僉同」。[②]他致信夏曾佑：「上每言及國恥，輒頓足流涕，常熟（翁同龢）亦日言變法，故欲在此一觀其舉措。」[③]

　　翁同龢推動的戰爭雖然以失敗告終，但政治對手們成了替罪羊，他個人的權勢反而增長了。孫毓汶感到四面湧來的壓力，接連告病請求開缺。六月初五（7月26日），他終於結束了十年的軍機大臣生涯。徐用儀也未能倖免，在與翁同龢的一次激烈爭吵之後，被清流派接連彈劾，於六月十六日退出軍機處。持續了十年的中樞權力結構正式瓦解。

　　另一位權勢人物李鴻章也只是勉力維持。經由《馬關條約》，他成了千夫所指的罪人，一些憤憤不平的大臣甚至期望將他斬首。當這個七十三歲的老人帶着左眼下仍殘存的傷疤與一顆倍感挫敗的心再度

---

① 　《汪康年師友書札》，第 1833 頁。
② 　同上，第 701 頁。
③ 　丁文江、趙豐田編《梁啟超年譜長編》，第 27 頁。

入京時，或許除了慈禧太后沒人願意理解他，他被剝奪了所有重要官職，只充任總理衙門大臣，因為他的外交經驗依舊無人可以取代，況且關於遼東半島的對日談判仍未結束。他多年的運氣似乎用光了，「如果慈禧允許他於 1893 年解甲歸田，或者他在七十大壽的時候死亡突然而至……就會作為中國當時最傑出的政治家而被歷史記載並流傳下去」，一位傳記作家這樣寫道。[①]

中樞的新班底也正式形成。在軍機處，除去恭親王、李鴻藻、翁同龢、剛毅之外，錢應溥也加入了，他以曾國藩的幕僚著稱，如今與翁關係甚密。翁同龢也同時出任總理衙門大臣。六部發生一連串變動，廣東人許應騤出任左都御史，榮祿升為兵部尚書兼步軍統領，還是總理衙門大臣、督辦軍務處兼練兵大臣，誰都知道，他是未來接替恭親王的滿族親貴。翁同龢成了眾望所歸的領導人，比起李鴻章所住賢良寺的突然冷清，東單二條胡同的翁府一時間車水馬龍。

梁啟超試圖結識翁同龢。「康之弟子梁啟超來，未見。」[②] 閏五月十日（7 月 2 日），他在翁府吃了閉門羹，或許他的名聲還不足以吸引翁中堂的垂青，至少不值得在日記中記下一筆。康有為則不同，翁在一天前的日記中寫下：「李蒓客先生來長談，此君舉世目為狂生，自余觀之，蓋策士也。」「蒓客」即名士李慈銘，已在一年前過世，翁的日記手稿有明顯的挖補痕跡，此處提到的訪客可能是指康有為。[③]

作為一個才華橫溢的年輕人，梁啟超贏得了更多的矚目，儘管這矚目是複雜的。在沈曾植寓所的一次聚會中，李文田也在座。李文田很賞識這個年輕同鄉，還曾批改梁的試卷，但兩人素未謀面。門人報

① 濮蘭德《李鴻章傳》，第 69 頁。
② 翁萬戈整理《翁同龢日記》第六卷，第 2859 頁。
③ 孔祥吉《〈翁文恭公日記〉稿本與刊本之比較》，見孔祥吉《清人日記研究》，廣州：廣東人民出版社，2008 年，第 22 頁。

梁啟超到，沈對李文田說，老夫子曾說，新會人梁啟超為粵人增色，正好可以一談。但當梁啟超進門後，李「驟色變，翹鬚詠齒，若無所見」。窘迫異常的梁啟超只好告退。沈曾植大惑不解，為何讚許態度變成了「蓄怒以待」。李的評價讓在座所有人大吃一驚，他稱梁啟超是「耗子精」——「擾亂天下必此人也」。[1] 在京城的官員中，李文田以善於看相著稱。

這個插曲令人尷尬。只有在熟悉的朋友當中，梁啟超才感到自在。曾習經和他尤為親密，閏五月十一日（7月3日）還邀請他與江孝通等人在寶泉河上泛舟賞荷，喝得大醉，折荷花而歸。曾習經和梁啟超都曾就學於學海堂，用粵語交流起來顯得親切、順通。梁啟超常前往曾習經所居的潮州會館，「每論茗談藝，達夜分為常」，每逢「春秋佳日，輒策蹇並轡出郊外，攬翠微、潭柘之勝」。[2] 比起曾習經與江孝通這樣的舊式才子，梁啟超常遺憾自己的詩藝不精。

但他對於時代的變化卻非常敏感。改革氣氛不斷升溫。屈辱激發起行動的慾望，建言紛至沓來。「舉國爭言洋務，請開鐵路者有之，請練洋操者有之，請設陸軍學堂、水師學堂者亦有之。其興利之法，則或言銀行，或言郵政，或請設商局，或請設商務大臣」[3]。甚至突然的瘟疫流行都沒能消解這種改革熱忱，翁同龢在日記裡寫道，「僵者極多」，連他自己都經常口吐白沫，對於日常工作難以支撐。[4]

康有為也獲得了新的關注。閏五月二十七日（7月19日），光緒頒佈聖諭，再次強調當前是「創鉅痛深之日……臥薪嘗膽之時」，變法刻不容緩。諭旨還附帶九件摺片，被加上封印，以四百里馬遞送給

---

① 許全勝《沈曾植年譜長編》，北京：中華書局，2007年，第210頁。
② 孫淑彥《曾習經先生年譜》，北京：中國文史出版社，2006年，第76頁。
③ 文廷式《聞塵偶記》，《文廷式集》下冊，第723頁。
④ 翁萬戈整理《翁同龢日記》第六卷，第2870—2875頁。

從黑龍江到雲南、新疆到福建的總督、巡撫與將軍。[①]

　　九件摺片分別來自軍機章京陳熾、廣西按察使胡燏棻、南書房翰林張百熙、一等侯信恪、御史易俊、翰林侍讀學士准良、吏部尚書徐桐，康有為在四月二十七日上呈的《為安危大計乞及時變法而圖自強呈》也列於其中。[②] 對於康有為而言，作為一名新科進士躋身資深官員之中，無疑是個相當引人注目的成就。

　　這九份摺片涉及了「修鐵路、鑄鈔幣、造機器、開礦產、折南漕、減兵額、創郵政、練陸軍、整海軍、立學堂」諸多領域，展現出帝國面臨危機之全面與緊迫。這是戰後改革討論的一次集成：洋務運動失敗了，帝國該採用怎樣的新措施？

　　這九份摺片都承認現實必須改變，提供的解決方案卻彼此矛盾。康有為、陳熾與胡燏棻認定必須向西方學習，「今日即孔孟復生，捨富強外，亦無立國之道，而捨西法一途，更無致富之術」。[③] 張百熙、徐桐仍堅持老辦法，懇請皇上「恭取聖祖、世宗、高宗三朝聖訓，勤加乙覽」，或是「惟今之計，惟有就現有之款力加整頓，剔除中飽，節省糜費」，他們不認為有制度問題，只是需要提高體制的效能。

　　康有為與陳熾的建議最為大膽。陳熾公然盛讚「泰西政教之勝於中國」，提出設立議院。康有為也要求改革「國朝法度」，進行一場無所不包的制度改革。他在教育與社會上的建議尤其豐富，從翻譯書籍、設立絲茶學會，到開設學堂、海外傳播孔子，都囊括其中。比起陳熾與康有為，胡燏棻的語氣更為穩妥，最能贏得皇帝的認可，被置於第一。

<hr>

① 參見張海榮《甲午戰後改革大討論考述》，《歷史研究》2010 年第 4 期，以及張海榮《關於引發甲午戰後改革大討論的九件摺片》，《廣東社會科學》2009 年第 5 期。
② 康有為的奏摺由都察院代遞，即《上清帝第三書》，中國史學會主編《戊戌變法》（二），第 166—174 頁。
③ 胡燏棻《變法自強疏》，中國史學會主編《戊戌變法》（二），第 277—290 頁。

這些奏章普遍缺乏實行辦法，當它們被下發到地方時，激起的反應更為複雜。地方官員對於「造機器」「製鈔幣」「創郵政」「立學堂」頗多爭議，更懷疑是否有根本變法之必要。大臣們普遍不相信制度的重要性，認定一切的核心是人。浙江巡撫廖壽豐引十年前的中法之戰為例，當時戰後也曾圖強，但「十餘年來，海軍非不練也，鐵艦非不購也，威海一役，委而去之，所謂富強者何在？」[1]問題一定出現在對人才的選拔上。這也是中國傳統改革哲學的核心：相信存在着某種完人，來驅動一切變化。以洋務著稱的張之洞，也將注意力放在軍事、經濟、教育領域，而避開政治制度。

宋慶對於效仿西法頗感懷疑，「我用我法，實事求是，庶幾將士一心，緩急足恃」。兩廣總督譚鍾麟乾脆說「欲仿行西法者，率窒礙難行」。額勒精額的反應尤為激烈，「泰西之法，只可行之泰西諸國，若用於中國，則亂天下之道也」，他對於修鐵路充滿憂慮，「不有鐵路，則綱常不紊，樂無窮太平之天」。[2]

康有為的摺片也有了回應。湖北巡撫譚繼洵、廣東巡撫馬丕瑤都贊同他開民廠的主張，認為「用意甚善」。[3]對於一年前還在憂慮自己被彈劾的康有為來說，廣東巡撫的表態恐怕不無戲劇感。

康有為來不及等待這些遲來的鼓舞。五月十一日（6月3日），他再上一摺《為變通善後講求體要乞速行乾斷以圖自強呈》，即《上清帝第四書》。這仍是一篇龐雜的萬言書，其中最重要的部分是如何改善目前「君尊臣卑」「上下相隔」的制度。他提出五條具體的建議：（一）下詔求言，允許天下人前往午門投書，獎勵被採納者；（二）開

---

[1]　廖壽豐《變法有漸正本為先摺》，轉引自張海榮《甲午戰後改革大討論考述》。

[2]　額勒精額《遵議各處條陳時務就不可開鐵路等敬陳管見摺》，轉引自張海榮《甲午戰後改革大討論考述》。

[3]　馬丕瑤《創鉅痛深極宜乘時變計請召內外大臣振刷精神急籌補救之法摺》，轉引自張海榮《甲午戰後改革大討論考述》。

門集議，每十萬戶推舉一人，參與政事；（三）開設皇帝的顧問機構，皇帝每日與輪值二十人相談；（四）令各省州縣開設報館；（五）開府辟士，令軍機大臣及督撫縣令皆開幕府，廣納人才。[①]

此刻，康有為的身份已是工部學習主事，奏摺由工部代呈。按照他自己的說法，李文田阻撓了上書，原本讚許他的工部尚書孫家鼐也改變主意，「卒不遞」[②]。他的傲慢品行像他的異端思想一樣，帶來諸多敵人。在他的記錄中，似乎人人都與自己為敵。他想用老辦法，與梁啟超、麥孟華等聯署上交都察院，也不再奏效。[③]

他還為別人代寫奏摺，其中一次是通過王鵬運上奏，希望能夠清理北京街道。北京雖然有恢弘的城牆與角樓，但現代城市的馬路、衛生、下水道、綠化概念完全沒有進入官僚的頭腦，這些人連上海租界的街道是甚麼模樣都沒有見過，更別說香港、東京的城市規劃了。長期生活於其中的人更是習以為常。污穢的道路也是官僚失敗的象徵，工部、旗丁、街道議廳、步軍統領衙門，各類部門疊床架屋，反而造成無人負責的狀態，他們瓜分修繕款項，還勒索商民，道路卻無人理睬。帝國陷入了麻痺狀態，無力展開行動。

對於清醒的旁觀者來說，京師的種種變動並不那麼令人看好。「現在的北京政府，仍然習慣於紙上談兵：建條鐵路就動輒要去占卜風水；敕議很久，才下定決心辦採礦等實務；為了不顯得落後於各國，甚至下令加入萬國郵政聯合會。這些看來似乎顯示出一些更強的決心。但是清國處於落後狀態時日已久，像這樣在短短三年裡疾速冒進的行為，其結果只能導向政變蜂起的窮途末路」，日本外交官中島

---

① 此摺即《上清帝第四書》，見《戊戌變法》（二），第 174—188 頁，尤其是 184—185 頁。
② 茅海建《從甲午到戊戌：康有為〈我史〉鑒注》，第 105—106 頁。
③ 同上，第 106 頁。

雄在 7 月 15 日寫道。旅居北京多年的他不無悲觀地認為，奏摺與聖諭不過是空話，甚至對聖諭中「臥薪嘗膽」的措辭也頗感懷疑，這類話語也曾在日本風行過，「至多好比我國新聞記者、又或是演說家一流人物謀求升遷時泛用的詞句，實在也不是可以引起多大轟動的事情」。[①]

赫德這樣的老辣人物看到的不是真正的改革，而是權力之爭。這位愛爾蘭人已經執掌了大清海關將近三十年，洞悉帝國的各種權力遊戲。「很難說誰是『未來的當權人』，但迄今為止，張肯定鞏固了他的地位。總理衙門剛剛失去孫、徐和廖，得到了翁和李（皇上的師傅）；我大致認為慶親王的地位也很不穩，因為恭親王看起來要清除掉所有在 1884 年取代他本人和他的一派的那些人。」他在 8 月 11 日寫道：「迄今人心思亂，我不願意預言人能夠成甚麼事：時勢勝於人，時勢會帶來進步，但是進步可能在很大程度上意味着沒有人敢於低聲耳語，而政府哄騙蠻子的故技，不可能平安無事地一味幹下去，我遺憾地認為，這或許正是恭親王最深信無疑的！」[②]

二

梁啟超可能發現，激奮的群情未必能產生行動，成了天子門生的康有為也只是官僚系統裡一個微不足道的齒輪。他們都曾以為自己接近了權力就可以實踐自己的理念，但沒想到連最高權力本身似乎都慌亂而曖昧。光緒在等待地方大員的回覆，他的革新願望很容易就被

① 日本外務省外交史料館藏，中島雄《隨使述作存稿》第 9 冊，第 75 頁，轉引自《一個日本外交官記述的康有為與戊戌維新》，參見孔祥吉、村田雄二郎《從東瀛皇居到紫禁城 —— 晚清中日關係上的重要事件與人物》，廣州：廣東人民出版社，2011 年，第 378 頁。
② 《中國海關密檔》(6)，第 334 頁。

遲緩的官僚系統所消耗，而權力中樞的翁同龢則困於自己的無能與膽怯，李鴻章批評他「碩畫太多，擔當不起，竟是一事不辦」。[①]

康有為把目光轉向了士大夫。中下層官僚普遍有「先天下之憂而憂」的憂患意識，在中國漫長的傳統裡，從東漢太學生的風評到明末東林黨人講學，這種理想主義會為沉悶的政治生活帶來活力。

倘若這些士大夫能集結在一起，就會演變成一股政治力量。他想創辦一個學會，聚集同志、倡導改革理念。「思開風氣，開知識，非合大群不可」，「合大群而後力厚也」，「合群非開會不可，在外省開會，則一地方官足以制之，非合士大夫開之於京師不可」。[②]

最初的反饋令人氣餒，「頗有應者，然其數甚微」。士大夫結社議政的傳統在清代中斷了。作為異族統治者，滿人政權對結社行為心懷戒備，嚴禁諸生「糾黨多人，立盟結社」，文字獄更令士人埋頭於功名利祿或瑣碎學問。它與士大夫的自我審查有關，「黨」的聲名不佳，是私慾膨脹的象徵，導致分裂與動盪，人人都會引用「君子群而不黨」的說法。即使最嚴酷的控制時代已然過去，士大夫的集體生活有了些許復蘇，但他們仍要用文學、藝術趣味來掩蓋哪怕一絲一毫的政治傾向，詩社與雅集成了主要的聚集方式。

在最初這不多的響應者中，有老朋友沈曾植等人，以及新朋友陳熾。四十歲的陳熾見識廣闊，在讓他聲譽鵲起的《庸書》中，他鼓吹議院制度，認為這是西方富強的本源，可以「合軍民為一體，通上下為一心」。他讚賞報館可以使「四民之智宏開，殫見博聞，萬里之形聲不隔」。陳熾贏得了翁同龢的欣賞，後者稱他是「縱橫家」，「有識

---

① 上海圖書館歷史文獻所編《盛宣懷檔案名人手札選》，上海：復旦大學出版社，1999 年，第 29 頁。
② 茅海建《從甲午到戊戌：康有為〈我史〉鑒注》，第 129 頁。

力」，還將《庸書》與湯震的《危言》一同呈給光緒皇帝。[1] 與文廷式一樣，陳熾是翁同龢與中下層官員、學者之間的橋樑。

「氣魄絕倫，能任事，甚聰明，與之言，無不懸解」，梁啟超也被陳熾深深折服，對夏曾佑興衝衝地說起這位新朋友。[2] 康有為更是與陳熾投緣，他們兩人不僅有相似的西學知識，也都分享着一種趾高氣揚、故作姿態的做派。一位叫王伯恭的官員記得，一次他拜訪陳熾，恰好遇到康有為來訪。陳熾先是撫摸自己的額頭說頭痛，康有為立刻安慰說：「時事不可為矣，先生何必自苦乃爾。」接着兩人開始品評當朝人物，說起兩江總督的人選，陳熾說劉坤一或許可以，康有為立刻拍掌贊同。一直在場的王伯恭覺得驚奇又可笑，一位不過是四品的章京，一位則是新進的工部主事，卻完全沉浸在指揮一切的感覺中。但王伯恭很快又要佩服他們政治嗅覺的敏感，後來劉坤一果然出任兩江總督，張之洞回任湖廣總督。[3]

陳熾勸康有為以辦報為先，當耳目通後，風氣形成，再辦會。梁啟超也相信，「報館之議論，既浸漬於人心，則風氣之成不遠矣」。[4] 但該辦一份怎樣的報紙呢？在京師，士大夫熟悉的唯一報紙是《京報》，內容由每天的上諭、奏摺構成。每份長約六寸、寬約三寸，多則十來頁，少則五六頁。這些由軍機處下發、傳知各衙門抄錄遵行的內容，由一家與內府有關係的商鋪印刷發售，每份十文，每月則優惠為兩百文。[5] 所有對朝堂之事感興趣的人都可以購買，報紙在當天黃昏就可送

---

① 《翁同龢日記》，二十一年五月二十三日，並參見茅海建《從甲午到戊戌：康有為
　〈我史〉鑒注》，第 113—116 頁。
② 丁文江、趙豐田編《梁啟超年譜長編》，第 33 頁。
③ 王伯恭《蜷廬隨筆》，轉引自李春光《清代名人軼事輯覽》，北京：中國社會科學
　出版社，2004 年，第 1653 頁。
④ 丁文江、趙豐田編《梁啟超年譜長編》，第 28 頁。
⑤ 戈公振《中國報學史》，上海：上海書店出版社，2013 年，第 32 頁。

達各戶。

另有商人把這些報紙轉銷到其他省份，正陽門外的報房就是專門為此設立的。從內容、印刷到發行，《京報》都遠遠落後於通商口岸的報紙。它用黃色的竹紙或毛太紙，以木雕版印刷，與上海、香港流行的石印技術相去甚遠。偶爾因時間緊急，它還會採用「豆腐乾版」——老練的刻字者可以刻石膏泥板，以微火燒硬，用混着煤屑的水做墨水，結果墨色很淡，難以閱讀。

六月二十七日（8月17日），一份名為《萬國公報》的報紙開始隨《京報》派送。它的版式與《京報》相似，沒有出版日期，只是每冊有編號，內容也相當簡陋，只有「論說」一篇。在接下來的三個月中，這份報紙每兩日出版一次，論說從泰西的富國與養民，到開礦、鑄銀、造輪船、郵政、學校、報館、農業，似乎無所不包。其中一篇《地球奇妙論》談論了地球不停運轉：「大地行動，寂靜無聲，人故不覺。現有識者考知此事，使人得明地球之奇妙，正宜深思靜察，以悉天地之奧妙也」。[1]

《萬國公報》談不上是一份現代報紙，在北京卻是一個新事物。自丁韙良在1872年出版《中西見聞錄》（以介紹西方科技為主，1875年移到上海，後改名為《格致彙編》），二十年來，北京就再也沒出現過一份非官方報刊。觀念開放的士大夫有可能會訂閱或零星讀到上海的《申報》或傳教士編輯的雜誌，但對這座城市而言，讀報仍是個陌生的習慣，令人想起赫德多年前的感慨：「北京是中國最不可能引入新鮮事物的地方，中央政府也不會給以任何形式的支持。只有地方的發展（離首都越遠越好）是這個國家所僅見的，可能也是唯一可以

---

[1] 關於《萬國公報》創建情況，參見方漢奇《中國新聞事業通史》第一卷，北京：中國人民大學出版社，1992年，第540—544頁。

依靠的。」^①

這個謹慎的嘗試收穫了意外的成功，《萬國公報》的影響力迅速擴散，每日可送出兩三千冊，因為沒有署名，人們不清楚這報紙的出處，有些人猜測是德國使館所為，也有人說它來自總理衙門。「報開兩月，輿論漸明。初則駭之，繼亦漸知新法之益」，康有為得意地回憶說。當眾人逐漸知道它出自南海會館時，康有為這種得意更是濃烈：「群知必吾所為矣。」^②

這份報紙帶有鮮明的康有為印記。「萬國公報」是對廣學會同名刊物赤裸裸的抄襲，廣學會這份雜誌是康有為最重要的西學知識來源。一年前，他還以康長素的名字參加了 1894 年的《萬國公報》徵文，在應徵的 172 篇文章中獲得第六等，獎金是白銀四兩。

梁啟超與麥孟華試着充任主筆，負責論說文字。他們所寫的內容談不上甚麼創新，很多不過就是對另一份《萬國公報》的照抄或改寫。報紙也是對康有為觀點的拓展，將萬言書拆分出若干部分，以更淺顯、簡短的方式表達出來，比如「言富」不能止於「開礦、製造、通商」，「言強」也不能僅僅是「練兵、選將、購械」。這些短論認定自己尋找到了西洋富強、中國積弱的原因，它需要依靠的是人才，而人才「在於學校」，「學校之盛」是「西洋諸國所以勃興之本原」。^③

這些短文開啟了梁啟超另一種生涯，作為一名專欄作家就各式社會問題發表看法。他幾乎變成了一台知識處理機，學習與寫作幾乎同時發生。這些寫作的水平其實無法恭維，他自己也承認「其言之膚淺無用」。他日後抱怨說，「日日執筆為一數百字之短文」，「由今思之，

① 〔美〕魏定熙《權力源自地位：北京大學、知識分子與中國政治化，1898—1929》，張蒙譯，南京：江蘇人民出版社，2015 年，第 22 頁。
② 茅海建《從甲午到戊戌：康有為〈我史〉鑒注》，第 129、144 頁。
③ 方漢奇《中國新聞事業通史》，第 544 頁。

136　　青年變革者：梁啟超 1873—1898

只有汗顏」，但這份甜蜜的抱怨注定伴他一生。[①]

康有為被這份報紙的影響力所鼓舞，每日攜報四處遊說，與士大夫聚會、辯論，再度倡議開設學會——他稱之為「強學會」，以求中國自強之學。眾人對「會」字頗有顧慮，擔心與秘密會黨相連，傾向於用「書局」。陳熾與沈曾植始終保持熱情，在康有為「三舉不成」之後，仍然全力贊成。[②] 在給朋友的信裡，梁啟超稱讚沈的「堅忍之力」，他對學會未來頗有信心，認為即使「少有阻力，然亦必成」。[③]

努力逐漸有了結果，越來越多的名士、官員加入其中。七月，康有為與陳熾召集的一次聚會中，袁世凱、楊銳、丁立鈞、沈曾植兄弟、張孝謙等參與者約定，各出一部分經費，由康有為草擬學會的序文與章程。一位叫徐世昌的翰林院學士記得，當他八月初一（9月19日）前往嵩雲草堂赴張孝謙之邀討論開書局的事宜時，同座有陳熾、康有為、沈曾植、丁叔衡、陳養源、袁世凱，他們的談話時間很長，「席罷，又談至三更後始歸」。[④]

梁啟超興衝衝地寫信給夏曾佑，說袁世凱、陳養源等人開會集資兩千元，譯書刻書刻報的初步資金有了，「以後尚可通達官，得多金」。但對於大多數參與者來說，他們不清楚這些鬆散的聚會將通往何種方向，行動力遠不及對閒談的熱衷。在熱情洋溢的信發出不久，梁啟超又沮喪地寫道：「前書所言學會事，尚未大成。」[⑤] 但風聲已四處傳遍。「京城士夫擬聯強學會……微有眉目，章程尚未定，經費不敷……中國辦事所以難成，所以無效也」，京官汪大燮寫道。[⑥]

---

① 丁文江、趙豐田編《梁啟超年譜長編》，第 28 頁
② 茅海建《從甲午到戊戌：康有為〈我史〉鑒注》，第 129 頁。
③ 丁文江、趙豐田編《梁啟超年譜長編》，第 29 頁。
④ 《徐世昌與韜養齋日記（戊戌篇）》，北京：北京出版社，2014 年，第 49 頁。
⑤ 丁文江、趙豐田編《梁啟超年譜長編》，第 29 頁。
⑥ 《汪康年師友書札》，第 710 頁。

更令人沮喪的是康有為的被迫離開。他一貫的行事風格似乎正激起保守派的憤怒，傳聞徐桐與褚成博兩位朝中要員準備彈劾他，朋友勸他暫時離開避禍。

八月二十九日（10 月 17 日），康有為前往南京，打算說服兩江總督張之洞支持上海強學會，還期待將學會推廣到中國每個主要地區。離京前夜，他與朋友在一起聽戲，台上戲子正唱到岳飛被召回一幕。在感傷自憐的情緒中，這戲劇性的一幕激發他寫出這樣的詩句：「山河已割國搶攘，憂國諸公欲自強。復社東林開大會，甘陵北部預飛章。鴻飛冥冥天將黑，龍戰沉沉血又黃，一曲欷歔揮涕別，金牌召岳最堪傷。」[①] 他把即將成立的強學會比作東林黨人的集會，自己則是另一個時代的岳飛 —— 前線的岳飛被十二道金牌召回，現在他也要被迫離開京師。

離京前，康有為見到了李提摩太（Timothy Richard），一個此前從未謀面的啟蒙者。李提摩太正因福建的一場教案入京，期望朝中的權力人物能給這樁持續不斷的悲劇提供某種解決方案。在京城，這位正好五十週歲的傳教士第一次發現，自己開始受歡迎了。這是個漫長、坎坷的旅程，折射出中國笨重、遲緩的轉變。

李提摩太是威爾士一名鄉村牧師之子，他在就讀神學院時就表現出改革的熱情，甘冒被開除的風險參與了一場校內課程改革運動，要求學習更多的近代語言，埃及、印度、中國、巴比倫的歷史，以取代單純的希臘語、拉丁語和歐洲歷史。畢業後，他決心前往中國北方傳教，相信「中國人是非基督徒中文明程度最高的民族，當他們轉化過來後，有助於向欠開化的周邊民族傳播福音……當北方的中國人成為

---

① 康有為《割台行成後……即席賦此呈諸公……留門人梁啟超任之》，《康有為全集》第十二冊，第 174 頁。

基督徒後，將會轉化他們整個帝國的同胞」。[①]

　　1870 年來到中國北方後，他發現，比起傳授《聖經》，應對社會危機才是更迫切的問題 ── 解決了普通人面臨的日常困境，他們才可能聽你的福音。從 1876 年至 1879 年，蔓延華北的大饑荒把他推向公共舞台，向曾國荃、李鴻章講述自己的賑災之道。他還訂購瞭望遠鏡、顯微鏡、分光鏡、電壓表等，以及關於天文學，澳大利亞、非洲、美洲自然歷史，茶、咖啡、可可、甘蔗等植物學的幻燈片。期望通過給官員們講述現代知識，啟迪他們的信仰之路。[②]

　　這個哥白尼、蒸汽機與發電機的世界想必讓儒家官員大感意外，李提摩太也知道如何減少這種衝擊。他講中國話，穿中式服裝，還喜歡用古雅的中文寫信，這些都幫他贏得了喜愛。他難免也引起一些人的懷疑，張之洞的幕僚趙鳳昌就認為他「如中國大和尚，以善說法，交華貴官」。[③] 1891 年，李提摩太前往上海，主持新成立的廣學會，成為《萬國公報》的負責人。他發現自己很難說服中國讀書人閱讀這份出版物，只好藉助在科場外贈送書籍、有獎徵文這些手段，吃力地傳播自己的思想。

　　但如今，從公卿到翰林學士，人們都願意傾聽他的見解。這種轉變與他剛剛翻譯出版的一本書相關。麥肯齊（Robert Mackenzie）的《十九世紀史》（*The Nineteenth Century : A History*）1882 年出版於倫敦，用線性的進步主義來解釋歷史，是英文世界風行一時的暢銷書。在助手蔡爾康協助下，李提摩太 1893 年開始翻譯這本書，當它最終以《泰西新史攬要》於第二年在上海出版時，正好趕上一個恰當的時

---

① 〔英〕李提摩太《親歷晚清四十五年：李提摩太在華回憶錄》，李惠堂、侯林莉譯，天津人民出版社、人民出版社，2011 年，第 12 頁。
② 同上，第 139—144 頁。
③ 《張之洞往來電稿原件》第 6 函，轉引自茅海建《戊戌變法的另面：「張之洞檔案」閱讀筆記》，上海：上海古籍出版社，2014 年，第 457 頁。

間：甲午戰爭的蒙羞激起了中國人對外部世界的新興趣。

「近六十年來，中國一再遭外敵入侵，割地賠款，飽受屈辱，原因何在？」在中文版的序言中，李提摩太先提出這樣一個問題，繼而答道：「通過鐵路、輪船和電報，上帝拆除了各民族之間的籬笆，以便使他們像同一個家庭的兄弟一樣，和平而幸福地生活在一起。但滿洲人繼續起阻礙作用，從一開始就決心阻撓這個歷史進程。因而，他們不僅是在反對外國人，更是在反對上帝確定的宇宙規則。他們一再遭受的屈辱是上天對他們的懲罰。因而，如果對世界的排斥態度是中國遭受失敗的原因，她應當代之以一種善意的、友好的態度，那樣的話，她就不難成為世界上最偉大的國家之一。」[①]《泰西新史攬要》隨即成為一本超級暢銷書，從官員到士子，凡是憂慮中國前途的人，都對它產生興趣，將之視作「為暗室之孤燈，迷津之片筏」。[②]

李提摩太是一個狂熱的推銷者，見到每個位高權重者，都急於奉上這本書，提出自己的改革建言。他同樣把這些熱情傳遞給了康有為這個聲譽鵲起的名士。「在會客室裡，我見到了這位身穿黃色絲綢馬褂的、輩聲遐邇的學者。……（他）送來了自己的一部書作為禮物。他告訴我，他信仰在我們出版物中所啟示的上帝那父親般的愛，以及不同民族間兄弟一樣的情意。他希望在追求中國復興的工作中與我們相互協作。」[③]康有為可能也趁機表達了多年來的仰慕之情，《萬國公報》是他心智啟蒙的刊物。但他即將南下，雙方的合作只能藉助他人來完成了。康有為推薦梁啟超做李提摩太的中文秘書，後者也立刻意識到，這個青年是「康有為最有才氣的學生」。[④]不過他搞錯了梁啟超

---

① 李提摩太《親歷晚清四十五年：李提摩太在華回憶錄》，第 214—215 頁。
② 〔英〕麥肯齊著、李提摩太等譯《泰西新史攬要》序，上海：上書店出版社，2002 年，第 1 頁。
③ 李提摩太《親歷晚清四十五年：李提摩太在華回憶錄》，第 238 頁。
④ 同上，第 239 頁。

的年齡，以為梁已經二十八歲。

在這位威爾士人心中，梁啟超編輯的報紙並不夠好，既欣慰又輕視。「《京報》千百年來一直是首都唯一的報紙，但現在首次出現了一份新報紙，它獨立於政府，儘管受到它的暗中支持⋯⋯開始的時候，他們的報紙的內容都是從我們的刊物上轉載的」，甚至印刷都相當不堪，「唯一的不同是，我們的是在上海用金屬字印刷的，而他們採用的卻是政府的《京報》所採用的木雕印刷」。他像是看到了多年教誨之後一個差強人意的學生的覺醒，它「從表面上看，與政府機關報沒甚麼區別，但在內容上，它介紹的卻是廣學會所宣傳的西方的觀念」。[①]

三

康有為的離去沒影響強學會的籌備。歸來的文廷式注入了新的力量。「心折曹溪，幾為投體」，梁啟超稱這位學海堂前輩「自是可人」。[②]張孝謙也日益活躍，這位翰林曾出任督辦軍務處的文案章京，是李鴻章談判團中的一員，更是李鴻藻的得意門生。九月十九日（11月5日），徐世昌在張孝謙組織的一次宴席上碰到于式枚、文廷式、梁啟超、汪大燮、沈曾植、李提摩太、李佳白（Gilbert Reid）與畢德格（W. N. Pethick），當晚氣氛很好，眾人「言及立志向學，萬國會通，同享昇平，令人有無限河山之感」，他無不詫異地發現，李提摩太、李佳白這兩位傳教士「皆能讀中國經史」。[③]三十八歲的李佳白也是一名牧師之子，父親對中國文化非常有興趣，很早就決心將兒子送

---

① 李提摩太《親歷晚清四十五年：李提摩太在華回憶錄》，第238—239頁。
② 丁文江、趙豐田編《梁啟超年譜長編》，第33頁。
③ 《徐世昌與韜養齋日記（戊戌篇）》，第50頁。

往中國傳教。他在中日戰爭中從美國寫信：「中國士大夫不少道德名流，其人民亦多抱忠義之概，若使人皆欲強其一國，漸以西土實理實學化其父兄，教其子弟，臥薪嘗膽，發憤為雄，自無難平視歐美。」[①]與李提摩太一樣，他熱衷於結交上層官員與士人，相信唯有通過他們，才能更好地傳播上帝之音。畢德格則是李鴻章常年的美國顧問。

到了九月末，事情終於明朗起來。他們在後孫公園租了場地，對外不叫「強學會」，而是「強學書局」，以迴避可能的危險。與松筠庵、陶然亭一樣，後孫公園也是南城重要的聚會場所，宅內有萬卷樓、戲台等，戲台上還曾上演過洪昇的《長生殿》。

在這個新組織中，陳熾、沈曾植、丁立鈞出任總董，文廷式、沈子封是副董。四十一歲的翰林院編修丁立鈞因彈劾李鴻章得到張之洞青睞，張孝謙因與李鴻藻的關係，成為最有話語權的一位。三十八歲的內閣中書楊銳頗得張之洞信任，是會中骨幹，張之洞的長子張權也名列其中。眾人覺擔心「恐無言路」，期待得到言官的支持，於是兩位御史王鵬運與褚博約也被邀請入會。

這些人四十歲左右，生於一個政治、社會上重獲穩定的時代，成年時，外來挑戰迅速進入他們的視野，尤其是甲午之戰幾乎顛覆了他們的認知。這也是個充滿嘲諷的時刻，他們所屬的清流派曾以反改革姿態出現，如今倒成了改革的熱烈支持者，昔日洋務派似乎反而淪為保守派。他們都是中層官員，局限於言官或沒有實權的六部，對實際政治缺乏經驗，至於改革的方向，更是只有模糊的概念。

這些人背後是更年長一代的掌權者。張之洞捐了五千兩白銀，劉坤一捐了五千兩，直隸總督王文韶、老將宋慶與聶士成也是重要的捐助者。盛宣懷是李鴻章「官督商辦」政策的實踐者，也捐助兩千

---

① 胡素萍《李佳白與清末民初的中國社會》，廣州：中山大學出版社，2009 年，第 14 頁。

兩；袁世凱正在北京四處鑽營，想被派往天津的小站練兵，捐助了一千五百兩。翁同龢、李鴻藻、孫家鼐也是幕後的支持者——從皇帝到清流，他們的影響無處不在。這個組織正成為新的政治風向標。不過，當李鴻章提出捐助三千兩時，陳熾乾脆地拒絕了，這既源於陳熾狂狷的個人風格，也反映出這個組織缺乏政治技巧，不知如何容納多元力量。

強學會不僅贏得了中國官員的贊助，也有外國支持者。即將離任的英國公使歐格訥（Nicholas R. O' Conor）「願大助西書及圖書」。這位五十二歲的外交官 1880 年來華，1892 年出任駐華公使，長久以來對中國深抱同情，卻也懊惱於帝國的保守與遲鈍。當時他即將離開北京出任駐俄國公使，臨行前勸恭親王要振作起來，為中國的復興謀劃，他警告說，瓜分中國的慾望已被激起，清帝國要好自為之，不要被人恥笑。或許對他來說，這個學會正是中國人醒來的標誌之一。

「在每一次聚會中，人們演講的內容都是中國的改革問題，在接下來的改革派最感興趣的討論中也是如此」，李提摩太常被邀請參加聚會，發表演說。[1] 李佳白也常常在座。歐洲反對啟蒙運動的宗教力量，在中國以啟蒙者的面貌出現。

北京的外交官樂於將他們稱為「改革俱樂部」。「該書局乃翰林出身的青年所建立的組織，如張之洞輩素有名望者亦贊成之，捐獻了大量金錢。故其基礎漸固，遂被視為清國改革之要素。」一位日本外交官寫道。[2]

這股風潮也得到了最高權力的響應。在經歷了種種自強的討論後，總理衙門上奏《時事艱危邦交難恃仰祈聖鑒速圖補救摺》，在繁多的建議中歸納出能夠立即實施的三項改革，隨即獲得了皇帝的認

---

① 李提摩太《親歷晚清四十五年：李提摩太在華回憶錄》，第 239 頁。
② 參見茅海建《從甲午到戊戌：康有為〈我史〉鑒注》，第 148 頁注 1。

可。（一）胡燏棻督辦津蘆鐵路，以作示範，同時招商承辦蘆漢鐵路；（二）奏派袁世凱督練天津新建陸軍，專仿德國章程；（三）候選道廕昌在天津開辦武備學堂。[①] 儘管這三件事顯得過分細微，但仍傳遞出了某種改變的信號。

「北京的新翰林學會」，11 月 18 日的《北華捷報》以此為題報道了強學會。記者提到發起者是康有為，「一個廣東學者，主要以儒家經典，尤其是《論語》為題」，「他是革命性的、異端的、顛覆傳統觀念的」，這一行動則是「這個國家歷史上令人驚異的新奇」，有可能把中國帶入文明國家的行列。報道稱，加入強學會「成為一種風尚」，不同官銜與家族的年輕人都願意加入，並列舉了一連串參與者的名字。[②]

這個名單忽略了梁啟超。他太年輕，資歷過淺，毫無官職，甚至連進士的功名都沒取得，是這個滿是翰林學士的團體中的異端。但資歷淺絕不等於不重要，他不但參與了這個新組織的章程起草，充任書記員，還與汪大燮一起出任《中外紀聞》的主筆，負責編輯事務。就如《萬國公報》之於廣學會一樣，《中外紀聞》是強學書局的機關報 —— 在李提摩太的抗議下，他們放棄了原刊名。

《中外紀聞》第一期出版於十一月初一（12 月 16 日），紫紅色的封面刊頭，可能出自康有為的手筆。它仍是雙日刊，卻有了出版日期。比起《萬國公報》，新刊的內容豐富得多，更接近現代報紙的樣子。冊首恭錄閣抄，路透社、《泰晤士報》的譯文，接着是各省報紙《申報》《新聞報》《循環日報》的摘抄。每冊連封頁共 10 頁，每頁 10 行，每行 22 字，採用更精良的竹紙，木活字印刷。每月訂費三錢，

---

① 翁方綱《時事艱危邦交難恃仰祈聖鑒速圖補救摺》，轉引自張海榮《甲午戰後改革大討論考述》。
② 《北華捷報》（*North China Herald*），1895 年 11 月 18 日。

其中兩成是送報費。上面的論說內容明顯減少,更像一份翻譯與摘抄的報紙。如今可查詢到的只有《中西紀年比較表》與《論墾荒廣種屯田為農務之本》,前一篇很可能出自梁啟超之手,「神州以君紀年,海外以教紀年,義各有取也」,這種口吻頗合康有為倡導的孔子紀年法。[①]

十一月十五日(12 月 30 日),《中外紀聞》刊登了《上海強學會序》。「頃士大夫創立強學會於京師,以講中國自強之學,風雨雜沓,朝士鱗萃,尚慮未能佈衍於海內……士大夫所走集者,今為上海,乃群天下之圖書器物,群天下之通人學士,相與講焉。」作者也相信,西方的富強蘊藏於學會之中。[②]

序言署名為張之洞,但人人都知道它出自康有為之手。康有為九月十五日(11 月 1 日)抵達南京後,接下來二十多天,隔天即與張之洞見面談到深夜,康有為縱論天下之事,說服張之洞支持上海強學會。張之洞恰逢次子落水身亡,也很樂意通過這位健談者暫時分散注意力,減緩悲痛。但在孔子改制問題上,兩人分歧嚴重,張之洞認定這是異端邪說,不過這並未影響張之洞的支持,他給上海強學會貢獻了一千五百兩白銀,成為首席贊助者,並讓自己的幕僚鼎力相助。梁鼎芬、黃體芳等八人陪康有為回到上海,租下跑馬場西首的王家沙一號,作為上海強學會的開辦場所。不久後刊出的強學會發起者名單中,混合了張之洞幕僚與上海名流,包括狀元張謇、名士志銳、陳三立、岑春煊、陳寶琛等人,著名的買辦商人鄭觀應、經元善則是資助人,而日後參與創建《時務報》的幾位關鍵人物黃遵憲、吳德瀟、鄒凌瀚也都名列其中。

汪康年雖然不在場,但同樣是重要人物。他正在武漢為創立一

---

① 湯志鈞《戊戌時期的學會和報刊》,台北:商務印書館,1993 年,第 35 頁。
② 同上,第 79—80 頁。

個中國公會四處奔忙，他邀請梁啟超加入的譯報也是這個計劃的一部分，張之洞則期待他能前往上海負責強學會。康有為要回廣州為母慶壽，打算創辦廣東強學會，在前往廣州前，他將兩位弟子徐勤、何樹齡招至上海，讓他們負責《強學報》的出版。在上海強學會諸多的計劃中，這是最重要的一項。

「汪主滬，康主粵」的說法在朋友中流行一時。強學會似乎迎來了一個無限希望的時刻，除去北京、上海，武漢、廣州，長沙也想建立對應的學會。這星火真的能燎原嗎？

四

《北華捷報》曾擔心強學會只是曇花一現（flash-in-the-pan），墮落為一個普通的社交俱樂部。這種擔心很快成為現實。在熱鬧的表面下，這個組織相當脆弱，缺乏明確、嚴肅的使命，是臨時拼湊、各方妥協的產物，除去出版《中外紀聞》，它沒有推出更多具體舉措。

「專主譯印中外時務新書，凡中國舊有經世各圖籍、中外各國地圖、天圖、奇物、奇器、新事、新法，有關文治武備、國計民生者，均在講求之列」，《中外紀聞》宣稱引介新知識，但會中卻鮮有人對此感興趣，也無法吸引到追隨者，從上海特意買來的世界地圖、科學儀器，幾乎無人問津，梁啟超和同人們還要從大街上拉人來看。「惟當時社會嫉新學如仇，一言辦學，即視同叛逆」，梁啟超後來寫道，至於「冀輸入世界之智識於我國民，且於講學之外，謀政治之改革」則更成為空談。它隨即退化到那個熟悉的語境，有人主張把它變成一家商業書局，專賣國朝掌故、經學書籍，聚集在此的士大夫又把後孫公

園變成一個品評朝政的清議場所。[1]

內部人事之爭也一直沒停過。這些滿腹經綸的翰林學士在紙上滔滔不絕，但卻不知如何開會、決議與行動。讀書人的性格缺陷立刻暴露無遺，他們缺乏公共生活的經驗，不知如何締造一個強有力的組織，隨時陷入彼此的攻擊、猜忌；滿口仁義公理，卻往往只在乎個人私利。

丁立鈞先是與張孝謙產生齟齬，與陳熾發生衝突後，又聯手張孝謙來對付陳熾。張孝謙的弱點也不遑多讓，他總想成為權力中心，「口稱籌款一切皆其力」。[2] 葉昌熾發現「眾喙紛龐，京朝士大夫又未盡化華夷之間」，擔心強學書局是徒有其表的「麒麟楦」，有着麒麟的氣象，卻不過是個模型。[3]

此刻正好前來北京的吳樵對這些頗感失望。三十歲的吳樵早年就隨父親吳德瀟遊學京師，入同文館學習算學，對自然科學頗感興趣。他是汪康年朋友圈的重要一員，參與過上海強學會的籌建。他們父子這次與夏曾佑結伴來京，寓居於純匠胡同的伏魔寺。恰逢強學會的查禁與改組，吳樵頗感失望與憤慨，卻對梁啟超與汪大燮的印象很好。汪大燮同樣對這位年輕搭檔讚賞有加，覺得他有勇氣。

吳樵發現梁啟超有些格格不入，似乎與誰都談不來。梁啟超也在信件裡抱怨缺少可談之人。他似乎對李提摩太印象不佳，日後對這段秘書生涯很少提及。不過這種孤立感給了他另一個契機，可以狂熱地閱讀書局置辦的大量西洋書籍，這段時間也是他另一個壓縮式的學習期。

更嚴峻的挑戰來了。十二月初七（1 月 21 日），御史楊崇伊以「京官創設強學會大干法禁」為由，上摺彈劾強學書局。他形容這個組織

---

[1] 湯志鈞《戊戌時期的學會和報刊》，第 61 頁。
[2] 同上，第 61—62 頁。
[3] 葉昌熾《緣督廬日記》第 4 冊，南京：江蘇古籍出版社，2002 年，第 2369 頁。

「自命留心時事，竟敢呼朋引類，於後孫公園賃屋……專門販賣西學書籍，並鈔錄各館新聞報刊」，「按戶銷售」的《中外紀聞》是以批評為要挾，向官員索賄，結社私議朝政，「必以書院私議乾朝廷黜陟之權，樹黨援而分門戶」。當日，諭旨以「植黨營私」為罪名，命都察院封禁。[①]

當張孝謙中午把這個消息帶到書局時，人們立刻陷入慌亂。張孝謙主張盡快搬遷，汪大燮則提議先帶走重要的物件，私人物品暫時不必搬動。但院裡已經湧來各式人物，風聞消息來看熱鬧，「雖欲不遷而不能。局物小物遺失」。[②]

這個組織的弱點暴露無遺，無力承受任何壓力。正式查封要等到兩天後才執行，而恐懼已四處瀰漫。汪大燮立刻請沈曾植、王鵬運出面，邀請同人商議對策。在當晚的聚會中，眾人決定上書陳情，為書局辯護。但這份勇氣卻未能過夜，丁立鈞放棄了原本許諾擬定的上書。當查禁在初九（1月23日）傍晚開始時，恐懼明顯增強，黨禍之陰影盤旋在每個人頭上。汪大燮仍不甘心，拉着丁立鈞等人前往總理衙門找人疏通，在候事廳中，丁哀歎「人心已渙，事無可為，一二人斷難為功」，汪大燮說要到都察院攔車上書時，他恐懼得幾乎哭起來，擔心黨禍即將到來。接着，韓樾堂答應上書都察院，但被家人與同鄉阻攔，便放棄了。都察院也陷入驚慌，以各種理由拒絕接受。[③]

在旁觀者吳樵的記述中，「各人皆畏」，「紛紛匿跡」。丁立鈞的表現尤其糟糕，他毫無反駁的勇氣，提議把書籍、儀器都繳給同文館。諸多成員中，只有沈曾植兄弟、楊銳、汪大燮與梁啟超主張尋找解決方案。汪大燮與梁啟超表現得勇敢過人，他們對怯懦的眾人說，

---

① 《德宗實錄》卷三八一，轉引自湯志鈞《戊戌時期的學會和報刊》，第62—63頁。
② 湯志鈞《戊戌時期的學會和報刊》，第62—63頁。
③ 同上。

倘若諸君任由書局毀滅，我們二人就把各位的言行上呈。這種威脅雖只是氣話，卻讓所有人心懷憤恨。①

人們對彈劾的原因充滿猜測，一些人說彈劾是權力鬥爭的延續，楊崇伊「因不出會費而欲為會員被拒絕，懷恨在心」，同時楊又是李經方的兒女親家，屬於李鴻章陣營，上書可能緣於李鴻章被拒絕入會，在它背後是「帝黨」、「后黨」之爭。日本外交官林董猜測，可能也與滿人的危機意識有關，「不許滿洲人入會的規定，滿洲人早就對該會不懷好感」。②

楊崇伊選擇了一個恰當的時機，他上奏之日正好趕上李鴻藻外出，楊向來以耿直、仗義執言著稱，而翁同龢沒有表現出任何責任感，「嘿不一言」，把責任推給恭親王與禮親王，兩人當然不會對這個漢人組織有任何同情。③

北京查禁消息傳出後，上海強學會的命運也到了終點。張之洞迅速收回了對這個組織的支持，叮囑幕僚致電上海各報館：「自強學會報章未經同人商議，遽行發刊，內有廷寄及孔子卒後一條，皆不合。現時各人星散，此報不刊，此會不辦。」出於謹慎與自保，他還在《申報》上刊登告白，撇清與康有為的關係，似乎他們之前在南京隔日一見的熱烈關係只是逢場作戲。④

查封不僅在京官中引發了震動，也引起了外國人關注，畢竟強學會曾是被寄予厚望的「改革俱樂部」，是中國變化的風向標。畢德格充滿了悲觀：「已經不會有再興的希望了。清國特別不欲改良，否，

---

① 湯志鈞《戊戌時期的學會和報刊》，第 62—63 頁。
② 茅海建《從甲午到戊戌：康有為〈我史〉鑒注》，第 148 頁。
③ 湯志鈞《戊戌時期的學會和報刊》，第 62—63 頁。
④ 《申報》光緒二十一年十二月十二日，轉引自湯志鈞《戊戌時期的學會和報刊》，第 127—128 頁。

應說是清國不能改良也。」[①] 身在上海的英國作家立德夫人則聽到這樣的傳言：「成員中的五十多名翰林院官員已經潛逃，印刷商們已關押在牢獄裡」，她這樣的外來者一度相信，「若說中國這副衰老乾枯的骨架還有希望注入新的生命活力，活力之源則肯定非此年輕、健康、生機勃勃的團體莫屬了」。[②]

這些輿論帶來了意外的壓力，清流派大員們也行動起來。先是孫家鼐向光緒更清晰地說明了學會由來，讓皇帝對自己的草率頗有悔意，接着是歸來的李鴻藻的力保。第二年，也就是 1896 年正月十二日（2 月 24 日），書局被恢復，但它不再是同人組織，而是變為官書局，由朝廷撥款，孫家鼐出任管學大臣。在新擬定的《官書局章程》中，仍有藏書樓、刊印書籍、備儀器諸項，當然誰都知道它內在氣質的轉變：啟蒙的使命消失了，甚至也不再品評朝政，變成了升官發財的另一種選擇。

沈曾植、汪大燮進入了新組織，但《中外紀聞》不再復刊，梁啟超也被摒棄在外。這大概緣於梁啟超缺乏地位與功名，也多少與他表現的異端精神相關，據說正是他寫的《學會末議》一文中某些叛逆性的內容引發了爭議，變成彈劾的導火索。[③] 幸好李文田已在去年冬天去世，否則一定為自己「耗子精」的預言而頷首自得。

突然間，梁啟超失去了一切，他的事業、住所、人生希望都落空了，甚至個人衣物都被沒收，只能「流浪於蕭寺中者數月」。[④] 他罕見地用詩詞來表現自己的情緒，袒露着傳統文人式的感傷：「病酒厭厭不自支，算寒池閣海棠時。燕窺花屋愁輕別，鵲踏殘英戀舊枝。

① 參見茅海建《從甲午到戊戌：康有為〈我史〉鑒注》，第 148 頁注 1。
② 〔英〕阿綺波德·立德《親密接觸中國：我眼中的中國人》，楊柏等譯，南京出版社，2008 年，第 256 頁。
③ 《汪康年師友書札》，第 463 頁。
④ 丁文江、趙豐田編《梁啟超年譜長編》，第 28 頁。

歸意速，起來遲。唾情狼藉無人知。年來看得韶光賤，滿地嫣紅獨自歸。」[①]有一天晚上，他與曾習經坐在碧雲寺的石橋，失敗感瀰漫心頭，兩人對着明月，「語及國事，相抱而哭」。[②]

五

　　北京並非僅有失落，梁啟超意外地結識了新朋友。吳樵的到來為強學會延續了短暫的生命，「京中同志十餘人，起一小會，遲大會十日而亡」。[③]

　　另一個朋友也在春天出現。關於梁啟超與譚嗣同的相識，留下了不同版本。在譚嗣同的記述中，吳樵是二人的引介者。之前，譚與吳一見如故，「相與撫掌大笑，劇談略數萬言不得休息」，吳認定譚嗣同「精銳能任事」，是「不可多得之員」。[④]而在梁啟超回憶中，這次見面更富有戲劇感。在三月一個炎熱的下午，梁啟超正在曾廣鈞處做客。三十歲的曾廣鈞是曾國藩的長孫，也是最年輕的翰林學士。在甲午之戰中的湘軍被打敗之後，頗有一種自我放逐之風。他是梁啟超在京師的摯友，「此間可言之人，仍無過重伯（曾廣鈞的字）」。[⑤]

　　在「坐久覺倦」後，僕人報有客到，梁於是準備起身告別。曾廣鈞示意他留下，因為來者是位「異人」，不可不見。這位異人身穿四品官服，是一個英俊青年，有一股旁若無人的氣勢，進屋之後脫下官服，開始高談闊論，見到牆壁上懸掛的古劍，拔劍起舞，「舞罷遂相

---

① 孫淑彥《曾習經先生年譜》，第 83 頁。
② 同上，第 85 頁。
③ 《汪康年師友書札》，第 464 頁。
④ 譚嗣同《吳鐵樵傳》，《譚嗣同全集》，北京：中華書局，1981 年，第 258 頁。《汪康年師友書札》，第 486 頁。
⑤ 丁文江、趙豐田編《梁啟超年譜長編》，第 33 頁。

與論上下千古事」。①

這景象震驚了梁啟超，他立刻與此人訂交，隨後迫不及待把結識新朋友的事情告知康有為，稱他「才識明達，魄力絕倫，所見未有其比」，「公子之中，此為最矣」，甚至認為他是未來的總統之選，唯一值得可惜的是「佞西學太甚」。②

年長八歲的譚嗣同來自一個截然不同的世界，父親譚繼洵官任湖北巡撫。他有一個充滿坎坷的童年，十二歲時，在一場席捲北京的白喉病災難中，他的母親、大哥、大姐相繼喪命。譚嗣同僥倖逃過一劫，卻從此邁入不幸。他與繼母、父親陷入了長期的緊張，自比為春秋時的申生公子，夾在父親與寵妾之間不知如何是好。他的科舉之路更充滿挫敗，儘管父親為他納捐獲得監生資格，但自 1882 年第一次參加長沙鄉試以來，連續七次都名落孫山。不過，他卻是同代人中閱歷最廣泛，讀書人中最富俠義精神的一位。他到過西北大漠，也涉足過東南的台灣。他練過武術，長於擊劍與單刀，一個目擊者見過，他「蹲在地上，叫兩個人緊握他的辮根，一翻身站起來，那兩個人都跌一跤」。③ 他還是個音樂愛好者，「善南北崑曲，能歌樂章」。④ 他沉迷於司馬遷筆下的遊俠式生活，結交的朋友遍及五湖四海，既有瀏陽才俊唐才常，也有大刀王五這樣的武林人物。

如果說他的行為與一個儒生相去甚遠，那他的思想世界也充斥着矛盾。早年時，他喜歡強調功利與實用的永嘉之學，又受到張載與王夫之的影響，着重於自然、宇宙的觀念，而非從政治與道德的角度來面對世界。這種思考傾向因為與傅蘭雅的相識更被激發出來。在上海

---

① 謝國楨《梁任公先生遺事（少年時代）》，《追憶梁啟超》，第 142 頁。
② 丁文江、趙豐田編《梁啟超年譜長編》，第 32 頁。
③ 歐陽予倩《上歐陽瓣薑師書序》，《譚嗣同全集》附錄，第 536 頁。
④ 載於劉人熙《琴旨申邱》。譚嗣同很可能還打算撰寫古琴古樂方面的文字，參見王娟《譚嗣同早期佚著探隱》，《湖南科技學院學報》2014 年第 4 期，第 88 頁。

的格致書院,他看到 X 光片、照相器材、化石標本,試圖用物理學中的「以太」概念來理解中國人所說的「氣」。他在化石標本中看到了精神變化:「天地以日新,生物無一瞬不新也。今日之神奇,明日即已腐臭,奈何自以為有得,而不思猛進乎?」[①]

他保持着對時事的敏感,充滿行動欲。當年中法戰爭在爆發後,他甚至想和朋友組織軍隊出征,十年後的中日戰爭則給他更大的衝擊,「地球全勢忽變,嗣同學術更大變」,他「平日於中外事雖稍稍留心,終不能得其要領」,「經此創巨痛深,乃始屏棄一切,專精致思」。[②]他相信制藝之文戕害人心,需要用新知識來取代舊思想,致力於改造家鄉,在瀏陽創建算學館。《興算學議》一文讓他贏得了更多的矚目,被巡撫陳寶箴、學政江標稱為「奇才」。他也被北京強學會的消息鼓舞,想在長沙創立「湖南強學分會」,為了學會的安全,他邀請英國駐漢口領事賈禮士(William Richard Charles)出任會長。在給外交部的報告中,賈沒有直接提及譚嗣同的名字,卻寫道:「一個旨在介紹西方科學知識的團體已經開始建立起來,它將指出儒家學說和基督教教義的一致性。」[③]譚嗣同也是在此期間知道了康有為,在給老師的信中提及「康長素倡為強學會」。[④]

譚嗣同未能把自己的行動繼續下去。譚繼洵為兒子捐納了一個知府的官銜,1896 年春天,他遵父命到北京辦理前往浙江候補的手續。翁同龢發現,譚公子的個人做派與乃父大不相同:「通洋務,高視闊步,世家子弟中桀傲者也」,而他多年前則在日記中形容譚繼洵性格

---

① 譚嗣同《上歐陽中鵠》,《譚嗣同全集》,第 458—468 頁。並參見廖兆江《譚嗣同和傅蘭雅的一次會面》,《近代史研究》1994 年 6 期。
② 譚嗣同《仁學》(四十四),《譚嗣同全集》,第 359 頁。
③ 《1896 年 2 月 26 日賈禮士的報告》,《英國外交文件》卷 228,轉引自賈維《譚嗣同與晚清士人交往研究》,長沙:湖南大學出版社,2003 年,第 171 頁。
④ 譚嗣同《上歐陽中鵠》,《譚嗣同全集》,第 455 頁。

拘禁，是禮法之士。[①]

這趟不情願的北京之行，給譚嗣同帶來生命中最重要的相遇。他與梁啟超的偶遇隨即演變成濃烈的友誼。對於康有為的共同仰慕、思想上的熱烈探尋，將兩人緊緊拉在一起，再加上夏曾佑、吳樵，他們組成了一個親密無間的小團體。「我們幾乎沒有一天不見面，見面就談學問，常常對吵，每天總大吵一兩場」，梁啟超多年後回憶起這段時光時，仍充滿情感。夏在賈家胡同，譚在瀏陽會館，梁在新會會館，距離很近，幾乎是「衡宇望尺咫」。[②]吳樵將譚、梁視為兄弟，三人同遊西山碧雲寺時，譚嗣同還強迫本不喜歡作詩的吳樵吟詩。吳樵精通算學，也喜歡以算學談哲理，譚嗣同的《仁學》便深受其影響。吳樵欣喜地寫信給汪康年，「吾輩又多一徒黨矣」。[③]

這一定是激動人心、混亂不堪的爭辯。這群年輕人試圖擺脫舊傳統、擁抱新知識，苦苦追尋另一個意義系統。他們缺乏訓練，很多時刻只能依靠臆想。「不知從哪裡會有恁麼多問題，一會發生一個，一會又發生一個」，梁啟超日後回憶道，「我們要把宇宙間所有的問題都解決，但幫助我們解決的資料卻沒有。我們便靠主觀的冥想，想得到便拿來對吵，吵到意見一致的時候，便自以為已經解決了……」[④]

反對荀子是他們討論的主題之一。像康有為將劉歆視作一切罪惡的源頭一樣，他們則將荀子視作眼前危機的肇始。既然清代漢學家遵循荀子，他們要打倒漢學，打他們的老祖宗。與康有為一樣，學術批

① 《翁同龢日記》四月廿三日。《翁文恭公日記》，續修四庫全書史部傳記類，第574冊，上海：上海古籍出版社2002年，第74—75頁，「桀傲」日記原為「傑出」，據王夏剛《戊戌軍機四章京合譜》第122頁改。
② 梁啟超《亡友夏穗卿先生》，《飲冰室合集》第5冊，文集四十四（上），第20頁。
③ 《汪康年師友書札》，第486頁。
④ 梁啟超《亡友夏穗卿先生》。村尾進《萬木森森——〈時務報〉時期的梁啟超及其周圍情況》，見狹間直樹編《梁啟超、明治日本、西方》，北京：社會科學文獻出版社，2012年，第29—61頁。

判來自現實憂慮，無法直接批評政治權力，那就把矛頭指向學術。

佛學是另一個熱門話題。「在京晤諸講佛學者，如吳雁舟、如夏穗卿、如吳小村父子，與語輒有微契」，譚嗣同對老師感慨。四十四歲的吳雁舟也是長沙人，因其家學，佛學造詣尤深，他也曾與康有為談佛甚洽，惋惜《新學偽經考》被禁毀。這位翰林院編修對譚嗣同影響甚巨，令本信耶穌的譚轉而信佛，「重發大願，晝夜精持佛咒，不少間斷」。[①] 梁啟超也與吳雁舟交往密切，稱其是「學道之士，於內典持引頗熟，蓋阿難多聞之流也，一時學子自無與其比者」。[②]

比起佛學，梁啟超或許更喜歡新詩體的嘗試。他們頭腦裡中西概念互相混雜，必須得到某種釋放。譚嗣同寫到「大成大辟大雄氏，據亂昇平及太平」，將佛學與儒學混作一起，在另一句「綱倫梏以喀斯德，法會極於巴力門」中，更是引入了 caste（印度種姓制度）、parliament（議會）。[③]

京師的政治氣氛日益令人沮喪。二月十七日，文廷式被革職，永不敘用，並立刻驅逐回籍，不准在京逗留。諭旨引用楊崇伊的參奏，稱他「遇事生風，常於松筠庵廣集同類，互相標榜，議論時政，聯名執奏，並與太監文姓結為兄弟」。[④]

在普遍的傳聞中，這次彈劾仍與李鴻章相關。文廷式曾試圖參劾李鴻章，但奏稿被李的親信發現，遂引發報復。在文廷式被革職前一天，一位叫寇連材的太監在菜市口被斬首。儘管沒人確切知道他的身世與死因，很多人卻樂於相信，他是因為上書表達政見觸怒慈禧而被處死的。寇連材勸太后不應在頤和園中悠遊，不應摒棄忠直之士而任

---

① 譚嗣同《上歐陽中鵠》，《譚嗣同全集》，第 461 頁。
② 丁文江、趙豐田編《梁啟超年譜長編》，第 33 頁。
③ 譚嗣同《金陵聽說法詩》，轉引自賈維《譚嗣同與晚清士人交往研究》，第 185 頁。
④ 清華大學歷史系編《戊戌變法文獻資料系日》，第 186 頁。

用阿諛之人，而要贖回台灣，懲戒主和派的李鴻章與張蔭桓。據說他還有些更大膽的建議，希望國家以才德而非血緣來選定國君。根據傳聞，他臨刑前仍在從容地吸鼻煙。

寇隨即變成了一個熱門人物，出現在朝中官員的書信和梨園裡的閒談裡。有些人把他比作明代後期的忠臣楊繼盛，還有人則把他與文廷式並列，「寇太監從容臨菜市，文學士驅逐返萍鄉」的聯語廣為流傳。在二月二十九日（4月11日）給汪康年的信中，汪大燮談到，梨園舞台上的優人突然被寇連材的靈魂附體。[①]

從強學會被禁，到寇連材、文廷式的遭遇，改革派士大夫陷入沮喪、恐懼與憤怒。這種現象也象徵着北京新的權力鬥爭。在給老師歐陽中鵠的信中，譚嗣同說：「京朝官員日以攻擊為事，初尚分君子小人之黨，旋併君子小人而兩攻之。黨之中又有黨，黨之黨又自相攻……如釜中蝦蟹，囂然以哄，火益烈，水益熱而哄益甚，故知大劫不遠矣」。[②] 在給唐才常的信中他也提到：「時事較之未亂前，其苟且塗飾尤為加甚，豈復有一毫可望者哉」，「三品以上，則誠無人矣」，不過他認定下層官員「人材極多，遊士中亦不乏人」。[③] 這些下層官員之中，自然也包括他自己。

最終，梁啟超決定離開北京，到上海去找汪康年，或在湖北譯書局覓一份差事。他原想前往長沙，因為「十八行省中，湖南人氣最可用」，他知道汪康年與湖南學政江標相熟，建議改革考試課程。[④] 最終，他還是決定前往上海，汪康年正在籌備一份報紙，自己或許能一展才能，何況他也日益感到「捨言論外，未由致力，辦報之心益

---

① 《汪康年師友書札》，第 731 頁。
② 譚嗣同《上歐陽中鵠》，《譚嗣同全集》，第 476 頁。
③ 譚嗣同《致劉淞芙》，《譚嗣同全集》，第 484 頁。
④ 《汪康年師友書札》，第 1834 頁。

切」。去上海之前，朋友們都來相送，曾習經在贈詩中寫道：「前路殘春亦可惜，江南四月有啼鶯。」②

①　梁啟超《鄙人對於言論界之過去及將來》，《飲冰室合集》第 4 冊，文集二十九，
　　第 2 頁。
②　孫淑彥《曾習經先生年譜》，第 85 頁。

第八章

———————————

時 務 報 館

一

當汪康年從武漢登船沿江而下時，料想不到自己將面臨的混亂與機會。張之洞深感強學會正在迅速滑向令他不安的方向，要汪盡快接掌這個組織。學會機關報《強學報》第一期就在封面上使用孔子紀年，聲稱是「孔子卒後二千三百七十三年」，與「光緒二十一年」並列。兩位主筆徐勤、何樹齡忠實地貫徹了康有為的理念，宣揚孔子改制考的理論，希望託古改制，也激起張之洞的不滿。[①]

身在廣東的康有為同樣期盼汪康年這次上海之行，多少相信他能化解強學會與張之洞之間的矛盾。「此人（汪康年）與卓如、孺博至交，意見亦同」，十二月十二日（1896年1月26日），康有為致信徐勤、何樹齡，建議他們「忍辱負重」，與汪康年聯合起來，凡事去找梅溪書院的張經甫多商議。[②]

這期待落空了。汪康年抵達上海後，北京彈劾的風波也波及於此。十二月二十一日（2月4日），張之洞下令解散上海強學會，關閉只出版了三期的《強學報》。[③] 汪康年的上海之行變成了接收強學會遺產。《強學報》同人將被叫停的不滿轉嫁給了汪康年。康有為的堂兄康有儀是學會辦事者之一，他請汪康年速來接收餘款，信中的語氣酸澀又不滿，還充滿了自辯。他僅把七百三十兩銀子、七十多塊大洋，還有一些圖書、儀器轉給汪康年，至於餘款中的大宗 —— 張之洞資助的七百兩銀子，康有儀故意繞過汪，託經元善退還給了張之洞。[④]

這小小的波折沒有困擾汪康年，反而讓他升起一股更強烈的熱

---

① 茅海建《從甲午到戊戌：康有為〈我史〉鑒注》，第158頁。
② 湯志鈞《戊戌時期的學會和報刊》，第129頁。
③ 同上，第127頁。
④ 廖梅《汪康年：從民權論到文化保守主義》，上海：上海古籍出版社，2001年，第43—44頁。

忱。三十六歲的汪康年「身軀短小，聲音也低，走路極輕，好像有病，體極弱，氣卻強」，他「表面極謹慎小心」，卻「奇強在內」。[①] 他或許意識到，這是自己一直等待的機會。年初，他給自己取了一個新號「毅伯」，中國文人喜歡用名號代表人生新階段，汪康年是期待自己變成一個更堅毅的人。[②] 過去一年，他試圖創辦中國公會與譯報，都不了了之。如今，他想把關閉的強學會轉變成一個新機會，在上海創辦一份報紙。

這是個大膽的決定。他要拂逆張之洞的意志，而後者還希望他迅速返回武漢，繼續出任兩個孫子的家庭教師；他還要在這種肅殺氣氛中組建一個新機構，資金與編輯人員均無着落。

他的廣闊交友、好脾氣與韌性，都讓朋友們樂於出謀劃策。吳樵勸他與在南京的黃遵憲共商報事。四十九歲的黃遵憲如今也正壯志未酬。這位廣東客家人身形消瘦，「瘦到骨立而目光炯炯」，說起話來卻「聲若洪鐘」。[③] 他少年時就以詩才著稱，卻在科舉之路上屢遭失敗，直到三十九歲才在順天鄉試中考中舉人。對他來說，這一年更重要的事是在煙台結識了李鴻章，李對他印象深刻，認定他是一位「霸才」。[④]

這種評價與黃遵憲獨特的經歷相關。早在 1870 年，他就遊覽過香港，用「彈指樓台現，飛來何處峰」的詩句來表達自己的驚歎。[⑤] 他訂閱了《萬國公報》，還購買了大量江南製造局的譯書。當他在煙台遇到李鴻章時，後者正忙於簽署《煙台條約》。這個條約開啟了中

---

① 周善培《舊雨鴻爪》，《文史資料選輯》第 3 輯，北京：文史資料出版社，1985 年，第 99 頁。
② 廖梅《汪康年：從民權論到文化保守主義》，第 30 頁。
③ 周善培《舊雨鴻爪》，《文史資料選輯》第 3 輯，第 99 頁。
④ 〔加〕施吉瑞《人境廬內：黃遵憲其人其詩考》，孫洛丹譯，上海：上海古籍出版社，2010 年，第 16 頁。
⑤ 同上，第 13 頁。

國對外派駐使節的潮流，黃遵憲被裹挾進這股新潮流，跟隨同鄉何如璋出使日本，成為一名職業外交官。在駐守日本五年後，他又成為舊金山的總領事，此後又出任駐倫敦參贊與新加坡的總領事。當他 1894 年回國時，很少有人比他更理解世界與時代的潮流。黃遵憲對於日本的知識尤其豐富，寫了一本《日本國志》，不僅有歷史與文化方面的內容，更有對明治維新的詳細介紹，篤信這些介紹可以給中國帶來參照。他是最早意識到朝鮮問題的士人之一，建議朝鮮開港，親中國，結日本，聯美國，應對俄國。他還是一個別具一格的詩人，能將異國風物與新科技發明，都寫入詩中——「所願君歸時，快乘輕氣球」，「安得如電光，一閃至君旁」[①]——輕氣球、光與電，就這樣鑲嵌入中國詩歌裡的友情、思念之中。

黃遵憲的經歷與才華很少真正得到認可。他從未獲得進士的功名，與張蔭桓一樣，屬於仕途中的「濁流」與「鬼使」。《日本國志》沒有被總理衙門刊印，曾賞識他、對日本頗有了解的李鴻章也沒提供支持。他引以為傲的詩歌嘗試引起的反響也是混雜的，名士鄭孝胥就認為「黃實粗俗，於詩甚淺」。[②]

一年多以前，張之洞把黃遵憲從新加坡的任上召來，卻不委任他重要職位，黃把自己形容成一隻煩悶的海鷗。[③] 直到 1895 年末，他才被派遣辦理江蘇五省歷年的教案。他的外交經驗立刻贏得了法國駐上海總領事的敬意，他接着又奉派與日本外交官商討蘇州開埠事宜，蘇州與重慶、沙市、杭州是四個新開闢的通商口岸，《馬關條約》的遺產之一。在與日本使者的談判中，他試圖捍衛中國的主權，讓蘇州免

---

① 黃遵憲《今別離》，錢仲聯《人境廬詩草箋注》，上海：上海古籍出版社，1981 年，第 516—521 頁。
② 勞祖德整理《鄭孝胥日記》，第 481 頁。
③ Noriko Kamachi, *Reform in China,* Harvard University Press, 1981, p. 201.

於廣州、上海式的租界命運，可惜他的努力並未得到張之洞的認可，也被總理衙門摒棄。

黃遵憲還加入了南京和上海的士大夫圈子。早在 1895 年 5 月，黃遵憲就讀過汪康年中國公會的章程，是上海強學會最初的六位簽名者之一。客家人的豪情與海外見聞讓他有一種不拘小節的獨特作風，令諸名士震驚不已。他初見張之洞時，就「昂首加膝，搖頭而大語」。據在現場的張謇說，這令講究等級秩序的張大人相當不悅。[①] 鄭孝胥甚至譏諷他「狀甚濁俗」，渾身散發着鴉片氣。[②] 康有為同樣見到了他昂首抬膝、大談國際事務的姿態。自負如康有為，都不免驚詫於黃遵憲的自信、不羈以及廣博見聞。[③]

這種傲慢更可能源於憤懣與缺乏安全感。像那個時代的很多先驅一樣，黃遵憲不被時代理解。十多年前，尚在日本的黃遵憲遇到恰好來訪的流亡香港的江南文人王韜，二人感慨地說，在中國的士大夫中，「其下者為制義、為試帖；其上者動稱則古昔、稱先王」，卻連一幅世界地圖也沒見過，他們不知天下的樣子，動輒說外國是蠻夷，將其視作禽獸，在連番受辱之後，仍不肯覺醒。[④]

黃遵憲也在尋找同道，以及一項值得投入的事業。他與汪康年見面效果頗佳，隨即成了熱情的參與者，不僅個人捐助了一千元，還開始在自己同僚中籌資。他在日本時就對「新聞紙」印象頗深，相信這是明治維新的重要因素。與汪康年一樣，他也主張辦一份譯報。[⑤]

譯報的源頭可以追溯至魏源，這個湖南人在 1830 年代末出任林則徐的幕僚時，特別提倡翻譯外國報紙，以了解夷情。當時翻譯的外

① 清華大學歷史系編《戊戌變法文獻系日》，第 10 頁。
② 勞祖德整理《鄭孝胥日記》，第 468 頁。
③ 康有為《〈人境廬詩草〉康序》，錢仲聯《人境廬詩草箋注》，第 1—2 頁。
④ 《黃遵憲研究新論》，北京：社會科學文獻出版社，2007 年，第 163 頁。
⑤ 廖梅《汪康年：從民權論到文化保守主義》，第 44—46 頁。

國報紙主要出版於澳門、新加坡，大多出自傳教士的手筆，魏源寫的《海國圖志》大幅採用這些翻譯。他的主張沒有得到太多反響，倒是兩位美國人做出了回應，三十多年後，江南製造局的金楷理（Carl Traugott Kreyer）與林樂知（Young John Allen）主編《西國近事彙編》，把各外文報刊所載的內容翻譯成中文，印送給官紳傳閱。當時的中國士大夫對新聞毫無概念，把這五天一印、經常傳遞幾週甚至數月前的新聞彙編，當作理解西方的唯一渠道。[①] 在新聞業最發達的上海，翻譯西文也是中文報紙的主要內容，他們很少有採訪的概念。

作為不知疲倦的通信人，汪康年將想法通報給了武漢、長沙、南京、北京的朋友們。汪大燮、陳三立、吳德瀟、鄒代鈞都主張先辦譯報。鄒在信中希望「先譯西報，以力根基」，「專譯西政、西事、西論、西電，並錄中國諭旨」，這樣才能廣泛地研習西學，分門用工，相互切磋。他們還考慮到政治危險，直接評論中國的時政令人不安，轉譯則安全得多。鄒代鈞在信中強調，要少發關於時政的議論，「必有忌之者」。[②]

吳樵也為報館的人選而焦灼，在他心目中，梁啟超是個恰當的人選，他欣賞梁啟超的才華與勇氣，「康徒惟此人可與也」。他覺得，若夏曾佑或汪大燮能與梁啟超共事，「必能濟之」。[③]

二

三月下旬，梁啟超抵達上海，立刻縶入了忙亂與希望中。再度見到汪康年令人興奮，自甲午年一別，二人已將近兩年未見。徐勤與何

---

① 戈公振《中國報學史》，第 85 頁。
② 《汪康年師友書札》，第 2639、2648 頁。
③ 同上，第 467 頁。

易一已返回廣州，庫房中或許還有一些尚未賣出的《強學報》，但康有為的痕跡早已消散。

梁啟超見到了黃遵憲，並迅速感受到其獨特個性，「一見未及數語，即舉茶逐客。又越三日，然後差片回拜，神情冷落異常」。[①]儘管同為廣東人，但因為年齡、身份不同，黃遵憲表現得相當傲慢。或許出於一考眼前青年的心理，他大談日本之維新，並要求梁啟超作出總結。夜晚 10 點，梁離開黃的寓所，第二天清晨便帶着四五千字的文章回來。這一次，黃遵憲被他的概括能力、行文所震驚，儘管相差二十五歲，卻開始成為梁啟超最熱烈的擁護者。在送給梁啟超的一首詩中，他用李白自稱的「釣鰲客」來作比梁啟超：「三千六百釣鰲客，先看任公出手來。」[②]

一旦相互取得了信任，一個熱烈討論期也就到來。報館的選址、報紙的形態、印刷機器、人員構成、募款、編輯方向，日夜謀議此事。

汪康年想以《循環日報》為榜樣，辦一份日報，黃遵憲與梁啟超認定旬報更適合。朋友也紛紛從各地發來自己的主張。在北京、上海的強學會相繼失敗後，這份報紙成了這個寬泛的「改革俱樂部」的新希望，「時務報」這一名稱更是昭示它與現實的密切關聯。

汪大燮強調外國人的保護至關重要，建議一定要有外人的名義，在上海的租界，如果有外國人願意充當名義上的發行人或主筆，報紙就可以享受領事裁判權的保護，「吾輩非懼禍，然萬一有事，後難繼續也」。他似乎被強學會的遭遇嚇住了，擔心「時務報」這恢弘的刊名恐怕與內容難符，「庸人震其名，未見報而已有攘臂相爭之意」。[③]

---

① 丁文江、趙豐田編《梁啟超年譜長編》，第 63 頁。
② 黃遵憲《贈梁任父同年》，錢仲聯《人境廬詩草箋注》，第 715 頁。
③ 湯志鈞《戊戌時期的學會和報刊》，第 150 頁。

他甚至勸上海的同人們不要吃花酒，因為去年康有為在北京被人攻擊時，這是罪證之一。

四月二十四日（6 月 5 日），出任衢州府西安縣令的吳德瀟路過上海，也加入了這場討論，另一位江西人鄒凌瀚則慷慨地捐助了五百兩銀子，他們都成為這份報紙的最初發起人。[①]「雨甚不克出門，既約季清（吳德瀟）、卓如來此，此晚間同赴一家春一飯」，黃遵憲的便條中，顯示出他們的密切交往。[②] 梁啟超起草了創辦公啟，經過黃遵憲修改，五位發起人簽名後，印行了一千份，散發給全國各處的朋友，尋求資金、發行、文稿上的支持。

與半年前強學會引發的盛況不同，這個新嘗試只贏得謹慎的支持。北京的同人仍沉浸在失敗主義氣氛中，對上海的一切都將信將疑。發來的《公啟》無人理睬，沈曾植偶然翻閱到，對其中的條款還頗為不滿。在武漢與長沙，眾人在言語與道義上都表示支持，但一說到籌款與發行，又表現得一籌莫展。張之洞對汪康年的自作主張頗為不滿，希望他盡快回到兩湖書院，並讓梁鼎芬帶話過來，「開報館，則無館；不開報館，則有館」。[③]

在上海短暫的匯聚後，五位發起人再度散去。黃遵憲應直隸總督王文韶之邀，前往天津出任津海官道，吳德瀟、鄒凌瀚分赴浙江與江西，留下汪康年、梁啟超操持報務。五月二十四日（7 月 4 日），黃遵憲寫信給他們，叮囑諸多事宜，從《公啟》的派發、廣告刊登到社論基調，都提出建議。與平日大大咧咧的舉動不同，他在信中表現得相當謹慎，強調「勿盛氣，勿危言」。他還承擔起主要的籌款任務，努力遊說官僚同人。「朱竹實觀察見公啟願助一百元」，「黃愛棠大令

---

① 廖梅《汪康年：從民權論到文化保守主義》，第 45 頁。
② 《汪康年師友書札》，第 2331 頁。
③ 同上，第 1895 頁。

捐銀百元」，他信中不斷出現類似的消息。[①]

至於第一期報紙的出版時間，黃遵憲建議等到皇帝對《請推廣學校摺》批示之後。這份奏摺是李端棻在五月初二（6月12日）上奏的，主張京師和各省府州縣皆設學堂，設藏書樓，創儀器院，開譯書局，選派遊學，還有一條廣立報館 ——「請於京師及各省並通商口岸，繁盛鎮埠，咸立大報館，擇購西報之尤善者分而譯之，譯成除恭繕進呈御覽，並咨送京外大小衙門外，即廣印廉售，佈之海內」。奏摺着重分析了報紙的重要性，「知今而不知古則為俗士，知古而不知今則為腐儒。欲博古者莫若讀書，欲通今者莫如閱報，二者相需而成，缺一不可」。西方國家報館林立，「凡時局、政要、商務、兵機、新藝、奇技，五洲所有事故，靡所不言」，而「上自君后，下至婦孺」，都是閱讀之人，「皆足不出戶而天下事瞭然也」。他將此視作富強之源，因為「在上者能措辦庶政而無壅蔽，在下者能通達政體以待上之用」。[②]

這份奏摺很可能是梁啟超所擬，北京同人參與修訂，以李端棻的名義上奏，為即將創刊的《時務報》尋求更明確的合法性。對這份報紙的未來，人人都缺乏足夠的想像力，憂慮經常超過期待。危險不僅來自外界壓力，也來自內部。一位友人仍警告汪康年：「卓如素未謀面，不知其為人。公度非任事者，相為犄角，恐有損無益。」[③]

梁啟超勸慰遠方的康有為，新報不能採用孔子紀年，因為黃遵憲與汪康年都堅持不可。他提及北京與上海先後失敗的強學會給人帶來的憂慮，大家都如驚弓之鳥，隨後對孔子紀年提出了自己的看法，即使「改朔為合群之道」，但「招忌亦以此」，而「天下事一美、一惡、

① 《汪康年師友書札》，第 2334—2336 頁。
② 李端棻《請推廣學校摺》，中國史學會主編《戊戌變法》（二），第 292—297 頁。
③ 《汪康年師友書札》，第 1582 頁。

一利、一害，其極點必同此例也」，新報紙面臨種種困難，經費頗緊張，有如「八十老翁過危橋」，擔心再次失敗。[1]

但上海的氣氛給予他們另一種鼓舞。這裡與北京沉悶的官場氣氛截然不同，在上海的租界區，若要辦一份報紙，只要有場所、資金、印刷機，連工部局的執照也不需要，更沒有新聞審查。報館沒有聘請外國人出任名義上的發行人或主筆，地址選在了英租界區的四馬路石路。

五月十二日（6月12日），報館在《申報》刊登廣告，將「擇日開張」，「擬專發明政學要理及翻各國報章，卷末並附新書」。[2]

五月末，汪康年攜帶《同志公啟》前往湖北，這一趟行程既是報館公務，也為個人私事。張之洞委派他兼辦湖北譯書局事務，在上海負責購買譯書，這對汪的窘迫生活是極大的緩解。汪離開上海的日子裡，梁啟超的信件一封接一封。兩人關係更為密切，分工也明確，梁承擔編務，汪以總理身份負責分銷、籌款。

「君行始一日，已有無數事相告」，梁啟超在五月二十五日（7月5日）的信裡論及諸多事項，既有關於日文翻譯的，也有在報紙刊登告白的，還有黃遵憲來信。幾天後，從捐款到編輯人員再到分銷點，他又在信中羅列了諸多事務。[3]

六月二十六日（8月5日）《時務報》又開始連續四天在《申報》刊登告白：「本報定於七月初一出報，石印白紙，慎選精校，每本三十二頁，實價一角五分，每月三本。訂閱全年每月取回印資四角二分，先付報貨者每年收洋四元，本館按期派人分送不誤。」告白還宣稱出版譯叢：「本報並有新譯各書附印報後，如《鐵路章程》《造鐵路

---

① 湯志鈞《戊戌時期的學會和報刊》，第 132 頁。
② 廖梅《汪康年：從民權論到文化保守主義》，第 48 頁。
③ 《汪康年師友書札》，第 1835—1836 頁。

書》《華盛頓傳》《西國學校課程》《俄羅斯經營東方本末》等書，皆新出希見之本。」①

　　誰也不知道這份報紙會以何種面目出現，它與四馬路上擁擠的大大小小的報館，又會多麼不同。報館最繁忙的時刻，正是江南梅雨季節，種種設想、種種討論，都浸入這潮濕中。

三

　　第一期雜誌如期在七月初一（8月9日）出版。封面設計樸素，刊名「時務報」三個魏碑體大字居中，右上側是出版日期「光緒二十二年七月一日」，右下角則是地址「上海四馬路石路」。左側直接標明售價：每冊取料紙費一角五分，訂閱全年者取費四元五角，先付貨者取費四元。

　　雜誌欄目分為「社論」「恭錄諭旨」「京城近事」「域外報譯」諸項。在諭旨欄，有湖南巡撫陳寶箴查辦劣幕任麟、山東巡撫黃河漫溢的奏摺，還有關於今年萬壽節的拜祭禮儀、廣西繳費的獎勵與雲南興辦礦物的請求；京城近事是強學會改為官書局的消息，王鵬運奏請開辦商務局，廣西開辦鐵路；域外報譯既有譯自《倫敦東方報》的英俄兩國在東方的勢力爭奪、英國領事對中國釐金弊端的批評，還有關於西藏喇嘛與廓爾喀人的衝突。編輯對於日本的動向頗為關注，有譯自日本《西字捷報》有關兩國關係的分析。與期待的戰爭勝利情緒不同，日本人對未來充滿焦慮，「以華人身壯力強、地大物博，即使日本幸而小勝，終必為華人所敗」。②還有關於日本鐵路的報道，它的造價、已鋪設的里程，都令中國鐵路相形見絀。

---

① 廖梅《汪康年：從民權論到文化保守主義》，第48—49頁。
② 《論日本國勢》，《強學報 時務報》，北京：中華書局，1991年，第26頁。

令人興致盎然的是對科技的報道，在開始的日期中，潛水艇被稱作「入水船」，「船亦浮亦能沉」；無線電「憑空發遞，激成而浪，顫動甚疾，每秒跳二萬五千次」，X 射線 ——「當照相時病者之旁偶有一石，待照畢曬上紙片，以察瘡管之病」，甚至提到了「挪勃而君」（諾貝爾）設立的獎項，包括格致（物理）、化學、醫學、文學、和平五項。[1]該期開始連載歐文《華盛頓傳》的譯文，翻譯者是遵義人黎汝謙，曾任駐神戶理事，他撰寫的前言充滿中國的演義特色：「華盛頓者，合眾國開創之君也，泰西人士數近古豪傑必稱華盛頓、拿破崙二人。」[2]報上還刊登了柯南·道爾的《福爾摩斯》，這部小說在倫敦正大受歡迎，如今以《英國包探訪喀迭醫生奇案》的標題連載。

梁啟超的兩篇論說刊登於雜誌最顯著的位置。「覘國之強弱，則於其通塞而已，血脈不通則病，學術不通則陋，道路不通故秦越之視肥瘠漠不相關，言語不通故閩粵之於中原邈若異域」，他在《論報館有益於國事》以一連串類比開始，他相信國家也是如此，「上下不通故無宣德達情之效，而舞文之吏因緣為奸，內外不通故無知己知彼之能，而守舊之儒乃鼓其舌」。梁啟超認為，這正是「中國受侮數十年」的原因。[3]

該文章既是發刊詞，也是創辦哲學，它相信報館正是貫通中國最有力的工具，與國家的強弱直接相關 ——「報館愈多」，「其國愈強」。

文中接着列舉了中國新聞業的四個弊端，「記載瑣，故採訪異聞非齊東之野言，即秘辛之雜事，閉門而造，信口以談」；對軍事情報的記載不實，即使已經戰敗，卻刊登捷報；對人物與時事的評論缺乏

---

① 《入水船》，《時務報》第 1 冊；《無線電報》，《時務報》第 25 冊；《葛格斯射光》，《時務報》第 38 冊。參見閻小波《中國早期現代化中的傳播媒介》，上海：上海三聯書店，1995 年，第 170 頁。
② 《華盛頓全傳敍》，《強學報 時務報》，第 53 頁。
③ 《強學報 時務報》，第 3—4 頁。

標準；語言陳舊、言之無物、斷章取義。因為這些弊端，使得「海內一二自好之士，反視報館為蟊賊，目報章為妖言」。

梁啟超心目中理想的報紙是西方大報，「議院之言論紀焉，國用之會計紀焉，人數之生死紀焉，地理之險要紀焉，民業之盈絀紀焉，學會之程課紀焉，物產之品目紀焉，鄰國之舉動紀焉，兵力之增減紀焉，律法之改變紀焉，格致之新理紀焉，器藝之新製紀焉」，它們的影響力驚人，「朝登一紙，夕佈萬邦」。

他自我期許是《泰晤士報》主筆式人物——「五洲之人，莫不仰首企足以觀《泰晤士》之議論，文甫脫稿，電已飛馳」，主筆本人即是政治領袖，「有昨為主筆者，而今作執政者，亦有朝罷樞府，而夕進報館者」。他在文末引用了顧炎武的名言：「或亦同舟共艱，念厥孤憤，提倡保護，以成區區，則顧亭林所謂『天下興亡，匹夫之賤與有責焉』已耳。」[1]

倘若讀者因這篇論說而激動，這種激動在第二篇還將繼續。「晝夜變而成日，寒暑變而成歲，大地肇起，流質炎炎，熱熔冰遷，彙變而成地球，海草螺蛤，大木大鳥，飛魚飛鼍，袋獸脊獸，彼生此滅，更代迭變，而成世界⋯⋯」，在《變法通議自序》中，他以一連串天文、地理、生物學的例證表明，「凡在天地之間者，莫不變」。接着他把筆鋒轉到制度與傳統，「兩稅變為一條鞭，井乘之法變為府兵，府兵變為彉騎，彉騎變為禁軍，學校升造之法變為薦辟，薦辟變為九品中正，九品變為科目」，因而「上下千歲，無時不變，無事不變」。接下來他不無陳詞濫調地引用了《易經》中的「窮則變，變則通，通則久」，相信此刻中國需要新的變法。他公佈了一個龐大的書寫計劃，將圍繞變法，分十二個門類寫六十篇相關文章。[2] 這是他的典型作

---

① 《強學報 時務報》，第 3—6 頁。
② 《強學報 時務報》，第 7 頁。

風，急於建立一個宏大目標，賦予它獨特意義。像他一生中的許多事業，這個計劃也無疾而終。

這兩篇文章氣勢恢弘，充滿來自國內外的例證和比喻，鮮明的否定與肯定，以及各種感歎助詞，這是梁啟超日後最令人讚歎也飽受詬病的風格。只要對當時的社會思潮稍有了解，一定可以感到這份雜誌在編輯、思想、文風上的嘗試。它不局囿於宮廷的鬥爭、瑣碎的社會見聞或對外部世界的簡單介紹。它代表着新型知識人對於國家變革的嚴肅觀察，創造了一種關於中國現狀的新敘事，從中可以看到中國內部的發展進程、中國在世界圖景中的位置，還有姿態鮮明的改革話語的討論。

十天後，第二期《時務報》出版，延續了首期風格。梁啟超撰寫了《論不變法之害》，繼續鼓吹變法之必要。他把中國比作即將崩壞的千年巨廈，其中的人有三種反應 ——「猶然酣嬉鼾臥，漠然無所聞見」，「睹其危險，惟知痛哭，束手待斃，不思拯救」，最好的結果是做出細節上、技術上的補救，「補苴罅漏，彌縫蟻穴，苟安時日，以覬有功」。他建議進行全面的變革，若不變革，等待中國的將是印度、土耳其、埃及、波蘭的滅亡命運 ——「印度，大地最古老之國也，守舊不變」，最後淪為英國殖民地，而土耳其「地跨三洲，立國歷千年」，如今也被瓜分。[①] 中國若想不亡，就要學習俄羅斯、普魯士、日本的自我變革精神。

他試圖減緩人們對新法的疑慮，宣稱中國人自身就蘊含着變革基因，日本人的成功恰好證明了這一點，「所謂新法者，皆非西人所故有，而實為西人所改造。改而施之西方，與改而施之東方，其情形不殊，蓋無疑矣。況蒸蒸然起於東土者，尚明有因變致強之日本乎？」[②]

---

① 《強學報 時務報》，第 69 頁。
② 同上，第 75 頁。

當讀者反饋到來時，梁啟超或許才會意識到自己到底創造了一個怎樣的新事物。帝國幅員遼闊，直到這一年年初才開始建立一個全國性的郵政系統，鐵路更是處在萌芽狀態，所以頗費了些時日，《時務報》才被運到各個行銷點。在距離頗近、水路貫通的南京，第一期雜誌在七月初七運抵。在當天的日記裡，心高氣傲的鄭孝胥寫道：「繆小山來，以《時務報》十本屬代勸售，即汪穰卿等所創也。」[1]但他沒有記下任何閱讀感受，或許還沒來得及翻閱。但紀鉅維卻給汪康年發來熱情洋溢的信件：「頃見《時務報》第一冊，體例既精，式亦雅飭，人必愛觀」，而「紛紛市井諸報，不可同年而語」，他期望「從此風氣打開，俾中國士大夫漸變空疏之習，皆知講求時務，君之功豈可量哉！」他對一些小紕漏如錯字、漏字提出了指正，還主動介紹可能的銷售點，比如天津文美齋。紀鉅維是一位古書鑒賞家、詞人，四庫全書總編纂者紀曉嵐之後，也是張之洞幕府中的一員。讀到第二期時，他的褒獎更加熱烈，尤其誇讚《論不變法之害》一文「沉著痛切，言言扼要」，說梁啟超「真曉人也」。[2]

　　北京的汪大燮讀到前兩期雜誌後鬆了一口氣，之前人們盛傳新雜誌第一冊的首篇文章會是《寇連材傳》，第二期是王鵬運阻止圓明園工程的奏摺。汪很擔心這將招來大禍。「諸君愚不至此，印此等無關交涉之事，而徒取怒於西方。」[3]「西方」意味着「西太后」，這種隱晦是當時通信、交談的常見方式，也是政治恐懼的延伸。

　　身在武漢的鄒代鈞還沒閱讀雜誌，只聽說雜誌銷售不錯，就去信給汪康年：「報能暢銷，甚慰，雖由公之擘畫周詳，亦賴卓如大筆如椽，足以震動一時耳。」當他讀到了第一期雜誌，掩飾不住自己的興

---

[1]　勞祖德整理《鄭孝胥日記》，第 568 頁。
[2]　《汪康年師友書札》，第 1290—1291 頁。
[3]　同上，第 746 頁。

奮之情,「閱之令人狂喜,理識文兼具,而採擇之精、雕刻之雅,猶為餘事」,他也看到了它的標誌性意義,「足洗吾華歷來各報館之陋習」。鄒也是張之洞幕府中的一員,曾出訪英國與俄國,對地圖繪製興趣濃厚,正在籌建輿地協會。他一定對刊登的有關地圖公會的啟示非常滿意。他是個挑剔的讀者,建議地名、人名的翻譯倘有先例,就不要再用新詞,比如中國原有對「尼泊爾」的用法,就不必再譯成「聶包爾」;其次是譯文的詳盡性,對西方情況的介紹過於省略,不要刻意與《萬國公報》不同。他尤其喜歡《醫生奇案》,「既可觀其風俗,又能引人入勝。」[①]

吳樵則在重慶舟中抒發自己讀到第一期雜誌的感受,「急讀之下,狂舞萬狀」,覺得《華盛頓傳》「尤妙不可言」,並用他一貫誇張的語氣稱讚道:「謹為四百兆黃種額手曰:『死灰復熾。』謹為二百里清蒙氣、動物、植物種種眾生額手曰:『太平可睹。』」[②]

連張之洞的態度也轉變了,觀望與懷疑轉變成熱情的支持。在兩週前,黃遵憲還不無沮喪地說張之洞無意公開支持《時務報》,但七月二十四日(9月1日),張之洞已經命幕僚致電報館:「頭期報三百五十,二期二百,速寄。」[③]第二天,他又命湖北文武大小衙門學堂一律官費派閱,各局書院預估自己的訂閱數量,並預先支付半年報費。他評價這份旬刊「識見正大,議論切要,足以增廣見聞,激發志氣」,尤其滿意它「係中國紳宦主持,不假外人」,因此「實為中國第一種有益之報」。[④]

① 《汪康年師友書札》,第 2655、2658—2659 頁。湯志鈞《戊戌時期的學會和報刊》,第 158—159 頁。
② 《汪康年師友書札》,第 500 頁。
③ 茅海建《戊戌變法的另面:「張之洞檔案」閱讀筆記》,第 239 頁。
④ 張之洞《咨行全省官銷〈時務報〉札》,《時務報》第 6 冊。見湯志鈞《戊戌時期的學會和報刊》,第 169 頁。

這些反饋令報館同人欣喜不已，但他們迫於截稿日期的壓力，沒有太多時間慶祝。第三期《時務報》如期出版。在最後兩頁，報社人員與捐款者集體亮相，標誌着報館在編務與組織上的成熟。在報社名單上，總理汪康年、撰述梁啟超、英文翻譯張德坤、法語翻譯郭家驥、日文翻譯古城貞吉，還有負責印刷與財務的黃春芳，依次排列。

　　郭家驥與古城貞吉象徵着這份雜誌不斷擴充的雄心。創辦人不滿足於僅僅從英文報紙獲取信息，希望增加更多的語種。郭是北洋海軍學堂的教習，曾留學法國，他在這期翻譯了《巴黎日報》的三篇短文，分別有關英國的商務發展、奧匈帝國製造的新槍械，還有巴爾幹半島幾個小國醞釀的聯盟，想擺脫奧斯曼帝國之統治。[①]

　　三十一歲的古城貞吉生於熊本，有一對招風大耳，說話聲音洪亮。[②] 他是自修中國文學與經學的漢學家，熱心研究李白與《西廂記》。在剛剛出版的厚達 734 頁的《支那文學史》一書中，他用西方文學理論來梳理中國文學的脈絡。對中國文化的興趣並未減弱他強烈的民族情緒，中日戰爭爆發後，他寫信給朋友道，「將隨軍赴遼東」，他的一個弟弟也陣亡於朝鮮。[③]

　　創刊前，汪康年就曾委託駐日本使館幫忙物色日本翻譯，在中國派駐日本將近二十年後，竟很難找到可以信任的此類人才，他們只能粗通口語，很難將日文文章翻譯成中文 —— 這也是中國智識停頓的縮影。古城貞吉最終成了最佳人選。汪鼓勵古城搬到上海，加入報館。這預示中國士林的知識風氣的轉變，日本因素變得重要起來，人人都想知道它富強的秘密。

---

① 湯志鈞《戊戌時期的學會和報刊》，第 163 頁。
② 沈國威《近代中日詞彙交流研究》，北京：中華書局，2010 年，第 374 頁。
③ 沈國威《近代中日詞彙交流研究》，第 376 頁。陳一容《古城貞吉與〈時務報〉「東文報譯」論略》，《歷史研究》2010 年第 1 期。

第三期《時務報》專為古城開闢「東文報譯」一欄，他翻譯了四篇文章，分別是美國共和黨的新政、伊藤博文對台灣現狀的評論、日本領事論駐外的日本漁民問題，還有來往歐亞兩洲的輪船業情況。報館還期許古城提供譯書的服務，「日本近習西法，譯新書甚多，以東文譯華文較為簡捷，今除譯報外兼譯各種章程並書籍」。[①] 古城最終成為這份雜誌最長久而穩定的供稿者，對於很多讀者來說，他就是通往日本知識世界的窗口。

梁啟超撰寫了兩篇文章。《論變法不知本原之害》是他變法系列文章的第三篇。他直截了當地否定了洋務運動三十年的努力，儘管洋務運動也「講求洋務」，「創行新政」，卻不是真正的變法。對於甲午戰爭後盛行的種種變法觀點，他逐一批駁。以練兵為例證，他發問：「然將率（帥）不由學校能知兵乎，選兵不用醫生，任意招募……體之羸壯所不知，識字與否所不計」，兵餉微薄，更沒有撫卹機制，這樣的士兵怎麼會有戰鬥力？至於作戰的基本要求、作戰地圖、戰時演習，統統都沒有。各項變法項目都有類似困境，因「不挈其領而握其樞」，必然失敗：「礦物學堂不興，礦師乏絕，重金延聘西人尚不可信……機器不備，化分不精，能無棄材乎？道路不通，從礦地運至海口，其運費視原價或至數倍」；「商務學堂不立，罕明貿易之理，能保富乎？工藝不興，製造不講，土貨銷場寥寥無幾，能爭利乎？」

儘管人人都在談論練兵、開礦、通商，他發現很少有人探究具體的實施、內在邏輯。變法者被兩種弊端所困：官僚系統的貪腐無能，以及對西人的盲目崇拜——相信任何變法必須要依賴西方人。兩種弊端背後是中國社會的混合心理：一種是盲目樂觀，認定只要把這美好的計劃付諸官僚系統推行，就能實現；另一種則是失敗主義，只有任

---

① 《強學報 時務報》，第 199 頁。

用西方人才能成功，理由是「西人明達，華人固陋；西人奉法，華人營私」。梁啟超將這些想法歸咎於中國官吏的非職業化帶來的傷害，「一人之身，忽焉而責以治民，忽焉而責以理財，又忽焉而責以治兵」，且「責任不專，一事情必經數人，互相牽掣，互相推諉」。他也懷疑對西人的過分依靠，洋務運動就招募了不少西人，仍未帶來起色。與士大夫普遍強調人才的重要性不同，他對制度更有信心，「立法善者，中人之性可以賢，中人之才可以智」。他不滿於當前制度「塞其耳目而使之愚，縛其手足而驅之為不肖，故一旦有事，而無一人可為用也」。

他提醒讀者，變法是一個系統的事業，有其內在邏輯 ——「變法之本，在育人才；人才之興，在開學校；學校之立，在變科舉；而一切要其大成，在變官制」。他為此設定的邏輯是「官制不改，學成而無所用」，科舉不改，「聰明之士皆務習帖括，以取富貴」，更無意去研習新知識。只有他們改變了，才能鼓勵興建學校，鑽研新技能。他用日本作例證，認為正是有了這些措施，「區區三島」才在「外受劫盟，內逼藩鎮」情況下，化弱為強。他甚至引用了很可能是臆造的俾斯麥的評論。據說，這位卸任的鐵血宰相三十年前就預言過中日兩國的結局，他看到中國人前往歐洲時只往船炮工廠跑，找廉價的產品買回去，日本人則討論學業，研究歐洲制度，「講求官制」。[1]

在另一篇文章裡，梁啟超藉波蘭的例子來警告國人，不變法就會導致亡國，甚至描繪了一幅生動的（或許也出於自己想像）被瓜分的波蘭場景，那些逃亡的貴族、富紳如羊犬一樣被驅趕，「田產沒於異族，妻子夷為奴僕」，他相信波蘭問題在於內部，「亦自亡而非俄之亡之也」，這是不主動變法之害。[2]

---

[1]　梁啟超《論變法不知本原之害》，《梁啟超全集》第一冊，第 14—15 頁。
[2]　梁啟超《波蘭滅亡記》，《強學報 時務報》，第 138、141 頁。

在這一期的末頁,《時務服》公佈了雜誌的財務狀況。強學會的一千二百兩餘款被置於汪康年、梁啟超名下,黃遵憲一千元,盛宣懷則有五百兩,接下來的朱之榛、黃幼農幾位都是黃遵憲的朋友,徐勤也捐助了一百元,汪康年動員湖南礦物總局捐出四百元。它還刊登了各處代收捐款人—— 幾乎是創辦人的親友聯盟 ——在北京是西珠口麻線胡同的陳熾與李岳瑞住所,武漢是葉浩吾的自強學堂與王雪澄的織佈局,煙台則是黃遵楷(黃遵憲的弟弟)的潮州會館……派報處遍及主要港口城市,漢口、南京、煙台、重慶、寧波等,還遠至香港與神戶。此刻,報館收到了五千二百元捐助,有二十八個網點。[①]

《時務報》確立起一種獨特風格,這位年輕主筆的光芒尤其閃耀,《變法通議》的系列文章迅速征服了讀者的心。在接下來幾期,梁啟超圍繞學校連續寫了幾篇論說。他在《學校總論》中描述了一場全面教育危機的到來,讀書人不僅很少知曉西學、時務之學,就連孔子之學也都遺忘了,他們要麼癡迷於許慎、鄭玄這套漢學,要麼是程頤、朱熹的理學,反而很少關注孔子的原本學說。他認定興建學校是解決困境的關鍵,列出了一個粗略的計劃:中國應該有四千萬小學生、一百一十八萬中學生、十六萬五千大學生,如果一時不能達到這個目標,也可以先按百分之一的比例開辦,中國的財力足以支持。[②]在《論科舉》中,他將科舉制度視作阻礙中國進步的主要障礙,「欲興學校,養人才,以強中國,惟變科舉為第一義」。他還提供了三個應對之策:上策是將孔子的教育理想與西方的結合在一起,把科舉與學校合一,小學相當於秀才諸生,大學是舉人,大學畢業是進士,出洋學習者則是庶吉士,其餘分發各部;中策是在科舉中除去目前的帖括一科,設

---

① 朱至剛《人脈與資金的聚合:從汪康年、黃遵憲的合作看〈時務報〉的創立》,《近代史研究》2011 年第 5 期。
② 《梁啟超全集》第一冊,第 20 頁。

立其他科目，將西方語言、科技、醫學、兵法等都納為考試科目，並用各種辦法特招人才；下策則是擴充科舉考試的內容，將三場考試的題目擴大，內容擴至史政、格致等實學，削弱對楷書的過分重視。梁啟超認為上策可以使中國富強，中策可以保中國安定，而下策則勉強讓中國生存。他對未來充滿樂觀，「一年而豪傑集，三年而諸學備，九年而風氣成」。[1]

這些文章都展示出梁啟超對「民智」的強烈信念——「言自強於今日，以開民智為第一義」，倘若人人都能擁有正確的知識訓練，中國必定變得強大。而在他的心目中，正確的訓練是孔子學說與西方知識的融合。「據亂世以力勝，昇平世智、力互相勝，太平世以智勝」，「世卿為據亂世之政，科舉為昇平世之政」，「學校之制，惟吾三代為最備」，梁啟超的文中充滿了這樣的三世論調，與德國、法國、英國例證融合一處。[2]這是當時文人的流行論調，即使再推崇西方的知識與制度，也要置於中國的傳統內，彷彿它們並非嶄新的創造，只不過實踐了中國黃金時代的理念而已。

梁啟超的西學知識在編輯《西學書目表》時得到了更充分的展現。這是一次冒險的嘗試，六年前才在四馬路上讀到《瀛寰志略》，如今就打算將湧入中國的西學書籍進行一次分類，創造一張新的知識地圖，教導別人如何閱讀西書。「門人陳高第、梁作霖，家弟梁啟勳以書問應讀之西書，及其讀法先後之序」，他一開始就在《序例》中用了一副權威口吻。[3]

《西學書目表》收錄七百多本書，書籍的來源折射了中國吸收西方知識的歷程。正表三卷收錄 1842 年通商之後翻譯的 352 種西書，

---

[1] 《梁啟超全集》第一冊，第 24—25 頁。
[2] 同上，第 17 頁。
[3] 梁啟超《〈西學書目表〉序例》，《梁啟超全集》第一冊，第 82 頁。

附表一卷則是從明末到通商前的西人譯著，還有中國人所寫的有關西學的著作。傳教士在其中發揮了最重要的作用，從明末的天主教徒到廣學會的清教徒，他們一直是主要的翻譯者。兩股浪潮中可以看到顯著的斷裂，從康熙的海禁到道光年間，幾乎沒有西方知識輸入，而這兩個世紀正是歐洲的啟蒙運動、科學革命的關鍵時刻。19 世紀中葉以後，西方書籍再度湧入，但是零散、微弱的，缺乏系統。江南製造局、同文館、海關稅務司、廣學會、益智書會這些翻譯機構像是帝國裡的點綴物。至於中國人撰寫的西學作品，大多是材料之拼湊與浮光掠影的見聞。

梁啟超嘗試了新分類法，將它們分為西學、西政與雜類。西學是自然科學，有算學、重學、電學、化學、天學、動植物學等等；西政更像是社會科學，包含諸如史志、官制、法律、學制、工政、商政；雜類則是遊記、報章、總論等無法歸類的作品。在為重要書籍寫的簡短評語中，他偶爾顯得刻薄起來，稱花之安（Ernst Faber）的《自西徂東》（*Civilization, China and Christian*）「粗淺」，韋廉臣（Alexander Williamson）的《治國要務》「淺略」，李提摩太的《救世教益》是「傳教之書，此為最巧，錄之以供借鑒」。[①]他對翻譯者蔡爾康的反感無法掩飾，稱《泰西新史攬要》是西方歷史的最佳著作，但翻譯繁蕪，有眩亂耳目的缺點。李提摩太曾告訴他，十年前的電學書可以一字不讀，讓他意識到知識更新之快，世上沒有不變的真理。他對林樂知的《中東戰紀本末》評價也不高，「其書議論之是非，稍有知識者能道之，無待余言」。對於帶有濃厚宗教色彩的《萬國通鑒》，他也不感興趣。他對西方知識的源流有自己的認識，「泰西政事原於羅馬，與耶穌無關；泰西藝學原於希臘，與耶穌無關」。他強調拉丁文的重要

---

① 梁啟超《西學書目表》。參見陳啟雲《梁啟超與清末西方傳教士之互動研究 ——傳教士對於維新派影響的個案分析》，宋鷗譯，《史學集刊》2006 年第 4 期。

性，英語、法語都來自拉丁文法，就像此刻的中文都是來自秦朝與漢朝。[1]

「凡一切政都出於學」，梁啟超相信學說最終是為改變政治制度而存在。第九期上的《論中國積弱由於防弊》一文，是他迄今最為大膽的論述，矛頭直指過重的君權。「先王之為天下也公，故務治事，後世之為天下也私，故務防弊」。他認為中國有兩種政治理念，前一種出現於「先王」的三代之治，後一種則支配了秦代以來的兩千年歷史——「法禁則日密，政教則日夷，君權則日尊，國威則日損，上自庶官，下自億姓，遊於文網之中，習焉安焉，馴焉安焉，靜而不能動，愚愚而不能智」，甚至將歷代統治者視作「民賊」。儘管他將描述限定為秦朝到明朝，但有心的讀者自然可以讀到現狀。清代正是專制文化的高峰時刻，整個統治哲學都是以集權、防範、壓制為基礎，雍正更是「以一人治天下」為榮。這樣的統治哲學造就了「上下隔絕，民氣散奐」，「上下睽孤，君視臣如犬馬，臣視君如國人」，這種孤立感或許可以防止內部的挑戰，但「外患一至，莫能救也」。這種孤立與恐懼讓國人陷入了集體無能，對所有新嘗試都抱有懷疑，「故語以開鐵路，必曰恐妨舟車之利也；語以興機器，必曰恐奪小民之業也；語以振商務，必曰恐壞淳樸之風也；語以設學會，必曰恐導標榜之習也」。在梁啟超看來，這種體制以保護君主一人之權為目的，卻導致人人無權的結果。君主「其權將糜散墮落」，反而變成一個無人負責的狀態，「天下有事……天子……讓權於部院……（部院）讓權於督撫……（督撫）讓權於州縣……（州縣）讓權於胥吏」，最終整個國家成為「無權之國」。[2]

---

① 梁啟超《西學書目表》。參見陳啟雲《梁啟超與清末西方傳教士之互動研究——傳教士對於維新派影響的個案分析》，宋鷗譯，《史學集刊》2006 年第 4 期。
② 梁啟超《論中國積弱由於防弊》，《梁啟超全集》第一冊，第 63—65 頁。

這種大膽的痛斥構成了《時務報》另一種吸引力。在私下的談話中，人人都想指責制度的弊端，但將它公佈在新聞紙上則是另一回事。整個報館都分享這種氛圍，汪康年在第四期發表了《中國自強策》，倡導設議院，「在事之人，有治事之權；事外之人，有監察之權」，以及興民權，「千耳萬目，無可蒙蔽」。[①]

對於很多讀者而言，這份雜誌代表了一種改革話語的復蘇。西方衝擊給中國的經世理論帶來了新內容。寫作於 1861 年的《校邠廬抗議》象徵着這套話語的開端，馮桂芬大膽地說出中國與西方之差距，「人無遺材不如夷，地無遺利不如夷，君民不隔不如夷，名實必符不如夷」，所以必須尋求西方富強的秘密。迫於政治壓力與社會習俗，馮桂芬從未徹底公開自己的主張。他將作品進呈給李鴻章，成為自強運動重要的思想源泉。但生前他從未尋求公開出版，也未見到自己的設想得到充分實現。一些敏感心靈追隨了這條路徑，他們看到了中國面臨的危險，提出自己的應對主張。這些人可能是身處香港的新聞記者、洋行買辦、外交官，抑或一名恰好曾周遊澳門、上海租界的低級官員，他們看到了一個新時代的到來，卻因常年的思想與言論控制，無法將思想公之於眾。

梁啟超比他們幸運，遇到了一個恰當的時機。甲午戰爭改變了整個社會情緒，同樣重要的是，印刷術正在重組中國人的政治與日常生活，公共輿論蔚然興起。梁啟超不再依賴奏章、幕僚式的建議，開始訴諸報刊。不同時代曾孕育出不同的寫作方式：阮元推崇「文選」式的寫作，藉此來打破考據家過分乾澀的表達；曾國藩熱衷於桐城派，相信這才符合重建一個被摧毀的時代的道德需求。梁啟超面對的則是一個政治覺醒與知識爆炸的時刻，他要將士大夫的憂患意識與這新知

---

① 廖梅《汪康年：從民權論到文化保守主義者》，第 97—98 頁。

識版圖融為一體。他還創造了一種新文體來表達這個理念，像是對流行的桐城文體的反動，梁啟超的行文不是收斂的而是放縱的，不是簡潔的而是蔓衍的。[1]

從萬木草堂到《萬國公報》《中外紀聞》，梁啟超的知識訓練找到了釋放之處。他不是一個原創思想家，亦非精益求精的文體大師，卻是個情緒的把握者，知道如何刺激讀者的神經、拓展他們的視野。他的思想與寫作也明顯帶有康有為的痕跡。康聖人在萬木草堂那些汪洋恣意的演說、龐雜斑駁的知識，更重要的是對孔子改制的那套設想，都滲透到他的寫作中。翰林院學士蔡元培讀到《西學書目表》，覺得梁啟超的分類與評語頗有用，「識語皆質識」，「立意本正」，可惜「竄入本師康有為悖謬之言，為可恨也」。[2]

這些文章引來更廣泛的讚譽與支持。雜誌的發行量超乎想像，汪康年估計只需四千份就可以收支平衡，但很快，發行量就達到七千份。王文韶、袁世凱等人的捐款隨之而來。李鴻章也捐助了二百元，「李少荃爵相助銀二百元」的啟事刊登在第十期上。與一年前的強學會不同，時務報館沒有拒絕李的捐款，經由出席俄國沙皇的加冕典禮、歐美之行，這位戰敗者的聲譽再度回升。「中國之政治家而最有名於當世者，嘗遊歐美諸國間，為今世之一大奇事」，「中國大員此行也，咸以為中國更始之端」，幾個月後的《時務報》還將藉一份譯文品評李鴻章，不過除去讚揚他開了大員出訪的先河，也嘲諷他「行李如山，而至攜帶輿具食品畜類」，與昔日彼得大帝「單身飄零，微服闊步，凡己國之習尚，一切去之，欲以易俗移風」大不相同。[3]

---

① 彬彬《梁啟超》，《追憶梁啟超》，第 18—19 頁。
② 高平叔《蔡元培年譜長編》，第 8 頁。
③ 《中國論》，《時務報》第 17 冊，參見閭小波《中國早期現代化中的傳播媒介》，第 156 頁。

梁啟超不僅藉言論影響時勢，也試圖採取行動。與同代讀書人不同，萬木草堂同門像一部政治機器在運轉，實用性的考量常常壓過他們的道德困擾。「惟科舉一變，海內洗心，三年之內，人才不教而自成，此實維新之第一義也」，在給朋友的信中，梁啟超將廢科舉視作變法之根本，並提出了具體的方案。他要聯絡言官，在一個月內上十份奏摺，皆要求廢除科舉，「天高聽卑，必蒙垂鑒」，自此，「人才蔚興，庶政可舉」。這次行動有賴於金錢的潤滑。帝國的言官制度鼓勵賄賂行為，飽受清貧俸祿的御史很願意為幾百金的報酬上摺言事，他們甚至不用親自撰寫。梁啟超希望能募款三千金，「以百金為一分……分饋台官，乞為入告」。他用胡林翼的例證來自我鼓勵，這位中興名臣用四萬金賄賂重臣肅順，「求賞左文襄（左宗棠）四品卿銜」，奠定了此後的中興局面。不久，他又興衝衝去信康廣仁、徐勤，「現已集有千餘矣，想兩月內可成」，同時請求同人擬寫奏摺，因為他自己如果「獨作十篇，恐才盡也」。[1] 他準備明年春天推行這個計劃，在京城運作此事的任務就交給了陳熾。

四

老朋友的到來將梁啟超從過度繁忙中解救了出來。每次來上海，譚嗣同都會將他從繁忙的編務中拽出。作為候補知府，譚嗣同在南京等待可能到來的任命。沉悶的官場規則、顯著的生活壓力都讓他倍感壓抑，不斷抱怨「固知官場黑暗，而不意金陵尤甚」[2]，自己有如「仙人

---

① 丁文江、趙豐田編《梁啟超年譜長編》，第 40—41 頁。
② 王夏剛《譚嗣同與晚清社會》，第 202 頁。

降謫，困辱泥途」，前景也不光明，「非有大本錢，官場萬難駐足」。[①]

上海幫譚嗣同逃入一個新世界。他在此買到傅蘭雅編譯的《治心免病法》，啟發他對人生與世界產生新的思考。他不僅想逃離南京，還想逃離中國，聽說英、俄領事在上海開捐「貢」與「監」，「捐者可得保護，藉免華官妄辱」，便去信問汪康年消息是否確實。對這種流行一時騙局的興趣，也反映了他的恐懼，更是對現實的深深失望：有了外國保護，才「可免被人橫誣為會匪而冤殺」，「求去中國，如敗舟之求出風濤，但有一隙可乘，無所不至」。[②]

在這樣的複雜心緒中，譚嗣同想通過寫作來逃逸，他想寫一本貫通自我與宇宙，東方與西方，佛學、儒學與基督教的新書。這本書的寫作也緣於梁啟超的鼓勵，他建議譚嗣同為一家香港報紙寫一組文章，好令這位才華橫溢的新朋友有所發揮。

北京的友誼延續到上海，並有新成員加入。「宴復生、卓如、穰卿、燕生諸子於一品香」，孫寶瑄在日記中寫到。[③]二十二歲的孫寶瑄生於浙江一個官宦之家，岳父是剛卸任兩廣總督的李翰章。他曾在京中短暫為官，因甲午年上書受到攻擊，遂南歸故里。他對於觀念、思想、友情的興趣遠遠高於權力，將自己居所稱為忘山廬。他是個狂熱的日記作家，將每日的讀書、交遊、思考寫下來。他的筆下，復生是譚嗣同，卓如指梁啟超，穰卿是汪康年的號，燕生則是宋恕。

溫州人宋恕個性狂狷，常常「麻衣垢面，盛夏履油裰木棉」。[④]他對當時的名流頗多非議，說張佩綸「一字未識」，張之洞「太不讀

① 譚嗣同《上歐陽中鵠》十三，《譚嗣同全集》，第 470 頁；《致汪康年》九，《譚嗣同全集》，第 502 頁，《致徐乃昌》二，《譚嗣同全集》，第 521 頁。
② 譚嗣同《致汪康年》二，《譚嗣同全集》，第 493 頁。
③ 孫寶瑄《日益齋日記》，中國史學會主編《戊戌變法》（一），第 539 頁。
④ 章太炎《瑞安孫先生傷辭》《檢論·對二宋》，轉引自蔣海怒《晚清政治與佛學》，上海：上海古籍出版社，2012 年，第 190 頁。

書」，王闓運「頗能用筆而不曉一政」，不過他對康有為倒讚賞有加，稱其才學勝於張謇，對夏曾佑的評價也很高，認為自己與他的見解彼此接近。[1] 他還有一個令人讚歎的關係網絡，岳父是李鴻章與沈葆楨的主考官，曾被俞樾比作漢末王符的禮學家孫詒讓也是他的親戚。他對時代病症的洞察力令人歎服，《六字課齋卑議》傳頌一時，提出「學校、議院、報館」是富強的三大支柱，倡導辦工業、商業學校，甚至提倡漢語拼音。但他的西方知識仍充滿偏差，認為歐洲的好處其實已經全在《論語》之中了，中國人遺忘的智慧反而被西方人拾得，以至於「唐虞、三代之學、之治，亡於秦後，而復興於西土」。[2]

一品香是上海最著名的西餐廳，牆上的時鐘、天花板垂下的煤油燈、壁爐，常令初來的客人欣喜不已。食物也充滿異域風情，當地人稱吃西餐為吃大菜，一首打油詩寫道：「大菜先來一味湯，中間餚饌辨難詳。補丁代飯休嫌少，吃過咖啡即散場。」杯中的酒則是「縱飲休云力不勝，勸君且慢點香冰。白蘭地本高粱味，紅酒何妨代紹興」。[3] 如果願意，客人們還可以叫自己鍾愛的青樓女子一起來用刀叉進餐——這些姑娘與這座城市一樣，年輕而時髦。

梁啟超熟悉這種環境，他編輯的《西學書目表》還收錄了一本西餐烹飪指南《製洋飯書》。汪康年更是流連於這樣的場合，認為喝花酒是獲得新聞、拓展商務的重要手段，對他而言，上海是一座講應酬的城市，在四馬路的燈紅酒綠中，北京同人「莫喝花酒」的忠告顯得太過遙遠。

對於這群青年，葡萄酒、牛排甚至姑娘都不重要，他們忙於憂慮

① 清華大學歷史系編《戊戌變法文獻系日》，第 25 頁。
② 宋恕《又致定夫書》，胡珠生編《宋恕集》（上冊），北京：中華書局，1993 年，第 509—510 頁。
③ 鄧大情《廣州與上海——近代小說中的商業都會》，第 66 頁。

中國之命運，爭論新的知識發現。格致學與佛學是話題的核心，他們驚異地發現「格致之學多暗合佛理」。[①]

這背後是一股新風潮的到來，格致的流行自不必說，它被視作西方富強的根源，但衰落已久的佛學再度興起，則與舊思想體系的瓦解有關，佛學與諸子學、公羊學、西學一樣，成為新思想的來源，提供觀察現實的新視角。它也與「附會說」有關，士人們在佛家世界中看到了一個科學世界，康有為因佛典聯想到顯微鏡下的圖景與光電的速度，宋恕則認定「無量日月」「風輪持地輪」「人身八萬蟲」正是西方科學語境下的天體與細菌。[②]佛學撫慰了這些敏感者內心普遍的焦灼與迷惘，夏曾佑感慨，面對數千年未有之變化，「天下有生命者，大約無一有着落」，而「釋典之精，盡於此矣」。[③]

這場佛學風潮還受益於楊文會。這位安徽人曾隨曾紀澤出使英法。在歐洲，他白天「求考法國政教生業甚詳，精究天文顯微等學，製有天地球圖，並輿圖尺，以備將來測繪需」，夜晚則潛心佛學。[④]他看到西方富強的內在危機，「牟利之徒、機巧百出，非極天下之富豪，不能滿其所慾也」。與此同時，他倒不憂慮中國能否富強，因為既然「不變法不能自存，既變法矣，人人競爭，始而效法他國，既而求勝他國」，那麼「不出百年，必與歐美諸國並駕齊驅」。讓他感到焦慮的反而是中國的精神危機，認為復興佛教起碼可以令中國「聲名文物為各國所器重，不至貶為野蠻之國」。[⑤]他大量刊刻佛學作品，這些在中國失傳的作品要從日本獲取，引發了一種新的誤讀：很多人相信日本之崛起是與寺廟興盛相關，倘若中國要獲得富強，也要

① 孫寶瑄《日益齋日記》，中國史學會主編《戊戌變法》(一)，第 539 頁。
② 宋恕《六字課齋津談》，《宋恕集》(上冊)，第 85 頁。
③ 《汪康年師友書札》，第 1397 頁。
④ 楊文會《觀未來》，《楊仁山居士文集》，合肥：黃山書社，2006 年，第 264 頁。
⑤ 楊文會《支那佛教振興策 (二)》，《楊仁山居士文集》，第 265—266 頁。

大倡佛法。①

　　梁啟超熟悉這條路徑，康有為常常藉助佛理分析學問與世事，夏曾佑、譚嗣同更好談佛學，在北京的聚會中，沈曾植、吳德瀟、吳樵父子、吳雁舟常談此題。譚嗣同、孫寶瑄都是楊文會熱烈的追隨者。在譚嗣同心中，中國的三綱五常之惡勝於印度的等級劃分，佛門法會比議會更佳。②

　　攝於八月十九日的一張照片，展現出他們的佛學熱情。譚嗣同、梁啟超、汪康年、宋恕、孫寶瑄、吳嘉瑞、胡庸七人在上海光繪樓合影，譚嗣同合掌而立，其他六人都盤腿而坐，或雙手放膝上，或雙手交疊。或許是尚不習慣面對鏡頭，他們的表情都木訥、惘然，絲毫看不出酒桌上的熱烈與興奮。其中的梁啟超消瘦、年輕，這可能是他平生拍攝的第一張影像。③這照片也象徵着某種上海精神：現代技術與古老佛法，救世之情與縱情享樂並行不悖。

---

① 參見葛兆光《西潮卻自東瀛來 —— 日本東本願寺與中國近代佛學的因緣》《論晚清佛學之復興》，均收入《西潮又東風：晚清民初思想、宗教與學術十講》，上海：復旦大學出版社，2006 年。
② 譚嗣同《金陵聽說法詩》，轉引自賈維《譚嗣同與晚晴士人交往研究》，第 185 頁。
③ 孫寶瑄《日益齋日記》，參見丁文江、趙豐田編《梁啟超年譜長編》，第 38 頁。

第九章

————————

主 筆

一

　　行程出人意料地順利。「遇大北風者一日，雲帆直掛，速率加十之二」，梁啟超去信汪康年說，自己在藤床上臥了三晝夜就到了香港。北上廣州的船期卻遲遲未定，令他「嘔出心血」。[①]

　　梁啟超已近兩年沒回茶坑村了。九月十八日（10月24日）下午，他乘船離開上海。這是一次期待已久的旅程，可以讓他暫時從繁忙的編務活動中脫身。他在報館身兼數職，除去寫作論說，還要潤色譯稿、整體編排，甚至充任校對。「六月酷暑，洋蠟皆變流質，獨居一小樓上，揮汗執筆，日不遑食，夜不遑息」，他不無誇耀地說，自己一個人足以頂上七八個人的工作。[②]但這無疑也意味着苦役與病痛。「卓如病勢似不輕，得汗自佳，然熱病以通大便為第一要義，可服西人瀉藥。」「卓如昨昔病勢如何？頭痛腰痛減否？小便通否？腳手發冷否？」「卓如之疾，已汗已瀉，不足為患，惟須加意調攝耳。」從春天到夏天，黃遵憲的信件中充斥着這樣的關切信息。[③]

　　除去彙報行程，梁啟超在信中也討論了報館的諸多事宜。他希望剛寫完的文章能趕上第十一期《時務報》，但稿件抵達廣州後才能謄出，請求將截稿日期延到三十號，如果趕不及，建議採用備用的學堂章程，不過刊發前要請馬建忠過目一下。《西學書目表》上一版錯字太多，要由汪詒年再校對一遍。廣州聖教書樓要續添的三十本《時務報》是否已經郵出？他隨信寄去了康有為《四上書記》的封面，讓汪康年轉交給黃春芳，重印這本書。他已經答應為黃編輯一套《西政叢書》並作序，但要兩百本作為報酬。除了這些，他還煩請汪代寄一封

---

① 《汪康年師友書札》，第 1842 頁。
② 梁啟超《創辦〈時務報〉源委》，中國史學會主編《戊戌變法》（四），第 526 頁。
③ 《汪康年師友書札》，第 2333、2341 頁。

信給陳熾。^①

抵達廣州後，梁啟超又陷入了忙碌，「親故雜遝，日不暇給」。^②

《時務報》在廣東有十三個代銷點，數量僅次於江蘇、浙江、直隸、四川與湖北。在廣州城，聖教書樓、時務書局、會經堂書坊、中西報館、鴻安棧等處都有代售。《時務報》給他帶來巨大的聲譽，藉由報刊文字獲得了科舉功名無法媲美的矚目，如今他不再是一個普通的廣東舉人，而是全國知名的人物。仰慕者絡繹不絕地前來，有的想談合作，有的只想一睹他的風采。應元書院院監就對他「傾倒之至」，曾專門請黃遵憲代為介紹；^③一位廣州文人欣喜地寫道：「前月卓如歸省，晤之羊城道上，與談時事。」^④還有人找到他，想開辦書店，「專賣西學書與中國有用之書」，希望能從時務報館進貨。^⑤

「風氣之閉塞，未有甚於此間者」，梁啟超報怨廣州智識氛圍的沉悶，各級官員「皆視西學如仇」。^⑥這是一座沒有新聞的城市，激發不出他的寫作慾。儘管城中有《嶺南日報》《中西日報》，一份《博聞報》剛剛創刊，主筆鍾榮光也是一位舉人（日後擔任嶺南大學首任校長），但這些報紙大多質量不佳，更沒有一份的影響力能超出本省。

這種沉悶與這座城市的歷史命運有關，廣州已經不再是中國與外部世界唯一的接觸點，上海成為更繁榮、活躍的港口。一場政治事變也許更加劇了這種沉悶。一年前的秋天，梁啟超在北京忙於強學會事務時，那位曾令他深感好奇的孫文在此發動了一場起義。起義本身不值一提，計劃幼稚、組織混亂，起義者以紅帶為號，還有「除暴安

① 《汪康年師友書札》，第 1842—1843 頁。
② 丁文江、趙豐田編《梁啟超年譜長編》，第 43 頁。
③ 《汪康年師友書札》，第 2349 頁。
④ 同上，第 1826 頁。
⑤ 丁文江、趙豐田編《梁啟超年譜長編》，第 43 頁。
⑥ 同上，第 43 頁。

良」這樣一個老掉牙的口號。^①不過，這場倉促的起義卻蘊含着嶄新的東西，它調動了國際力量與秘密會社，明確要推翻清王朝，預示了中國未來的變革方式。

上任不久的兩廣總督譚鍾麟用更高壓的手段來控制局面，萬木草堂也差點捲入其中。一位叫崔洞若的學子受到感召，加入了孫文創辦的「廣州農學會」。這個農學會正是起義的掩護，起義者把武器藏在鹹蝦欄某處。崔洞若在起義失敗後逃走，草堂同門擔心被株連，焚毀了同門錄。^②

在給上海同人的信中，梁啟超沒提及萬木草堂。草堂的聲譽在這一年有了顯著的提升，公車上書、強學會與《時務報》，康有為、梁啟超師徒這一連串作為都為它增加了吸引力。此刻，康有為與當年兩位學長徐勤、王覺任都身在澳門，雄心勃勃地準備創辦一份新雜誌。

返回茶坑村的梁啟超發現父親身體健康，他的繼室剛生了一個女兒，成了梁啟超的三妹。梁寶瑛為長子的成就自得，但或許難以理解一個報館的主筆到底有多重要。在村中，梁啟超回信給汪康年兄弟，討論新計劃。《時務報》的成功催生了他們的雄心，汪康年有意出版日報，以商務與時事新聞為主。梁啟超贊成這個提議，相信汪康年「胸中無數古董、今董，可以盡搬入此間」，他願意出任總主筆，並推薦麥孟華等人為主筆。他建議將日報分為時務一張、新聞一張、商務一張，既可以單獨出售，也可合購，一旦辦成，將「盡奪申滬各報之利權」。

在信中，梁啟超也為自己的文章辯護。他在《時務報》上的措辭仍帶有康有為的影響，其中的公羊說色彩尤其引發讀者的不安。抗議者中不乏《時務報》的支持者，他們擔心這種傾向會影響報紙的前

---

① 《革命逸史》第 4 集，北京：中華書局，1981 年，第 10—11 頁。
② 陳漢才《康門弟子述略》，第 144 頁。

途，張之洞的幕僚繆荃孫就專門致書汪康年談及這一憂慮。梁啟超憤憤不平地寫道：「弟之學派，不為人言所動者已將十年，然請告繆君，弟必不以所學入之報中，請彼不必過慮。」他對自己的學說頗為自信，只恨「所著之書未成，刻書之資未充耳」。[1]

梁啟超問及鄒代鈞、吳樵等朋友的近況，黃遵憲是否來信，並介紹一位叫吳子光的「江湖異人」給汪康年，希望汪把吳子光引介給正在上海的容閎。聽到北京的傳聞，徐桐遇刺、翁同龢遇盜，他問汪康年「究為何事」？第十一、十二期雜誌出版時他沒來得及撰文，第十三期也尚未撰寫，他為自己的食言道歉，再次許諾「數日內必有以應命矣」。他剛剛安撫完汪康年，說自己的行程不會超過四十天，然而剛過了兩天，又不得不通知汪，他必須去一趟澳門。[2]

康有為、徐勤、何樹齡都在澳門等他。在上海強學會令人挫敗的經歷之後，幾個人在澳門找到了新機會。這裡有兩位富豪是《時務報》的仰慕者，支持康有為創辦一份新報紙，並堅持要梁啟超兼任主筆——他的名字與文章已經成了聲譽與銷量的保證。

自北京秋天一別，梁啟超已有一年沒見過老師了。「康聖人」總是精力十足，輕易就能從挫敗中恢復過來。他繼續在萬木草堂進行天馬行空般的講演，帶領學生編纂《孔子改制考》《春秋董氏學》等著作，還在家鄉買地造屋，萌生歸隱之意。他當然不會真的歸隱，相反，一貫的社交狂熱給他帶來了新的機會，澳門商人何穗田再度找到了他。

何穗田家族的發跡史象徵了澳門的命運。他的父親何桂最初不過是一個碼頭苦力，但很快就因「孔武有力」成為苦力頭目，在一項龐大的填海計劃中佔得先機。廣州在光緒初年禁止「闈姓」賭博後，澳

---

[1] 《汪康年師友書札》，第 1843—1844 頁。
[2] 同上，第 1844—1845 頁。

門成了賭業聚集地，隨即刺激了何桂的財富積累。何家的商業版圖由地產擴展到博彩，再到鴉片、鹽、當鋪。當海外市場表現出對華工的旺盛需求時，他開設了「豬仔公司」，把苦力運往舊金山、墨爾本、新加坡等地。何穗田是何桂的次子，「長臉、黑髮、黑色眉毛、褐色眼睛」，[①]繼承了父親的事業，並將家族生意擴展到更廣闊的區域，他的賭博業覆蓋東南五省，還把絲織業、爆竹工業引入澳門。財富轉化成了政治、社會地位，何穗田不僅被葡萄牙國王授予勳章，還在清政府捐了一個候補道員。他樂意支持新人物，曾創建鏡湖醫院，聘請孫文開辦「中西藥局」。[②]

　　與天馬行空的康有為結識後，何穗田最狂野的商業計劃也就此誕生。兩人想構造一個「百萬殖民公司」——「先租船四艘，往巴西，每船運二千人，三月一期，每期可八千人，歲運三萬二千人」，這批人將從事甘蔗、咖啡、煙草、可可種植。[③]康有為將它變成建立另一個中國的計劃：「巴西，經緯度與吾近，而地域數千里，亞馬孫河貫之，肥饒衍沃，人民僅八百萬，若吾遷民往，可以為新中國」。[④]他們在1895年商定，何負責具體移民事務，康則進京疏通關係，請清政府批准這個計劃。康曾希望通過熟悉的幕僚說服李鴻章，然而隨着後者權力的戲劇性衰退，合作不得不中止，並最終在1896年秋天變成辦報紙的計劃。

　　「澳報已成，集股萬元，而股商必欲得弟為之主筆」，抵達澳門後，梁啟超致信汪康年，介紹何穗田與另一位股東都是「葡之世爵，

---

① 何連旺護照，澳門歷史檔案館藏，AH/AC/P—27023，轉引自湯開建《晚清澳門華人巨商何連旺家族事跡考述》，《近代史研究》2013年第1期。
② 孫中山《節本生息贈藥單》，廣東省社會科學院歷史研究室等合編《孫中山全集》第1卷，北京：中華書局1981年，第6頁。
③ 蔣貴麟《康南海先生軼事》，《追憶康有為》，第157頁。
④ 茅海建《從甲午到戊戌：康有為〈我史〉鑒注》，第197頁。

澳之議員」。這份新報紙基本上模仿《時務報》，不僅欄目相似，連名字都叫「廣時務報」——既是推廣《時務報》之意，也是自詡為廣東的《時務報》。他們希望將上海的成功複製到澳門，作為租借地，澳門比上海的租界更為自由，這份新報紙「多載京師各省近事，為《時務報》所不敢言者」。梁啟超為此備受鼓舞，直言「吾道不孤」。他樂觀地估計，只要發行到三千份就可以持平，還感慨澳門諸項費用都比上海便宜，尤其報館所在的大井頭四號這樣一座三層小洋樓，每月租金不過十五元。①

他再度為自己的食言感到內疚，不僅未能按時寄去稿件，擱置的時間也超出了預計的四十天。他誇讚汪康年的文章，似乎想藉此來減少自己的不安。在十一月四日（12月8日）的信中，他繼續抱怨「日日無暇晷」，出於羞愧，他推薦了麥孟華的文章《治道路說》，稱麥的學問「宏達贍博」，文章則「雄深穠奇」，遠超過自己，準備將麥帶回上海，加入報館。他追問汪康年的日報計劃，對分張零售的建議頗有信心，但也流露出對報館生活的厭倦之意，稱自己「久畜（蓄）遠遊之志」，急於去看更大的世界。聽說黃遵憲即將被任命為駐英公使，他頗想隨之前往。不過他沒忘記勸慰汪康年，即使出遊，也一定會按時撰稿，「必不至如此次之無信也」。他再度承諾，半個月後一定搭龍門火輪回上海。②

二

梁啟超終於回到上海。第十五期《時務報》隨即刊出了《廣時務報公啟》，宣稱澳門即將創辦新刊。與《時務報》偏重政學不同，這

---

① 《汪康年師友書札》，第 1846 頁。
② 同上，第 1848 頁。

份新刊將「略仿《格致彙編》之例，專譯泰西農學、礦學、工藝、格致等報」，在言論尺度上也將有所突破，「能言《時務報》所不能言」，在列完一連串的編輯人員之後，公啟特意注明，梁啟超「既主《時務報》，擬請遙領本館諸事」。[①]

公啟在朋友中引發了判然相反的反饋。鄒代鈞來信表達了自己的興奮，他把何穗田比作虬髯公，澳門則是「秦人之桃源，管寧之遼東，並可為海外之扶餘」，他願意「策杖從遊」。[②]吳德瀟相信，這份新刊「以卓如之才兼領，數筆當可橫掃」，但他堅持讓梁啟超坐鎮上海——《時務報》是中國報館的館祖，作為主人的梁啟超豈能離開。[③]吳樵則擔心澳門的言論會影響到《時務報》的安全，建議更換報名，淡化兩者的關係，「草蛇灰線，不必盡人知之矣」。[④]吳樵的憂慮不無道理，大膽的言論能帶來聲譽，也會招致危險。1897 年 1 月，翰林院編修顧瑗摘錄了梁啟超的言論，上奏彈劾《時務報》——比起上海的活躍與自由，北京仍顯得封閉、滯後——所幸李鴻藻壓下了奏章。[⑤]這有驚無險的一幕倒也象徵了梁啟超的重要性，比起一年前離去時的落魄，他在北京士大夫心中的位置已迥然不同。

朋友們最憂慮的仍是梁啟超的去向。在大量介紹西方之學以後，這位年輕主筆很想去看看新世界。黃遵憲的入京帶來了希望，總理衙門計劃派他出使英國，梁啟超希望自己隨行出訪。但黃的運氣不佳，赫德說他在新加坡任上有貪腐之嫌，反對這項任命。黃遵憲接着被任命為駐德國公使，但德國人又不願意接受一個被英國拒絕的人選，而且，鑒於他在對日談判中展現的能力，德國擔心他成為在中國擴張的阻力。

---

① 《強學報 時務報》，第 1030 頁。
② 《汪康年師友書札》，第 2703 頁。
③ 同上，第 413 頁。
④ 同上，第 523 頁。
⑤ 廖梅《汪康年：從民權論到文化保守主義》，第 128 頁。

連續夭折的任命令梁啟超的出國計劃作廢，但伍廷芳的邀請隨即到來。這位五十四歲的官員是境外華人的成功典範。他祖籍新會，生於新加坡，長於香港，在倫敦學習法律後，成為第一個進入英國法律界的中國人。回到香港後，他成為第一個華人立法會議員，開設律師行，創辦了《中外新報》——雖然短命，卻是中國人自辦的第一份報紙。身為大英帝國的最佳產物，伍廷芳卻認定自己在香港沒有施展拳腳的機會，於 1882 年加入李鴻章的幕府，成為李的法律與外事顧問。他曾作為隨從參與《馬關條約》的談判與簽署，目睹了李鴻章的衰落。這一經驗令人備感屈辱，卻幫他開始了獨立的政治生涯。他被任命為駐美國、西班牙、秘魯公使，想邀請梁啟超作為二等參贊前往華盛頓。這是個頗有誠意的邀請，在當時的出訪使團中，只有李鴻章使團任命過頭等參贊。對於比自己年輕二十一歲的新會同鄉，伍廷芳充滿熱忱，先送去一千兩銀子的治裝費，哪怕梁尚未應允。[①]

梁啟超的去留引來了各種關切。「卓日內回申，喜甚，可不出洋否？」吳德瀟來信問道。鄒代鈞則淘氣地說，如果梁啟超堅持要出洋，則要答應三件事：為國內同志代購圖書，代購科學器械，每月寄回三篇文章。除此之外，他還要「將所得之學，所知之事，編為札記」印制發售，將所學與人共享，成為「天下之卓如」，否則就是沒良心。[②]

夏曾佑也去信汪康年詢問梁啟超的去向。他回憶起當初認識這位「任弟」時，「心奇其才」，但其他士大夫「皆略不置意」，梁如今已經「譽滿於四方，數年之後當更可想」。他藉此感慨時代際遇之重要，「一人之學，顯晦有時，不獨大道之行，非人力所能強也」。他還稱讚汪康年的《論中國求富強宜籌易行之法》一文「精透質實，言簡而

---

① 丁文江、趙豐田編《梁啟超年譜長編》，第 37 頁。
② 《汪康年師友書札》，第 413、2703 頁。

意備」。①

在梁啟超離開的日子裡，汪康年扮演了主筆的角色，從第十一期到第十四期，他一口氣寫了七篇文章，內容從國恥到商戰不等。比起梁啟超將視角聚焦於教育，汪康年更想給中國的變革提供一攬子解決方案。這是長期被壓抑的表達慾的一次釋放，或許也是他第一次充分感受到對命運的掌控：他不再是張之洞唯唯諾諾的幕僚，不是一個從未獲得官職的進士，而是一家重要機構的負責人，他在新聞紙上抒發的見解會抵達成千萬人的眼中，其中不乏位高權重者。劉坤一就曾私下感慨，汪康年年少時「弱不勝衣，言訥訥然不能出諸口，而與人接酬時，舉止亦不佳……何意今日能作如許大事」。②

但汪的文章引發的評論卻是毀譽參半。鄒代鈞誇獎說他「近來進學甚猛，十二、十三兩冊之論甚佳，可不虞炸彈矣」。③ 陝西一位書院山長說論商戰的文章「悲憫之誠，識見之遠，規模之宏，真救時第一」。④ 更顯著的則是批評，梁鼎芬要汪康年「千萬不可動筆，實做經理二字」。受此影響，鄒代鈞也改變了口風，勸他「此後萬勿出筆……且公筆亦遜卓如」，二人應「各用精神於所長」。⑤ 夏曾佑在誇讚之餘，也強調「外間乃以為不及任弟」。⑥

短暫的分離再度確認了二人的分工，讓他們各自專注於筆政與經理。間隔了四冊之後，梁啟超恢復了《變法通議》的寫作。他在第十五期探討了師範學校的重要性，十六期到十九期則連載了《論幼學》，集中探討兒童教育。他批評傳統的蒙學缺乏內在邏輯，只講死

---

① 《汪康年師友書札》，第 1321—1322 頁。
② 同上，第 2347 頁。
③ 同上，第 2698 頁。
④ 同上，第 2870 頁。
⑤ 同上，第 1897、2683 頁。
⑥ 同上，第 1321 頁。

記硬背，「未嘗識字而即授之以經，未嘗辨訓，未嘗造句，而即強之為文，開塾未及一月，而大學之道在明明德之語，騰躍於口，洋溢於耳」；這種教育更缺乏思維的獨立性，師生飽受八股訓練的桎梏，「自七百字外勿庸也，百家之書不必講，懼其用僻書。當世之時務不必讀，懼其觸時事……學文數年，而筆下不能成一字者，比比然也」。[①]

他認定西方的教學方法才是正途，「識字之始，必從眼前名物指點，不好難也，必教以天文地學、地學淺理，如演習法，童子所樂知也，必教以古今雜事，如說鼓詞，童子所樂聞也。必教以數國語言，童子舌本未強，易於學也」。他還聽聞，「西人三歲孩童，欲教以字，則為球二十六，分刻字母，俾作玩具」。[②] 他提出解決方案，比如文法教學、歌訣書、問答書、說部書、名物書的結合，甚至制定了一份完整的課程表：從上午八點到下午五點，學習算學、地理、文法、西學等，課間習體操。在這份很可能受到日本影響的課程表上，梁啟超也加入了康門特色：每日八點，師徒合誦讚揚孔子歌一遍，下午五點散學時，合誦愛國歌。[③]

除去兒童，他對女性問題尤其關注，認為受束縛的女人與孩子都是中國積弱的重要緣由。《戒纏足會敘》是為即將創辦的不纏足會所做，他在文中批判了纏足惡習，將之與非洲、印度的壓首，歐洲的束腰作比。纏足導致國弱，二萬萬人的智力與體力被壓抑。這是一場漫長征程的欣慰一刻，從 19 世紀中葉起，西方傳教士就被中國女人纏足之殘酷所震驚，包括康有為在內的一些先驅者也投入廢纏足的吶喊中，如今一群中國士紳終於開始嚴肅地對待此事。弔詭的是，日後這個不纏足運動，卻是由一群男人發起的，沒有一個女性成員。

---

① 《梁啟超全集》第一冊，第 34 頁。
② 同上，第 37 頁。
③ 同上，第 36 頁。

在《記江西康女士》一文中，梁啟超描述了一個現代女性的楷模。留美女學生康愛德歸國後，與同學在南昌開設了一家西醫院，救助病患。梁啟超感慨，倘若其他兩萬萬中國女子都接受過類似的教育，中國將變為何種面目。在連載於第二十三期與二十四期的《論女學》中，梁啟超繼續展開這種觀點，他倡導男女平權，女性之覺醒，女子接受教育不僅能釋放自己的能量，還能養育出更有活力的子女。他相信這也是強國的基礎，美國的女學最盛，所以國最強，其次是英國、法國、德國與日本，而在印度、波斯、土耳其，「女學衰，母教失，無業眾，智民少」。廢除纏足是興女學的前提，「纏足一日不變，則女學一日不立」。[①] 為了營造更廣泛的影響，第二十六期《時務報》刊登了來自英國的立德夫人（栗德爾女士）的文章《勸中國女子不宜纏足》，這個傳教士與旅行作家多年來曾就這個理念四處吶喊。

比起一年前的草創時期，報館更為職業化，增添了新的工作人員，比如外文校對張讓三、報館書記許家惺。[②]《華盛頓傳》的連載到十一期結束，隨後以單行本印行。雜誌接着刊登了美國新總統麥金萊（William Mckinley）的介紹，甚至介紹了歐洲的社會主義運動、諾貝爾獎的創建。受壓迫民族的狀況也是編輯們尤其關心的：古巴、菲律賓的反抗運動，土耳其的衰落，還有朝鮮的新局勢。第十三期起，報末開始附《中西文合璧表》，將英文報內的人名、地名列出。報館嘗試在第十七期上發起有獎徵文，題目為「中國不能變法之由」，「論農學」，第一名將獲得三十元報酬。從第十八期起，雜誌封面上增加了英文刊名 *The Chinese Progress*（《中國進步》），像是某種宣言，一個落後的中國在每個領域都要有新的舉措，修建鐵路、製造艦船是一種

---

① 《梁啟超全集》第一冊，第 33 頁。
② 《本報告白》，《時務報》第 24 冊。參見閭小波《中國早期現代化中的傳播媒介》，第 65—66 頁。

進步，讓女孩上學、不再裹腳也是一種進步。他們還在報館內放映幻燈，在第二十八期就曾刊登這樣的廣告：「新法影燈一座，經寸照片現出山水樓台盈丈……惟所用電油價甚昂，故每人收工本銀二角。」①

也是從第十八期起，因為「各處同志惠來論說甚多」，報上增添了「時務報館文編」欄目，選登來稿，這是它影響力提升的標誌之一。思想開通的官員們越來越發現公共輿論的誘惑力，主動投稿發表評論，或是將奏章投往報館。陳熾不僅在北京代收捐款，還以「瑤林館主」的筆名投稿。兩位御史貴振之、繆東麟呈請開採奉天東邊五金煤礦的奏摺雖已得到朝廷認可，卻未發閣抄，如今也寄來刊登。錢恂提供了張之洞的「福州船政洋監督上船政大臣條陳」「請設武備學堂」的奏章，並將自己關於西伯利亞鐵路的譯稿寄來。②上海商界領袖嚴信厚將總理衙門答覆御史褚成博的「洋商改造土貨應籌抵制」的奏摺的回應，推薦給編輯部。③

外交官似乎也找到了一個共同平台，《時務報》成了他們與國內聯結的紐帶。駐華盛頓使館的周自齊將美國眾議院的茶葉進口條例譯出，寄給報館。駐意大利公使之子許同藺將《德國歲計政要》與《俄國新志》稿本寄來，「或以字數核算，或包譯全書」。④

新的基礎建設拓展了這種影響力。1897 年正月二十二日（2 月 23 日），大清第一個全國郵政系統正式建立，「書籍貨樣並刷印各物價單等，每件重不過二兩，收費洋銀二分」，《時務報》可以更快捷廣泛地

---

① 《本館告白》，《時務報》第 28 冊。參見閻小波《中國早期現代化中的傳播媒介》，第 75 頁。
② 《汪康年師友書札》，第 3001—3002 頁。
③ 潘光哲《〈時務報〉和它的讀者》，《歷史研究》，2005 年第 5 期。
④ 《汪康年師友書札》，第 1972—1973 頁。

傳遞到讀者手中。[1] 它的優勢尚不止於此，藉助官僚、士紳網絡，還能抵達更偏遠的地區。張之洞敕令全省派發、閱讀雜誌的做法引來仿效者，浙江巡撫廖壽豐、湖南巡撫陳寶箴、江蘇學政龍湛霖等先後制定轄區內的各府縣、書院訂閱《時務報》。[2] 第十八期刊登的收支狀況也顯示了報館的成功，它在 1896 年下半年共收入銀圓 18959.017，銀兩 1581.861，去掉各種開銷，結餘銀圓 4766.342，銀兩 1581.861。[3]

它的發行量更是令人驚歎，躍升到 12000 份。海內外發行點最終達到了 202 個，江蘇以 47 個佔據榜首，其次是浙江。不同地區的銷量有賴代銷者的能力與熱忱，溫州的陳虯令銷量達到了 75 份，而河南全省最高峰也不過 70 份。湖南是重要的訂戶，一期 200 份仍供不應求。屠寄甚至在黑龍江每期都能賣出 20 份。它的訂戶不僅是全國性的，也遍佈全球，紐約、柏林、倫敦、海參崴等地的中國使領館，甚至剛剛被日本佔據的台灣的新竹、苗栗，都有訂戶。[4]

讀者範圍也遠超編輯的想像。除了富有改革意識的官員、紳商，報紙還激勵着很多普通讀書人。漢口生意人「看者頗有」，他們最初不太了解文字中對現狀的譏諷，一旦讀懂，就「狂喜不寐」。一位叫洪國光的低級官員致信給報館，自稱「幼讀書即薄時文，大小試一戰而止，十年作客，館穀不過百金，十年服官，九品不進一職」，他稱汪康年為「老前輩」，並寄來稿件，期望刊登。香港讀者莫禮智也想投書，卻又擔心自己唐突，想靠投稿「聊以舒胸中不平之氣」。[5] 這些讀者有的轉變成了捐助者，他們力量微小，卻飽含熱忱，有位讀者自

---

① 《申報》，1897 年 2 月 23 日第 1 版，轉引自朱至剛《人脈與資金的聚合：從汪康年、黃遵憲看〈時務報〉的創立》，《近代史研究》2011 年第 5 期，第 106 頁注 2。
② 閭小波《中國早期現代化中的傳播媒介》，第 93 頁。
③ 同上，第 81 頁。
④ 潘光哲《〈時務報〉和它的讀者》，《歷史研究》，2005 年第 5 期。
⑤ 《汪康年師友書札》，第 3620 頁。

稱「常熟布衣」，感慨報館「呼四萬萬黃種於夢囈之中」而捐款三元。還有讀者被梁啟超的文筆打動，送來「茶葉兩瓶、南腿一肘」。[①]

「鄉人有年逾七旬素稱守舊者，讀其聞且慕之且讚之，其攝力何若是之大耶？」梁啟超的獨特魅力讓張元濟大為感慨。每日下午三點後，報館開門迎接讀者與作者。很多讀者對梁啟超本人頗感興趣，「欲趨拜下風，暢聆高論」。一些無緣前往上海拜會的，則來索要照片。高風謙在杭州見到梁啟超之後，將自己的照片送給汪康年，也期望汪能「惠寄影相，俾得懸之座上，以慰企慕之私」。劉鶚在二十一期上讀到梁啟超介紹江西康女士的文章，斷弦四年後竟又有了春思，託朋友羅振玉函告汪康年及梁啟超，請他們做媒。[②]

這些讀者中也不乏未來的變革者。一位叫沈克誠的普通讀者「勉湊十元銀圓寄呈」，這個湖南人日後將參與唐才常的自立軍起義。蘇州的包天笑還記得，「當時最先是楊紫麟的老兄寄到一冊，他宣佈了這件事，大家都向他借閱，爭以先睹為快」，幾個人還據此組織協會，批評時事。[③] 紹興少年周樹人在南京路礦學堂求學，這裡「設立了一個閱報處，《時務報》不待言，還有《譯書彙編》」，「第二年總辦是個新黨，他坐馬車上的時候大抵看着《時務報》，考漢文也自己出題目……有一次是《華盛頓論》」。[④] 安慶秀才陳獨秀 1897 年前往南京參加鄉試，被考場內的醜狀震驚，感慨「梁啟超那班人們在《時務報》上的話是有些道理的」，他的第一篇重要文章《揚子江形勢略論》，

---

① 《汪康年師友書札》，第 3537 頁。
② 同上，第 2889 頁。
③ 包天笑《釧影樓回憶錄》，太原：山西古籍出版社、山西教育出版社，1999 年，第 189 頁。
④ 魯迅《朝花夕拾‧瑣記》，《魯迅全集》第二卷，北京：人民文學出版社，1973 年，第 405 頁。

很可能就是受到《時務報》文章的影響。[1]

為了分擔繁重的編務，報館先後延聘了兩位新主筆。麥孟華在第二十期登場，他的首篇文章《權署議內地機器製造物徵稅章程書後》是對赫德直截了當的反駁。這位著名的海關稅務總司建議，凡是華商擬創辦製造等事業，都要得到稅務司審批。這個建議因一股新商業浪潮而起，《馬關條約》准許列強在中國內地興建工廠與倉庫，激發起了華商的競爭熱情，也開始購買機器、修建工廠。麥孟華認為赫德的提議「名雖為管理機器製造各事，實則取吾四萬萬人縛其手足而制其命也」。[2] 而在二十一期的《論中國宜尊君權抑民權》中，麥孟華則主張一種集權哲學。中國不僅面臨着專制，給人的壓迫，同樣面臨着權威不足的問題，倘若沒有足夠的權威，又如何能推進所需要的變革——統一幣制、義務教育、戶籍制度、設銀行、開鐵路。麥孟華的論點與汪康年、梁啟超對民權的呼應相反，同時面臨個人權利與國家權威的不足卻是中國困境的兩面。

另一位主筆章炳麟比梁啟超年長四歲，是個早慧的少年，據說在十五歲第一次參加應試時因頭痛退出，自此無意科舉，「一意治經」。[3] 1890 年他進入詁經精舍，成為俞樾的學生。如果說陳澧是嶺南學術界最富傳奇性的人物，那麼俞樾在江南的名聲猶有過之，兩人分別是學海堂與詁經精舍最著名的學長，都是阮元傳統的繼承者。俞樾還是位傑出的書法家，並編纂過《上海縣志》。

章炳麟的反叛意識與他的天賦一樣顯著，即使對於學界稱頌的《經義述聞》，也認定它「未能融貫」。[4] 他的政治意識更是早熟，自稱

---

① 陳獨秀《實庵自傳》，任建樹編《陳獨秀著作選》第 3 卷，上海：上海人民出版社，第 426 頁。
② 閭小波《中國早期現代化中的傳播媒介》，第 118 頁。
③ 湯志鈞《章太炎年譜長編》，北京：中華書局，2013 年，第 6 頁。
④ 同上，第 12 頁。

十六七歲就開始讀蔣良騏的《東華錄》與《明季稗史》，了解到「揚州十日」與「嘉定屠城」的往事，戴名世、曾靜案，「仇滿之念已勃然在胸」。[1]

受到甲午戰敗的衝擊，他開始「略看東西各國的書籍」，並結識了夏曾佑與汪康年。上海強學會成立後，他還寄上了 16 元會費。章對書齋生活感到厭倦，致信汪康年，說自己「懷欲著論，遙和鈞韶，搦管筆毫，復無佳處」，想為《時務報》撰文。[2] 梁啟超與汪康年都曾聽聞他的才名，請他加入報館。當時七十七歲的俞樾得知這個消息後還頗不高興，認為這並非正途。[3]

在首篇文章《論亞洲宜自為唇齒》中，章主筆提出了聯合日本，遠敵西方、近禦俄羅斯的主張。這種觀點顯示了中國士人對日本的複雜態度：戰敗的屈辱猶在，但比起歐洲入侵者，日本更可能是同盟，其成功也值得仿效。文章引發了截然不同的評價。「章枚叔先生⋯⋯真鉅子也」，譚嗣同把梁啟超比作賈誼，章炳麟則為司馬相如，感覺報館「如大海，為眾水所歸」。[4] 黃遵憲對章太炎的文風稍感不安：「論甚雄麗，然稍嫌古雅。此文集之文，非報館文。作文能使九品人讀之而悉通，則善之善者矣。」[5] 章炳麟緊接着發表了《論學會有大益於黃人亟宜保護》，論述學會之必要，「上說下教，以昌吾學，以強吾類」；還大膽地說中國正處於革命與革政的較量中，要以「禮秀民，聚俊材」的革政來防止「變郊號，柴社稷」的革命。[6] 章太炎的論點與梁啟超不

---

① 湯志鈞《章太炎年譜長編》，第 4 頁。
② 《汪康年師友書札》，第 1948 頁。
③ 孫德鵬《滿地江湖吾尚在：章太炎與近代中國（1895—1916）》，桂林：廣西師範大學出版社，2016 年，第 39 頁。
④ 《汪康年師友書札》，第 3242 頁。
⑤ 同上，第 2351 頁。
⑥ 湯志鈞《章太炎年譜長編》，第 24 頁。

無相似，文筆卻令人不悅，錢恂忍不住致信汪康年抱怨，「貴報中章君，請其少動筆為妙，伊太古幻，非報之本意也」。[1]

章太炎的個性與他的文風一樣格格不入。這位二十九歲的餘杭才子鄉音濃重，性格傲慢，口無遮攔。他的模樣也令人過目難忘，「那突兀崢嶸的額頭，看來好像生了瘤似的」，「絲一般的細眼，確實有些與眾不同……總是冷然微笑的細眼」。[2] 他的學術態度也與報館內康門子弟不同，他遵從古文學派，厭惡公羊學說，甚至把康有為比作鍾惺與李贄，所寫所說是「病狂語」，將熱衷於康有為學說的人比作推糞球的屎殼郎，混亂而虛妄。[3] 他曾專門撰文駁斥《新學偽經考》，對梁啟超的文風也頗有看法，認為梁「好援其術語以附政論」，其實不過是科舉花樣。他對於維新派這群人將「算術物理與政事併為一談」的作風也頗為不屑，尤其是對於譚嗣同的《仁學》，「怪其雜糅，不甚許也」。[4] 章的政治態度更為激進，儘管他在文章中推崇革政，私下卻是孫文的支持者，當梁啟超形容孫文是陳勝、吳廣之流的草莽時，他為孫辯護說：「果主張革命，則不必論其人才之優劣也。」

這種理念與風格很快便引發了衝突。章在酒席上品評康門師徒的談話激怒了報館裡的廣東人。梁啟超莽撞的弟子梁作霖公開說，他們昔日在廣州當眾毆打不信康有為學說的學人，他把這套作風搬到上海，當眾辱罵章的一位朋友是狗。情緒激動的梁作霖在章眼前「攘臂大哄」。章儘管未直接被打，卻感到「不遠於轅固之遇黃生」，甚至沒有通知汪康年，就狼狽不堪地離開上海，結束了短暫的主筆生涯。[5]

章炳麟的離去引發了眾多猜測。有人把它理解成地域上的衝突，

① 《汪康年師友書札》，第 2999 頁。
② 謝櫻寧《章太炎年譜摭遺》，北京：中國社會科學出版社，1987 年，第 108 頁。
③ 湯志鈞《章太炎年譜長編》，第 25 頁。
④ 同上，第 23 頁。
⑤ 同上，第 25 頁。

是報館內廣東人與浙江人之爭。他們在學術與政治理念上的做派都很不相同，言語的不通或許加劇了衝突，幾年之後，這段怨結在東京將以另一種方式爆發出來。

黃遵憲連續修書兩封，無異於火上澆油。他催促汪康年卸任總理，只擔任董事，負責外部聯絡，還建議吳樵或龍澤厚出任總理，汪詒年也不要再管理財務。黃遵憲是希望報館用更西化的方式運營，所有者與經營者分離，杜絕裙帶關係。他或許受到了梁啟超的影響，後者曾私下向黃抱怨汪氏兄弟把持報務。[1]

黃遵憲的建議激起了汪氏兄弟的強烈反彈，汪詒年叫嚷着要辭職，報館一時陷入混亂。梁啟超意識到自己犯了錯誤，趕忙寫信給汪詒年道歉，「公度至此，實超之謬妄也」。[2] 聽到風聲的吳德瀟也來信平撫爭端，他感慨地說，當初既未料到報館能成，更未料到「風行如此」，若總理不是汪康年，協理不是汪詒年，主筆不是梁啟超，「則館事全毀矣」。[3]

讀者不知道這些內部爭端，只要雜誌按期出版，梁啟超繼續撰寫論說，編譯的稿件源源到來，《時務報》的影響力就會繼續上升。鵲起的名聲給梁啟超帶來各種文債和會面請求，還有開展新事業的邀請。

1897 年正月二十一日（2 月 22 日），第一期《知新報》在澳門出版。它放棄了「廣時務報」的名字，並從五日刊改為旬刊。何穗田與康廣仁出任總理，梁啟超是八位主筆之一，其他編務也多為康門子弟。在報社緣起中，主筆吳恆煒照例強調報刊之重要性，特別說《時務報》在全國範圍引發的效應。梁啟超的名字是所有撰稿人中最響亮的一個，他為新報寫了一篇敘例，但第一篇投稿要到第十四期才出現。

---

[1] 廖梅《汪康年：從民權論到文化保守主義》，第 188 頁。
[2] 丁文江、趙豐田編《梁啟超年譜長編》，第 62—63 頁。
[3] 《汪康年師友書札》，第 443 頁。

張之洞希望梁啟超能加入自己的幕府。這位湖廣總督正發起新一輪改革，其中就包括擴充兩湖書院。在新學章中，學生要學習經學、史學、輿地、算學，由兩位著名學者梁鼎芬、蒯光典出任東、西監督。張總督希望梁啟超這樣一位風頭正勁的人物出任時務總教習 —— 他習慣性地將《時務報》視作個人影響力的延伸 —— 授意梁鼎芬發電報給梁啟超，在來年能前往武漢，「有要事奉商」。[①]

正月十五日（2月16日），梁啟超抵達武昌。他翌日前往總督府拜訪時，恰逢張之洞的侄兒成親，賓客雲集。張之洞撇開一眾客人，約梁啟超單獨談話，更親自招待晚宴，兩位親信梁鼎芬與錢恂作陪，一直飲酒到二更。張希望梁啟超能出任院長，並加入自己的幕府，年薪為一千兩百兩。他們不管是年齡還是地位都相隔懸殊，梁啟超頗為這種厚遇感動，致信汪康年描述了整個過程，說張之洞「其詞甚殷勤」。[②]但武昌的生活遠沒有上海那樣有吸引力，梁啟超請求汪出面推掉這個邀請。不過他一直與張之洞聯繫密切，並試圖向張推銷自己的政治主張。

各種邀約接踵而至。盛宣懷三月奏請朝廷調四位人物輔助他辦理鐵路，鄭孝胥、梁啟超都名列其中，或許是《時務報》上一些關於鐵路的文章讓他印象深刻。盛宣懷對梁啟超的考語是「博古通今，志氣堅強」。梁啟超不願被人驅遣，婉拒了保奏。倘若聽到北方流傳的許多關於鐵路的謠言，梁啟超會更加感到啟蒙之重要性。民間傳說，修鐵路需要有童男童女各五千名做祭品，慈禧太后已在俄國公使的催促下，先抓了五百名童女。

此刻，儘管已花光一千兩治裝費，梁啟超還是回絕了伍廷芳的邀請。他不信任這個新會同鄉，私下抱怨伍是個「庸劣乖謬」之人，對

---

① 茅海建《戊戌變法的另面：「張之洞檔案」閱讀筆記》，第 241 頁。
② 《汪康年師友書札》，第 1841 頁。

待下屬無理，並非真的想有所作為。[①]他對參贊生涯也缺乏期待，那不過是個文書寫作者，終日在使館裡，連行動自由都沒有。但在信中，他壓抑了厭惡，感謝伍廷芳邀請之後，還給其美國出使提出建議，勸告伍廷芳將主要精力放在保全華工問題上：「惟此一舉，可建不朽之業，興大局之利，雪前此之國恥，作海內之民氣。」他還提出六個具體建議：立孔廟、興書院、設報館、擴善堂、聯公會、勸工藝，重振華人社區。[②]

① 丁文江、趙豐田編《梁啟超年譜長編》，第 37 頁。
② 梁啟超《致伍秩庸星使書》，《梁啟超全集》第一冊，第 147—149 頁。

第十章

海 上 名 士

一

1897 年初春，梁啟超將李蕙仙接到了上海，四歲的令嫻也隨媽媽而來。儘管這位年輕主筆在文章中攻擊讀書人飽受早婚之害，把精力耗散於閨房之中，但其實自己也難逃這個習俗。

黃遵憲表現出一貫的關切，致信汪康年，提到梁啟超為報館捨棄了出洋機會，「其眷屬又來，用度較緊，自不可令其以雜務紛心」，建議他的「薪水可增至百元」。黃隨即意識到這種偏愛可能太明顯了，稍顯笨拙地加了一句：「卓如於報館有大功，此天下之公論，非弟之私言，公謂何如？」[①]

告別獨居生活的梁啟超成了寓滬廣東人的一員。廣東人在上海的歷史可以追溯至 17 世紀初，彼時上海仍是一座不起眼的縣城，以種植棉花、大豆為主，南來北往的帆船停在黃浦江上，廣東商人即是其中重要的一支。

當西方人在 1840 年代到來後，這座城市被戲劇性地改變了，作為最早與外國人接觸的群體，廣東人迅速構成了上海買辦階層的主流，其中香山人尤其突出，從唐景星、徐潤到鄭觀應，最活躍的買辦商人都來自這個珠江口的半島地區。潮州人與惠州人共同修建的會館則顯示了廣東人之富有，它佔地約十畝，前後建有兩座廟堂，前堂祭祀天后，後堂供奉關羽——經過歷史的轉化，戰神已成為財神。[②]但人們對廣東人的道德評價普遍不佳，就連一份英文雜誌中都說：「大多數人認為⋯⋯廣東人最壞。」[③]

---

① 《汪康年師友書札》，第 2351 頁。
② 〔美〕顧德曼《家鄉、城市和國家——上海的地緣網絡與認同，1853—1937》，宋鑽友等譯，上海：上海古籍出版社，2004 年，第 40 頁。
③ 《上海的人和事》，《中國叢報》19 卷（1850 年 2 月），轉引自顧德曼《家鄉、城市和國家——上海的地緣網絡與認同，1853—1937》，第 34 頁。

廣東人也折射出上海之變遷，它是一座移民之城，說閩南話的福建人聚集在永安路、金陵東路，廣東人則聚集在虹口，敏銳的觀察者可以很快在茶館中區分出蘇州人、廣東人、山東人。移民不僅來自國內各地，也來自不同國家。「走在南京路上的時候，你會覺得好像在參加世界各族大聚會……有高高的大鬍子俄國人、胖胖的德國佬……老於世故的中國人坐在西式馬車裡，精瘦的美國人則乘人力黃包車……」有位英國人描述過晚清上海的景象，「轎中坐的是中國的官太太。一個法國人在上海狹窄的人行道上向人脫帽致敬，帽子正好打在一名穿着精美黃色絲綢外套的印度人臉上。耳中聽到的捲舌頭的德語夾雜着倫敦俚語。穿巴黎新款時髦衣衫的人旁邊站着近乎半裸的窮困小工。」①

　　黃浦江沿岸那些高大的西式建築、賽馬場的尖叫，還有電話、水龍頭、抽水馬桶、電燈，這些洋玩意讓人興奮不已。但走入城內，更有熟悉的中國生活，「房子由外觀柔和的藍灰色磚砌成……（街道）鋪着石板，林立的貨攤使得街道非常狹窄」，街道上還有搭在兩側屋檐的晾衣竹竿 ——「從女人的內褲、嬰兒的尿布到裹腳布……在街道上空飄楊」②，你還可以在豫園喝茶，到城隍廟上香。

　　與廣州、北京相比，上海更年輕，這裡是各色人種、觀念、生活習慣的交匯之地，形形色色的緊張對比激發出了嶄新的動力。《馬關條約》准許外來者開辦工廠，催生出一股工業化的浪潮，上海不僅是貿易與金融之城，更很快成為一座工業之城，一座消費、娛樂之城，中西文化的混雜，新技術與舊傳統的交融，造就了一種新生活。它的

① 盧漢超《霓虹燈外：20 世紀初日常生活中的上海》，上海：上海古籍出版社，2004 年，第 30—33 頁。
② 劉亞農《上海民俗閒話》，台北：中國民俗學會，第 67 頁，轉引自盧漢超《霓虹燈外》，第 278—279 頁。

命運也與大清國形成鮮明的對比，後者越陷入黑暗，前者的光芒就越耀眼。太平天國的戰火幾乎摧毀了整個江南，上海卻因西方人的到來獲得意外的繁榮，富商、文人、青樓女子湧入租界，尋求安全。外來者的管治方式也給予中國人從未體驗過的自由，使他們逃離掉權力、社會習俗的壓迫，開始在這裡尋求嶄新經驗、釋放創造力。

　　如今，這座城市面臨另一個轉變時刻。儘管漢代就有了邸報，但近代報紙直到 19 世紀初才出現。新聞業是新思想、新生活、新技術與商業精神的結合體，與很多新事物一樣，它也是由傳教士帶來的。與兩百年多前耶穌會的利瑪竇不同，這一代傳教士沒有機會接觸到權力中心，必須對普通人言說，他們篤信文字與印刷組成的威力強大的發動機會把福音與新知識帶入中國。隨着香港的被租借，上海、福州、廈門、寧波、漢口這樣的新通商口岸出現，新聞機構開始在更多的城市出現。《申報》在 1872 年創刊，標誌着上海開始成為中國新聞業的中心。

　　官方以不信任的姿態看着這個新事物，普通中國人則抱有獵奇與輕視的情緒。新聞從業者很少認真看待自己，他們都是無法獲得功名的文人，只能投身於這個邊緣職業。蔣芷湘曾以舉人的身份出任《申報》總編輯，頗令人稱奇，他中了進士後隨即辭職。編輯、主筆也普遍懶惰、放縱，很少將時間精力花在對報刊的改進上，除去翻譯英文報刊，他們往往只將《京報》的內容、瑣碎的社會新聞、科舉試卷混在一起。這些落魄文人的品位不佳，常刊登豔情詩詞吸引讀者。

　　儘管存在諸多缺陷，報紙卻在緩慢、深刻地改變着日常生活。對於一個信奉古老典籍、凡事向後看的社會，能習慣時代之不斷變化、不斷湧現的新消息已是個令人驚詫的轉變。新技術與政治變動也帶來新拓展：1881 年 12 月，天津與上海的有線電報向民間開放，催生了更廣泛與快捷的新聞來源；1883—1885 年的中法戰爭激發了公眾對新

聞的慾望，即使報紙提供的軍事消息漏洞百出。它還催生了公共空間的出現，人們可以在茶樓、酒肆、青樓中談論報紙上的新聞與評論，朝中聖諭、邊境糾紛、外國事務就這樣進入了每天的生活與思考。當越來越多的讀者在印刷品上找到消遣時，輿論力量就此形成，左宗棠、郭嵩燾都曾對報紙上評論憤憤不平，前者說主筆們是「無賴文人」，後者則難以理解，一份報紙怎麼膽敢評論朝廷之事？[①]

中日戰爭進一步激發了新聞業的發展，知識求新、娛樂精神與商業誘惑攪拌在一起，孕育出印刷業的黃金時代。1895 年起，全國有 216 份報紙與 112 份雜誌誕生，它們大多數都創辦於上海，北起大馬路、南到四馬路這短短的兩百多米的望平街，就像是倫敦的艦隊街，集中着大大小小的報館，報人數量陡增，或許達到了空前的 500 人。[②] 它旁邊還有各式書局，以及支持其運轉的印刷廠。當北京只能依賴粗陋的木活字雕版來印刷《中外紀聞》時，上海已用凸版印刷取代沿用多年的石印技術。蒸汽發動機的轟鳴聲也成了四馬路日常生活的一部分，印刷工人與報人一樣，是新的職業人群，其態度和做派與北京琉璃廠、蘇州書攤上的書商大不相同。

一個叫夏瑞芳的印刷工人從中看到機會，創辦了自己的印刷廠，因為不知該起甚麼文雅的名字，乾脆就叫商務印書館。江蘇才子李伯元發現，印刷業既能發揮他的文字才能，又有利可圖，也在四馬路上開辦了《遊戲報》，以報道十里洋場的娛樂生活，尤其是青樓名妓的行蹤為主，這年夏天甚至評選了花榜，四馬路西薈芳里的張四寶獨佔鰲頭，剛剛十六歲的她被稱作花魁「狀元」——這一定會在文人圈引

---

① 戈公振《中國報學史》，第 123 頁。

② 參見 Leo Ou-fan Lee and Andrew J. Nathan, "The Beginning of Mass Culture: Journalism and Fiction in the Late Ch'ing and Beyond", in David Johnson and Andrew Nathan, Evelyn Rawski, *Popular Culture in Late Imperial China*, Taipei: SMC Publishing Inc., pp. 360—395, 尤其是 pp. 364—365

起訕笑，那個真實的狀元張謇也是被叫作「張狀元」的。加入這種小報行列的還有李伯元、吳趼人，兩人都被稱作「洋場才子」，日後都成為重要的小說家，前者的《官場現形記》、後者的《二十年目睹之怪現狀》都是「譴責小說」的代表作——面對一個不斷墮落的世界，他們唯有揭露、嘲笑與控訴。

這座城市的政治意識也開始覺醒，藉由租界提供的自由，這裡迅速成為探討中國命運、尋求解決方案的首選之地。這個行業也越來越政治化，中國為何失敗，又有怎樣的解決方案，這些議題開始進入報刊。《時務報》既屬於這個浪潮，也是其中的異端。汪康年憤恨於錯亂的戰事報道，他們藉助了四馬路上的自由與技術設施，決定創辦新報。與眾不同的是，這份報紙的創辦者都是士紳階層。

當梁啟超出任主筆時，新聞記者聲譽不佳。「生命競爭中的失敗者、衰老者、跛行者、殘廢者、無能者、奢侈者、品行不端者甚至傻子都認為，當別的職業已對他們關閉大門時，這兩種職業之門（還有教師）對他們仍開放。」上海的一份英文報紙寫道。[①] 但《時務報》不一樣，黃遵憲差不多已經進入高官的行列，汪康年進士出身，即使最年輕、功名最低的梁啟超，也是個著名的舉人。更重要的是，他們創造出了政論雜誌的新模式。《時務報》是高度政治性的，言辭大膽、不無放肆，有種觸碰禁忌之快感。「甲午款夷後，朝政多苟且，上下皆知其弊，以本朝文禁嚴，屢興大獄，無敢輕掉筆墨譏時政者，」一位觀察者寫道，「自《時務報》出，每旬一冊，每冊數千言，張目大罵，如人人意所欲云，江淮河漢之間，愛其文字奇詭，爭傳誦之。」[②] 與這

---

① 《上海的夜間與白天》，《文匯報》英文版，1897年，第164頁，轉引自〔德〕朗宓榭、費南山主編《呈現意義：晚清中國新學領域》，李永勝等譯，天津人民出版社，2014年，第83頁。
② 胡思敬《戊戌履霜錄》卷三，中國史學會主編《戊戌變法》（一），第373頁。

種政治言辭同樣重要的是對西方知識與理念的介紹,「時務」一詞由來已久,但它現在明確與西方事務聯繫在一起:「人之言曰:何謂時務?康熙之理學,乾嘉之經學詞章,今日之西學西法」。[①]《時務報》代表並催生了這股「時務」,主筆梁啟超儼然成為西學代表人物,《西學書目表》更給他帶來了權威聲譽,當他前往武漢拜訪張之洞時,特意帶了數十部。梁啟超對西學的理解已與萬木草堂時代大為不同,他受惠於上海帶來的新刺激,還有結交的新朋友,這些人才是真正的西學專家。

二

「弟近學拉丁文,已就學十餘日,馬眉叔自願相授,每日兩點鐘」,在給夏曾佑的信中,梁啟超有些洋洋得意,還樂觀地許諾,「一年即可讀各書,可無窒礙」,來年見面時,要講述「希臘七賢之宏旨」。[②]

上海不僅給梁啟超帶來自我實現的機會,還拓寬了他的智識疆域。馬眉叔是這新疆域的象徵,比起眉叔這個號,他更被後世廣為認知的名字是馬建忠。這位六十二歲的江蘇丹徒人生於一個天主教家族,教名馬賽亞斯(Mathias),而這個家族的教信仰足以追溯到利瑪竇來華時。馬建忠在兩個世界中成長,童年時同時閱讀四書五經與《天主實義》。他沒經歷科舉之路,而是到徐匯公學(初名聖伊納爵公學)學習拉丁文、希臘文、英文、法文、自然科學與中國經典。他是最早的留法學生之一,曾兼任郭嵩燾的翻譯。回國後,他成為李鴻章

---

① 瓊河莊客《充實論》,《時務報》第 67 冊,轉引自閭小波《中國早期現代化中的傳播媒介》,第 54 頁。

② 丁文江、趙豐田編《梁啟超年譜長編》,第 38 頁。

器重的洋務專家，曾於 1881 年帶領外交使團前往印度，交涉鴉片的銷售與稅收問題，1882 年被派往朝鮮，參與朝鮮與美國、英國、德國的條約談判，回國後還出任過輪船招商局的會辦。當他作為中方代表團成員前往馬關時，意識到此前的種種努力都已化作泡影。梁啟超在 1896 年夏天結識他時，他剛陪同李鴻章環遊全球歸來，從外交與商業世界退回更個人化的空間，編輯漢語世界的第一部語法書，他認為漢字傳統中雖然有訓詁、字韻、字書，卻缺少語法，若有了拉丁文式的語法，中國人的識字率會大大提升。他對語言有一種宗教式的信念，認定拉丁經典與漢語經典分別為西方與東方文明的守護者。他還有個智識超群的哥哥馬相伯，在歷史上以長壽與復旦大學的創始人著稱。

馬氏兄弟在梅福里與梁啟超比鄰而居，「晨夕相過從」。[1] 他們疼惜這位廣東青年的才華，勸他學習一門歐洲語言，於是梁啟超、梁啟勳與麥孟華「每日晚間輒過馬先生處習拉丁文」。熱心的馬氏兄弟也把梁啟超帶入自己的朋友圈。徐建寅與盛宣懷是洋務運動的中堅人物，都因作為李鴻章的助手而著名。徐此刻出任福建船政局提調，盛則是天津海關道。四十五歲的陳季同經歷更奇特，他曾與馬建忠、鄧世昌、嚴復被一起派往歐洲留學。身處巴黎時，他對文學的興趣超過本應學習的法律。在接下來的外交官生涯中，他以 Tcheng-Ki-Tong 之名寫了一系列法文著作，其中《中國人自畫像》（*Chinois Peints Par eux mêmes*）為中國人的政治制度、生活方式辯護，尤為著名。讚譽既來自巴黎社交界聞人，也有法朗士這樣的著名作家。一位叫羅曼·羅蘭的青年聽到他演講後寫道：「他有一副飽滿的面容……面帶微笑，露出漂亮的牙齒……聲音低沉有力又清晰明快……在微笑和客氣的外表下，我感到他內心的輕蔑，他自知高我們一等，把法國公眾視作小

---

[1] 丁文江、趙豐田編《梁啟超年譜長編》，第 38 頁。

孩」，但「聽眾情緒熱烈，喝下全部迷魂湯，瘋狂鼓掌」。^① 然而在中國官僚系統中，這迷魂湯自然會失去效用，陳季同普遍被認為品德不佳，因債務官司纏身，若不是李鴻章出手相救，肯定陷入牢獄之災。他藉醇酒婦人逃避現實，據說與大名鼎鼎的賽金花也曖昧不清。在宴席上，曾樸被他的文學見解鼓舞，日後成為研究法國文學的先驅。

五十四歲的鄭觀應是最有洞察力或許也是最有影響力的改革派思想者。他既能進行商業活動，又具備一手的西方知識，曾做過太古洋行的買辦，加入過輪船招商局，在中法戰爭中替清政府購買軍火，被派往安南、暹羅與新加坡，勸說當地政權不要支持法方。他的洞察力與文化修養在買辦中獨樹一幟，而且是《萬國公報》與中國典籍的熱情讀者。他很早就表現出強烈的表達慾，二十歲就寫了一本《救世兼要》，闡述自己對改革的看法，後來又將其擴充為《易言》，在日本、朝鮮流通。很可惜，中國很少有人注意到它，直到 1892 年再度擴充為《盛世危言》。他認為中國正處於秦統一以來的另一個大變局，秦朝是將封建制變為郡縣制，此刻則是華夷共治的新年代。既然西方人的到來不可避免，就別再幻想它會自動消失。在他的改革日程上，最重要的兩項是議會政治與工商業。他心中的議員不僅來自官僚體系，也來自廣闊的民間。

梁啟超學習拉丁文的時候，容閎正四處兜售修建鐵路的計劃。這個六十八歲的香山人是中國最早的留學生，畢業於耶魯大學。他曾提議並幫助曾國藩在上海建立江南製造局，並在 1872 年帶領一群幼童前往美國，開啟了中國人大規模留學之旅。他的好運氣隨着「同治中興」的結束而終結，一手創建的「幼童出洋肄業局」被撤銷，他再也沒有機會施展自己的才能。他曾尋求張之洞支持，但發現張「有種傲

---

① 李華川《晚清一個外交官的文化歷程》，北京：北京大學出版社，2004 年，第 53 頁。

慢不可一世之感……對國家的政治進行改革……他毫無表現，甚至連一絲跡象也沒有」。

梁啟超忘記提到（或許也是刻意忽略）了王韜，而他比任何人都更像是梁的先驅。王韜是中國社會的異端，常年流亡香港與海外，他在香港編輯的《循環日報》是中文世界第一份富有影響力的日報，政論集《弢園文錄外編》《普法戰紀》影響一時。1884 年回到上海之後，他的聲望不斷提高，彷彿成了先知式的人物。同時，他仍沉湎於酒色，寫作關於歌妓的煽情故事。

這群上海改革家是最先接觸外部世界的一群中國人，他們對於科學、商業、技術、宗教、外語而非儒家傳統更感興趣。他們生活在香港、上海構成的沿海走廊上，與李鴻章有着或多或少的關聯，並且相互扶持：王韜支持容閎的教育計劃，為《盛世危言》做過序；容閎是黃勝的同學；黃勝與王韜交往密切，兩人合作撰寫了一篇關於炮彈的文章，呈交李鴻章。①

他們普遍被視作中國社會的異端，是變革挫敗的縮影，倍感孤立與苦楚。《馬關條約》更是宣告了這種努力的失敗，李鴻章已經身敗名裂，他們也未能讓自己的思想獲得更廣泛的影響。

但戰敗也帶來了新的希望。人們發現，這些先驅者的理念如此富有預見性。沒甚麼比《盛世危言》的命運更能代表這種變化了。在常年無人問津後，它在 1895 年春的新版本已賣出一萬五千多部，這還不算盜版數量。他們終身倡導的西學如今變成了新的時尚，好幾套重要的西學叢書在這一年出版：積山書局的《萬國時務策學大全》、袖海山房的《萬國分類時務大成》、點石齋的《時務通考》。這些書如今都是應試指南，《申報》的一則廣告這樣寫道：「方今朝野上下皆以

① 孫青《晚清之「西政」東漸及本土回應》，上海：上海書店出版社，2009 年，第 211—214 頁。

講求時務為急，而時務各書之總匯者惜無善本，僕等不惜重金，敦請名宿三年之力，採書五百餘種，成《時務通考》一書。」[①]一些開明的官員也加入了這個行列：湖南學政江標編輯了《經濟實學考》，由上海博記書局出版；張蔭桓編輯的《西學富強叢書》由上海鴻文書局印制；連德高望重的孫家鼐也編輯了《續西學大成》，交由上海飛鴻閣書林出版。[②]

梁啟超編輯的《西政叢書》也由慎記書莊出版，它是《西學書目表》的延續，裡面收錄了公法、官制、農政、礦政、工政、商政、學校、律例、兵政八類三十二種圖書，既有《羅馬志略》《希臘志略》《德國議院章程》這些傳教士的譯著，也有黃遵憲的《日本雜事詩》與馬建忠《適可齋記言》。[③]梁啟超將「西政」視作「富強」之學問，認為不重視政法之學是「外之不能與國爭存，內之不能使吾民得所」的主要原因，這些書中也能折射出國家富強的路徑，例如「日本變法，則先其本，中國變法，則務其末」。[④]

梁啟超最推崇的《佐治芻言》一書是「言政治最佳之書」[⑤]，原名 *Political Economy, For Us in School, and for Private Instruction*，日本的福澤諭吉早在 1867 年就把它作為介紹西方政治經濟學的底本，過了十八年，傅蘭雅才與應祖錫合作翻譯成中文。翻譯的過程凸顯出中國思想轉變面臨的困境，當時沒有適合的現代語匯來對應英文概念，social economy 被籠統地翻譯為「一國之治」，譯者更是不知道該如何

---

① 沈俊平《晚清石印舉業用書的生產與流通：以 1880—1905 年的上海民營石印書局為中心的考察》，《中國文化研究所學報》2013 年，總第 57 期。
② 孫青《晚清之「西政」東漸及本土回應》，第 216—217 頁。
③ 同上，第 252 頁。
④ 同上，第 174—176 頁。
⑤ 梁啟超《西學書目表》，夏曉虹編《〈飲冰室合集〉集外文》下集，北京：北京大學出版社，2005 年，第 1121 頁。

傳達 individual 的意涵，至於 fellow-creatures（同胞），只能譯作「父子家人」，society 與 law、government 被等同於「國」，civil liberty 則乾脆掠過，放在君臣倫理中解釋，「天賦人權」中的「天」變成了「朝廷」。這是梁啟超這一代知識分子面臨的挑戰：他們往往對新知識生吞活剝，不清楚究竟意味着甚麼；個人主義與公民自由都是無中生有的概念，他們必須給出清晰的定義與內涵。

對於這些充滿挫敗的改革先驅，二十三歲的梁啟超代表着新的希望，延續着他們的未遂志向，《時務報》則成為兩代變革者的聯結平台。報館代銷徐建寅、鄭觀應等人的著作，還刊登了容閎的《鐵路條陳》，提出變通招股、定印借券等建議。梁啟超撰寫的編後語充滿讚譽：「借西人之資，即以鐵路余利為息，並按年除本，逮廿年後，即可本利清還，尤為權自我操。」[①] 馬建忠邀請這位年輕主筆為自己的文集作序。王韜正在編輯一本文集，陳虯、陳熾、汪康年與梁啟超都名列其中，很多篇章發表於《時務報》。他們構成了一個跨越代際的傑出人物俱樂部，三四十歲的年齡差距，是思想停滯的最佳象徵，梁啟超、陳熾一代提出的問題、做出的論斷，並沒有比王韜、鄭觀應一代更高明。但歷史風向更偏向年輕一代，梁啟超已經迅速成為最富影響力的改革作家。

但無論如何，這些前輩都令梁啟超意識到自己西學知識的淺薄。「諸君開口便勸人傳教新學，小生未入館及數月，即令其發揮宗旨，令其向人述先生之道。夫己之學且未成，安能發揮他人？」他致信康有為，感慨自己的訓練不足與自以為是，「其敝也必入乎耳出乎目，日日擷拾聽講之餘文，而居然以通學自命……吾黨中蹈茲阱者蓋十之五六……某曾自蹈之，去年在都，幾成無賴……吾不解學問不成者，

---

① 《強學報 時務報》，第 638 頁。

其將挾何術以救中國」。①這自責也是梁啟超的重要特性，他總能敞開胸懷，接受新的影響。

這些新朋友中最重要的一位不在上海。嚴復比梁啟超年長近二十歲，很欣賞梁啟超，也不憚於向他提出質詢。他們有着截然不同的成長軌跡與知識訓練，梁啟超剛接觸到西學時，嚴復已在其中浸淫多年。因為父親早逝，這個福州人放棄科舉之路，進入船政學堂學習物理、數學、艦艇駕駛，二十三歲時前往格林尼治的皇家海軍學院深造。在倫敦，他發現比起鐵甲穿彈、炮壘、船身浮率定理這些知識，亞當‧斯密、孟德斯鳩、赫胥黎、達爾文、盧梭或許更重要，這些人的思想才是西方富強的根源。他還碰到了人生的第一個賞識者，郭嵩燾覺得嚴復的洞察力與才華遠遠超過在船上擔任一名管帶，他在日記中寫下「又陵才分，吾甚愛之」，只是「氣性太涉狂易」。②通過郭嵩燾，嚴復又結識了馬建忠。

歸國後，嚴復再沒遇到一個郭嵩燾式的賞識者。他就職於天津水師學堂，從未贏得李鴻章的信任，進入其核心幕僚圈。這與他沒有取得科舉功名有關，也受限於他的「狂易」稟性。西學知識在八股試卷中派不上用場，1885 年至 1893 年，他四次參加科舉考試，一次也沒有成功。壯志未酬的失敗感始終包圍着他，他在天津的生活「味同嚼蠟」，感慨「當年誤習旁行字，舉世相視如髦蠻」。③為了逃避濃重的失意感，他抽起了鴉片。

中日戰爭改變了他的命運，時局令他「覺一時胸中有物，格格欲吐」④，他在《直報》發表了一系列文章——《論世變之亟》《原強》《原

---

① 梁啟超《與康有為書（三）》，中國史學會主編《戊戌變法》（二），第 544—545 頁。
② 孫應祥《嚴復年譜》，福州：福建人民出版社，2014 年，第 37 頁。《郭嵩燾日記》第三卷，第 570 頁。
③ 嚴復《送陳彤卣歸閩》，《嚴復集》（第二冊），北京：中華書局，1986 年，第 361 頁。
④ 嚴復《與梁啟超書》，《嚴復集》（第三冊），第 514 頁。

強續篇》《救亡決論》等，長期憂憤與被壓抑的才華突然之間找到了出口。他對中國現狀的批評與分析比任何人都更有穿透力。他相信歷史自有其發展規律，將之稱為「運會」，而「運會既成，雖聖人無所為力」，中國所處的時刻，「自秦以來，未有若斯之亟」，變革不可避免。[1] 他也認定中國與西方的主要差異不是船堅炮利，也不僅是政治制度，而是思想方式，「中之人好古而忽今，西之人力今以勝古；古之人以一治一亂、一盛一衰為天行人事之自然，西之人以日進無疆，既盛不可復衰，既治不可復亂，為學術政化之極則」。[2] 他更言明「自由」才是西方富強的根源，「彼西人之言曰：唯天生民，各具賦畀，得自由者乃為全受。故人人各得自由，國國各得自由，第令毋相侵損而已」。因缺乏自由，中國與西方形成了相反的習俗：「中國最重三綱，而西人首明平等；中國親親，而西人尚賢；中國以孝治天下，而西人以公治天下；中國尊主，西人隆民；中國貴一道同風，而西人喜黨居而州處；中國多忌諱，而西方人眾譏評……其於學也，中國誇多識，西人尊新知」。[3]

這些文章把四十一歲的嚴復推上了一個迅速浮現的輿論舞台。他對仕途心灰意冷，轉而尋求言論與思想表達，決定將達爾文、斯賓塞、亞當·斯密與他們的學說翻譯過來呈現給中國讀者，相信他們可能帶來富強。他選擇的第一本書是赫伯特·斯賓塞的《進化論與倫理學》，這位英國思想家因把達爾文的生物學理論應用於社會領域而聲名大噪。

嚴復是《時務報》的熱情讀者，曾寄去百元匯票以示支持，並寫信給素未謀面的梁啟超，對報務大加讚揚：「《時務報》已出七帙，中

---

[1] 嚴復《論世變之亟》，《嚴復集》(第一冊)，第 1—5 頁。
[2] 同上，第 1 頁。
[3] 同上，第 3 頁。

間述作率皆採富響閎，譬如扶桑朝旭，氣象萬千……風行海內，良非偶然。」[1] 他們的彼此知曉可能源於黃遵憲，途經天津的黃遵憲告知嚴復新報即將創辦，不會不提及這位年輕主筆。夏曾佑也是天津維新派的一員，影響不可低估。馬建忠與嚴復在留學歐洲時即已相識，也從中為二人引介。

梁啟超也對嚴復在《直報》上的一系列文章大加讚賞，希望能轉載《原強》一文。嚴復卻謙虛地說，此文「自覺不成一物」，想再做修改。嚴復在信中回顧自己的思想演變，稱中國面臨民智、民德、民力的全面衰落。他感慨了解西學的人士太少，也鼓勵梁啟超學習拉丁文，並提醒梁，學習一種新語言充滿難度，「以中年而從事西學者，非絕有忍力人，必不能也」，不過他對梁的才能充滿信心，「至於足下，則深願此業之就」。[2] 他還隨信寄去《天演論》的譯稿，其中有「物競天擇、適者生存」的觀點。

但這種欣賞沒能持續太久，1897 年初，嚴復寄來一封 21 頁的長信，對梁啟超的文章提出質疑。他說梁啟超的行文不無放縱、粗陋之嫌，對變革的內在邏輯缺乏了解，不知「一思變甲，即須變乙，至欲變乙，又須變丙」。[3] 他還質疑梁啟超保衛孔教的觀點，更對梁在《古議院考》中表露的「西方議院」古已有之的論調不滿。

誇讚緣何變成了凌厲的批評？短短幾個月，梁啟超從初試啼聲的新手變成了眾人矚目的明星，嚴復督促他要意識到隨影響力而來的責任，其中或許還有少許的嫉妒：作為年長一輩、也更理解西方知識的嚴復，從未品嚐過這名聲的滋味。

面對一個深刻的西學專家，梁啟超的缺陷暴露出來。他不得不面

---

① 嚴復《與梁啟超書》，《嚴復集》（第三冊），第 514 頁。
② 同上，第 515 頁。
③ 梁啟超《與嚴幼陵先生書》，《梁啟超全集》第一冊，第 71 頁。

對這種尷尬，被截稿壓力逼迫的高產，讓他的思考顯得過分潦草。也許是因為過分忙碌，或者是尚不知如何應對，梁啟超遲遲沒有回信。嚴復的密友、也是天津維新派重要人物的王修植專門致信汪康年，希望汪能催促梁啟超回信，在他眼中，嚴復與梁啟超的交往不僅關乎兩人本身，還意味着天津與上海維新者的聯盟，雙方理應同舟共濟。此時，王修植、嚴復、夏曾佑受到《時務報》的鼓舞，正在籌劃創造一份新報紙，不管是發行網絡還是稿件上，天津的同人們都很期待得到時務報館的幫助。

「此人之學實精深，彼書中言，有感動超之腦氣筋者。」[①] 在給康有為信中，梁啟超對嚴復大加讚賞。面對嚴復的質詢，他想請教康有為，可沒法在信中一一道來。梁啟超也努力保持着自己的驕傲，說早已知道這些問題。

直到三月末，梁啟超才回應嚴復，語氣充滿了對年長者的謙虛與感激。他說自己把信件反覆看了十幾遍，感到全天下除了老師康有為，就屬嚴先生這樣關愛他，能給予他教化，「非有先生之言，則啟超墮落之期益近矣」。

他對嚴復提出的批評逐條作出解釋。他為自己不夠嚴謹的文風道歉，「困於賓客」的繁忙與截稿日期，導致他無法充分推敲文字。他不免有所辯解，自己更願意做一個思想上的開創者，像陳勝、吳廣那樣揭竿而起，而不是劉邦式的定天下者。至於變法邏輯，他並非不理解這環環相扣的關係，只是想「縱其筆端之所至，以求震動已凍之腦官」，來不及作出更縝密的論證。

他說《古議院考》是一篇舊稿，因湊版面才拿出來，自己「生平最惡人引用中國古事以證西政，謂彼之所長，皆我所有」的論點，但

---

① 丁文江、趙豐田編《梁啟超年譜長編》，第 51 頁。

因讀者都是「中人之資」，只好用他們更接受的方式傳達。他不完全同意嚴復對於民主的判斷——中國從來沒有民主，西方則從希臘、羅馬時期就有民主傳統。他搬出了春秋三世說，證明中國古代也存在某種民主，西方議院與民主不必追溯到過去，它就是近代的產物。只要中國銳意變革，必能迅速趕上。

至於嚴復所說的「教不可保，亦不必保」，讓梁啟超感激不盡。他深受康有為的影響，想以推廣孔教為己任，嚴復卻提出保教之悖論，為了保存它就要改變它，但保下來的教也已經與從前不同，而一統之教又常常會壓抑自由思想，窒息創新。「不意數千年悶葫蘆，被此老一言揭破」，梁感慨說。[①]

信末，梁啟超提到譚嗣同，稱譚的聰慧不亞於夏曾佑，「而力過之，真異才也」，譚剛剛寫完的《仁學》第一卷「為中國舊學所無矣」。他還提到了佛學，以及剛剛寫作的關於「群」的文章。[②]

這封信沒引發進一步交流，兩人也未發展出親密的私人關係，但嚴復對梁啟超的影響卻非常深刻，且剛剛開啟，尤其是「進化論」與「社會達爾文主義」的學說，日後的影響甚至超越了康有為。

上海拓展了梁啟超的眼界，也給他帶來另一種困擾。上海不僅是知識、自由與希望的象徵，也是焦慮的來源。西方無處不在的影響，對商業、金錢的過分推崇，令中國士大夫的道德意識、中心感被壓抑了，民族意識逐漸就此慢慢誕生。

對於梁啟超，這種不愉快非常個人化。他曾去拜訪林樂知，林是與李提摩太齊名的傳教士，其譯著也是梁啟超理解西方的重要途徑。兩人談了整整一天後，再未見面。梁從未提及此事，林則批評梁魯莽

---

① 梁啟超《與嚴幼陵先生書》，《梁啟超全集》第一冊，第 72 頁。
② 同上，第 73 頁。

不遜。[①] 很可能，梁啟超不滿於西方傳教士普遍的傲慢，這些人總以中國變革者的老師自居。倘若傳教士的自以為是令人不悅，買辦文人更激發起了梁啟超的憤怒，蔡爾康正是其中的代表。蔡曾擔任不同報館的主筆，創造了連載小說的形態，其最重要聲譽卻來自翻譯，他與林樂知編譯的《中東戰紀本末》是理解中日戰爭最重要的著作，也是一本超級暢銷書。但此人品性不佳，也缺乏一個文人的自尊。在 1896 年發表《新語》等系列文章中，他批評劉永福在台灣的抗日行為，認為這違反了已經簽署的《馬關條約》。他還相信，中國自秦朝以來就無法抵禦入侵者，此刻必須藉助英國的保護，建議所有的士紳都學英文，專注於農工商，而非軍事，求「萬國保我一國」。由於中國資源豐富，最好向所有國家開放領土，取消貿易壁壘，避免瓜分。[②]

蔡爾康的失敗主義腔調令人惱怒，被梁啟超稱為「彝其語、彝其服、彝其舉動、彝其議論」，他指責這些偽西學專家不相信中國，也不了解西方，他們「上之可以為洋行買辦，下之可以為通事之西奴，如此而已」。他也對西方報章貶低中國的措辭不滿，上海某西報說「華民不徒已死並且臭爛」，梁啟超批評這種說法是「一舉而墟其國，奴其種，而儼然猶以仁義之師自居」。[③]

似乎是為了回應這種虛無與悲觀，梁啟超不久後寫了《論中國之將強》。他用康有為的「運」的概念，將神秘主義融入歷史潮流中。貫穿人類歷史的「運」起源於崑崙山，最先進入印度，接着是波斯、巴比倫、埃及，然後是法國與英國。在過去一千年，「運」聚集在歐

---

① 《萬國公報》88 卷，參見陳啟雲《梁啟超與清末西方傳教士之互動研究：傳教士對於維新派影響的個案分析》，《史學集刊》2006 年第 7 期。
② 蔡爾康、林樂知《中東戰紀本末》，上海：光學會，1894 年，參見陳啟雲《梁啟超與清末西方傳教士之互動研究：傳教士對於維新派影響的個案分析》，《史學集刊》2006 年第 7 期。
③ 梁啟超《論中國之將強》，《梁啟超全集》第一冊，第 99 頁。

洲，最近一百年又分為兩股，一股前往俄羅斯，一股則是美國，但他樂觀地相信，這兩股地運最終將匯集到中國——「十年之後，兩運併交，於是中國盛強，將甲於天下」。梁啟超認同種族之間的不平等，也認同歐洲種族主義者關於民族優劣的劃分，他同意非洲人、印度人、紅種人、棕色人是低劣種族，但中國人與白人同屬優越人種，且中國幅員遼闊、物產豐富、氣候優良，無可亡之理。[①] 這是梁啟超的另一種顯著風格，從不吝讓他的讀者在極度的悲觀與樂觀之間搖擺。

三

梁啟超對上海的過分西化與失敗主義不安，但自己其實在充分享有這裡的自由。「梁啟超」這個名字已經意味着商業可能性，澳門商人要他遙領主筆，本地人也躍躍欲試，想複製他的成功。梁啟超自己的雄心也被激發出來，覺得自己能量無窮，足以同時應對幾椿事情——或許，對汪康年的不滿也令他想另起爐灶。

李盛鐸的邀請隨即到來。三十八歲的李盛鐸祖籍江西，與文廷式、陳熾並列為「江西三子」，他穿梭於京城官僚與上海商界之間，《北華捷報》曾形容他是一個「富有而有強烈進取心的年輕人」。[②] 早在1889年高中榜眼之前，他就創立了上海最具規模的印刷企業之一蜚英館，以印行舉業用書知名。中日之戰後，他曾短暫出任督辦軍務處的提調，據說頗得榮祿器重。

李盛鐸請恰好在上海的陳熾出面，邀梁啟超籌辦《公論報》。梁把夭折的日報計劃照搬過來，內容既有「隨處指點變法自強、保全中

---

① 梁啟超《論中國之將強》，《梁啟超全集》第一冊，第 100—101 頁。
② *North China Herald*, 1, July, 轉引自芮哲非《谷騰堡在上海：中國印刷資本主義的發展（1876—1937）》，北京：商務印書館，2014 年，第 142 頁。

國之意」的政論，也有「貨價行情、船輪出口日期」之類的商務信息。梁啟超還推薦了龍積之、韓文舉與梁肖岩進入新報館，希望陳熾、李盛鐸「先定房屋、機器等事」。出於謹慎，他建議「必借西人招牌，以免生事」。①

同樣未遂的《公論報》，折射出梁啟超的繁忙，他在一份便條裡寫道：「今日乃鎮日有客，竟不得一息暇，復爽約。」②夏曾佑在給汪康年的信中感慨：「識與不識，無不以見兄與任弟為榮。」③倘若說上海是南北交匯之地，時務報館則已經成為維新者的交流平台，南北文人途經上海，也總要想辦法前往拜訪。一位參與者則形容說：「凡在上海之名人，於政治、學術、藝能、商業，負有聲譽與夫來上海者，無不踵門投刺求見。」④浙江讀書人羅振玉發現，「士夫過滬者，無不鼓掌談天下事，而《時務報》專以啟民智、伸民權為主旨」。⑤

上海的社交場上，是美食、風月、時事與哲學思辨的混合體。在酒精的刺激下，志士們充分體會着觸碰禁忌之快感。日本人宗方小太郎與梁啟超、麥孟華在一品香飲酒，「暢談東方之時事」。他形容二十四歲的梁啟超「弱冠中舉，學術文章冠一時」，但梁強烈的反滿意識多少讓他吃驚。「梁曰：中國之天下已為滿人破壞，欲挽回國運，不可不脫離滿人之羈絆。」⑥宗方是一名出色的日本間諜，早在1885年就以經營藥鋪的名義進入中國。在1893年的一份報告中，他說中國

---

① 馬忠文《戊戌時期李盛鐸與康梁關係補正 —— 梁啟超未刊書札釋讀》，載馬忠文《晚清人物與史事》，北京：北京師範大學出版社，2015年，第215—217頁。
② 同上，第215頁。
③ 《汪康年師友書札》第1324頁。
④ 徐珂《清稗類鈔》第八冊，北京：中華書局，2003年，第3624頁。
⑤ 張連科《王國維與羅振玉》，天津：天津人民出版社，2002年，第25頁。羅振玉《貞松老人遺稿·集寮編》，中國史學會主編《戊戌變法》（四），第249頁。
⑥ 〔日〕宗方小太郎《宗方小太郎日記》，甘慧傑譯，上海：上海人民出版社，2017年，第384頁。

表面上雖然不斷進步，但「猶如老屋廢廈加以粉飾，壯其觀瞻，外形雖美，但一旦遇大風地震之類，則柱折棟挫，指顧之間即將顛覆」，這些都是因為「人心之腐敗」。[1] 他甚至在 1894 年預言，「以今日之勢占卜中國之前途，早則十年，遲則三十年，必將支離破碎呈現一大變化」。在甲午戰爭中，他還曾潛入芝罘、威海衛的要塞，探測北洋艦隊的港口設施與艦隊活動。像那一代很多日本人一樣，他是日本正在興起的亞洲同盟的中堅分子，對中國文化滿懷感情，抵達上海時還寫下了這樣的漢詩：「帆影鈴聲志客途，壯心曾未廢馳驅。樵漁豈是男兒事，一褐秋風又向吳。」[2]

宗方發現，梁啟超這種憤懣是上海文人席間的普遍論調。當日下午，他與李盛鐸、羅誠伯等會面時，李、羅也稱清國「在上者盡皆腐鑠，居下者無知愚，蠢不足道」，可以依靠的只有中間士子，只有這個群體會改變中國。他相信，日清聯合是「在野志士皆熱望之」，不論兩國政府如何，兩國「志士互相提攜，乃當今之急務」。[3]

文廷式在上海度過了一些時日，古城貞吉與他「相見於酒間，筆談如山」，認為「其人磊砢不與時令，頗有不可一世之氣」。[4] 舊友們仍經常來。孫寶瑄「至時務報館，見吳鐵橋」，「購得李傅相受傷後映像二紙。旋訪卓如、仲華。」他的讀書筆記中陡然塞進了大量西學書目——《光學》《全體須知》（生理學）、《談天》《化學》《天文圖說》。

譚嗣同每次從南京來訪，都急於分享自己寫作的新進展，「每成

---

① 宗方小太郎《中國大勢之傾向》，載戚其章主編《中日戰爭》第 6 冊，北京：中華書局，1993 年，第 127—131 頁。

① 宗方小太郎《中國大勢之傾向》，載戚其章主編《中日戰爭》第 6 冊，北京：中華書局，1993 年，第 127—131 頁。
② 東亞同文會編《對支回顧錄》（下），轉引自廖梅《汪康年：從民權論到文化保守主義》，第 160 頁。
③ 《宗方小太郎日記》，第 384 頁。
④ 〔日〕古城貞吉《滬上銷夏錄》，《近代稗海》，第 12 輯，成都：四川人民出版社，1988 年，第 208—209 頁。沈國威《近代中日詞彙交流研究》，第 389 頁。

一篇，輒相商榷」。[①] 從數學公式、天文學、化學、儒學、佛學到西方政治理論，他幾乎將所知的一切熔於一爐，並起名為《仁學》。他用物理學中的「以太」（Ether）來理解儒學中的「仁」，構造出一種新型宇宙觀與人生觀，其中還充斥着這樣的狂想：既然宇宙中有無數星球，那只要將每個人送往一個星球，人類就能獲得充分的自由。

這本生澀、矛盾的作品，頗能代表維新群體的知識結構。「生育於此種『學問饑荒』之環境中，冥思枯索，欲以構成一種『不中不西、即中即西』之新學派」。[②] 比起混亂的構想，譚嗣同對現實的批判才是用意所在，他否定三綱，批判君主制，更倡導男女平等，他認定所有人際關係中，唯有朋友一倫值得保留，這才是真正基於平等與自由選擇的關係。譚似乎為個人的不幸找到了明確標靶，創造了一條救贖之路 —— 投身於「仁」，個體擺脫焦慮、獲得不朽。

對譚嗣同大膽幻想的一面，梁啟超或許缺乏興趣，卻能分享他的批判精神，尤其是對君權的批評。君權過重導致民情渙散，國家虛弱。該如何尋找一種新政治理論，重獲得國家力量呢？

在梁啟超看來，「群」是此刻世界最重要的單元，列國關係便是「己群」與「他群」之分。西方的興起是緣於群術的發達，中國從君主到個體都長期受到「獨」的影響，造成今日的局面。梁啟超呼籲，把散落的個體變成一個強有力的群體，參與世界競爭。

「今夫千萬人群而成國，億兆京垓人群而成天下，所以有此國與天下者，則豈不以能群乎哉？以群術治群，群乃成；以獨術治群，群乃敗。己群之敗，它群之利也。」在《說群序》一文中，梁啟超將中國的困境歸結於「群」的意識不足，以及缺乏「群術」。這造成了「君私其府，官私其爵，農私其疇，工私其業，商私其價，身私其利，家

---

① 梁啟超《三十自述》，《飲冰室合集》第 2 冊，文集之十一，第 18 頁。
② 梁啟超《清代學術概論》，第 88 頁。

私其肥，宗私其族，族私其姓，鄉私其土，黨私其裡，師私其教，士私其學」的景象，也因此「為民四萬萬，則為國亦四萬萬」。[①]

梁啟超再度向讀者許諾了一個龐大的寫作計劃，要寫十篇一百二十章節的《說群》組文。這個理念緣於他生命中三位最重要人物的影響，除了康有為的「以群為體，以變為用」，另兩位便是譚嗣同與嚴復。

《說群》未能按計劃完成十篇。在第十八期《知新報》刊登的開篇中，他將序中的論點充分地展開，並使用他那獨特的梁啟超式類比法，將植物、動物、人類的演化熔為一爐，證明「群」是智慧與力量的源泉。一個國家只有合群才能富強，離群則瓦解。他也看到歷史的方向——「世界愈益進，則群力之率愈益大」。[②]

儘管引用了舜、周武王與《春秋》，文章的基調卻是達爾文主義的——「自地球初有生物迄今日，物不一種，種不一邊，苟究極其遞嬗遞代之理，必後出之群漸盛，則此前之群漸衰，泰西之言天學者名之曰：物競」。梁啟超開始借用嚴復創造的詞彙了。[③]

嚴復的文章也終於出現在《時務報》上，《原強》沒有刊登，《辟韓》卻刊於第二十三期。這是嚴復一系列文章裡最激烈的一篇，批判了韓愈所代表的崇君傳統，斥責韓愈「知有一人而不知有億兆」，致使「壞民之才、散民之力、灕民之德」。[④]中國內地與上海的自由氣氛不可同日而語。《辟韓》在發行量較小的《直報》上未引起太多注意，但《時務報》令它引發風波。張之洞頗為不悅，授意幕僚屠仁守撰文反駁。一些讀者也表示對這種直截了當的批判感到不安。

---

① 梁啟超《〈說群〉序》，《梁啟超全集》第一冊，第 93 頁。
② 同上，第 94 頁。
③ 同上，第 95 頁。
④ 嚴復《辟韓》，《嚴復集》（第一冊），第 32—36 頁。

在梁啟超的寫作中，日本越來越成為一個顯著的參照，折射了中日關係的新變化：戰爭的仇恨消退了，日本轉而成了變革的榜樣。在為《日本國志》撰寫的後序中，他感慨，倘若黃遵憲這本著作能早日流通，中國必不致遭受此辱。

黃對日本的志士精神讚歎不已，相信這是明治維新成功的重要原因，還生動地描述他們：「解鞘君前禮數工，出門雙鍔插青虹。無端一語差池怒，橫濺君衣頸血紅。」[1] 黃遵憲是梁啟超理解日本的入口，這種影響反映在《時務報》上。麥孟華作《尊俠篇》，倡導俠士精神。梁啟超發表了《記東俠》。日本「以區區三島，陷琉球，割台灣，脅高麗，逼上國」，並使得歐洲諸國「咸屏息重足，莫敢藐視」，梁啟超將日本的崛起歸功於俠客，「日本自劫盟事情起，一二俠者，激於國恥，倡大義以號召天下，機捩一動，萬弩齊鳴，轉圜之間，遂有今日」。他頗為動情地回憶起讀到岡千仞《尊攘紀事》、蒲生重章之《偉人傳》時的感受，「言論風采，一一若在耳目」，他嚮往的是一個人人皆為俠客的社會，「僧而亦俠，醫而亦俠，婦女而亦俠」。[2]

但這只是被誤讀的日本。日本公使矢野文雄不無譏笑地說，日本已經發生了翻天覆地的變化，倘若根據《日本國志》來理解日本，就像以《明史》的記載來理解今日中國一樣。[3] 最敏銳的觀察者也很難洞悉日本的變化，由此可見中國對外部世界的認知程度。

梁啟超鼓勵同道扮演日本式志士的角色。但宗方小太郎發現，酒桌上的放肆之言「多浮華少實」，不會轉化成具體行動。真正的志士正流亡海外。《時務報》對孫文不無同情，先是引用「路透電音」報

---

[1] 黃遵憲《日本雜事詩・卷二》，《黃遵憲集》（上），天津；天津人民出版社，2003年，第48頁。

[2] 梁啟超《記東俠》，《梁啟超全集》第一冊，第110頁。

[3] 梁啟超《新民說・論進步》，《梁啟超全集》第三冊，第683頁。

道孫文的獲釋:「華醫姓孫,號逸仙者,即中國變政黨人。本月十一日據說該醫被人誑誘,監禁在倫敦中國使署,已暗中設法將被羈消息通知其友人,包探日夜看守使署,阻止私解回華。」[1] 又分兩期翻譯英文報紙對孫文的報道,更在二十八期上直接刊登了他的文章。孫文的《中國的現在與未來》一文原本刊登於 1897 年 3 月 1 日的《雙週論壇》(Fortnightly Review)上,是對滿族貴族政權赤裸裸的否定,《時務報》在翻譯後以《論中國內腐之弊病》為題刊發,並加了富有同情的導讀:「孫君曾以學會立論,以激勸其國人……有中人某君論云:更革中國,非習文明之風而能成,必待更革官府而後能成也。」[2]

時務報館的主筆、經理不會選擇孫文式的道路,他們私下厭惡滿人政權,卻不會公開表達出來,更不會有武力行動,而是依賴另一種更溫和的方式。《時務報》在十三期上刊載了《農學會公啟》。學會由羅振玉等四人倡導。三十歲的羅振玉雖是傳統讀書人,卻對實用學問更感興趣,想集資購買土地、儀器,進行農學探索。汪康年、梁啟超把羅振玉的暢想轉化為行動。在農學會的會員名單中,既有馬建忠、馬相伯這些老洋務派,也有張謇這樣的狀元,以及龍澤厚、譚嗣同、李盛鐸等年輕變革者。李鴻章、黃遵憲則出現在第二批名單中。張之洞也發來電報:「農學會請附賤名,僅捐五百元,已交匯號。」[3]

梁啟超倡導的「不纏足會」也引發了廣泛共鳴,從四川到浙江、廣東,都湧現出不同的地方學會。不過,這個遍佈全國的「不纏足會」是由一群男人發起的,加入其中的女性少之又少,李蕙仙與康同薇是

---

[1] 《路透電音》,《時務報》第 10 冊,轉引自閭小波《中國早期現代化中的傳播媒介》,第 162 頁。

[2] 《論中國內腐之弊病》,《時務報》第 28 冊,轉引自閭小波《中國早期現代化中的傳播媒介》,第 164—165 頁。

[3] 苑書義編《張之洞全集》,第 12 冊,石家莊:河北人民出版社,1999 年,第 10347 頁。

其中為數不多的活躍人物。

　　各地湧現的學會正是梁啟超所倡導的「群學」的延伸，但農學會也反映出這些學會普遍遇到的困境：在熱情背後，他們實際上不清楚該怎樣真正展開行動。在捐款、會員不斷匯集後，農學會的倡導者們發現，自己不知道如何進行農業試驗，最後只能回到辦報、譯書上，將西方與日本的農學知識引入中國。《農會報》成了學會的唯一成果，在《農會報序》中，梁啟超借用李提摩太的大膽預測，倘若中國採用西方的農業經營法，每年可以增加六十九萬一千二百萬兩的收入。

　　與學會並起的是報刊的湧現。從長沙到成都，從西安到無錫，從杭州到重慶，《湘學新報》《經世報》《渝報》《蜀學報》《東亞報》《算學報》《工商學報》《新學報》《格致新聞》《無錫白話報》《求我報》，一連串報刊與學會湧現出來，都是《時務報》的仿效者。各地報人紛紛致信汪康年與梁啟超，要麼求代銷《時務報》，要麼想藉助《時務報》的銷售網絡，或者請梁啟超撰寫發刊詞這些序言、章程構成了梁啟超寫作中相當大的一部分，人人都想藉助他的才華與名聲：北京的李佳白發來邀請，請他為自己籌辦的尚賢堂寫上幾句；新成立的《萃報》《會報》《蒙學報》《演義報》希望這位主筆能為它們寫敘例。連朋友們也加入這個行列。譚嗣同與吳樵、張通典也受到《時務報》成功的鼓舞，想在漢口設立《民聽報》，在給汪康年的信中寫道：「居今之世，吾輩力量所能為者，要無能過撰文登報之善。」他們計劃用美商為招牌，讀者以商人為主，每日一張。譚嗣同原想在南京的官員、士紳中籌款，但他的行動能力與抱負不相匹配，最終「不能招一人，集一錢，或反從而笑之」。[①]

　　一些新報公開成為《時務報》的競爭者，例如回到杭州的章炳麟

---

① 　譚嗣同《致汪康年》三，《譚嗣同全集》，第 493 頁。《汪康年師友書札》，第 3238 頁。

加入了《經世報》，還兼任上海《實學報》的總撰述。它們完全仿效《時務報》的形態，在立場上則大不相同。《實學報》對民權、民主論調相當不滿。「孫文事起，海表嘯聚，闖然以民主為揭櫫，君權不尊，民氣囂然，震旦恐從此不靖矣」，它的創辦人王俊仁在《民主駁議》中寫道。他認為孫文是「亂臣賊子」，「陰謀不軌、遁跡海外」，民主更是有害於中國，力勸想救國的志士不要因為敗給日本，仰慕歐洲的富強，就把中國變成「去人倫，無君子，降而等於民主之國」，中國畢竟是「以名教立國」。[①]

《經世報》的言論沒有這樣尖銳。創辦人宋恕承認「學校、議院、報館」是「自強之源」，但對中國病症的診斷也相當傳統，認為只是「吏治」問題，與君權、民權皆無關。他仍堅信中國自身蘊含着富強之道。昔日的盟友也開始逐漸分裂，曾經對康有為褒獎有加的宋恕，如今在私人信件中說：「康長素倖然自大，實不過帖括變相。《公車上書》中議論可笑已極！其文亦粗俗未脫嶺僚氣，說經尤武斷無理，乃竟能搖動天下，赤縣民愚可謂極矣！」[②]

「近見《實學報》《經世報》，皆有與《時務報》為敵之意」，張元濟在北京看出了端倪，去信提醒汪康年，「《經世報》言多粗魯」，不必在意，但《實學報》「則最足以動守舊者之聽，且足以奪貌新者之心」。[③]

與《時務報》相比，這些報刊往往短命、編輯質量不佳，影響力更是相去甚遠，但它們標誌着士紳意識的覺醒，這些人意識到個人行動與國家命運之關係，以一座城市、一個區域的名義發言。《經世報》就宣稱某種杭州中心主義，「自趙宋南渡，中原人荒，惟浙東西，豪

① 湯志鈞《戊戌時期的學會和報刊》，第447—448頁。
② 宋恕《又覆胡、童書》，《宋恕集》（上冊），第578頁。
③ 湯志鈞《戊戌時期的學會和報刊》，第514頁。

傑特盛。」[1] 作者與讀者形成了一個嶄新的知識分子網絡，政治辯論也被引入公共生活中，促進輿論場的形成，民權與君權孰重孰輕正是其中的關鍵命題。

除去紛繁的序言、章程，梁啟超還要應付各種書信，他將此作為表達思想的另一個載體。在給陝西書院山長劉光賁的信中，他希望在陝西實現某種自立，「秦中自古帝都，萬一上京有變，則六飛行在，猶將賴之。故秦地若立，東連晉豫，西通八蜀，他日中國一旅之興，必在是矣。」[2] 在致杭州知府林迪臣的信中，他談及對新學堂課程設置的看法，擔心過分崇拜西學反而會丟失中學的傳統。這些通信也寄往澳門，以解《知新報》催稿之急。

四

繁忙的工作與社交令梁啟超原本不佳的身體更為吃力。朋友的突然離世，又帶來新的壓力。吳樵年輕且富有實幹精神，黃遵憲曾寄望他出任報館總理，陳寶箴也邀請他前往長沙協辦礦務，不料他突染瘟疫，迅速離世。死前不久，他還寫信給汪康年，通報武昌的情況，拜託汪照顧自己在上海的家眷。

這一消息引發了強烈的悲痛，長沙、武昌、南京、上海、杭州的朋友都扼腕、歎息，有人甚至試圖通過扶乩與吳樵的亡靈通話。譚嗣同、梁啟超則更願意用佛理來解釋，以此來安撫吳樵的父親吳德瀟——「鐵樵死時，神氣極清，一語不亂，雖未敢言生天成佛，然不能謂其於道無所聞矣」，還引用了乩語來證明「鐵樵之未死也，且其

---

① 清華大學歷史系編《戊戌變法文獻資料系日》，第 513 頁。
② 《復劉古愚山長書》，《梁啟超全集》第一冊，第 152—153 頁。

末語自言樂矣」。①

　　吳樵的死讓眾人開始擔憂梁啟超。譚嗣同覺得他「攬事太多，又兼兩館主筆，內外夾攻，實於身命有礙」。梁啟超也形容自己「益困人事，日罕得片刻暇」。剛痛失愛子的吳德瀟反倒開始替梁啟超打算，想在西湖邊找一處房子，置辦中西書籍，各請英文、德文教師一位，把梁啟超關起來專心讀幾年書，讓麥孟華與梁啟勳陪讀，既可以養好身體，也能精研學問。②他們不理解梁啟超，甚至可能連梁啟超也不理解自己──他的才能不是在孤立中孕育的，而要在碰撞中展現。

　　朋友的死亡令人氣餒，報館內日益緊張的氣氛也令人不適。章炳麟的出走的確加劇了廣東人與浙江人的隔閡。梁啟超勸黃遵憲與汪康年和解，卻發現自己也陷入了被動。汪氏兄弟都對康學不滿，不肯印發梁啟超帶有公羊學意味的文章。梁啟超抱怨說，「啟超之學，實無一字不出於南海」，「若以為見一康字，則隨手丟去也，則見一梁字，其惡之亦當如是」。③

　　黃遵憲與汪康年的衝突從春天延續到夏天。鄭孝胥在日記中記道：「譚復生來，談《時務報》館中黃公度欲逐汪穰卿。」④當黃遵憲六月經過上海時，衝突已不可化解。在上海的停留中，黃遵憲再度提出設立董事的要求，以此制約汪康年的權力。而汪康年在第三十七期《時務報》上刊出了報館的收支情況，向外人表明經營之善。並非人人同意黃遵憲的建議，張謇就認定這樣不過是徒增煩擾：「二十人者（董理）居不一地、言不一時、論不一轍……時政之敝也，九柯而十匠，十羊而九牧，責不切而任不專也，報館何為襲此下策？」讓他真

---

① 梁啟超《與吳季清書》，《飲冰室合集》第 1 冊，文集一，第 112—113 頁。
② 丁文江、趙豐田編《梁啟超年譜長編》，第 49 頁。
③ 《汪康年師友書札》，第 1862—1863 頁。
④ 勞祖德整理《鄭孝胥日記》四月初二，第 598 頁。

正擔心的是編務水準的下降，尤其是「議論漸弱，不逮初時之精采」，期待梁啟超能就君權與民權的利弊，做一篇大文章。[①]身列董理名單中的譚嗣同看過收支賬目後，連夜寫信安慰汪康年：「始知穰公之賢勞，獨任辦理，已到絕頂好處。」[②]

文章之煩勞、內部之衝突、身體之憔悴、朋友離去的惆悵，都令梁啟超試圖尋求解脫。抵達湖南的黃遵憲發出了新的召喚，請他出任即將創辦的時務學堂的總教習。邀請中似乎帶着強烈的新希望。在連續的出使失敗後，黃遵憲終被委任為湖南長寶鹽法道，或許可以趁此機會一展其才。北京之行有助於他獲得更多的政治智慧。剛入京時，他還帶着一貫的驕傲勁頭，陳熾就發現，「公度事可疑可詫，渠至都即講民權」，[③]連矢野文雄也規勸他不要聲張。皇帝的召見或許也能給予他對君權的另一種信心。皇帝問他，「泰西政治何以勝中國？」黃答道：「泰西之強，悉由變法，臣在倫敦聞父老言，百年以前尚不如中華。」據說光緒先是感到驚訝，然後點頭微笑，似乎看到了中國之希望。[④]

人人都知道黃遵憲是梁啟超最誠摯的欣賞者，張之洞私下開伍廷芳的玩笑：梁啟超就是給黃遵憲做學生，也不會隨你出國。

「湘省居天下之中，士氣最盛」，梁啟超也一直對湖南深感興趣，去年春天就曾希望做一趟湖南之行。四十一歲的陳三立是陳寶箴的長子，以詩詞與改革意識著稱，被梁啟超的才華深深吸引。他此刻正身在上海，想必也會在宴席間再度發出熱烈的邀請。夏天的上海充滿了宴飲、歡聚，鴻運樓中，梁啟超與文廷式、陳三立、譚嗣同一起大談

---

① 《汪康年師友書札》，第 1804 頁。時務報館設立董事一事，參見廖梅《汪康年：從民權論到文化保守主義》，第 194—197 頁。
② 《汪康年師友書札》，第 3262 頁。
③ 同上，第 2076—2077 頁。
④ 清華大學歷史系編《戊戌變法文獻資料系日》，第 256 頁。

創立女學堂的事宜。譚嗣同相信，除去方言、算學，醫學是與女人最相宜的。梁則確信，「女學一事，實今日中國開民智之根本」。在聚會中，梁啟超在紙扇上給陳三立題寫了一首《揚州慢》，一首《採桑子》，不管是「戰鼓摧心，征衫浹淚，乾坤無限秋聲」，還是「沉沉一枕扶頭睡，直到黃昏，猶掩重門。門外梨花有濕痕」，^①這些再典型不過的文人情緒，都可以給過於強烈的憂患意識帶來必要的平衡。

---

① 李開軍《陳三立年譜長編》，北京：中華書局，2014 年，第 403 頁。

第十一章

在　長　沙

一

在前往武漢的客輪上，梁啟超被認了出來。一位名叫周善培的乘客在八人一桌的官艙用餐，飯吃到一半，一個人姍姍到來，身穿「紫紅緞的皮袍，天青緞的出洋灰鼠風的皮馬褂」，周善培留意到「這是當時紈絝穿的衣服」，這個人神情中還帶着驕傲，不大理會別人。寒暄之後，周善培得知此人正是梁啟超。[①]

二十二歲的周善培原籍浙江，隨父親宦遊四川，生於成都，他天資卓越，此次是應湖南新任學政徐仁鑄之邀，前往長沙總校試卷。與梁啟超一樣，他要先到漢口轉船。他飽受舊學訓練，也對新思想如飢似渴，是再典型不過的《時務報》的讀者。僅比他年長兩歲的梁啟超儼然是偶像人物，在表面的時髦、傲慢下，這位偶像內心其實單純、熱情，船一過九江，就主動找他來談天了。

對於梁啟超而言，這是一次不斷推延的行程。湖南的試探性邀請，變成了一封又一封的催促函。黃遵憲七月末抵達長沙後，又被加任為署理湖南按察使，成為本省的第三號人物，這種熱情變得尤為濃烈，或許也是第一次感到長年被壓抑的改革志向即將得到釋放。他在長沙惦記着《時務報》的發展，去信修復與汪康年的關係：「報館之開，今一年矣，賴公精心果力，凡百維持，得至今日。」信的主旨卻是請求放行梁啟超與李維格，好讓他們分別出任時務學堂的中文與西文總教習。[②]

這個請求對汪康年的衝擊之大不言而喻。梁啟超不僅是《時務報》的主要編輯、撰稿人，某種程度上還是它的象徵，很難想像「新會梁啟超」的消失會給讀者帶來怎樣的失落。李維格則是報館最倚重的英

---

① 周善培《談梁任公》，《追憶梁啟超》，第 126 頁。
② 《汪康年師友書札》，第 2360 頁。

文翻譯。這位四十二歲的江蘇人是一個崑曲演員之子，拘謹、未婚、過分勤苦，是典型的時代邊緣人。他曾就讀於格致書院，對物理、化學尤感興趣，後來在自費前往英國學習時結識了李經方，並自學法語。他長期出任外交界的低級隨員與翻譯，駐守過華盛頓與橫濱。李維格深感自己中國文化訓練不足，拜學問博雅的鄭孝胥為師。他歸國後任漢陽鐵廠的總翻譯，「專譯各種煉鋼、煉鐵、煉焦等西書」。[①] 他也是《時務報》的熱情讀者，稱讚上面的文章「體裁之尊，議論之正，採擇之精，撰述之富，斷非各處日報之摭拾街談巷議者所能望其項背」。[②] 加入報館後，他立刻展現出過人的才能，編譯了十九篇文章，還參與統籌、收款等事務。

為了打消汪康年的顧慮，黃遵憲稱梁啟超每冊不過作文一篇，來湖南後仍可按期交文章；李維格「屈於報館，乃似乎用違其材」。黃遵憲還說，「學堂人師為天下楷模」，而「學堂之設、學會之開」也是汪康年本人的志向。[③]

黃遵憲的勸說信寄出不久，鄒代鈞的來函也抵達上海，勸告汪康年放行梁、李：「緣湘學堂之設，亦有關大局也。非湘學堂賢於天下各學堂，蓋湘人士之氣，校（較）各省頗長。」[④] 熊希齡的信件也接踵而至：「弟等久知延請卓如將為天下之所側目，然欲辦成此志此局，又非大有氣魄之人不足以舉重也。」[⑤] 湖南的聘書早已到來，時務學堂的招生亦已開始，而梁啟超仍未動身，這引來譚嗣同不無戲謔的來信，說倘若汪康年再不放人，他將前往上海，「不恤與公忤而豪奪以去」。[⑥]

① 《汪康年師友書札》，第 579 頁。
② 同上，第 581 頁。
③ 同上，第 2360 頁。
④ 同上，第 2743 頁。
⑤ 同上，第 2840 頁。
⑥ 譚嗣同《致汪康年》（二十一），《譚嗣同全集》，第 511 頁。

汪康年一下子陷入了兩難的境地。報館的蜜月是如此之短，他與梁啟超最初密切無間，慢慢有了怨恨與猜忌，儘管並未公開爆發。組織的困境不是緣於失敗，而是過分的成功。黃遵憲指責他壟斷報務，將報館視作個人事業，但他的確是這個理念最初的塑造者；旁觀者也說他過分喜歡社交生活，將太多精力與時間用於吃花酒，他卻覺得這是聯結網絡、獲取新聞的重要手段。他憤憤不平的或許是，儘管他出力甚多，外界卻習慣將讚譽都給梁啟超。在黃遵憲制定的報酬等級中，主筆始終優於總理。眾人對於他做出的種種貢獻與犧牲都缺乏體諒，平日煩請他在上海幫助完成各項業務，如今卻轉而站到了黃遵憲一邊。

　　梁啟超對報館生涯不無厭倦，也日益感到失控，汪氏兄弟越來越把報務納入手中，連聘任人員也很少諮詢他，自己這個總主筆不像是創辦人，而淪為一台供稿機器。汪康年還對康有為的學說頗多譏諷，「在上海歌筵舞座中，日日以排擠、舞弄、謠諑、挖酷（苦）南海先生為事」。[①]

　　前往西湖讀書是一條路，張之洞的邀請也是一種選擇。邀請甚至還來自海外的異端，孫文鼓動橫濱的華僑創辦了一所中西學校，邀梁啟超出任校長。這些都比不上湖南的誘惑。在寫了如此之多的教育文章後，時務學堂提供了一個實踐理念的機會，更重要的是，他們把學校視作政治訓練之所，將轉變成政治行動。

　　專程趕到上海的康有為也確認了這種選擇。「以湘人材武尚氣，為中國第一，圖此機會，若各國割地相迫，湘中可圖自主」，「故令卓如入湘」。[②]康有為的回憶或許並不可靠。江西人狄楚青與梁啟超同齡，自公車上書以來，就成了梁的熱烈追隨者，當時見證了此事，他

① 《汪康年師友書札》，第 1853 頁。
② 康有為《與趙曰生書》，尹飛舟編《湖南維新運動史料》，第 621 頁。

記得梁啟超與眾人商議前往湖南的策略,「一漸進法,二急切法,三立憲為本位,四以徹底改革,洞開民智,以種族革命為本位」,梁啟超力主第二與第四種。康有為「沉吟數日,對於宗旨亦無異詞」。[①]

為確保計劃的實施,梁啟超要求分教習必須由總教習聘任,他不想再重蹈廣雅書院與兩湖書院教習間彼此掣肘的覆轍。萬木草堂的同門葉覺邁、韓文舉將出任中文分教習,這個班底是傳播康有為學說的最佳保證。

啟程的時間最終定於十月初三(10月28日)。臨行前的梁啟超忙碌不堪,《時務報》已出版到第四十三期,他寫了一篇《論金銀漲落》,不過他的經濟思想實在乏善可陳,遠比不上政論文章精彩。《君政民政相嬗之理》是他一年來最重要的文章,康有為與嚴復的影響同時顯現其中,中國的「三世說」被作比為西方的政體演進,「多君世之別又有二:一曰酋長之世,一曰封建及世卿之世;一君世之別又有二:一曰君主之世,二曰君民共主之世;民政世之別亦有二:一曰總統之世,二曰無總統之世」。[②]梁本人傾向於君民共主政體。

他倡導的女學堂、大同譯書局相繼創辦,康廣仁被邀請來上海執掌譯書局,準備大量翻譯日文書籍。這時候,家庭出現了風波,李蕙仙再次懷孕了,秋初產下一子,不幸的是一個月後就夭折了。像那個時代的很多男人一樣,梁啟超很少流露對家事的感受,但這次變故極可能是令他想暫離上海的因素之一。

因為汪康年極力挽留李維格,啟程時間又推遲到初七。汪康年的不滿再難掩飾,聲稱患有足疾,有意迴避梁啟超,梁只能留便條跟他商量事項。他許諾汪康年一定會兼顧報館文字,一旦抵達湖南,「即

① 狄楚青《任公先生事略》,轉引自丁文江、趙豐田編《梁啟超年譜長編》,第57—58頁。
② 梁啟超《論君政民政相嬗之理》,《梁啟超全集》第一冊,第96頁。

有文來，必不如前此之寡信也」。[①]他建議先刊登徐勤文章，因為自己的文章還有一段沒有寫完，又叮囑《時務報》務必要刊登大同譯書局的告白，「外間書猶且報，況在同舟共濟者」，此外還提及不纏足會的捐款名錄事宜。[②]

梁啟超其實也已經變得越來越急迫。在給陳三立與熊希齡的回信中，他許諾十月十五日抵湘，還計劃讓時務學堂兼具學堂與書院的長處——「兼學西文者為內課，用學堂之法教之；專學中學不學西文者為外課，用書院之法行之」。學生方面「教四五十人與教一二百人，其所用日力心力相去不甚相遠，故欲以多為貴也」。他還認為貫通湖南與廣東的鐵路是救中國的關鍵，「欲通湘粵為一氣，在以湘之才，用粵之財，鐵路為其第一義也」。[③]

梁啟超終於信守承諾，於十月十二日（11月6日）抵達武昌。李維格已經提前一天到達，而前往長沙的客輪要十七號才開，這留給張之洞一個挽留他們的機會。張之洞仍希望梁啟超出掌兩湖書院的時務總教習，儘管梁啟超的言論常讓他陷入不安。梁在《時務報》第四十期的《知恥學會敘》一文中，毫不掩飾自己對滿人權貴政權的厭惡，甚至用「放巢流豳」暗示清朝君主也會面臨亡國。文章激怒了張之洞，下令兩湖境內禁發當期雜誌，還對幕僚嘀咕，要創辦新報專門駁斥《時務報》。但他仍想把梁啟超收於麾下，也希望李維格留在武昌專事譯書。張之洞建議他們在湖南象徵性地住上一個月，就返回武昌。[④]經由中日戰爭，張之洞已成為眾望所歸的頭號洋務大員，他也樂於將自己塑造為維新領袖，號召四方之才，儘管他並不善於使用這些

① 《汪康年師友書札》，第 1849 頁。
② 同上，第 1850 頁。
③ 李開軍《陳三立年譜長編》，第 416 頁。
④ 《汪康年師友書札》，第 587 頁。

人才，卻始終控制不了自己的收集慾。

　　長沙還在苦待梁啟超的到來，熊希齡特意發電報給張之洞，強調時務學堂開學在即，懇請張之洞專門派小輪船送他們入湘。

二

　　十月二十日（11月14日），梁啟超、李維格一行終於抵達長沙。在小東門外的碼頭上，陳三立、江標、黃遵憲、鄒代鈞、熊希齡、唐才常等都前來迎接。有些人是梁啟超的老朋友，另一些人則素未謀面，都是富有改革意識的官員與紳商，也是《時務報》的讀者。

　　梁啟超一行被簇擁到時務學堂。學堂設立在小東街與三貴街的交接處，這個宅子由連接的三座四合院構成，中間還有一個天井花園，因其昔日主人劉權之曾出任協辦大學士，被稱為「國相府」，劉權之的兩個弟弟也都仕途風光，因此門前又得名「三貴街」。學生們在堂前放鞭炮迎接到來的教習，在未來的歲月裡，他們將同在一院，教習在院裡住，學生宿舍在最後一進。

　　陳寶箴正忙於主持武考，開學日期推遲到了下月初。梁啟超隨即進入了當地的社交生活，成為官員、士紳、學子談論的中心和各種邀約的對象，「賓客盈門，款待優渥」。[①]黃遵憲、陳三立、江標自不必說，本地士紳也表現出強烈的誠意。王先謙、張雨珊覺得需要「特加熱鬧」，便在曾忠襄祠設宴，請來戲班，歡迎這位二十四歲的總教習一行。[②]祠堂是為曾國藩建的，是本城社交生活的中心。

　　五十七歲的王先謙是公認的湖南文壇領袖，二十三歲就高中進士，還曾出任國子監祭酒。1889年，他辭官回到長沙，出任嶽麓書院

---

① 熊希齡《為時務學堂事上陳寶箴書》，尹飛舟編《湖南維新運動史料》，第663頁。
② 同上。

的山長。這座書院以其偉大傳統著稱，朱熹曾在這裡講學，魏源、曾國藩、左宗棠這些 19 世紀的經世人物也曾就讀於此。王先謙如今決定把一些新精神引入其中，修改了書院課程，「不用時文，課經史，兼算學」。他不僅自己閱讀《時務報》，還買來讓諸生一起閱讀。[1]

這股熱情也表現在四十八歲的皮錫瑞身上。他因在湖南龍潭書院與南昌經訓書院的教學與著述獲得廣泛的聲譽，是今文學派的擁護者，相信古文《尚書》是偽作。「倦時閱《時務報》數本，每日皆然」。[2]「閱所攜《時務報》《知新報》……梁卓如痛言中國變法，止知講求船隻槍炮，徒為西人利；不知講求學校、科舉、官制，西人無所利於此，故不以此勸變法，其實此乃根本所在。可謂探源之論。」[3] 他對康有為頗為感佩，「統籌全局，權其先後緩急之序，一一如指諸掌，終以南海之四上書為最」。[4]

梁啟超本人卻與眾人想像的不同。在黃遵憲召集的一次聚會中，皮錫瑞發現梁啟超「貌不甚揚，亦不善談」，比起紙面上那個雄辯滔滔的主筆，他本人更像個謙遜的青年。[5] 或許，梁啟超濃重的廣東口音也是一層阻礙。

除卻飲宴，郊遊也是歡迎儀式的一部分。湖南名士易鼎邀請梁啟超、李維格同遊嶽麓山，同行者還有江標、陳三立、熊希齡、蔣德鈞、陳蕰唐，後兩者是湖南督銷局總辦與會辦。黃遵憲因事未到。遊山之後，他們再「同登舟飲至二鼓」，邊飲酒邊大談時事。

熊希齡說，《湘學報》將改用鉛字印刷，印刷機從上海運來；蔣德鈞提到「製造局止作電燈，鍋爐小，尚不能多出」，陳巡撫「欲製

① 陽信生《湖南近代紳士階層研究》，長沙：嶽麓書社，2010 年，第 364—365 頁。
② 皮錫瑞《師伏堂未刊日記選》，尹飛舟編《湖南維新運動史料》，第 674 頁。
③ 同上，第 678 頁。
④ 同上，第 674 頁。
⑤ 同上，第 680 頁。

槍炮，恐不能辦，計此廠非二百萬金不可」；他們還說起嶽麓書院要「仿西學式，教算學、方言」，但「現在算學止二人，方言止一人」，書院還要「別造房屋二間」。皮錫瑞則問梁啟超，陳寶箴為何不信素王改制論，梁猜測是由於「學派不合」，也「似恐犯時忌」。[①]

遊湘江、登嶽麓山、拜屈原祠堂是不可少的遊覽。長沙城內則乏善可陳。作為一個從上海到來的年輕人，沒有太多可探索的。最繁華的坡子街與上海四馬路不可同日而語，不但沒有西餐廳與櫥窗、跑馬場這些新事物，就連一個洋人也見不到，一個德國人年初曾試圖進入長沙城，惹得書院學子憤怒異常，甚至用石頭砸他，差一點釀成外交事件。[②]城裡唯有富文、新學兩家書店出售一些洋書，還有一家豆豉店代售《時務報》。

喧鬧非凡的火宮殿是湖南人元氣充沛生活的象徵，但梁啟超會喜歡那股辛辣味道嗎？時務學堂的招生考試是在賈誼的祠堂進行，這裡倒是值得一逛。賈誼這個漢代天才以雄辯文采與政治洞察著稱，此前譚嗣同正以他來作比梁啟超。

賈誼與屈原都是湖南文化的象徵，他們才華閃耀，糾纏於文學與政治，命運皆以流放而告終。長久以來，因為被崇山峻嶺包圍的地理特徵，湖南一直處在中國政治與文化的邊緣，直到1724年才確立為行省。湖南人也自認是中原文化的邊緣者，並因此有了「勁」「悍」「直」「剛」的性格。[③]「他們就像歐洲比利牛斯山和美國阿勒格尼山上的居民那樣非常特別，既不歡迎陌生人，又缺乏有教養的禮貌，卻能獨立自強」，一位美國旅行家日後寫道。他發現「長沙街道上的行人

① 皮錫瑞《師伏堂未刊日記選》，尹飛舟編《湖南維新運動史料》，第 682 頁。
② 李開軍《陳三立年譜長編》，第 392 頁。
③ 羅志田《道出於二》，北京：北京師範大學出版社，2014 年，第 39—40 頁。

語音混雜，彷彿這兒是中國的巴別塔」。[1]

但湖南命運因廣東人的叛亂而改變。曾國藩創建的湘軍鎮壓了太平天國，重塑清帝國，湖南人隨之躍至舞台中央。整整三十年，湖南人主宰了帝國的政治與軍事世界，在最高潮的一刻，天下督撫的一半人都來自湖南。以新寧縣為例，在 1850 年前的兩百多年時間，該縣產生的最高官員不過是縣令，之後卻出現了三名總督、一名巡撫、七十三名司道府縣官員，還有五十三名提督、五十八名總兵、五十六名副將和參將。[2]

一個弔詭的現象隨之出現。空前的權力、榮耀、財富湧向湖南，帶給這個省份強烈的自我意識，同時加劇了它的封閉。寫作《海國圖志》的魏源、開啟洋務運動的曾國藩、首任駐外公使郭嵩燾、創建馬尾船廠的左宗棠，清帝國的諸多變革因湖南人而起，但他們卻未能把變革帶入自己家鄉，甚至因新嘗試慘遭唾棄。曾紀澤以汽船將曾國藩靈柩送回湖南時，全省為之譁然。郭嵩燾前往倫敦時，他的朋友王闓運說他「殆已中洋毒」，甚至不無誇張地聲稱湖南人恥於與其為伍。[3]或許因為太平天國以上帝為名義，湖南人尤其與「洋」為敵，他們認定自己不但重塑了政治秩序，更是文化秩序的捍衛者。

對於傳教士，湖南更是一座「鐵門」，長沙與拉薩、紫禁城並列，是「現今世上少數讓外國人不敢進入的地方」。[4]當西方影響在廣州、上海、天津、福州已成為日常生活的一部分，長沙甚麼也沒發生。這裡不僅抵制洋人，有時還會主動出擊，一位叫周漢的湖南士人撰寫了

① 〔美〕威廉·埃德加·蓋洛《中國十八省府》，沈弘等譯，濟南：山東畫報出版社，2008 年，第 256 頁。
② 〔美〕裴士鋒《湖南人與現代中國》，黃中憲譯，北京：社會科學文獻出版社，2015 年，第 27—28 頁。
③ 同上，第 59—62 頁。
④ 同上，第 35 頁。

大量反洋教的小冊子，成為當年席捲長江流域的反洋教騷亂的主要催化劑。[1]

但這座城市其實也在孕育着某種新精神，梁啟超正是為此而來。在北門外，和豐火柴廠生產的紅頭、黑頭火柴頗受歡迎，它僱傭了幾百名女工，或許是梁啟超提倡的女性解放的最佳例證；從長沙至湘潭、常德、岳州的火輪剛剛試航成功，從漢口到長沙的電報線也架設完成；《湘學報》創辦不久，公開承認自己是《時務報》與《萬國公報》的仿效者；寶善成機器製造公司也已經成立，有小馬力鍋爐一具，刨床、車床各一台，還計劃製造電氣燈、東洋車等；這家公司還設立了發電廠，為學堂、報館及沿街商店架設電線，試行電燈照明，一位本地居民就看到「水風井電氣燈，爛爛然」。[2]

這新精神緣於一場失敗與一位新巡撫的到來。湖南人的自我中心感在甲午之戰中被摧毀殆盡。巡撫吳大澂招募湘勇、親赴前線，想重溫湘軍輝煌，卻在牛莊、營口、田莊台接連敗退。僅存的湖南中興將領劉坤一出任前線總指揮後，也毫無作為。持續了三十年的湘軍神話終於破滅了。

失敗帶來反省，而陳寶箴的到來則使反省進一步轉化成行動。1895 年秋天，這位六十四歲的江西人被授予湖南巡撫一職，這是恭親王主持中樞後人事調整的一部分。陳寶箴歷經帝國半個世紀的變化。他在 1860 年前往北京會試時，恰遇英法聯軍火燒圓明園，給他帶來了深刻的刺激。陳寶箴回鄉探望母親時，見到駐紮在安慶的曾國藩，曾歎他為「海內奇士」，期望他能「轉移風氣」，陳也隨即加入湘軍作戰。[3] 在浙江、廣東、直隸出任按察使、布政史等職時，陳寶箴整治

① 裴士鋒《湖南人與現代中國》，第 65 頁。
② 皮錫瑞《師伏堂未刊日記選》，尹飛舟編《湖南維新運動史料》，第 675—676 頁。
③ 劉夢溪《陳寶箴和湖南新政》，北京：故宮出版社，2012 年，第 17 頁。

河道、查肅官吏，但或許因為不是湖南人，他從未有真正施展才能的機會。甲午戰爭爆發後，他被任命為東征湘軍的糧台，駐紮天津，被劉坤一稱為「軍興糧台所僅見」。[1] 他也曾嚴厲批評李鴻章，不過他的批評與眾不同，不在於北洋作戰不利、馬關和談受辱，而是因為李鴻章屈從於主戰派壓力，明知沒有把握，還倉促應戰。[2]

戰敗沒有終止陳寶箴的政治生命，反而讓他獲得了實現抱負的機會。他的長子陳三立聽聞任命時「獨竊喜自慰」，三立富有政治策略與人際網絡，是他最傑出的助手。在中國陷入整體危機之時，他們認定「湖南據東南上游，號天下勝兵處，其士人率果敢負氣可用，又土地奧衍，煤鐵五金之產畢具」，他們可能在此「營一隅為天下倡，立富強根基，足備非常之變」。[3] 這也是清帝國晚期政治的另一個重要特徵，地方權力迅速興起，變革力量來自地方而非中央。

他們的理念即刻得到呼應。湖南學政江標深具改革意識，這位翰林學士皮膚白皙、樣貌俊俏，曾就讀於同文館，是薛福成的追隨者。1894 年履任湖南後，他將數學、科學引入書院課程，並支持譚嗣同、唐才常在瀏陽創辦算學館。

一個具有變革意識的士紳群體慢慢浮現出來，既有王先謙、朱昌琳式的人物，他們已六七十歲高齡，目睹湖南興起，與名臣們頗有交往；也有中生代的張祖同、蔣德鈞、鄒代鈞，他們生於中興氣氛中，卻在成年時遭遇國難；還有年輕一代的唐才常、熊希齡，正血氣方剛，具有強烈的行動慾。這三代人都因甲午之敗而重新思考湖南的命運，構成了一個改革同盟，推動各種變化。鄒代鈞管理陳寶箴推行

---

① 陳三立《湖南巡撫先府君行狀》，《散原精舍詩文集》卷五，上海：上海古籍出版社，2003 年，第 852 頁。
② 李開軍《陳三立年譜長編》，第 319 頁。
③ 同上，第 327 頁。

的第一個重要計劃礦務局，朱昌琳負責官錢局、鑄錢局，張祖同籌辦電線、電燈，王先謙推動製造公司的建立，熊希齡、蔣德鈞則辦理輪船、鐵路。當然，所有的行動中，他們經常集體出現。這是湖南一個獨特現象，地方士紳的權力尤其顯著，陳寶箴也懂得如何與他們共舞。

三

時務學堂的創辦是這一系列革新中的高潮。與報紙、學會一樣，學堂也因戰敗勃興。頭腦開放的士人終於承認，唯有開辦新式教育才可能給中國帶來富強。中國的近代學堂始於京師同文館（1862 年），它僅以培養翻譯人才為目的。接下來的三十年中，一些新式學堂陸續出現，福州電報學堂（1876 年）、天津醫學館（1881 年）、金陵同文電學館（1883 年）、湖北礦務局學堂（1892 年），都像這個廣闊版圖中的零散點綴，是勉強的產物。學生們自視為社會的邊緣人，因為無力躋身科舉正途，才不得不來學習這些陌生的知識。即使在新學堂中，他們也還帶有強烈的舊習氣，福州船政學堂的歐洲教習就不無輕蔑說，這些學生「是虛弱孱小的角色，一點精神或雄心也沒有」，「下完課，他們只是各處走走發呆……從來不運動，而且不懂得娛樂」。[①]同文館則始終保持官氣，學生們都戴着顯示等級的官帽，有人就讀時身邊甚至跟着僕人。

1895 年末，天津中西學堂創辦，分頭等、二等，再各分頭、二、三、四班，按年遞增；上海南洋公學 1896 年設立於上海，分為師範

---

① 《田鳧號航行記》，中國史學會編《洋務運動》（八），第 385—387 頁，參見桑兵《晚清學堂學生與社會變遷》，桂林：廣西師範大學出版社，2007 年，第 46—47 頁。

院、外院、中院等分部，這種分級方式在書院中從未出現。在武昌，張之洞籌建了武備學堂，廢除自強學堂的膏火制度，以吸引真正「有志求益之士」。這股浪潮自 1895 年開始，到 1898 年達至高潮，當年夏天，全國已經有 106 所新建學堂。[①]

作為長沙第一座新式學堂，時務學堂本沒有太大的雄心。最初的倡議者蔣德鈞只希望它作為附屬於寶善成公司的技術學堂，聘請一位懂汽機原理的老師，每次招收二三十名學生，一邊學習製造原理，一邊下廠實踐。這個想法得到了王先謙、熊希齡、張祖同、湯聘珍等人的贊同。這些士紳都富有強烈的道德意識，很怕創建的公司只以謀利為目的，而開設學堂無疑意味着是在推廣某種正確的社會價值。

隨着創辦者奔赴南京、上海與天津籌款，購買圖書儀器，尋找教習，學堂的性質也悄然發生了變化，一所純粹的工業學堂已經無法滿足他們被激發起的雄心。當黃遵憲建議梁啓超與李維格出任中西文總教習時，時務學堂已經不再是一所技術學堂，它可能成為一個思想中心，在士林中引發迴響。

二十七歲的熊希齡被任命為學堂總理，負責各項事務。這個湘西鳳凰人是甲午年進士，但他沒興趣享受翰林院庶吉士的名望與清閒，而是請求隨湘軍出關作戰，沉浸於「東克金陵，北平回疆，南清閩越，西討黔蜀，萃一隅之地，庶應四方之徵調」的湘軍神話中。他的思想因戰敗而變，從前每讀邸報，見有人議論西法，「頗深以為不然。及前年甲午之戰，創深痛鉅，示輕各國，始恍然大悟……於是趨步之心，久而益切」，[②]張之洞賞識他，邀他出任武昌兩湖營務處總辦，但他更被陳寶箴的維新舉措吸引，期望能在長沙創立槍炮廠。此

<hr />

① 桑兵《晚清學堂學生與社會變遷》，第 37 頁。
② 熊希齡《上鄂督張之洞書》，參見周秋光《熊希齡與湖南維新運動》，《近代史研究》1996 年第 2 期。

刻，時務學堂更需要他。

梁啟超尚在上海時，新生招募就已開始。陳寶箴親自撰寫《時務學堂招考示》，向入學者描繪可能的美妙前途：他們會被送到北京的京師大學堂就讀，甚至有機會到外國就讀；若你只想追求科舉的正途，學堂還可以幫你獲得監生的資格，直接參加鄉試。[①]總之，新學堂既追求國家自強，也滿足個人前途的雄心。

招考章程除了刊登在《湘學報》上，還張貼於長沙的大街小巷。當時恰逢三年一次的秋闈，湖南全省的秀才都聚集在長沙城，不僅看到了招生的通知，還帶回各自的縣城、鄉村。

四千名報名者中最終有四十人被錄取。慈利人李炳寰考取第一名，第三名蔡艮寅才十三歲，據說是從邵陽徒步走到長沙赴考的，他日後將以蔡鍔之名著稱，剛毅性格小時候已經有所顯露。唐才常的弟弟唐才質也在名單之中。另一位考生章士釗則落榜了，他日後回憶起來依舊頗為傷心。[②]

十一月初六（11月29日），時務學堂正式開課。三貴街熱鬧非常，長沙城主要官紳悉數到場。熊希齡撰寫了「三代遺規重庠序，九州奇變說山河」的祝賀對聯。尚未歸來的譚嗣同也以董事身份撰聯「攬湖海英雄，力維時局；勗沅湘子弟，公贊中興」。[③]

梁啟超是當日的中心人物，是學堂的靈魂以及聲望來源。「吾湘變，則吾中國變；吾湘立，則中國存。」在專門撰寫的《湖南時務學堂公啟》中，梁啟超將這所學堂的命運與湖南和中國聯繫到一起，在他心目中，學校是開民智的根本，民智又是現代世界競爭的關鍵。他

① 鄭大華主編《湖南時務學堂研究》，北京：民主與建設出版社，2015年，第101—102頁。
② 同上，第101—105頁。
③ 同上，第84頁。

追溯了魏源、郭嵩燾與曾紀澤的傳統，期待學堂「用可用之士氣，開未開之民智」，為「強國保種之謀」。①

梁啟超終於有一個實現教育主張的機會。在《湖南時務學堂學約》中，他將教學目的分為立志、養心、讀書、窮理、經世、傳教、學文、衛生、治身、樂群。在讀書與窮理兩項中，他將中國的經史、先秦諸子學與西方群學並在一起，相信這些知識中存在某種公理；在經世中，他將治理國家視作專門的學問，要「上依人理，下切時務，窮則建言，達則任事」，也要有顧炎武與范仲淹的憂患意識；他也重申孔子作為儒家教主的身份，認為只有樹立這樣的教主，才可能對抗西方之入侵。治身講究對行為的控制，學生不應有「名士狂態」，也不要染上「洋務膻習」。學文是修辭學，衛生是體育鍛煉，樂群則是結社、合作的訓練，是「群學」的一部分。

為實現這些目標，他設置了詳細的課程，將學堂的學問分為兩種：普通學與專門學。每個學生在前六個月都學習普通學，之後才選擇自己的專門學。普通學又分經學、諸子學、公理學與中外史志及格算諸學。專門之學則分三類：公法學，包括憲法、刑律等內公法與交涉、約章等外公法；以及掌故學和格算學。

他列出了一個詳盡的閱讀書目。在普通學的第一個月，學生要讀《禮記》與《孟子》，到了第四個月，就要讀《春秋公羊傳》《春秋繁露》《春秋穀梁傳》《白虎通》等。他計劃在第七個月專門學開始時，專攻公法門的學生就要讀《公法總論》《萬國公法》；掌故門的學生則要開始《周禮》與《秦會要》──「兩千年制度多本於秦，故必以此書為掌故學根原」；格算門則要讀《學算筆談》與《格物質學》。②這份計劃是萬木草堂與他的閱讀經驗的混合，梁啟超想把時務學堂建成他心目

① 鄭大華主編《湖南時務學堂研究》，第85頁。
② 同上，第129—134頁。

中的政治學院，他相信，如今的學問，政學為主義，以藝學為附庸。

學生們很快發現，年輕總教習強烈的個人風格更吸引人，他的情緒相當振奮，每日要講上四個小時。講學課題張貼在課堂上，兩位高材生坐在講席旁，記下所講內容，再互相參照筆記，留下存底。

「梁先生講學時，自言吾輩教學法有兩面旗幟：一是陸王之修養派，一是借公羊、孟子發揮民權之政治論。」[①] 陸九淵與王陽明代表的道德衝動、行動精神，正是梁啟超所追求的，對於一個普遍冷漠、渙散的中國社會，這種精神顯得尤其重要。孟子則是他在過去幾年裡日益濃厚的興趣所在。他從孟子倡導的「仁政」中看到現代的西方民主，從孟子對民眾的推崇中，可以引申出民權理論。他努力使學生相信，孔子傳下了兩種思想傳統，荀子主張傳經，孟子則繼承了經世精神，荀子長久以來佔了上風，導致士風不振，而孟子的入世精神、行動力量、對仁政之追求，才代表孔子的精神。

比起康有為的「海潮音」與「獅子吼」，梁啟超的演講魅力要遜色得多。台下弟子來自口音各異的瀟湘之地，彼此的交流都不太通暢，更何況他的廣東官話在別人耳中未必能盡達其意。好在他有一隻健筆。時務學堂沿襲了萬木草堂的札記傳統，每個學生有一冊札記，分專精、涉獵兩門，每天要將讀書的心得記在上面。心得又分兩種，一種是從書中引申出的意思，另一種則是對書的反駁。札記每五天一交，院長與分教習批答之後發還。課堂上還有問答箱，學生若對讀書有疑問，可以寫在專門的格紙上放入箱中。

批改札記激起了梁啟超的熱情，「每條多至千言，往往徹夜不眠」。[②] 這是強烈書寫慾的釋放，彷彿學生札記本取代了《時務報》的

---

① 唐才質《湖南時務學堂略志》，《湖南文史資料選輯》第 1 集第 2 輯，長沙：湖南人民出版社，1981 年，第 56 頁。
② 《梁啟超自述》，第 21 頁。

版面。離開了時務報館的梁啟超，終於可以公開談論公羊學、孔子改制等理念，更可暢言民權說了。

學生們的問題五花八門。孟子之利與天下公法的關係，明治維新的啟示，孔子大一統與督撫自治的矛盾，日食到底是否意味着災禍……中國一整套宇宙、政治與倫理的價值觀正迅速瓦解，昔日訓練在現實面前陡然失效，人人感到茫然。

教習們在札記中倡導民權，說《春秋》無不言民權。古已有之的論調早被嚴復批評過，但梁啟超仍堅持認為經書中已蘊含議院設想，只是沒人敢說出來。他也不遺餘力地推廣康有為大同學說，相信它為歷史發展給出了明確方向。

台下少年不僅能聽到春秋大義，也能聽到李維格講述西方政治、歷史、格致之學。這位西文總教習對民主不那麼感興趣，說「美國總統多用銀買，法不善，不能持久，其風俗尚不如英。外國過奢華，亦非持久之道」。[1]

梁啟超還把國家比作雜貨鋪，主權屬於民眾，皇帝不過是雜貨鋪主管。韓文舉讚揚美國的民主比歐洲君主制更好，很多人願意移民到這個國家。它甚至比三代之治更理想，因為其領導人是選舉出來的，而不是像中國那樣由堯私下授予舜的。美國總統甚至可以被彈劾，就連英國君主也曾被廢除。

學生的好奇心與使命感被激發出來了。在札記中，張伯良開始討論古巴獨立是否合乎公法，楊樹達相信振興工業為第一，蔡鍔則關注天文學。[2] 另一個學生李渭賢注意到了天文和政治之間的關係：「彗星

---

① 《梁啟超自述》，第 150 頁。
② 蔡鍔的看法是，「恆星，孩提只知其為螢火，長則知其為星。讀天文書知其星之名號，以幾何之法算之，以顯微之鏡察之，則知其為不可思議之地球」。參見《梁啟超自述》，第 152 頁。

或五年一見，或七年三年一見……於國家妖祥，似乎有關係，其理究竟如何？」[1]

最令人興奮的仍是對現實之批判。也許你能感到嚴峻的現實危機，也感到日常生活中無處不在的禁忌，在時務學堂，你可以直指這些禁忌。梁啟超在課堂上宣講《明夷待訪錄》，黃宗羲描述的學生參政傳統令他神往不已：「東漢太學三萬人，危言深論，不隱豪強，公卿避其貶議。宋諸生伏闕槌鼓，請起李綱。」[2]黃宗羲認為學校是天下的中心，唯有進行教育改革，才能進行政治改革，他嚴厲批評君主專制，倡導一套相對獨立的教育系統，學校可以干預政治，卻不該受到政治權力的干預。

「我們當學生時代，實為刺激青年最有力之興奮劑」，梁啟超日後寫道。[3]除去黃宗羲，顧炎武、王夫之也被搬了出來。這是晚清知識界另一股暗流，在沉睡了兩百年後，這三個並不相干的人物被集體喚醒，置於同一個序列之中。他們都身經明清嬗代，對新王朝保持抵抗態度，並在動盪之中創造了獨特的知識體系與個人哲學。尤其是王夫之，他身為湖南人，在本省有着更恢弘的影響力。

教習們還私自印刷了更大膽的禁書。王楚秀的《揚州十日記》寫於 1645 年，那年初夏，清兵報復性地屠戮了揚州城。「城中四邊火起，近者十餘處，遠者不計其數」，「所攜一少婦一幼女一小兒，小兒呼母索食，卒怒一擊，腦裂而死，復挾婦與女去」，這個幸存的揚州秀才的書中充滿類似的慘況描述，他估計有八十萬餘人罹難，尚不包括落井投河、閉戶自焚與自縊者。這本小冊子不無誇張，當時的揚州

---

①　《梁啟超自述》，第 152 頁。
②　黃宗羲《明夷待訪錄·學校》，《黃宗羲全集》，杭州：浙江古籍出版社，1985 年，第 10—13 頁。
③　梁啟超《中國近三百年學術史》，《梁啟超全集》，第六冊，第 4452 頁。

人口不過四十萬，屠城也並未持續十天，細節卻栩栩如生。《揚州十日記》很容易激起漢人讀者的屈辱與仇恨，長期被朝廷視作禁書。它的流傳是越來越強烈的「反滿」情緒的流露。[1]

梁啟超篤信，意志的塑造比知識訓練更重要。他喜歡講述日本志士的事跡，「日本所以能自強者，其始皆由一二藩士慷慨激昂，以義憤號召於天下，天下應之，皆俠者之力也」，而「中國無此等人，奈何奈何」。他期望自己的學生能有這慷慨激昂之氣。[2]

他將萬木草堂的共同體精神搬到了長沙。他這時不過二十四歲，幾乎與學生同齡。在三貴街的學堂內，他們同吃同住，日夜交流，學生們也展露出與眾不同的一面：唐才質對李炳寰與蔡鍔印象最深，他與李同住一個宿舍，因為意氣相投，乾脆換帖為兄弟；蔡鍔年紀最小，體質文弱（誰也不會料到他會以軍功被載入歷史），卻見解獨到，每每在月度考試名列前茅。他們「談到當前政治敗壞，聲情激越，決心貢獻自己一切力量，以挽救國難」。[3]

四

「入湘大佳，食用等可無須另籌，兄處有數人同居，飲食居住悉方便」，在致何擎一的信中，梁啟超盛讚長沙新環境，並邀請這位同學前來。[4]

他對汪康年則抱怨說，自己比在上海時還要忙，「此間欲辦之事頗多，將全力鼓鑄」。他未能遵守諾言按時寄去稿件。事實上自第

---

① 何正標《「揚州十日」真相——南明遺民王秀楚手記解析》，《滄桑》2008 年 1 期。
② 梁啟超《學生問答若干條》，尹飛舟《湖南維新運動史料》，第 46 頁。
③ 唐才質《追憶蔡松坡先生》，《湖南文史資料選輯》(1)，湖南：湖南人民出版社，1961 年，第 97 頁。
④ 丁文江、趙豐田編《梁啟超年譜長編》，第 58 頁。

四十四期起,他就再沒為《時務報》撰寫任何重要的稿件,四十五期的《日本書目志》序言、為倡設女學堂所寫的公啟,第四十七期上為日本橫濱中國大同學校寫的緣起,都是他離開上海前完成的。這或許也是緣於個人怨氣,距離並未消解他對汪康年的不滿,他對黃遵憲、陳三立、熊希齡、譚嗣同都私下抱怨過,時務報館已變成「汪氏一人一家所開之生意」,他們「每月以百數十元僱我作若干文字」。他想辭去總主筆的職務,卻被勸阻,眾人勸他報館「究是大局之事,非一人一家之事,寧少安毋躁」。[①] 梁啟超壓抑住了不滿,在信中還討論了湘粵鐵路的計劃,覺得這樣一來東南中國才「生氣尚有一線」,問汪康年上海是否有關於此事的新消息。[②]

國家的危機感伴着他的長沙生活。11 月 14 日,也就是他抵達東門碼頭那天,一群德國士兵登陸膠州灣,佔領了青島。這次行動蓄意已久,年輕、狂躁的德皇威廉二世一直想在中國獲得一個立足點,認為既然德國幫助中國討回了遼東半島,理應有此回報。兩位德國傳教士在山東巨野縣被殺,給了他自認為再充分不過的藉口。

湖南官紳普遍陷入焦慮。「德人甚猖獗……報中屢言德人挑釁,以為各國於中國皆有駐足之地,彼獨無有,一旦瓜分不能染指,是耽耽已久。」[③] 盛宣懷則從武漢寫信給陳三立,哀歎「中國之大,無兵無餉,讓一步進一步,若不亟圖自強,何以為國」。[④]

十一月七日(11 月 30 日),譚嗣同回到長沙。一年來諸事不順,《民聽報》與《礦學報》的設想均告破滅。在武昌短暫停留時,盛宣懷期待他前往小花石煤礦,勘查能否出產漢冶萍公司所需的燃煤。張

---

① 《汪康年師友書札》,第 1853 頁。
② 丁文江、趙豐田編《梁啟超年譜長編》,第 58 頁。
③ 皮錫瑞《師伏堂未刊日記選》,尹飛舟編《湖南維新運動史料》,第 681 頁。
④ 李開軍《陳三立年譜長編》,第 417 頁。

之洞也希望這位湖北巡撫的公子能團結湖南的官紳，加速湘粵鐵路與湘江輪船籌辦。

譚嗣同一下船就前往巡撫衙門，恰好陳寶箴與一眾官紳都在。他說，德國人與法國人都已向張之洞提出建鐵路的要求，日本人的內河航運計劃也馬上開始，湖南必須抓緊鐵路與輪船計劃。陳寶箴出示北京電報，德人已經佔領青島，並提出六項要求，包括山東巡撫李秉衡（重要的清流派）永不敘用等。席間，他們又談到宮中傳聞，慈禧太后的壽誕又近，據傳要耗銀百萬重修圓明園。「宜為外人玩視，並非洲黑人不如也」，皮錫瑞在日記裡氣憤地寫道。[①]

翌日，譚嗣同又聯合湯聘珍、熊希齡、蔣德鈞等人請求設立湘粵鐵路公司，集股開辦，公舉黃遵憲為總辦。陳寶箴贊同這項建議，呈給張之洞上奏。作為湖北巡撫的公子，譚嗣同與維新群體聯繫密切，他的虎虎生氣令人備感鼓舞。比起一年前瀏陽算學館的艱苦嘗試，他感慨這裡煥然一新的氣象，「兩年間所興創，若電線、若輪船、若礦物、若銀圓、若鑄錢、若銀行、若官錢局、若旬報館、若日報館、若校經堂學會、若輿地學會、若方言學會、若時務學堂⋯⋯若刊行西書、若機器製造公司、若電燈公司、若火柴公司、若煤油公司、若種桑公社、農礦之業，不一而足」。[②]

這位譚公子容易熱情高漲，但也容易氣餒，幾天後，他就發現促辦鐵路、輪船之事都進展不順 —— 張之洞感到遲疑，讓熊希齡與蔣德鈞前往武昌面議。他向皮錫瑞抱怨「中國事非一時能辦」，擔心鐵路計劃若早不實行，「恐情見勢絀，外夷又將生心」，湖南人可能籌不到款，只能指望廣東人了。[③]這也是湖南維新者的普遍感受，他們開始擔

---

① 皮錫瑞《師伏堂未刊日記選》，尹飛舟編《湖南維新運動史料》，第 683 頁。
② 譚嗣同《與徐仁鑄書》，《譚嗣同全集》，第 270 頁。
③ 皮錫瑞《師伏堂未刊日記選》，尹飛舟編《湖南維新運動史料》，第 684 頁。

心中國革新的速度趕不上被瓜分的速度。

三貴街上的時務學堂是維新者鍾愛的聚會之所。十一月十五日（12月8日），逢學堂假期，陳三立召集眾人，轉述了陳寶箴對時局的憂慮，務必要尋找一個「破釜沉舟、萬死一生」之策。學堂中的氣氛悲憤異常，梁啟超也感到「心突突不自制，熱血騰騰焉，將焰出於腔，蓋振蕩迅激，欲哭不得淚，欲臥不得瞑」。

六天後，梁啟超修書給陳寶箴。此日，正是梁啟超到長沙滿一個月。梁啟超分析了中國面臨的瓜分困境，十八行省不幾年就將淪為「俎上肉」，要麼像台灣那樣被割讓，要麼像膠州那樣被強佔，而「今日之督撫，苟不日夜孜孜，存自立之心者，雖有雄才大略，忠肝義膽，究其他日結局，不出唐景崧、葉名琛之兩途」。

在如此悲觀的預言後，他提出了一個令人瞠目的建議，勸陳寶箴效仿西漢末年的竇融、明末的鄭成功，「以一省荷天下之重，以一省當萬國之衝」，並以日本的薩摩、九州兩藩拯救日本作例。他相信湖南正佔據了這樣的優勢，陳不僅受到太后與皇帝的倚重，更有黃遵憲、徐仁鑄等人的支持。胡林翼生在此時，有可能也會做出相似的決定。他強調這不是傳統意義上的地方割據，而是「大統淪陷，而種類有依恃之所」。[1]

無論從何種標準來看，這封信都顯得大逆不道：宣揚湖南自立，無異謀反。陳寶箴沒做出任何回應，但也沒表現出特別的震驚與憤怒。這位巡撫大人是個溫和之人，「氣象莊嚴而不頑固」，[2]此刻正承受着高度的壓力，除卻省內的紛繁事物，他自己身體不佳，妻子則臥病在床。他被這群青年的救國熱忱所感動，默許了他們的放肆。在瓜分

---

① 李開軍《陳三立年譜長編》，第 422—423 頁。
② 梁啟超《湖南教育界之回顧》，原載《大公報》1922 年 9 月 3 日，參見鄭大華主編《湖南時務學堂研究》，第 349 頁。

的恐懼面前，一切言行似乎都可以諒解。

對於維新者來說，通往湖南獨立的具體路徑是清晰的。梁啟超寫信當日，南學會的開辦請求獲得批准，陳寶箴將孝廉堂劃為公所。

南學會的籌劃早已開始，黃遵憲是最初的倡導者，梁啟超與譚嗣同加速了它成立的進程。《湘學報》當日刊登了梁啟超撰寫的《南學會敘》，他比任何人都能意識它的重要程度。

梁啟超首先描述了「君與官不相接，官與官不相接……農與農、工與工、商與商、兵與兵不相接，如是乃至士與君不相接，農工商兵與官不相接」的現實，這種隔閡感導致國家衰弱。學會則是彌合這種分裂的最佳手段，君主、官員、士人、民眾都應該有自己的會——「旦旦而講之，昔昔而摩厲之……夫能齊萬而為一者」。[1] 因為有了良民會，普魯士才擊敗法國。而被擊敗的法國因為有紀念會，也才有反彈的一刻。意大利、希臘面臨亡國，仍有保國會、保種會，明治維新的成功也是緣於諸會黨。

講完這段並不準確的世界歷史，他筆鋒一轉，回到了此刻的中國。正是因為缺乏各種學會，中日戰後的群情憤慨才沒能轉化成行動。除非中國人能「齊萬而為一，而心相鈎、而力相摩、而點相切、而線相交」，否則「一利不能興，一弊不能革，一事不能辦」。

他對南學會充滿厚望，因為湖南不僅有魏源以來的變革傳統，過去兩年更是「官與紳一氣，士與民一心……其可以強天下而保中國者，莫湘人若也」。他期待南學會能引發新風潮，令「官與官接，官與士接，士與民接，省與省接」。[2]

梁啟超其實刻意隱藏了更激進的理念。黃遵憲私下把學會視作議會，梁自己也認為它是湖南獨立的前奏，「南學會」正指倘若中國遭

① 梁啟超《南學會敘》，《梁啟超全集》第一冊，第 138 頁。
② 同上，第 139 頁。

遇瓜分,「南中國猶可以不亡」,因為「獨立之舉,非可空言,必其人民習於政術,能有自治之實際然後可。故先為此會以講習之,以為他日之基,且將因此而推諸於南部各省」。[1]「開化可謂勇矣」,皮錫瑞讚歎道。[2]

在不久後的《論湖南應辦之事》中,梁啟超更充分地展露了自己的想法,他大膽地寫道:「今之策中國者,必曰興民權,興民權斯固然矣。」他將智識程度視作國家強弱的關鍵,「然民權非可以旦夕而成也。權者生於智者也。有一分之智,即有一分之權」,而此刻印度、非洲的黑人,美洲的印第安人,南洋的棕色人種,他們之所以滅亡,全因「其智全塞」。在這種新形勢下,中國應該拋棄掉過去「抑民權、塞民智」的做法,擁抱「伸民權、廣民智」。

不僅民智要開,紳智與官智也要開,而湖南就應該是開智的試驗地。時務學堂是開民智,南學會則是為開紳智所設,他建議設立課吏堂開官智,在堂中張掛地圖,陳列各國條約,以及歷史掌故、公法、礦政等書籍,巡撫兼任校長,司道為副校長,要求官員寫札記,把官僚系統也變成一所學校。他還建議設置新政局 —— 從礦物、練兵到修鐵路、設立勸工博覽場,都歸它籌劃管理。在梁啟超心中,湖南已經可以建立起一個政治改革的雛形 —— 南學會是眾議院,課吏堂是貴族議院,新政局則是縮微版的中央政府。[3]

梁啟超的看法也得到了譚嗣同的呼應,他在十二月初上書陳寶箴,提出「善亡之策」:一為開國會,「群其才力,以抗壓制」,二是開公司,「群其資產,以防吞奪」。譚嗣同再提興民權之說,但其重心

---

① 梁啟超《戊戌政變記》,中國史學會主編《戊戌變法》(一),第301頁,
② 皮錫瑞《師伏堂未刊日記選》,尹飛舟編《湖南維新運動史料》,第686頁。
③ 梁啟超《論湖南應辦之事》,《梁啟超全集》第一冊,第177—180頁。

不再是百姓如何活下去，而是考慮他們死後何以安身。[①]

　　「此間各事大有眉目，同心協力以鼓鑄之，三年後當可有成就」，梁啟超向汪康年描述這裡的新氣象，說南學會「誠盛典也」。他對南學會賦予了特別意義，認為是「東南半壁自立之起點」。他盼汪康年能在明年初來長沙，暫時主持南學會——這也是陳三立與熊希齡的意見。屆時，梁啟超將赴北京參加會試，譚嗣同則前往廣東。他期待汪康年願意來湘協助熊希齡和鄒代鈞，歐陽節吾和汪頌年或許可以幫上忙——「若能得此兩人辦南學會，則大佳也。」[②]

<h2 style="text-align:center">五</h2>

　　在悲憤、激越中，離別的苦澀也滲透進來。江標結束了三年的學政生涯，即將離開長沙。各種歡送會接踵而至，梁啟超照例出現在名單中。

　　十一月二十六日（12 月 19 日），江標與徐仁鑄來到時務學堂。梁啟超、李維格與新舊兩位學政同坐，王先謙、鄒代鈞、譚嗣同、熊希齡也都在座，與諸生一起聽江標的離別贈言。在場的皮錫瑞記得，江標「所講亦是尋常發落語」。席間眾人很快議論起膠州灣危機，有人還期待德國人「亦知讀孔書，或不敢動孔林耳」。[③]

　　臨行前，江標看到唐才常贈予梁啟超的一方菊花硯台，還有譚嗣同撰寫的銘文：「空華了無真實相，用造剙偈起眾信，任公之研佛塵贈，兩公石交余作證。」本已決定登船離去的江標旋即說，這樣的硯台銘刻，豈可交給石工，只有自己方能完成。他回船卸下冠服，傍晚

---

①　譚嗣同《上陳右銘撫部書》，《譚嗣同全集》，第 276—280 頁。
②　《汪康年師友書札》，第 1852 頁。
③　皮錫瑞《師伏堂未刊日記選》，尹飛舟編《湖南維新運動史料》，第 688 頁。

時，抱着貓與刻刀回到學堂，一邊與眾人談論時事、戲謔玩笑，一邊鐫刻硯台。夜深之時，他終於完成鐫刻，眾人又再次送他回到船上，點上蠟燭欣賞他的刻功。不知不覺天已大亮，「濛濛黃月，與太白殘焰相偎煦」，江標起身送眾人上岸。[①] 這枚菊花硯代表着維新者之間的情誼，兩年後則成了悲劇的象徵。

江標的離去並未減弱湖南的變革熱情，在某種程度上，三十四歲的徐仁鑄是更激進的一位，他不僅支持新學，還是公羊學說的擁躉，在中日戰爭後開始對康有為學說發生興趣。這位學政是官宦之後，他的父親徐致靖是御史之一。譚嗣同聽說他將出任湖南學政時，「笑樂不能自禁」。[②] 但徐從不喜歡別人把自己與江標混為一談，他認為後者的趨新不無淺薄，只是在濫用聲光電這些新詞彙而已。

梁啟超在課堂上、在札記本上的言論日益激烈。「今日欲求變化，必自天子降尊始，不先變去拜跪之禮，上下仍習虛文，所以動為外國訕笑也」，他還說，「二十四朝，其足當孔子王號者無人焉，間有數霸者生於其間，其餘皆民賊也」，甚至認為「變法未有不先變衣服者，此能變，無不可變矣」。[③] 這簡直是對君權、禮儀的徹底否定。

很少有外人知悉，時務學堂是怎樣一個熾熱的封閉空間，一些當地著名人物都願把自己的門生送來旁聽。葉德輝就把得意弟子石醉六介紹給梁啟超，說他「才智開拓、性情篤實」，可堪造就，還專門去信給熊希齡，希望時務學堂能「留其在學堂，通曉萬方之略，周知天下之情，毫不累於考試，亦不累於章句」。[④]

三十四歲的葉德輝在長沙城中極富聲譽。他是張元濟、汪康年

---

① 丁文江、趙豐田編《梁啟超年譜長編》，第 61 頁。
② 譚嗣同《與徐仁鑄書》，《譚嗣同全集》，第 269 頁。
③ 丁文江、趙豐田編《梁啟超年譜長編》，第 59 頁。
④ 葉德輝《致熊希齡》，尹飛舟編《湖南維新運動史料》，第 858 頁。

的同年進士，卻因對官場缺乏興趣回到長沙，不僅繼承祖上的豐厚資產，自己也頗有生財之道，在坡子街上開設了錢莊與百貨號。他以藏書家的身份為人稱道，曾與前任巡撫吳大澂唱和，也曾為江標印書。他生性放縱、粗魯，牙齒外突，臉上還佈滿麻點，被人叫為「葉麻子」。本地宿儒王闓運說他「躁妄殊甚」，而他對前者也沒表現出太多尊敬，認為士各有志、學各有宗，甚至對湖南人倍加推崇的魏源倡導公羊學也心生不滿，攻擊魏源是「病狂」「喪心」。[①] 不過，他對梁啟超倒頗為欣賞，即使理念並不一致，仍認為「舊黨與新黨，說到人情天理，固無有不合者」。[②]

梁啟超的才華也確實令人折服。「梁氏文筆甚暢，使予為之，不能如此透徹，才力之相去遠矣」，皮錫瑞在讀完《讀春秋界說》後感慨道。[③] 兩天後，他前往時務學堂，正碰到梁啟超升堂講學。「竊聽數語，是說《孟子》中告子、子莫（兩家）學術。學生執筆錄記，加以發明，予謂後世有取士，無教士法，如此方是教。」皮還發現蔡艮寅、黃頌鑾兩位學生「幼而才，長於議論」，梁啟超的改筆「仍重文法」。[④]

時務學堂內氣氛其樂融融。黃遵憲經常約學生們前往官舍談天，「娓娓不倦，態度和藹，無官場氣」，並作詩贈予這些少年：「國方年少吾將老，青年高歌望爾曹。」[⑤] 徐仁鑄信任梁啟超，梁甚至撰寫了《輶軒新語》以徐仁鑄的名義印刷，發送到各書院，倡導公羊改制學說。

梁啟超的聲名也引來遠方的追隨者。地處湘邊的永明縣縣令何

① 葉德輝《與段伯猷茂才書》，尹飛舟編《湖南維新運動史料》，第 877 頁。
② 葉德輝《致熊希齡》，尹飛舟編《湖南維新運動史料》，第 857 頁。
③ 皮錫瑞《師伏堂未刊日記選》，尹飛舟編《湖南維新運動史料》，第 689 頁。
④ 同上，第 703 頁。
⑤ 唐才質《追憶蔡松坡先生》，《湖南文史資料選輯》(1)，第 97—99 頁。

紹仙想打破陳規，寫信給這位總教習，問他可否為當地的濂溪書院聘請一位算學山長，每年聘金一百二十兩，同時索要時務學堂學章四十本，準備下發鄉間。[①] 平江縣令冼寶幹讀過梁啟超的《變法通議》，來信表達仰慕，並請教改革書院事項。[②]

名聲也吸引了挑戰者。正月二十三日（2月13日），湘潭舉人楊度來長沙，聽聞梁啟超是「省中知名者」，便前往拜會。[③] 比梁啟超小兩歲的楊度是湘軍之後，撫養他長大的伯父官至總兵，還為他捐了監生。他在 1894 年中舉，曾參與公車上書，返回家鄉後成了王闓運的學生。王醉心於研究帝王術，曾建議曾國藩南面稱帝，自己願意輔佐，被斥責為「妄想狂症」。[④] 王闓運相信宋明理學只有在太平之時方可運用，而他的「帝王之學」則可應對亂世。楊度被王闓運的主張深深影響，曾對朋友說，督撫可作為者很少，必須要一位新王了。他深感懷才不遇，在歲末的日記中寫道：「人生幾何，而修名未立。當此歲暮，離憂生焉。」[⑤] 但他總有一種充沛的自信：「余誠不足為帝王師，然有王者起，必來取法，道或然與？」[⑥]

兩個自命不凡的年輕人在時務學堂中辯論起來。楊自稱「論辯甚多，詞氣壯厲」，認為梁啟超所推崇的孟子在當今之世沒太多用處，在他的描述中，梁啟超「初猶肆辯，後乃遁詞」，一直到晚上才回

---

① 《永明縣何紹仙大令致時務學堂總教習託聘算學山長函》，尹飛舟編《湖南維新運動史料》，第 547—548 頁。
② 《平江縣冼寶幹大令致時務學堂梁院長書》，尹飛舟編《湖南維新運動史料》，第 541—542 頁。
③ 北京市檔案館編《楊度日記（1896—1900）》，北京：新華出版社，2001 年，第 78 頁。
④ 楊念群《甚麼是歷史的常態？——〈楊度日記〉中所反映出的鄉紳心態與日常生活》，見北京市檔案館編《楊度日記（1896—1900）》，第 5 頁。
⑤ 北京市檔案館編《楊度日記（1896—1900）》，第 124 頁。
⑥ 同上，第 93 頁。

去。^①楊度對梁啟超印象頗佳，說他「年少才美」。幾天後，楊度再次前來，卻未能見到梁啟超——過分忙碌與亢奮令他患了瘧疾，當時正臥床休息。

1898 年正月三十日（2 月 20 日），皮錫瑞前往時務學堂，發現梁啟超「病瘧不出」。他們一群朋友到梁的房間談話，看到不纏足學會的請願書，皮感慨「此舉若行，功德無量矣」。^②梁啟超安慰前來探訪的譚嗣同，自己連日服藥，正在恢復，還說起想回一趟廣東，慶祝父親五十壽辰。^③

長沙的改革仍在繼續。梁啟超勸打算回江西的皮錫瑞留下，為即將開辦的南學會講學。南學會最終於二月初一成立。梁啟超為南學會擬定了章程，其中包括這樣的細節：聽講者要先領取憑單，只能坐着聽，不能開口，如果有疑問，把問題寫在紙上，投入籃中，再由講者作答。

南學會召開了第一屆演講會。憑單很快就發完了，最終有三百多人參加。對於講者和聽眾來說，開會與演講的程序都是陌生的事物。《湘報》報道說：「堂上設講座，下排橫桌，聽講者環坐焉，士大夫周旋問答，言笑晏晏。」敲鐘十二下之後，人們坐下，接着是主持者搖鈴，要求肅靜。但大多數人不知講學到底是甚麼，有人還以為是唱戲，還有人誤認為是學堂招考，連考具都帶來了。

皮錫瑞是第一個講者，他慶幸自己面對這樣多的人沒被嚇到，黃遵憲的演說受歡迎，「更透徹，人以為似天主傳教者」。^④陳寶箴最後出場，批評了湖南的排外情緒，「當恥我不如人，不當嫉人勝我」，「不

---

① 北京市檔案館編《楊度日記（1896—1900）》，第 78 頁。
② 皮錫瑞《師伏堂未刊日記選》，尹飛舟編《湖南維新運動史料》，第 706 頁。
③ 賈維《譚嗣同與晚清士人交往研究》，第 283 頁。
④ 李開軍《陳三立年譜長編》，第 437 頁。

思我政教不如彼，人材不如彼，富強不如彼，令行禁止不如彼，不能與彼爭勝於疆場之間，而欺一二旅人於堂室之內」。[1] 演說結束後，主持人手中的鈴響了，眾人起身魚貫而出。《湘報》感慨地報道：「此事為生平所未見，不圖今日見三代盛儀也」。[2]

六天後，南學會舉辦了第二次演講會。譚嗣同努力使聽眾理解地球是圓的；鄒代鈞則說起熱帶與寒帶的劃分，赤道又是甚麼。[3] 現場「聽講者更多，幾無隙地」，聽眾卻聽不懂他們的話題，紛紛想離去，因為熊希齡拒絕開門才勉強聽完。[4]

梁啟超錯過了演講。他掛念着上海的變化，雖然還掛着總主筆之名，其實已經難以施加任何影響。在給汪詒年的信中，他先是問起「年終報費收得如何，尚敷開銷否」，然後提到大同譯書局在《時務報》刊登廣告一事——既然連蔡爾康的《中東戰記本末》都能刊登，為何卻對大同譯書局之事多有刁難？[5]

在努力維持的和氣之下，他與汪康年都想獲得《時務報》的主導權，認為是自己的努力才讓報紙如此成功。汪的確在 1898 年初專程來到長沙探討《時務報》事宜，眾人皆勸他放棄。或許是擔心發生直接的衝突，兩人並未見面。

對於梁啟超，上海舊事很棘手，長沙的蜜月時光也已經過去了。他在課堂上的那些大膽言論、在學生札記上的批注，逐漸流出了課堂。在別人眼中，他不再是那個聲名卓著的主筆，而是一個需要防範的異端。

① 《陳右銘大中丞講義》，尹飛舟編《湖南維新運動史料》，第 381 頁。
② 《開講盛儀》，尹飛舟編《湖南維新運動史料》，第 380 頁。
③ 譚嗣同《南學會第二次講義》（原題《論今日西學與中國古學》）、鄒代鈞《南學會第二次講義》，尹飛舟編《湖南維新運動史料》，第 392—398 頁。
④ 皮錫瑞《師伏堂未刊日記選》，尹飛舟編《湖南維新運動史料》，第 709 頁。
⑤ 丁文江、趙豐田編《梁啟超年譜長編》，第 67 頁。

他決定回上海，既為治病，也為了再次北上參加會試，他還勸慰挽留的同人，自己只是回廣東為父親做壽。離開長沙前，在給汪康年的信裡，梁啟超終於將不滿發洩於筆端，用少見的嚴厲語氣歷數自己的憤怒，「去年一年報館新來之人，六七未嘗一告」，甚至連延聘曾廣銓出任主筆一事也隱瞞下來，更別提汪康年對康有為的嘲弄。他們已經決裂，變得水火不容，「非兄辭則弟辭，非弟辭則兄辭」，他希望汪康年將決定在二月二十五日前後用電報發給上海的梅福里。

在信的結尾，他再次強調這次爭端是源於《時務報》公事，不管結果如何，兩人友情並不會因此影響——「他日海上相見，杯酒言歡，毫無芥蒂，毫無嫌疑」。[①]

比起來長沙時的隆重，梁啟超的離去顯得有些匆忙、冷清，沒有了慣常的宴請與送別。這既是因為梁啟超身體不適，也與他尚不明確的個人選擇有關——是回到上海管理《時務報》，還是趕考歸來後繼續充當長沙的總教習？

在返回上海的立邨號上，梁啟超情緒激昂，與同行者相約「非破家不能救國，非殺身不能成仁，目的以救國為第一義，同此意者皆為同志。吾輩不論成敗是非，盡力做將去，萬一失敗，同志殺盡，只留自己一身，此志仍不可灰敗，仍須盡力進行。然此時方為吾輩最艱苦之時，今日不能不先為籌劃及之，人人當預備有此一日，萬一到此時，不仍以為苦方是。」[②]比起前往長沙時那個暴得大名的主筆，這位離去的總教習身上多了一些悲壯與激進的殉道精神。

在長沙，皮錫瑞在二月十四日（3 月 6 日）的日記中平淡地寫道：「梁卓如已往滬，乃翁在滬待彼入都。」[③]

---

① 丁文江、趙豐田編《梁啟超年譜長編》，第 67—68 頁。
② 同上，第 70 頁。
③ 皮錫瑞《師伏堂未刊日記選》，尹飛舟編《湖南維新運動史料》，第 711 頁。

第十二章

保國會

　　梅福里沒接到汪康年的信，梁啟超接管《時務報》的計劃落了空。離開上海五個月，儘管他仍有總主筆的頭銜，但影響被不斷淡化，他延請的兩位主筆都任職短暫，徐勤已經前往橫濱執掌大同學校，歐榘甲也奔赴長沙出任時務學堂分教習。汪康年先後聘請了曾廣銓與鄭孝胥。一位名叫王國維的年輕人此時出任校對，對每月十二元的底薪憤憤不平。[①]

　　不過，梁啟超對讀者的影響力仍在繼續。《時務學堂學約》《南學會敘》刊登在論說欄，將湖南的維新精神散播到全國讀者中。中國女學堂的籌建也在進行，靜安寺的花園餐廳為此專門舉辦了西式募捐會，會上供應香檳酒，在場的立德夫人遇到了身穿滿人服裝的康同璧，「《時務報》筆政梁啟超先生的親戚也都到了場」。[②]她提到的「親戚」很可能是李蕙仙，梁啟超鼓勵妻子參與社交生活。學堂創辦人之一經元善對梁啟超大加讚歎，「撰公啟、定章程、倡捐助，皆出孝廉大筆，文理密察，學有本原」。[③]大同譯書局雖沒有期待中的那樣規模恢宏，卻也出版了《孔子改制考》《董子春秋學》等著作，康有為藉此構造出一個更體系化的變法哲學，也為後來的禍端埋下伏筆。

　　梁啟超沒回新會為父親慶祝五十壽辰，反而是梁寶瑛趕到上海，陪他北上會試，對這個鄉下讀書人來說，相比壽辰，金榜題名才是頭等大事。康廣仁的醫學訓練派上了用場，康有為要他暫放譯書局事宜，一路隨行，為梁啟超調護飲食，抓藥治病。

---

① 　張連科《王國維與羅振玉》，天津：天津人民出版社，2002 年，第 28 頁。
② 　阿綺波德·立德《親密接觸中國：我眼中的中國人》，第 258 頁。
③ 　經元善《〈女學集說〉跋》，虞和平編《經元善集》，武漢：華中師範大學出版社，1988 年，第 216—217 頁。

三月初一（3 月 22 日），他們登上「新裕」號，住在大菜間的第四號。船上相當擁擠，乘客中不少是南方舉子。梁啟超一行遇到了一位富有改革意識的官員，貴州學政嚴修，他也是《時務報》的讀者，日後還將以南開大學的創辦人著稱。三個月前，他上奏請開設「經濟特科」，選拔非常人才。長沙的朋友曾希望陳寶箴保舉梁啟超入特科，免去他北上會試之煩擾。

　　在船上，梁啟超與嚴修相談甚歡，以致康廣仁不得不打斷他們，提醒梁啟超注意休息，「數日來未曾說如許多話，今日話已多矣」。翌日，嚴修回訪梁啟超，再次「暢談甚久」，完全忘記了梁的病情。蘇州舉人汪鍾霖也在座，他主編的《蒙學報》致力於讓普通人讀懂報紙，曾邀請梁啟超為該報撰寫序言。[①]

　　旅途意外地順利，「新裕」號提前抵達天津，還停泊在靠近火車站的碼頭。這種便利與梁啟超的聲譽或嚴修的官職無關，而是因為盛宣懷的一位公子也在船上。天津至北京的鐵路在一年前鋪就，乘客可以從紫竹林上車，直抵北京馬家堡，再也不用經受三天的舟車顛簸。

　　這個北京既熟悉又陌生。梁啟超仍要穿過塵土飛揚、污水橫流的道路，拜會同鄉京官，前往琉璃廠購買考具，他也感受到某種新精神，謠言、悲憤與行動慾望似乎交織在一起，而處於輿論中心的正是康有為。

　　去年上海一聚後，梁啟超趕赴長沙，康有為前往北京。這是康第四次北京之行，想重拾三年前未遂的計劃，推動中國人移民巴西。時局太壞，亡國已無法避免，在疆域遼闊、人口稀少的巴西，倒可能開闢出一個新中國。與何穗田在《知新報》上的合作強化了他這種信念，何況，這無疑也是一個龐大的商業機會。這個理念也打動過吳

---

① 清華大學歷史系編《戊戌變法文獻資料系日》，第 569 頁。

樵、梁啟超與張元濟，他們在談話與信件中頗有提及。

康有為抵京不久，膠州灣危機令北京陷入恐慌與焦灼。掌權者的無能暴露無遺，經由中日戰敗，甚至連反抗的勇氣都沒有了。刑部主事劉光第在家信中感慨：「至我中朝舉動，則更駭人聽聞：皇太后、皇上尚在閒日聽戲為樂，每日召見軍機時，比平時尤速完事……聞恭王則隔數日必交二百萬金與其門上家人，囑其置地……嗚呼！無相無將，並無人心，此禍不知何日發作？」[1]

康有為的熱忱再度被激發出來，寫下《外釁危迫宜及時發憤革舊圖新呈》一摺，懇請皇帝下罪己詔激勵人心，廣開言論，延攬天下優秀人才，再裁汰冗餘官員，甚至提議派遣親王大臣及才俊出洋，大借洋款。他還提出了上中下三策：上策是向彼得大帝的俄國與明治天皇的日本學習，以定國是；中策是號召天下的群才，謀劃變政；下策是任由各省份自行變法。上策能使國強，中策仍是弱國，而下策只能勉強維持國家不亡。在外交政策上，他支持聯合英國、日本，對抗德國。為了表現變法之迫切，他甚至用了「恐偏安不可得」的恐嚇語氣。[2]

身為候補工部主事，康有為不能直接上奏，只能依賴當值堂官。這是他的第五次上書。工部尚書松溎顯然對裡面的措辭深感不安，拒絕上呈。不甘心的康有為抄錄了三份，兩份請楊銳轉交給御使王鵬運與高燮曾，另一份則與曾習經約定請都察院上交。[3]這份奏摺激起了李端棻的共鳴，想聯合九卿共同上奏。但最終，沒有一份抵達皇帝手中。

---

① 劉光第《自京師與自流井劉安懷堂書札》，第五十三函，《劉光第集》，北京：中華書局，1986年，第279—280頁。
② 茅海建《從甲午到戊戌：康有為〈我史〉鑒注》，第211—220頁。
③ 同上，第216—221頁。

康有為感到心灰意冷，加之李鴻章已應允巴西一事，便準備離開北京。令人意外的一幕出現了。按照康有為一貫的自我戲劇化傾向，他描述出這樣一幕場景：翁同龢來到南海會館時，他仍臥床未起，但行李已搬上車。翁竭力挽留他，正似蕭何月下追韓信。[①]

翁同龢當日心緒不佳，早朝時因處理膠州灣不利，陷入窘迫，在皇帝面前「詞多激憤，同列訝之」。[②] 或許因此康有為才引起了他的興趣，期待這個狂生能帶來某種改變。

會面改變了康有為的命運。翌日，兵科掌印給事高燮曾上摺保舉康有為，作為「遊歷使」參加瑞典的弭兵會，疏通中國與各國的關係。高稱康「學問淹長，才氣豪邁，熟悉西法，具有肝膽」。[③] 不管對高燮曾還是光緒，弭兵會都是個過分陌生的概念。五十八歲的高燮曾是湖北孝感人，他從未以政治主張示人，作為言官，他在奏章中「未嘗及朝廷得失，時政是非」。[④] 很有可能這份奏摺是康有為自己起草的，然後賄賂高代奏。不過，康有為對這一概念也不過是道聽途說：歐洲的確有一個「裁軍大會」，由俄國尼古拉二世發起，但直到1900年才在海牙召開，與高燮曾的「弭兵會」相去甚遠，可能只是《萬國公報》上兩篇捕風捉影的文章引起的。[⑤]

這份奏摺再次將康有為推入皇帝的視線中。兩年前，光緒將他的上書作為九摺片之一下發給疆臣討論，甚至想親自見一下這位大膽的工部主事，然而這份衝動卻為慣例所阻 —— 皇帝不能面見這樣一位低級官員，只能由總理衙門來考察他。

① 茅海建《從甲午到戊戌：康有為〈我史〉鑒注》，第223—224頁。
② 翁萬戈整理《翁同龢日記》第七卷，第3116頁。
③ 茅海建《從甲午到戊戌：康有為〈我史〉鑒注》，第228頁。
④ 馬志文《高燮曾疏薦康有為原因試探》，見馬忠文《晚清人物與史事》，第204頁。
⑤ 茅海建《從甲午到戊戌：康有為〈我史〉鑒注》，第229—233頁。

二

戊戌年正月初三（1898 年 1 月 24 日）的下午，康有為前往總理
衙門。東堂子胡同上的總理衙門高懸的「中外禔福」牌匾，顯示了恭
親王、文祥開創的中興傳統，中央帝國展現少許開放，願以更平等的
姿態面對外部世界。如今這個傳統正遭遇嚴峻的挑戰，總理衙門大臣
不復昔日的活力與彈性，中華帝國在甲午之戰中敗於日本，使「地球
各國始悉其虛實」，列強面對這個虛弱的目標，變得更加肆無忌憚。[①]

外交官的個人風格也折射出這種轉變。出入於總理衙門的幾代公
使對清政權心生厭倦，但仍把中國視作一個文明古國，不時為它的輝
煌精巧驚歎。英國公使歐格訥離去前，還在語重心長地勸說恭親王推
動變革。

新一代外國公使則不再如此。接替歐格訥的竇納樂（Claude M.
MacDonald）在埃及與蘇丹打過仗，「身材修長，長着大鼻子，眼睛裡
常流露出責備的神情，蓄着一副可愛的、像上了蠟似的細長鬍子」，
「行事作風像個軍人那樣無端隨意」。[②]竇納樂不願學習中文，只把中國
視作另一個奧斯曼帝國或者非洲國家，他在一份電報中說：「歐洲或
任何文明國家的統治者都不會像這些人（指清政府）一樣管理國家。
將中國看成是一個文明國家實在是大錯特錯。」他對於操縱中國充滿
樂觀，「只需要二百名『紅衣兵』（英在非洲的殖民軍），如果其他公
使不反對，就能輕易地發動政變，拿下紫禁城」。[③]赫德對竇納樂的任
命甚為感慨：「我輩之人多年來將中國人視為有文化和文明的民族的

---

① 馬金華《外債與晚清政局》，北京：社會科學文獻出版社，2001 年，第 234 頁。
② 〔澳〕西里爾‧珀爾《北京的莫理循》，檀東鏗譯，福州：福建教育出版社，2003
年，第 122 頁。
③ Mary Wilgus, *Sir Claude MacDonald, The Open Door and British Informal Empire in
China, 1895—1900*, p. 83. 轉引自相藍欣《義和團戰爭的起源》，第 44 頁。

努力將被竇納樂擊敗，因為此人對東方一無所知，而其工作方法基於對付尼格羅人（Negro）的經驗。」[①]

德國新任公使海靖（Edmund Friedrich Gustav von Heyking）也是一名非洲專家，與竇納樂一樣脾氣暴躁。他積極響應威廉二世擴張的雄心，德國已在上一輪殖民浪潮中落後於英國、法國，現在一定要抓住所有新機會，所以當他聽聞山東曹縣命案時，立刻「感覺到了一場影響深遠的大風暴即將來臨」。[②]他還有個才華橫溢的作家妻子，隨時準備以最刻薄的語氣描述中國的一切。

總理衙門成了列強勢力角逐的另一個戰場。每位公使都想在衰弱的東方巨人身上多分一杯羹。法國畫報 Le Petit Journal 上的一幅漫畫表現了這種氣氛。在一塊名為中國的蛋糕旁，圍坐着英國的維多利亞女王、德國的威廉二世、俄國的尼古拉二世，還有一個法國婦人、一個日本浪人。德國正把刀插入蛋糕，其他國家都在急切地觀望。在他們身後，是一個驚恐的滿大人，拖着長辮子，舉起雙手，對此無能為力 —— 多少有點像翁同龢，只能在日記裡寫下海靖的大喊大叫。

正月初三就是這樣一個焦灼與爭吵的日子。竇納樂及俄國代理公使巴布羅夫前來交涉借款事項。巨額對日賠款給清王朝帶來沉重壓力，也令列強獲得了介入中國的新方式。每個國家都希望藉助貸款，以獲得對應的政治經濟特權。金融政治是支配世界的新工具，成為軍事、外交的延伸，匯豐銀行之於英國，德華銀行之於德國，東方匯理銀行之於法國，花旗銀行之於美國，橫濱正金銀行之於日本，都是借用金融與政治權力捆綁一起。

俄國與法國向中國提供了第一筆 4 億法郎的借款，英國與德國提

---

① Mary Wilgus, *Sir Claude MacDonald, The Open Door and British Informal Empire in China, 1895—1900*, p. 83. 轉引自相藍欣《義和團戰爭的起源》，第 25 頁。
② 海靖夫人《德國公使夫人日記》，第 100 頁。

供了 1600 萬英鎊的第二筆貸款。緊隨貸款合同而來的是權利要求，英國想在新疆設立領事館、在雲南修築鐵路，德國要「租借海港」，法國要「代造滇越鐵路」，「用法人為郵政局總辦」，俄國的條件則主要圍繞着「中東路權方面的考慮」。[1]

實納樂與巴布羅夫皆為第三筆借款而來。這一年春天，中國要歸還最後一筆對日賠款。先來的俄國公使一邊抱怨「中國不借俄而借英」，一邊威脅說「英款萬不可借」，因為英國「將以埃及待中國」。英國公使實納樂也很蠻橫，反而譴責中國「何以不敢以一語詰俄」。[2]對於恭親王、慶親王與其他大臣而言，這些憤懣與羞辱成了日常生活的一部分。最後，氣憤的恭親王索性「兩不借」。[3]

下午三點，康有為來到瀰漫着不安氣氛的總理衙門。兩位親王已經離開，他在西花廳見到李鴻章、翁同龢、廖壽恆等人，榮祿、張蔭桓隨後也加入進來。

康有為後來把這次見面描述為一場激烈的辯論，他滔滔不絕地講述自己的改革主張，至於本應討論的弭兵會，反而被忽略了。榮祿問他為何要變祖宗之法，康回應說，祖宗之法為了治理祖宗的土地，如果不能守衛這些土地，那祖宗之法還怎麼存留，就算這總理衙門，也是過去沒有的。廖壽恆問他變法的步驟時，他認為要從改變法律與官制開始，後者要先行。李鴻章追問，難道要把目前的六部都撤掉嗎？康做出肯定的回答，即使不能立刻執行，也應改革。關於籌款問題，他對翁同龢說，可以廣借洋債，或許也要考慮進行貨幣改革，日本有銀行紙幣，法國有印花稅，印度有田稅，中國的制度一旦改變，政府

---

① 郭廷以《近代中國史事日誌》，第 981—996 頁。
② 翁萬戈整理《翁同龢日記》第七卷，第 3135 頁。清華大學歷史系編《戊戌變法文獻資料系日》，第 482 頁。
③ 茅海建《從甲午到戊戌：康有為〈我史〉鑒注》，第 290 頁。

的收入應是此刻的十倍。

談話持續到黃昏，掌燈後眾人才各自歸家。「總署延見，問治天下之故，乃自有總署以來□無，舉朝以為曠典」，在給康廣仁的信中，康有為不無炫耀地寫道。他還估計，如果不出使瑞典，「則或加五品卿入軍機，或設參議行走」。他讓弟弟把信「抄示桂湘粵澳日同門」，也給康同薇一讀。[1]

總署大臣並未分享類似的感受。翁同龢當天日記裡寫道：「傳康有為到署高談時局，以變法為主。立制度局，新政局，練民兵，開鐵路，廣借洋債大端，狂甚。」[2]

這對話很快傳遍了官場。備受鼓舞的康有為五天後上呈《外釁危迫分割洊至宜及時發奮大誓臣工開制度新政局摺》，將總署談及的變革計劃更系統地表述出來。他以波蘭、埃及、土耳其、緬甸的亡國命運來證明不變法或局部變法的危害。在他心中，明治維新提供了理想的變革路徑：大誓群臣以定國是，對策所以徵賢才，開制度局而定憲法。他建議在天壇、太廟或者乾清門召集群臣，宣佈變法；在午門設立上書所，准許人民自由上書。

最重要的建議是設立制度局，一個推行新政的決策機構。在制度局之下，是法律、度支、學校、農業、工業、商業、鐵路、郵政、礦務、游會、海軍十二局，這些局都將有直通皇帝的權力，「不拘官階，隨帶京銜，准其專摺奏事，聽其辟舉參贊、隨員，授以權任」。[3]

這是康有為最為全面的一次上書，信號清晰而刺耳，他還在文末

---

[1] 參見茅海建《從甲午到戊戌：康有為〈我史〉鑒注》，第 291—293 頁。康有為的記述不盡可靠，例如榮祿當天並非如他所說，還未等他開口就「先發治人」，見馬忠文《榮祿與晚清政局》，北京：社會科學文獻出版社，2016 年，第 174—176 頁。

[2] 翁萬戈整理《翁同龢日記》第七卷，第 3135 頁。

[3] 茅海建《從甲午到戊戌：康有為〈我史〉鑒注》，第 298 頁。

警告「能變則全，不變則亡；全變則強，小變則亡」。在這些激進的設想中，軍機處、總理衙門、六部這些官僚機構將失去作用。「窺其隱謀，意在奪樞府之權，歸制度局；奪六部之權，歸十二分局；奪督撫將軍之權，歸各道民政局。如是，則天子孤立於上，內外盤踞皆康黨私人」，一位同代歷史學家如此評論。[2]

與康有為期待的不同，上書並未順利地抵達皇帝手中，而是先要經過總理衙門詳加審議。直到二月十九日（3月11日），它才被上呈給皇帝，並加上「語多切要」的評語。

沒得到期待的五品卿，並不妨礙康有為的活躍度。藉助言官系統，他仍可將自己的意見向上傳達。他幫御史陳其璋起草借款奏摺，建議讓容閎向美商借二億或三億兩白銀，以牽制列強；還借宋伯魯之口，提出了各省開辦鐵路與礦務的建議。

監察制度賦予言官一種特權，國家政務無不受到他們的監督，他們也不用為自己的言論負責。這些人往往毫無行政經驗，容易被不切實際的「清議」聲譽所誘惑，或受個人喜好之影響，他們同樣需要各異的觀點來證明自己的獨特性，還可能被利益誘惑——清代官員都深受低俸祿折磨，金錢通常是打動這些言官的重要手段，梁啟超就曾試圖集資來收買十位御史上奏廢除八股。在康有為的網絡中，這幾種因素相互混雜，促成了政治動員。

宋伯魯正代表了這種混雜情緒，四十五歲的他來自陝西醴泉縣，剛被授予山東道監察御史，他是北京畫壇的「舊都四家」之一，小楷功底尤其驚人，據說能在西瓜籽上寫完一首七言絕句。他對康有為的學說與個人魅力尤其佩服，聲稱願意做他的學生。此外，湖南學政徐仁鑄之父徐致靖、楊銳、王岳鵬、山西人楊深秀，都是這個網絡中的

---

① 康有為《上清帝第六書》，中國史學會主編《戊戌變法》（二），第197—202頁。
② 胡思敬《戊戌履霜錄》，中國史學會主編《戊戌變法》（一），第385頁。

重要成員。

康有為也向更多士大夫尋求支持。信奉群學的康有為在南海會館創辦了粵學會，二十多位在京的廣東官員參與其中。福建籍官員林旭在福建會館發起閩學會；楊銳在四川會館發起蜀學會，會員包括劉光第等四川籍官員；宋魯伯、李岳瑞等人召集陝西籍士人組成了關西學會。在強學會被封兩年後，這些踴躍的民間學會象徵着政治熱情在逐漸開始復蘇，它們宣稱要心繫國家安危、關心時務之學，其中關西學會甚至鼓吹將西安作為陪都。

朝廷也在響應這種新精神。正月初六（1月27日），嚴修開設「經濟特科」的建議得到准奏，內政、外交、理財、經武、格物、考工六科，三品以上京官及督撫學政推薦，送總理衙門，會同禮部奏請，試以策論；十四日（2月4日），朝廷決定發行「昭信股票」，專為戰爭賠款所設，儘管很快因其缺陷被廢除，卻是現代金融業的某種嘗試；二十一日（2月11日），皇帝批准興建津浦鐵路；二十五日（2月15日），決定開辦京師大學堂，二十九日（2月19日），根據榮祿等人的建議，又決定武科改試槍炮。

三

梁啟超了解康有為在北京的行動後，也立刻感受到了這股新氣氛。這位老師喜歡拍電報給門生與朋友，通報新消息，張揚個性在其中展現無遺，有些時候甚至會令他的門人都陷入尷尬。他「朝傳一電報曰：康有為賞五品卿銜，遊歷各國，主持『弭兵會』；夕傳一電報曰：湘撫陳寶箴入軍機，黃遵憲督辦鐵路大臣」。[①]時務學堂的教習也在傳

---

① 黃彰健《論光緒丁酉十一月至戊戌三月康有為在北京的政治活動》，載《戊戌變法史研究》，上海：上海書店出版社，2007年，第68—123頁。

閱着這些電報。汪頌年把消息告訴葉德輝，葉認為這不過是謠言，曾當面詢問梁啟超，發現他頗為尷尬，「言之忸怩」——「梁固篤信其師……而亦不能為其師諱」。[1] 葉德輝的回憶不無誇張，卻吻合康有為與梁啟超的個性。

麥孟華、梁朝傑、陳子褒、況仕任、龍應中、程式穀、龍煥綸等萬木草堂與廣西授學的弟子也因參加會試來到北京，「粵中草堂，徒侶雲集」。[2] 它是草堂日益成功的標誌。門人都分享着相似的憂患意識與行動精神，而北京也迫切需要這種行動。

三月初六（3 月 27 日），麥孟華約同兩廣、雲南、貴州、山東、浙江、江蘇的 298 名舉人上書都察院，力陳旅順港、大連灣不可租讓給俄國。德國人在膠州灣登陸一個月後，俄國軍艦就駛入了旅順口，它聲稱只想保持勢力均衡，一旦德國人撤離，他們也會隨之離去。俄國人不僅留了下來，還要租借旅順口與大連灣，對滿洲流露出強烈興趣。這真是充滿諷刺性的一幕：德、俄兩國三年前還以中國拯救者的面目出現，如今卻成了迫不及待的瓜分者。日漸顯著的俄國威脅已經引發了中國外交政策上的爭議。李鴻章在聖彼得堡簽署中俄密約時，是要拉住俄國對付一個不斷崛起的日本，相信這份密約將給中國帶來二十年的和平。另一種聲音也越來越強大，認為英國與日本才是中國的盟友，梁啟超與他的朋友們就普遍抱持這種看法。康廣仁在上海時寫了聯英的文章，唐才常則在《湘報》上發表了《論中國宜與英日聯盟》，他們不僅反感俄國領土擴張的訴求，也對它專制與殘酷的統治風格表示懷疑。[3] 麥孟華寫道：「上焉拒俄請以聯英、日，次焉求公保

① 葉德輝《與劉端先黃郁文兩生書》，尹飛舟編《湖南維新運動史料》，第 862 頁。
② 茅海建《從甲午到戊戌：康有為〈我史〉鑒注》，第 357 頁。
③ 唐才常《論中國宜與英日聯盟》，尹飛舟編《湖南維新運動史料》，第 323—328 頁。

以絕俄交，然後發奮變法，力求自強。」^①在上書的名單中，聯合發起人梁啟超排名第二，也是名單中最知名的一位，很多簽名者想必都讀過他在《時務報》上的文章。

都察院當日沒有堂官，上書未能上遞，即使遞上去也為時過晚，因為李鴻章、張蔭桓與俄使巴布羅夫在當天就已經簽訂了條約：俄國租下旅順口、大連灣及臨近地區，租期為二十五年；俄國還可以修築一條從西伯利亞到大連灣的鐵路。撤出的清軍與入駐的俄國軍隊都貼出撫民告示，宣稱旅順從此成為通商碼頭，百姓日見興隆，不要因出現軍隊而陷入驚慌。

舉人們並不知道總理衙門與旅順的故事。會試在即，他們無力發起新一輪上書。這是梁啟超的第四次會試，在不斷批判科舉之害後，他仍走進了考場，捨棄已經習慣的汪洋恣肆的表達，把自己縮小到八股文中。他的論敵立刻抓住了這不無諷刺性的一幕，藉此嘲弄他：「梁啟超持論痛詆時文，比於女子纏足之害，而又潛往會試，此真無可解於人口者。」^②

梁啟超在長沙的辯論對手楊度也是考生之一，他毫無中試的打算，「三年不作八股，避生就熟」，三篇都靠駢文來蒙混，首場最後一晚，他甚至饒有興致地觀察起周圍的考場：「燈光簾影，萬戶寂然，文場而有武營之象。」^③

當舉子們困於考棚時，梁啟超的名聲仍在發酵。三月十三日（4月3日）的《國聞報》刊登了上書的新聞，稱梁啟超與麥孟華「夙具愛國之忱，天下爭傳其學問，文章猶其末也」。^④當他們三月十六日（4

---

① 清華大學歷史系編《戊戌變法文獻資料系日》，第 581 頁。
② 葉德輝《與劉先端黃郁文兩生書》，尹飛舟編《湖南維新運動史料》，第 863 頁。
③ 北京市檔案館編《楊度日記（1896—1900）》，第 85 頁。
④ 丁文江、趙豐田編《梁啟超年譜長編》，第 70 頁。

月 6 日）走出考棚時，危機更嚴重了，他們試圖聯結的英國擔心在瓜分中國的熱潮中錯過機會，趁機佔領了威海。

膠州灣、旅順危機已塵埃落定。康有為知道自己的計劃已經沒有實現的可能，打算離開北京。京城再次雲集的舉人們給他另一種想像。萬木草堂師徒的影響力已遠非昔日，經由上海的印刷工業，康有為的著作廣為流傳，他的外表與社交天賦更令人讚歎，「頎身修髯，目光炯炯射人……見人長揖大笑，叩姓名畢，次詢何郡邑，物產幾何，里中長老豪傑，必再三研詰，取西洋鉛筆一一錄其名，儲夾袋中」。[1] 他的交友範圍擴散到滿人權貴中，張權記得康有次說起一位「天資如何高，心地如何好，如何有見識，有志向，如何好學」的滿人才俊，對康有為「極其尊禮，每坐必居下位，每言必稱先生，娓娓不絕」。[2] 這位貝勒爺是二十一歲的鎮國將軍、輔國公溥侗，可惜他日後不是因政治能力，而以音律、金石知識聞名，中國的第一首國歌的曲譜便出自他之手，受命填詞的則是嚴復。

梁啟超的名聲已無人不曉，他在長沙南學會的嘗試給人帶來啟發，京城或許可以複製一個類似的機構。剛被委任為江南道監察御史的李盛鐸也表現出同樣的興趣，主動提出資助這個設想，並召集舉人聚會，康有為建議將人選範圍擴充到中低層官員。

三月二十七日（4 月 17 日）下午一點，一百多名舉人與京官前往粵東會館參加茶會，他們幾乎都是《時務報》的作者與讀者，既有汪鍾霖、高鳳岐這樣的舉人，也有岑春煊、徐仁鏡、陳虯等官員，包括闊普通武等滿人官員。曾習經、黃遵楷（黃遵憲之弟）、沈曾植、楊銳與容閎自然也名列其中。[3]

---

① 胡思敬《戊戌履霜錄》，中國史學會主編《戊戌變法》（一），第 374 頁。
② 茅海建《戊戌變法的另面：「張之洞檔案」閱讀筆記》，第 82 頁。
③ 茅海建《從甲午到戊戌：康有為〈我史〉鑒注》，第 360—361 頁。

康有為與李盛鐸享有召集人的名譽，梁啟超則是具體出面邀請的人。茶會的形態頗有創新，眾人模仿歐洲議院模式，三面環聚戲台而坐，保舉在座候選人，得票多者登上戲台演講。不出所料，登台的是康有為。

「吾中國四萬萬人，無貴無賤，當今日在覆屋之下，漏舟之中，薪火之上，如籠中之鳥，牢中之囚，釜底之魚；為奴隸，為牛馬，為犬羊，聽人驅使，聽人宰割……加以聖教式微，種族淪亡，奇慘大痛，真有不能言者」，康有為再度發揮了他恣意汪洋的比喻與排比能力，描繪了一幅悲慘的歷史圖景，中國可能將步緬甸、安南、印度、波蘭後塵，被「脅其國主，辱其貴臣，荼毒縉紳」。他篤信，只要四萬萬人發奮，洋人就再不敢這樣對待中國，而這樣的聚會正是發奮的開始。[1]

康有為的表演令人難忘，他總能向聽眾灌輸一種迫切的危機感，這在當時尤其是一種罕見的能力。對於中國士大夫而言，演說是個全然陌生的技能，他們很難不在眾人面前陷入慌張，還飽受方言、口音不通之苦。「一方面中國的文人學者歷盡千辛萬苦，不斷完善其文字表達，另一方面，他們的方言、口語在表達上極不規範，疏忽懶散」，一個美國人對這種極端對比深感意外，他發現，「一個受過教育文人的口語與一個販車賣漿、目不識丁的苦力相比，竟然沒有甚麼特別的差異」。[2]

「樓上下人皆滿，聽者有泣下者」，康有為自比明代大學士徐階的講學，後者在嘉靖年間靈濟宮講授陽明學時，聽眾高達五千人。[3] 很多

① 康有為《京師保國會第一集演說》，載湯志鈞編《康有為政論集》，第 237—241 頁。參見茅海建《從甲午到戊戌：康有為〈我史〉鑒注》，第 361 頁。
② 〔美〕丁家立《漢語改革》，《丁家立檔案》，桂林：廣西師範大學出版社，2015 年，第 165 頁。
③ 茅海建《從甲午到戊戌：康有為〈我史〉鑒注》，第 357、360 頁。

聽眾認可了這種吸引力，江蘇籍官員張一麐「入館門已聞講座，大聲擊節」，便在名錄上署了名，對於結識梁啟超、麥孟華也頗感興奮。[①]

當天眾人還擬定了一份《保國會章程》，來說明聚會的宗旨。「本會以國地日割，國權日削，國民日困，思維持振濟之，故開斯會以冀求保全，名為保國會」，除去在北京，還要在上海設立一個總會，同時「各省各府各縣皆設分會，以地名冠之」。它將設立的內部管理組織與會員制，會費二兩。梁啟超這兩年起草過各式章程，很可能也是這份章程的主要起草者。

參與者與發起者的認知不盡相同，沒有太多人把這聚會當真，以為它不過就是另一次京城文人聚會而已。現場秩序也不無混亂，很多人「其實不過逐隊觀光，並不識有所謂政治思想……且是日聽眾，爾我漠不相屬」，有人回憶說，演講尚未結束，現場已然一片狼藉。楊銳甚至當場睡着了。[②]

他們對「保國會」的名稱與意義缺乏興趣，楊度甚至把它稱作「康長素茶會」。這個湖南舉人保持着對康梁師徒的嘲諷，得意地說起自己與梁啟超在長沙的激辯，並樂於聽到外界將其稱為「驅梁啟超之事」。[③]

一些廣東籍官員對於聚會選在粵東會館深感不安，他們對所有的「會」都感到恐懼，尤其是當召集者是康有為的時候。許應騤與兵部侍郎楊頤率先起來反對，四天後，也就是閏三月初一，第二次聚會移至貴州會館召開。

可能是最初的新鮮感已經散去，或是第一次大會不令人滿意，參加第二次會議的只有不到一百人。梁啟超登台演講，回憶了三年來京

① 茅海建《從甲午到戊戌：康有為〈我史〉鑒注》，第 366 頁注 1。
② 丁文江、趙豐田編《梁啟超年譜長編》，第 73 頁。
③ 北京市檔案館編《楊度日記（1896—1900）》，第 87—88 頁。

師氣氛的變化：甲午年「與士大夫痛陳中國危亡朝不及夕之故」，十人中充其量只有一個人相信，隨着膠州灣、旅順、大連與威海相繼割棄，再度到京的他發現，士大夫「憂瓜分、懼為奴之言，洋溢乎吾耳也」。[1]

他還提到了曾紀澤的《中國先睡後醒論》與弗蘭肯斯坦（Frankenstein）的比喻。曾紀澤曾在 1887 年在英文雜誌撰文，說中國正如從沉睡醒來的獅子，而英國統帥烏理西（按：即下文的吳士禮）則說「中國如佛蘭金仙之怪物，縱之臥則安寢無為，警覺之則奮牙張爪，蓋皆於吾中國有餘望也」。[2]

顯然，梁啟超對瑪麗‧雪萊（Mary Shelley）小說中的怪物弗蘭肯斯坦所知甚少，將之誤讀為某種希望。將曾紀澤與「佛蘭金仙」並置一處是梁啟超寫作風格的顯著特徵，他總有一種意外的聯想能力。不過，引用「佛蘭金仙」的吳士禮（Garnet Joseph Wolseley）的確對中國的力量有一種特別的信心。「就人口方面而言，沒有任何國家能與中國相比。在這個帝國的任何角落，他們的習慣和生活方式都是相通的。在我看來，中國是這個世界上最優秀的人種，他們將是世界上未來的偉大統治者……只是沒有彼得大帝或拿破崙那樣的人物而已。」[3]

梁啟超相信，保國會正是促成中國醒來的重要力量。但中國真的能醒來嗎？曾紀澤曾認為中國已經醒來，結果卻敗於日本。三年過去了，從上海、長沙到北京，更新與瓦解的力量都在生長。

相較於三年前的強學會，保國會的規格相去甚遠，沒有一位當朝大員成為公開的贊助者。這種景況也折射了北京的權力變化，清流派

① 丁文江、趙豐田編《梁啟超年譜長編》，第 72 頁。
② 丁文江、趙豐田編《梁啟超年譜長編》，第 72 頁。石川禎浩根據《國聞報》和《新知報》就有關字句作了補正，見《晚清「睡獅」形象探源》，見《中國近代歷史的表與裡》，北京：北京大學出版社，2015 年，第 3 頁。
③ 石川禎浩《晚清「睡獅」形象探源》，第 8 頁注 1，引《吳士禮自傳》。

領袖幾乎都退隱了：李鴻藻在半年前去世；翁同龢仍不會公開表態；張之洞不信任康有為的思想與品性，為了駁斥他日益盛行的學說，甚至撰寫了一本小冊子《勸學說》；文廷式、陳熾、汪大燮、沈曾植、張元濟這些中層官員要麼不在北京，要麼抱有懷疑。

康梁的言論與學術主張帶來不安，梁啟超與汪康年之爭也造成了分裂。汪大燮不僅沒有出席聚會，還在信中對康梁冷嘲熱諷：「聞其言，自始至終無非謂國家將亡，危亟之至，大家必須發憤。而從無一言說到辦法，亦無一言說到發憤之所從。」[1]張元濟也覺得演講不過是為了聳動視聽。沈曾植參加了第一場聚會，沒表現太多熱情，他因丁憂離開北京，臨行前勸康有為讀《唐順宗實錄》，這是典型的文人表達，用歷史來暗示現實：唐代「永貞革新」也曾喧囂一時，包括柳宗元、劉禹錫在內的「二王八司馬」掌權一百八十二天，最終以悲劇收場。[2]

但康有為正沉浸於另一些坐標中，他忙於編寫《日本變政考》與《俄彼得變政記》，想用彼得大帝、明治天皇來激勵皇帝，以前者為「心法」，後者為「政譜」。[3]這是一份被曲解的藍圖，為了突出詔定國是的重要與戲劇感，他將五條誓文的時間定於明治元年（1868）正月初一，但事實上發生於三月十四日，而且當時還沒有改元，嚴格來說應當是「慶應四年」。

四

這些憂慮與提醒最終化成了明確的危險。閏三月初六，當陳虬

① 《汪康年師友書札》，第 782 頁。
② 許全勝《沈曾植年譜長編》，北京：中華書局，2007 年，第 196 頁。
③ 孔祥吉《康有為變法奏議研究》，第 175 頁。

上摺總署請求成立保浙公會時，引發了另一位浙江人孫灝的攻擊。四十七歲的陳虯也是維新派中的一員，以《治平通議》聞名。他是《時務報》的發行人之一，還在家鄉創辦了一所新式醫學堂。保浙公會的想法來自保國會，面對空前的危機，一國一省都要尋求自保。孫灝的標靶不只是保浙公會，更是保國會，他稱康梁等人「結社拜盟，斂財惑眾」，更上綱上線到「聚眾謀反」。沒人知道孫灝這一彈劾的緣由，作為章炳麟的朋友，他其實對變法也頗有熱情。一種可能的解釋是私人恩怨的延續，他對陳虯的不滿，以及作為章炳麟的朋友對康梁師徒的不滿，讓他寫下了這封奏摺。[1]

孫灝的奏摺引來了連鎖反應，御史潘慶瀾認為保國會「結會斂財，久干例禁」，在十二日（5月2日）請求將其直接查禁，「至工部主事康有為應如何懲處之處，出自聖裁」。[2]

連續彈劾引發了內部分裂。李盛鐸上奏《黨會日盛宜防流弊由》，儘管沒有直接點名保國會，意圖卻十分明顯。他還在附片中彈劾了天津的《國聞報》與嚴復，稱水師學堂的學生不應為該報翻譯文章。[3]李盛鐸的態度令人吃驚、氣憤，他一直以合作者姿態出現，如今卻反戈一擊。

兩週後，更嚴厲的指控也來了。御史黃桂鋆上奏《禁止莠言以肅綱紀摺》，將保浙會、保滇會、保川會都視作「保國會黨」，皆「包藏禍心，乘機煽惑……為攬權生事之計」。他還將此歸咎於一股令人警惕的民權思潮，「近日人心浮動，民主民權之說日益猖獗」，而「若准各省紛紛立會，恐會匪聞風而起」。況且，這些舉人「無權無勢，無財無位，赤手空拳，從何保起，抵制外人則不足，盜竊內政則有

---

① 茅海建《從甲午到戊戌：康有為〈我史〉鑒注》，第368—369頁及368頁注1。
② 同上，第370—371頁。
③ 同上，第371—372頁。

餘」，各省之會若推廣開，「天下不從此分裂乎？」①這種防弊政治的論點導致冷漠與無力感蔓延，正是梁啟超批評的核心。

出於自我辯護，梁啟超將兩次參會的名單寄往天津《國聞報》，並發表辯護文章，把對保國會的指責比作當強盜入室、大火燒門時，室內有人敲鑼、大聲疾呼，而同室人不去對付強盜、救火，反而憎恨敲鑼的人。②《國聞報》已成為北方最有影響力的維新報紙，由於主事者之一是夏曾佑，也成為康有為、梁啟超發表觀點的重要平台。

名單引發了強烈的爭議，一種普遍的被欺騙感與恐懼感向與會者襲來。有些人不願意承認自己是保國會的一員，還有人發現自己的名字意外地出現在名單上。「鄙人與足下無平生之歡，在湖湘間才一見耳，與令師更無片語之接」，喬樹枏寫信給梁啟超抗議，他對「保國」二字更是充滿擔憂，「非在位賢能大臣，安能勝之？出之於草野、於下僚則僭矣。況空口徒手何能保耶？」他強調自己在茶會上完全沒聽到「保國會」三字，留下名字是為了康有為回拜所用。因為恐懼感過分強烈，他不無詛咒地說，康梁師徒「欲以愚人，其實自愚之甚」。③

雄心勃勃的保國會只開了三次會議就被迫收場。對於草堂師徒來說，危機接連到來。更令人焦慮的消息是，駐日本公使裕庚向總理衙門舉報，身在橫濱、主持大同學校的徐勤與孫文過從甚密，汪康年訪問日本時也曾與這位謀逆者接觸。這樣的消息一旦發酵，無異於謀逆之禍。多虧張蔭桓從中斡旋，舉報才被壓了下來，沒衍生成更大的災難，張蔭桓讓康梁師徒「弗再張皇」，但也警告他們不要再生事。④康有為在給妻子信中說，他在四月開榜前也許會回廣東，或者接他們來

---

① 茅海建《從甲午到戊戌：康有為〈我史〉鑒注》，第 374 頁。
② 丁文江、趙豐田編《梁啟超年譜長編》，第 73 頁。
③ 《縷記保國會逆跡》，中國史學會主編《戊戌變法》（四），第 418 頁。
④ 《汪康年師友書札》，第 775 頁。

京城。在閏三月十五日（5月5日）給夏曾佑的信中，梁啟超說起離京的打算，「下月乃能出京。見已不遠，容面談之」。[①]

時務學堂或時務報館仍是不壞的選擇，長沙的同人還在惦記著他，議論「卓如入場不售，病尚未痊」。[②]一些讀者不知道他與汪康年的紛爭，仍去信給汪詢問，梁啟超是否前往北京參加會試，甚為掛念。

但梁啟超還是沒有離開，他給夏曾佑寄去了保國會章程，「雖西人聞之，亦必驚為創事」。「瓜分之局已成，而人情閉塞如昨，至可憂耳」。京城盛傳張之洞將入軍機處的消息，他覺得未必有效，面對「恐難朝夕」的國家，他決定專注於廢除八股、變更科舉之事上。[③]

值得慶幸的是，皇帝親自終止了事件繼續發酵，據說他質疑這些彈劾者，「會為保國，豈不甚善」[④]，引得梁啟超不禁感慨「吾華之興廢有自乎」。[⑤]閏三月中旬，他和麥孟華、林旭等人為此草擬呈稿，抗議德國士兵在山東即墨縣破壞孔廟的行徑。對於很多舉人來說，這一行為引發的焦慮與屈辱甚至超過領土丟失。它印證了康有為一直以來的憂慮，中國不僅國保不住，孔教也岌岌可危。但可惜，很可能是由於彈劾帶來的恐懼，這一次上書並未得到太多人響應。

四月初，梁啟超又聯合了一百多名舉人，請廢除八股。這次舉動將梁啟超推入了輿論中心。對於大多數仍在等待放榜的舉人而言，這不啻徹底否定他們的個人前途，失去安身立命之所，於是紛紛「嫉之如不共戴天之仇，遍播謠言」，梁啟超也差一點被眾人毆打。[⑥]

---

① 丁文江、趙豐田編《梁啟超年譜長編》，第 72 頁。
② 皮錫瑞《師伏堂未刊日記選》，尹飛舟編《湖南維新運動史料》，第 736 頁。
③ 丁文江、趙豐田編《梁啟超年譜長編》，第 72、74 頁。
④ 清華大學歷史系編《戊戌變法文獻資料系日》，第 659 頁。
⑤ 丁文江、趙豐田編《梁啟超年譜長編》，第 72 頁。
⑥ 同上，第 74 頁。

攻擊不僅來自北京的上書，也源於他在長沙的影響。湖南的維新活動激起了反對者的反彈。四月二十三日（6月11日），都察院左都御史徐樹銘上摺彈劾陳寶箴與梁啟超，在日後還會引發更大的騷動。

　　四月的南海會館迅速冷清下來，「賓客至交皆避不敢來，門可羅雀，與三月時成兩世界矣」。① 大部分士大夫對康有為、梁啟超充滿懷疑，難以認同他們的改革熱情。保定蓮池書院的山長吳汝綸是一位備受尊敬的學者，曾為《天演論》作序，他對朋友說，中國很可能步波蘭與印度的後塵，而士大夫卻只會「空作楚囚對泣狀」，康梁「日號泣於市，均之無益」，② 在他看來，回到縣鄉辦學堂培養人才，才是可作之事。張謇同樣意興闌珊，寫信給汪康年，準備回家開始地方建設，「從草堂下手，以海濱為基礎」，既然「新政殆無大指望」，他覺得自己這一輩人能做的事情也只有這些了。③ 遠在長沙的皮錫瑞聽聞北京的種種消息，覺得「在上者仍不事事，在下者並不議論，皆以為勢在必亡」。④

　　康有為日後作詩描述這一刻的戲劇性轉變：「八表離披割痛傷，群賢保國走彷徨。知天下為公產，慶合民權救我疆。八俊三君自鉤黨，周鉗來網巧飛章。書門倖免誅臣罪，明聖如天賴我皇。」光緒對於保國會的溫和處理，頗給他慰藉，所以在最後兩句詩中展露出了少許樂觀。⑤

　　在眾人表現出明確的疏離態度時，光緒對康有為的興趣卻在不

---

① 清華大學歷史系編《戊戌變法文獻資料系日》，第 659 頁。
② 同上，第 675 頁。
③ 《汪康年師友書札》，第 1805—1806 頁。
④ 皮錫瑞《師伏堂未刊日記選》，尹飛舟編《湖南維新運動史料》，第 747 頁。
⑤ 康有為《膠旅割後各國索地，吾與各省志士開會自保末乃合全國士大夫開保國會，集者數千人，累被飛章，散會謝客，門可羅雀矣》，參見茅海建《從甲午到戊戌：康有為〈我史〉鑒注》，第 376 頁。

斷增長。四月初七（5月26日），他讓翁同龢把康有為的上書抄寫一份遞進。翁曾經引介康有為，讀過《孔子改制考》後，卻說康居心叵測，自己如今已經不再與康來往。第二天，光緒又問起進書之事，翁還是同樣的回答，皇帝被激怒了，他堅持要翁帶話給張蔭桓，一定將這些書送到自己面前。[①]

光緒對於康有為的新興趣可能緣於張蔭桓。比起刻板的翁同龢，張蔭桓豐富的世界知識、自由的個性，或許更能吸引困居紫禁城、充滿好奇心的年輕皇帝。從正月到四月間，張蔭桓被單獨召見了十三次，在很多大臣心中是皇帝最寵愛的大臣。他對西方禮儀的熟悉、做事的變通，與翁同龢的固執形成了鮮明的對比。德國親王亨利來訪，他當時把自家的西餐廚子借給宮廷，做出正宗的西餐，更拉近了與皇帝的距離。張蔭桓對康有為很是欣賞，黃遵憲的《日本國志》也是由他推薦給皇帝的。

在這普遍的悲觀中，又一個驚人消息傳來。四月初八（5月27日），在長久臥病之後，恭親王逝世了。他因大清國的內憂外患而崛起，又在它再度陷入更深危機時離去。臨死前，他叮囑光緒與太后和睦相處，任用兩三位重臣處理國事：他心目中的人選是滿人榮祿、裕祿與漢人大臣張之洞。他還將對翁同龢的不滿傾瀉而出，認為翁在四年前的作為不可原諒，「聚九州之鐵，不能鑄此錯」。[②]他特意提到了康有為，提醒皇帝「當慎重，不可輕信小人」。[③]

「朝局殆將變動」，張謇在日記裡如此寫道，[④]而這肯定也代表了眾多官員的感受。儘管復出三年來，恭親王並沒有做出任何強有力的

① 清華大學歷史系編《戊戌變法文獻系日》，第661頁。
② 董守義《恭親王奕訢》，第350頁。
③ 同上，第354頁。
④ 清華大學歷史系編《戊戌變法文獻系日》，第664頁。

實質性決定，但他的個人象徵性仍是這個危機重重、分崩離析的朝廷的穩定器，是日益成長的年輕皇帝與不甘心放棄權力的太后，也是滿人權貴與漢人官僚之間的緩衝地帶。「滿族權貴從此失去了一位老資格的代表人物，這位人物多年來以其智慧指導朝政。他在阻止排漢、排外的政策中施加正面影響」。[①] 清帝國錯綜複雜的機器失去了一個關鍵齒輪，人們很快意識到，即使是一個生病的齒輪，也好過沒有這個齒輪。

關鍵齒輪的消失意味着錯位，也意味嶄新的機會，邊緣人被推到了前台。在朝廷仍沉浸於對恭親王的緬懷、歎息與未來猜測的氣氛中時，梁啟超以主動姿態融入社交生活，四月初九（5 月 28 日），他約嚴修、李孟符、徐藝甫等朋友前往江米巷，宴請日本公使。很不幸，因公使翻譯患病，只能約以改期再聚。[②] 康有為則加快了上書的速度，奏摺成了參與政治最重要的方式，贏得皇帝的關注和認可才是關鍵。四月十三日（6 月 1 日），康有為代楊深秀草擬了《請定國是而明賞罰摺》，並附上《請派遊學日本摺》《請派近支王公遊歷片》《請籌款譯書片》。其中派遣近支王公出國遊歷的建議尤為新奇，但最重要的建議是「請定國是」，公開表明變法的決心。[③] 五天後，他又替李盛鐸草擬了《時務需才請開館譯書宏造摺》，顯示出維新者內部分裂後又再度結成同盟的複雜關係。四月二十日（6 月 8 日），徐致靖再次上書，請求皇帝頒詔書，速定國是。[④] 維新者都對皇帝這一紙「明定國是」的詔書充滿了迷信式的信念。

① J. O. Bland and F. Backhouse, *China under the Empress Dowger*, p. 162. 轉引自相藍欣《義和團戰爭的起源》，第 1 頁。
② 清華大學歷史系編《戊戌變法資料文獻系日》，第 663 頁。
③ 同上，第 665—671 頁。
④ 同上，第 678 頁。

第十三章

定國是詔

一

四月二十三日（6 月 11 日），「晴朗，熱」，軍機處「外摺多」，大多為農會、小學堂的創辦、辦理不善的昭信股票，以及河工之事。翁同龢給廣西發去電旨，重申地方官員在應對地方騷亂時「勿生事」。身體不佳的廖壽恆再度申請開缺，被賞了兩個月假。

被召見時，翁同龢發現「聖意堅定」，要頒《定國是詔》。[①] 皇帝剛返回紫禁城，太后已經認可了他的決定。大清統治者尤其相信，孝道是帝國存在的基石。皇帝從未獲得獨斷乾綱的權力，重大決策皆是在頤和園作出的。親政九年來，他頻繁地前往頤和園，陪太后在園子裡吃飯、聽戲、觀賞荷花。

皇帝獲得獨立的慾望日益灼人，據說因此還與太后爭吵起來。光緒強調，僅練兵製械，不足以帶來富強，還要進行更根本的變革，他賭氣說，倘總無權推動變化，他就不做這個皇帝了。太后不得不做出妥協，只要不變祖制，其他事情都放手讓皇帝去做。與此同時，太后也加強了控制力，皇帝回往紫禁城前一天，她主導了高層官僚系統的又一次變動：榮祿升大學士，管理戶部；剛毅升協辦大學士，接任兵部尚書；崇禮接任刑部尚書。他們都是太后的人馬。這次調整像是針對翁同龢，恭親王的離世令翁師傅的權力過於顯赫。

對於皇帝的決心，翁同龢已有準備。自康有為進京以來，定國是詔的建言從未停過。張謇昨日拜訪時，就看到翁師傅「所擬變法諭旨」。[②]

皇帝要翁同龢擬旨，「今宜專講西學，明白宣示等因」，翁則回應

---

① 翁萬戈整理《翁同龢日記》第七卷，第 3181 頁。
② 《張謇日記》四月二十二日。參見張耀南等編《戊戌百日誌》，北京：燕山出版社，2009 年，第 1 頁。

說，「西法不可不講，聖賢義理之學尤不可忘」。召見持續了六刻鐘，翁同龢一直跪着，起身時膝蓋都已經開始疼痛了。[1]

「用特明白宣示，嗣後中外大小諸臣，自王公以及士庶，各宜努力向上，發憤為雄。」[2] 在不足五百字的詔書中，皇帝明確表達了變革決心。不過，具體的信息卻仍嫌不足，除去設立大學堂之外，詔書中並沒有展現出變革藍圖，也沒有提及可能的變革路徑，就連姿態本身也不無扭捏，試圖在「聖賢義理之學」與「博採西學」之間尋求平衡。詔書像是翁同龢思想的延伸，他有變革的願望，卻缺乏具體辦法，總想在各方力量中保持平衡。

對於有維新意識的士人來說，這已經成為一個轉折性的時刻，張蔭桓感慨「政令一新」，「欽佩聖明」，康有為稱之為「舉國歡欣」。[3]「一切維新，基於此詔，新政之行，開於此日」，「天下向風，上自朝廷，下至人士，紛紛言變法」，梁啟超日後對這份詔書的評價也很高。[4]

詔書中雖然沒有明確的改革主張，但皇帝的新態度已經足以創造出新的活動空間。況且，伴隨着當日明定國是的上諭，皇帝還要求各省督撫保舉通達時務的人才，為變法做準備。翌日，皇上又頒佈了一條上諭，要求總理衙門選派宗室王公出國遊歷，為國家開通風氣，勒令各省設立商務局。

接連的上諭，是對康有為、梁啟超主張的確認，自然也激起了他們更大的熱情，他們已經不再滿足於借御史之口表達主張，更想直接躋身決策中心——既然皇帝期望人才，他們就索性保舉自己。

四月二十五日（6月13日），徐致靖向皇帝舉薦了康有為、張元

---

① 翁萬戈整理《翁同龢日記》第七卷，第3181—3182頁。
② 清華大學歷史系編《戊戌變法文獻資料系日》，第681頁。
③ 同上。
④ 《上諭》（四十五）附梁啟超案語，中國史學會主編《戊戌變法》（二），第19頁。

濟、黃遵憲、譚嗣同及梁啟超，認定他們是「維新救時之才」，懇請皇帝「破格委任，以行新政而圖自強」。徐致靖描述了每個人的特性及他們適合的職位：康有為「忠肝熱血，碩學通才，明歷代因革之得失，知萬國強弱之本原」，建議皇帝聘做顧問，「與之討論新政，議先後緩急之序」；黃遵憲「器識遠大，辦事精細，其所言必求可行，其所行必求有效」，不管海外出使還是湖南新政的經歷，都證明他足以「進諸政府，參贊庶政」，或成為駐外使節；譚嗣同「天才卓犖，學識絕倫。忠於愛國，勇於任事。不避艱險，不畏謗疑」，他「內可以為論思之官，外可以備折衝之選」；張元濟則「熟於治法，留心學校，辦事切實，勞苦不辭」，適於「籌劃新政」。

作為保薦名單上最後也是最年輕的一位，梁啟超個人履歷的長度僅次於康有為。他被形容為「英才亮拔，志慮精純。學貫天人，識周中外」，他在《時務報》上的論說、在時務學堂的作為，都足以證明他的才華。徐致靖建議皇帝「召置左右，以備論思，與講新政」，要麼在即將創辦的大學堂授課，要麼負責譯書。

徐致靖將保薦的五人比作木戶孝允、伊藤博文、大久保利通式的人物，這些日本志士也是從草茅之士「入直憲法局以備顧問」，一舉奠定了日本明治維新的基礎。[1]

這個名單是一個密切的改革團體，除去張元濟，都可歸於「康黨」之列。奏摺的行文遠不像出自一位老派御史之手，很有可能康有為、梁啟超直接參與了撰寫。在自我宣揚方面，萬木草堂的師徒從不避嫌，也很少流露出任何羞澀。他們的論辯對手梁鼎芬日後說，這份奏章在京師引發了嘲笑，士大夫既嘲笑康梁試圖厚顏自保，也嘲笑徐致

---

[1] 徐致靖《國是既定用人宜先謹保維新救時之才請特旨破格委任摺》，《戊戌百日誌》，第 18—21 頁。

靖的無文。①

維新者情緒高漲，反對者也活躍起來。在徐致靖保舉名單的同一天，陝西道御史黃均隆參劾了陳寶箴與梁啟超。黃將湖南的新政活動視作標靶，陳寶箴「學行西學，徒務虛名，毫無實際」，身為時務學堂總教習的梁啟超則是個異端，在上海時就「力倡民主議院之說」，到了長沙更是影響風俗，以至「有倡為『改正朔，易服色』之言，刊報傳播，駭人聽聞」。南學會也有議院之嫌，保衛局因費用攤派而擾民，「且巡丁沿街站立，執棒彈壓，既不足御外侮，又不能清內奸」。②

皇帝明確否定了黃均隆，他下明諭：「工部主事康有為、刑部主事張元濟均著於本月二十八日預備召見……黃遵憲……譚嗣同著該督撫送部引見；廣東舉人梁啟超著總理各國事務衙門察看具奏。」③皇帝當日心情頗佳，殿試結果出爐，貴州人夏同龢高中狀元，榜眼是湖南舉人夏壽田，探花則是浙江人俞陛雲。④夏同龢年僅二十四歲，日後將以留學日本著稱 —— 狀元恰好與帝師同名，也像是帝國人才昌盛的標誌。

聖諭令維新者振奮不已，一些觀望者也開始加入其中。李盛鐸上奏，建議新政既定宗旨，宜賞罰分明，並強調用人宜慎，能發議論者未必能辦事 —— 多少是在嘲諷康梁。宋伯魯上奏要選拔「專以得古今掌故、內政外交、公法律例之通才」。陳寶箴也從湖南發來練兵、籌款的建議。⑤

四月二十七日（6 月 15 日），在毫無徵兆的情況下，翁同龢被

① 清華大學歷史系編《戊戌變法文獻資料系日》，第 686 頁。
② 同上，第 686—687 頁。
③ 《上諭》（四十八），中國史學會主編《戊戌變法》（二），第 20 頁。
④ 俞陛雲（1869—1950）是清末經學大師俞樾之孫，現代著名文學家俞平伯之父。
⑤ 清華大學歷史系編《戊戌變法文獻資料系日》，第 688 頁。陳文由康有為代擬，參考孔祥吉《康有為戊戌年變法奏議考訂》，《戊戌維新運動史論集》，第 336 頁。

罷免一切官職。「喜怒見於詞色，漸露攬權狂悖情狀，斷難勝樞機之任」，光緒親自撰寫的朱諭給出了這樣的罪狀。[1] 在這份奇怪的詔旨面前，雀躍的氣氛突然遭遇了打擊。

這則消息的衝擊力甚至超過了恭親王的去世。奕訢的死亡是緩慢到來的，他的影響力也只是象徵性的。翁同龢的去職則充滿意外，作為戶部尚書、軍機處與總理衙門的大臣、皇帝的老師，他在過去的三年中享有無可匹敵的權威。他還是滿人與漢人、清流與洋務之間的聯結性人物，黏合了這些彼此衝突的力量與皇帝的關係。剛毅曾私下對李提摩太抱怨，翁才是中國真正的皇帝，恭親王在去世一刻也表達了類似的不滿。

官僚系統普遍陷入驚愕、困惑與憂慮。「此舉得失，小臣不敢妄言，唯憂危太息而已」，御史惲毓鼎在當天日記裡如此寫道。[2] 張謇也憂心忡忡，感覺「朝局自是將大變，外患亦將日亟矣」。[3] 張蔭桓當日早晨還接到翁同龢的書信，想要兌換一幅字畫，午後就聽到這個消息，不免大吃了一驚。[4] 外交官們也四處打聽這次決定的緣由，猜測將給政局帶來何種影響。

很少有人相信朱諭上給出的理由。翁師傅與皇帝的關係不僅是君臣，更形同父子。有人猜測這是太后擔心翁同龢對皇帝的影響力過強、與維新派的關係過於密切，還有人看到了嚴酷的權力鬥爭，推測是剛毅在背後暗算。當天的另一份詔書要求，此後二品以上官員任命後都要向慈禧太后謝恩，與此同時，榮祿被任命為直隸總督，成為最富實權的大員。

---

① 《上諭》（四十九），中國史學會主編《戊戌變法》（二），第 20 頁。
② 惲毓鼎著，史曉風整理《惲毓鼎澄齋日記》，第 159 頁。
③ 清華大學歷史系編《戊戌變法文獻資料系日》，第 694 頁。
④ 同上，第 692 頁。

翁同龢在日記中抄錄了朱諭，卻沒表露出任何震驚與不滿。他了解皇帝的脾性，聰明、任性、多疑，容易為瑣事發怒。皇帝「被太監激怒」，「因茶太熱發怒」，「被帝師孫家鼐激怒，摔破茶杯」，「怒而踏破玻璃窗」，多年來，這種記載不斷在翁的日記中出現。[①] 這一次，輪到自己了。

　　康有為的心情非常複雜，二人關係雖然已再度轉冷，但翁畢竟改變了他的命運，他聽到這個消息不免感到「甚為灰冷」。[②] 當晚，張蔭桓邀請李鴻章、張元濟、康有為共進晚餐，三人都將於翌日前往頤和園，李鴻章向太后謝恩，張與康則是接受皇帝召見。[③] 飯桌上，翁同龢極有可能是他們談論的話題之一。翁的個性弱點在這一刻也展現無遺，沒有一位高級官員願意挺身而出為他辯護，作為所謂的「帝黨」領袖，他在權力場上其實孑然一身，當時就有人評論他「好延攬，而必求為己用，廣結納而不能容異己」。[④]

　　不過，康有為應該還是感到樂觀的，因為對他個人而言，過去幾天其實充滿了意外驚喜。他原本想二十四號離京，未料想皇帝發佈詔書，還要召見他，有機會將出任顧問。

　　四月二十八日（6月16日）清晨，當康有為前往頤和園時，這種樂觀達到了新的巔峰。自1889年初次上書以來，他終於得以面見皇帝，直接闡述自己的變法之道。他是光緒這一天要召見的四位官員之一，除去他與張元濟，還有榮祿與山西知府崇祥。榮祿剛剛被任命為直隸總督，前來謝恩，崇祥則即將放任。

　　張元濟記得，當他到朝房時，康有為已經在那裡了，榮祿隨後

---

① 蕭公權《翁同龢與戊戌維新》，北京：中國人民大學出版社，2014年，第47頁。
② 清華大學歷史系編《戊戌變法文獻系日》，第695頁。
③ 同上，第692頁。
④ 同上，第694頁。

趕來。康有為拉着榮祿大談變法之道，而榮祿只是一副敷衍的樣子，「唯唯諾諾，不置可否」，始終有一品大員的傲慢。[1] 在日後傳出的另一個版本中，康有為當時盛氣凌人，對榮祿說，變法不難，只要先殺幾個一、二品大員，看誰還敢阻攔。[2]

光緒先是召見了榮祿、崇祥，再讓康有為覲見。按照康的回憶，他與光緒的見面從清晨五點開始，延續了兩個小時。在見面中，即使一直跪着，康有為也發揮了他那著名的演說能力，將之前草擬的諸多奏摺中的要點一次性展示出來。他強調變法就要全變，要重用小臣，他們才是變法的關鍵。他還大講廢除八股文之必要。[3]

在張元濟筆下，召見並沒有這樣的戲劇感。皇帝身前放着一張縈着黃桌帷的書桌，他就跪在桌旁，太監們都留在門外，一室之內，只有君臣二人相對。光緒詢問他所辦的通藝學堂有多少學生，做甚麼功課，並說翻譯與鐵路課的重要。他說，如果滇越邊境發生衝突，中國的軍隊要兩個月才到，外國人十天八天就到，「一切落後，甚麼事都趕不上外國，怎麼好和人家辦交涉呢」。皇帝感慨變法之難，總被守舊的大臣阻撓。「問話語氣極為溫和，看他面貌，殊欠剛健」，張元濟的回憶暗示這位皇帝正處於一種怎樣的孤立之中。[4] 與康有為不同，張元濟在仁壽殿只待了兩刻鐘。

回到南海會館後，康有為勢必要大肆宣揚面聖的經歷，這樣的消息也將迅速傳遍南城，引發羨慕與嫉恨。「夫子淒淒惶惶入周朝，觀金人而未嘗得見天子，後聖之遭際何其隆也」，翰林院學士葉昌熾在

---

① 張元濟口述、汝成等筆記《戊戌政變的回憶》，中國史學會主編《戊戌變法》（四），第 324 頁。
② 清華大學歷史系編《戊戌變法文獻資料系日》，第 698 頁。
③ 同上，第 696—697 頁。
④ 張元濟口述、汝成等筆記《戊戌政變的回憶》,《戊戌變法》（二），第 324—325 頁。

日記中感慨，語氣不乏嫉妒。[1]

召見也為陰晴未定的政局添加了新的變數。人們紛紛繼續猜測翁同龢去職的原因，以及可能帶來的影響。《泰晤士報》記者莫理循的一個朋友乾脆稱之為一次政變，某種程度上是慈禧太后對皇帝的廢黜，他還把這一事件與恭親王之死聯繫起來——「恭親王之死，已經使光緒皇帝失去了一位老一輩的庇護者，而慈禧太后又立刻進了一步，脅迫這位可憐的年輕皇帝失去了他最忠誠的支持者」，他猜測李鴻章可能東山再起。[2] 赫德稱這件事是「重要的而意味深長的，它意味着一種過於守舊的政策的放棄」，他同樣猜測這可能是皇太后要廢掉光緒皇帝。[3]

英國公使竇納樂則把最近發生的一系列事件放在一起評價，在定國是詔發佈當天，他評論說，「這表示了根本的維新，宮廷最後徹底地承認是一個真實的需要了」，但他對變革的前景並不樂觀，「有很少的理由來希望皇上的指示，能夠深刻地感動中國的官僚們」。竇納樂說，翁同龢在個人方面「是受人尊敬的，有學者風度的——一位守舊的中國政治家最優美的典型」，關於他的去職，他聽到的說法是，這是慈禧太后對自己權力的再度確認。[4] 美國新任駐天津領事則判斷，「翁的罷退意味着一個更為孱弱的統治時代的開始」，「慈禧太后似乎已經重新掌權……李鴻章會很快再次復出並恢復其影響力」，「皇帝與太后在治理國家的觀念上存在分歧，麻煩遲早會發生」。他還聽到了

① 葉昌熾《緣督廬日記鈔》（二），戊戌年四月二十五日，北京：北京圖書館出版社，2007 年，第 401 頁。
② 《艾·愛·賀壁理來函》，駱惠敏編，劉桂梁等譯《清末民初政情內幕：〈泰晤士報〉駐北京記者、袁世凱政治顧問喬·厄·莫理循書信集（1895—1912）》，上海：知識出版社，1986 年，第 107 頁。
③ 《羅·赫德來函》，駱惠敏編《清末民初政情內幕》，第 105 頁。
④ 《英國藍皮書內關於戊戌變法的文件》，中國史學會主編《戊戌變法》（三），第 543—545 頁。

一些傳言,「皇帝認為不必再留長辮子,女子應禁止裹小腳」。[①]

更熟知內情的張蔭桓看法卻不同。在與日本公使矢野文雄私下的談話中,他說翁同龢去職的原因是在甲午戰爭中主戰之失誤,這讓慈禧與恭親王都深為惱火。翁與光緒之間的摩擦也日益增加,德國親王亨利的來訪成為直接導火索,翁對於皇帝想採納的西方禮儀大為不滿,甚至拒絕參加宴請。直到四月二十四日(6月12日),當光緒準備在宮內接見外國使臣時,翁還表示強烈反對。這些都讓年輕的皇帝頗為不悅,繼而暴怒。無論原因是甚麼,這都是皇權絕對性的絕佳體現,一個重臣的政治生命,竟然可以如此草率地終結。中國官員的焦慮更為強烈。葉昌熾在日記中感慨「朝局岌岌不可終日,如蜩如螗,如沸如羹,今其時矣」。[②]張謇則提到,「城南士大夫人心皇皇」。[③]張蔭桓憂慮的是恭親王去世帶來的影響,帝后的權力平衡已經被打破,權力更傾向於太后。但在大勢上,張蔭桓對翁同龢罷職之後的局面頗為樂觀,他相信慈禧也會喜歡新派,皇帝的銳意進取令母子關係更加親密了——「維新派早晚會得到勝利,也許再等三五年,或者六七年」。[④]

草堂師徒被召見所鼓舞,但當日宮門抄發行時,他們卻大失所望,康有為只被授予總理衙門的四品章京,他習慣性地認定這是軍機大臣們在刻意作梗。如同三年前的工部主事一樣,他對這個職務不屑一顧,更不會赴任。他的學生也紛紛為此不平。「總署行走,可笑之至」,梁啟超向夏曾佑叫屈。他說,皇帝對康有為「面詢極殷拳」,但因慈禧仍主持大局,皇帝沒機會伸張自己的意見,變革仍然很困難。在書信中,他用「西王母」暗指慈禧,還描述了北京的政治戲劇,「數

---

① 清華大學歷史系編《戊戌變法文獻系日》,第 699 頁。
② 《緣督廬日記鈔》,中國史學會主編《戊戌變法》(一),第 528 頁。
③ 《張謇全集》第 6 卷,第 410 頁。
④ 參見孔祥吉、村田雄二郎《罕為人知的中日結盟及其他》,成都:巴蜀書社,2004 年,第 253 頁。

日之內，世界屢變，或喜或愕」，頗像讀佛家的相宗書。[1]

康有為感到灰心喪氣，準備離開北京。這情緒既因為康有為對任命的失望，或許也緣於總理衙門的察看遲遲不來。不過他們最終還是留了下來，儘管軍機章京一職缺乏吸引力，康有為卻實在不願意放棄這個新獲得的影響力。

皇帝顯然對康有為印象頗佳。當總理衙門五月初三（6月21日）代遞他的謝恩摺時，皇帝給予他直接奏事權，還專門指派廖壽恆幫康有為轉呈條陳。廖對這個新角色深感不安，一些官員也稱他是「廖蘇拉」（在滿語中，蘇拉是指不識字的傳話小太監），甚至「康狗」。康有為則頗為自得，一個章京能支使一位大臣，是他獨特身份再好不過的體現。有些更為荒誕的傳聞隨之而來，康有為、康廣仁兄弟可以隨意出入宮門密會皇帝，還說太后已經下了密旨：「紫禁城各門外官廳，系步軍統領分派八旗，兩翼輪流值班……令其認準康有為面貌，車馬僕役，如在各門，認名稟報。」[2]

廢除八股成了康有為、梁啟超的着力點，他們視此為中國積弱的根源。四月二十九日（6月17日），宋伯魯上奏《請改八股為策論以作人才而濟時艱摺》。五天後徐致靖又上摺，強調廢除八股是「新政之最要而成效之最速者，莫過於此」。[3] 這些奏章都出自康門弟子之手，自然會引起嘲笑，草堂師生明明熱衷於科舉，而且他們這會兒沒有一個同門上榜。

皇帝在五月初五（6月23日）下詔：從下次科舉考試開始，「鄉會試及童歲科各試，向用四書文者，一律改試策論」。詔書引發了狂喜與震驚。「歡聲雷動，去千年之弊政」，康有為把這歸咎於光緒的魄

---

① 丁文江、趙豐田編《梁啟超年譜長編》，第 79 頁。
② 蘇繼祖《清廷戊戌朝變記》，中國史學會編《戊戌變法》（一），第 335 頁。
③ 清華大學歷史系編《戊戌變法文獻資料系日》，第 701、727 頁。

力，「非皇上之聖武，豈能若此之剛斷乎」。[1]「海內有志之士，讀詔書皆酌酒相慶，以為去千年愚民之弊，為維新第一大事也」，梁啟超日後寫道。[2] 孫寶瑄也在幾天後的日記裡感慨「五百年積弊決去於一旦，快甚」。[3]

改變僅發生於鄉試與會試，仍不令人滿意，因為童生的歲試與科試才與更廣大的士人群體相關。五月十二日（6月30日），宋伯魯又上摺《請將經濟歲舉歸併正科改試策論由》。摺片很可能由康廣仁撰寫，他曾對梁啟超說鄉會試三年後才實行，「為期太緩」，「未足以振刷此輩心目」。皇帝當天就用朱筆批示：「即行一律改為策論，毋庸候至下屆更改。」[4]

這個建議相當於斬斷了眾多士人的前途，自然引得他們憤怒萬分，甚至傳出有直隸士人要行刺康有為的消息。于式枚勸康有為深居簡出，並養壯士在身邊守護。[5] 在本年的優、拔貢及保和殿復試中，出現了「天下得人難論」「通籌互市情形策」這樣的新考題，讓考生們忐忑不安，不過倒是沒有人有足夠的血氣真的去刺殺康有為。竇納樂看到了其中的標誌意義，他將八股文類比為英國官員必須通曉梵文，如今廢除了，是一大進步，雖然這會導致考生們產生極大不滿，「但是對於未來的影響，除了是良好以外，不會有別的情形」。[6]

皇帝接連的認可令人鼓舞。「聞今上聖明，諸大臣皆無及者，實出意外」，梁啟超致信夏曾佑說。他惋惜翁同龢的離去，「未能大啟天

① 清華大學歷史系編《戊戌變法文獻資料系日》，第 728 頁。
② 《上諭》（六十），附梁啟超案語，中國史學會主編《戊戌變法》（二），第 25 頁。
③ 孫寶瑄《忘山廬日記》，上海：上海古籍出版社，1983 年，第 215 頁。
④ 茅海建《從甲午到戊戌：康有為〈我史〉鑒注》，第 465 頁。
⑤ 清華大學歷史系編《戊戌變法文獻資料系日》，第 728 頁。
⑥ 《英國藍皮書內關於戊戌變法的文件》，中國史學會主編《戊戌變法》（三），第 545—546 頁。

下之蒙耳」，而康有為「從容度無所補救」，準備南下。① 總理衙門的
察看遲遲不來，他也想離開了，並向朋友流露出這種失落。不過，刑
部主事吳保初隨即向孫家鼐推薦梁啟超：「年二十四，奇才淑質，獨
出冠時，綜貫百家，凌躒一代」，而對於最近的西方書籍也「莫不取
其精華，得其指要」。他勸孫速將梁攬入官書局，後者「行期甚急」。②
三十九歲的吳保初是名將吳長慶之子，與譚嗣同、陳三立、丁惠康並
稱四公子。他個性耿直，去年末還「遞一條呈，乞堂官代奏……諫止
辦慶典之事」。③

二

　　五月十三日（7月1日），翁同龢離京，一群門生在永定門外送
別。夏日正炎，真是一個感傷、悲戚的時刻。但即使他的門生也不得
不承認，翁同龢要對日漸衰敗的朝政負責：「甲午之後，朋黨漸興，
政治日紊，內外不和，以國為孤注，繼此以後，尚不直達有若干甲午
者。」④

　　梁啟超前往總理衙門接受考察。「廣東舉人梁啟超……志趣遠
大，學問淹通，尚屬究心時務。」總理衙門在摺片中提到了他在上海
籌備的譯書局，奏請專撥經費讓他管理，還說他「平昔所著述，貫通
中西之學，體用兼備，洵為有用之才」，懇請特賜召見。皇帝批示：
依議。⑤

　　對梁啟超的召見定於兩天後。按慣例，四品以上的官員才會被

① 丁文江、趙豐田編《梁啟超年譜長編》，第 79 頁。
② 清華大學歷史系編《戊戌變法文獻資料系日》，第 748 頁。
③ 劉光第《自京師與自流井劉安懷堂書札》，第五十三函，《劉光第集》，第 276 頁。
④ 清華大學歷史系編《戊戌變法文獻資料系日》，第 753 頁。
⑤ 同上，第 752 頁。

皇帝親自召見，康有為、張元濟已是破例。梁啟超不過是個舉人，是「明定國是」以來第五位被召見的被保舉人，「以布衣召見，尤為本朝數百年所未見」。①

　　梁啟超一大早就前往朝房等待，也要跪在鋪着黃帷布的桌子旁跟皇帝對話。對這次珍貴會面的細節，他幾乎從未談及。很有可能，這個習慣晚起的人還一直處於清晨的遲鈍中，被巨大的權力所震懾。他沒有康有為式的自信，可以隨時展開一番說教，濃重的廣東口音恐怕也阻礙了他的表達，這位大名鼎鼎的主筆，經常連「好」與「孝」都分不清。

　　皇帝也許在梁啟超面前抱怨了新政之艱難、舊黨之阻撓、大臣之不明新學，詢問了他在《時務報》的經驗，對變法的看法。也可能，皇帝並不在意梁啟超說了甚麼，在這些維新者身上，他能找到一種少見的放鬆感與親密感，尤其是梁舉人，這位或許是最年輕的被召見者，比他還小兩歲。

　　一個月後，皇帝才滿二十八週歲。他生活在一團矛盾中，看似握有無邊權力，又被無邊的規定所束縛。四歲時，他就被從父母身旁抱走，在姨母的嚴厲目光下、在無數的訓誡中成長，很少享受家庭的親密感。他生活在一個雙重的世界，宮女與太監包圍着他的日常生活，他們樂於傳播種種陰謀與流言，容易被微小的個人利益所引誘；他還要生活在翁同龢、孫家鼐所描繪的道德與使命的世界中，心憂天下，為黎民蒼生負責。從兒時起，他就過分繁忙，「既入書房，作詩文，每日皆有課程。未刻畢，則又有滿洲師傅教國書，習國語及騎射等事，薄暮始休」。②在一些詩歌中，他偶爾流露出杜甫式的情緒：「西山

---

① 丁文江、趙豐田編《梁啟超年譜長編》，第 82 頁。
② 徐沅《蒼曘雜記》卷一，參見孔祥吉《光緒皇帝維新思想溯源》，《晚清史探微》，第 154—181 頁。

明積雪，萬戶凜寒風；惟有深宮裡，金爐獸炭紅。」[①]

　　他沒有同伴，生活中每個細節，他的稱謂、他的行動，甚至使用的顏色都被灌輸一種獨特性。「琉璃瓦頂是黃的，轎子是黃的，衣服帽子的裡面、腰上繫的帶子……無一不是黃的……把唯我獨尊的自我意識埋進了我的心底」，溥儀後來在自傳《我的前半生》中描寫過當皇帝的情形，光緒或許也有類似的感受。

　　他很少有機會真正行使權力。他不能選擇自己的妻子，甚至連性生活也要遵循規則。即使宣稱親政，他仍要遵從姨母的意志。依靠翁同龢的鼓舞，他在甲午戰爭中表現出幾分「乾綱獨斷」，最後敗得一塌糊塗。他想推動變法，卻不知如何下手。作為皇帝，他被要求全知全能，從淮河水患、江西的教案到西北的暴亂，都必須即刻作出批示。這套專制系統是為頭腦敏銳、精力旺盛的皇帝設計的，比如無比勤政的雍正，到了光緒這裡，大多數時候只能在冗長的奏摺上批注「知道了」，「著照所議辦理」。他還要面對一個迅速變化的世界，大清帝國不再是世界的中心，它被迫進入一個新世界，還要迎接一連串的屈辱。與歷任的先皇不同，他不僅要精通滿文與漢文，還試着學習了英文。

　　皇帝的智力與體力似乎也映射出帝國的興衰。康熙、雍正、乾隆不僅開疆闢土，還留下一大堆子女，彼此為皇位鈎心鬥角。當同治皇帝駕崩時，不僅帝國被「蠻夷」入侵，而且沒留下一個子嗣，以至於要抱來醇王府的載湉繼承大統。而此刻，光緒皇帝正面臨着國土被瓜分的噩運，沒生下一個皇子，還身體虛弱，飽受遺精困擾。他還是個口吃症患者，說話聲音細微，官員們紛紛相互轉告，上朝以後不必十分拘謹，皇上不能多言，遇皇上發問，可以洋洋灑灑暢所欲言，敷衍

[①] 　孔祥吉《光緒皇帝維新思想溯源》，《晚清史探微》，第 161 頁。

十分鐘便下來。

外在危機與內在無力感會激發起皇帝的憤怒，或讓他沉迷於無關緊要的細節。任性是光緒確認權力和逃避無能的方式，整個三月，他都在沉醉於接待亨利親王的細節中，糾纏於一個寶星勳章的設計。他想採用西式禮儀來迎接這個剛剛割取他一個港灣的敵國代表。對於他的努力所透露出來的笨拙，在場的德國公使的太太海靖夫人刻薄地寫道：「同往常一樣，皇帝看上去有些膽怯，臉上還顯露出病容。同皇太后相反，他在談話時顯得局促遲鈍。」即使他做出開放的嘗試，也效果不佳，在試圖與亨利親王按照歐洲禮儀握手時，「整個場面看上去非常滑稽可笑」。[①]

轉瞬間，他又可以變得傲慢與冷酷。他突然解除了翁同龢的職務，甚至絲毫不忌諱這一天正是他多年老師的生日。當後者翌日在宮門謝恩時，他甚至沒扭頭多看一眼。他感受到更深的無力，不知道該依賴誰來提供分析、推行主張。人人在等待皇帝的裁斷，認定這個角色代表着天然的洞察與權威，皇帝自己卻經常陷入茫然。他被一群老人包圍着，其中很多人都聽命於慈禧，即使他們都聽命於他，他其實也不知道該怎樣對每日層出不窮的危機做出恰當的反應。他被張蔭桓豐富的知識所吸引，也會對康有為的變革主張着迷，這一切的執行仍要有賴於官僚系統，而這個系統卻幾乎徹底失靈了。

召見梁啟超時，新政已推行將近一個月，遇到重重阻力。總署昨日向皇帝呈上《遵旨議覆康有為條陳摺》，集體認為康有為的諸多建議無一可行。這種駁斥引起了光緒的不滿，斥責他們：「汝等盡駁康某之奏，汝等欲一事不辦乎？」[②]

跪在仁壽殿中，梁啟超是否能感到皇帝的急迫心情？他或許自己

---

① 海靖夫人《德國公使夫人日記》，第 159 頁。
② 梁啟超《戊戌政變記》卷一，中國史學會主編《戊戌變法》（一），第 252 頁。

也頗為矛盾。兩年來，他在《時務報》發表了大量否定君權的文章，說皇帝是「民賊」與「獨夫」；在時務學堂，他甚至把皇帝比作「雜貨鋪老闆」，並無神聖性與權威性；他還認為滿人統治導致了中國智力與體力的衰退，對他們充滿厭惡。但在一個真正的滿人皇帝面前，他的指責都開始沉默了。也有可能，僅僅接近權力本身都令人陶醉。康有為已經改變了看法，到處宣揚的皇帝的英明。康是個權力崇拜者，他既然將孔子塑造成一個可以改制的有權者，當然也希望將皇帝塑造成彼得大帝與明治天皇，借強人之力來推行自己的理念。

　　隨即頒佈的上諭並不令人振奮：梁啟超被賜予六品官銜，辦理譯書局事務。按照普遍的說法，蒙皇帝召見的舉人即使不能進入翰林院，至少也會被賜予內閣中書的職位，所以難免有人猜測，梁啟超是否與皇帝「彼此不能達意」。[①] 梁寶瑛想必已經感到滿意了，即使高中進士，不管是進入翰林院還是成為六部主事，官階都是六品，何況梁舉人還不用徒勞地等待候補。

　　「昨日召見，上實明」，梁啟超隨即致信夏曾佑，讚歎皇上的能力，他對皇帝身旁的大臣則頗感失望，認為他們「不足為助」。[②] 在這封時斷時續、幾天內容拼湊完的信中，梁啟超的起伏心情也展露無遺，有一種來到權力中心的自得，「新政來源真可謂令出我輩」。他相信正是《彼得大帝變政記》與《日本變政考》鼓舞了皇帝，「日日瀏覽，因摩出電力」。信中談到了翁同龢開缺「最為大關鍵」，「然不能形諸筆墨」。康有為、張元濟與他都沒獲得令人期待的職位，預示新政道路的不確定性 ——「初時極欲大辦，今如此局面，無望矣」。讓他自得的是科舉之變，「守舊之命脈已斷，我輩心願亦幾了矣」。他再

---

① 丁文江、趙豐田編《梁啟超年譜長編》，第 83 頁。
② 同上，第 82 頁。

次許諾離開北京,「日間必出都,相見不遠也」。^①

康廣仁也勸康有為南歸,廢除八股的成果已經相當讓人滿意,至於更深的改革,他認為時機未到,「我國改革之期今尚未至,且千年來行愚民之政,壓抑既久,人材乏絕。今全國人材尚不足任全國之事,改革甚難有效」。他勸梁啟超回長沙「專心教育之事,著書譯書撰報,激勵士民愛國之心,養成多數實用之才」,如此三年後,可以大行改革。^②張元濟同樣勸說康有為南下辦學,「俟風氣大開,新進盈廷,人才蔚起,再圖出山,則變法之事,不難迎刃而解」。^③

面對皇帝的垂愛給予的新誘惑,二人都沒有離去。在梁啟超被召見的同一天,御史黃均隆上摺參劾黃遵憲、譚嗣同與梁啟超,光緒沒有理睬。總理衙門也上摺片,希望梁啟超能負責正在籌辦的京師大學堂譯書局。譯書局將與大同書局形成呼應,「由該舉人隨時自行來往京滬,主持其事。所有細章皆令該舉人妥議」,朝廷每年撥發一千兩的經費即可。^④

梁啟超發現,他的首要任務不是譯書,而是為大學堂起草章程。創辦京師大學堂是明定國是詔中唯一的具體計劃。在一個建立在教化基礎上的帝國,大學堂代表學風的轉變,以及整個國家生活的革新。它的確也與梁啟超緊密相關。

大學堂緣起於李端棻在 1896 年夏天的奏章。奏章認為「人才之多寡,繫國勢之強弱也」,主張「自京師以及各省府州縣皆設學堂」,而「京師大學,選舉貢監生三十以下者入學,其京官願學者聽之」。奏章預測,「十年以後,賢俊盈廷,不可勝用矣」。^⑤這份奏摺由梁啟

---

① 丁文江、趙豐田編《梁啟超年譜長編》,第 79 頁。
② 梁啟超《康光仁傳》,中國史學會主編《戊戌變法》(四),第 69 頁。
③ 張元濟《追述戊戌政變雜詠》,中國史學會主編《戊戌變法》(四),第 351 頁。
④ 清華大學歷史系編《戊戌變法文獻資料系日》,第 755 頁。
⑤ 李端棻《請推廣學校摺》,中國史學會主編《戊戌變法》(二),第 292—297 頁。

超起草，引起了光緒的興趣，孫家鼐因此還上了《議復開辦京師大學堂》。奏摺還得到了李佳白的呼應，認為「立總學堂於京師，不但能擴眾人之材質，尊朝廷之體統也已，亦可揚國家之聲名」。值得注意的是，這一年也是京都大學設立之年，大學無疑與國家富強緊密相連，甚至「大學」一詞本身都來自日本，傳統中國使用的是「太學」。

因為恭親王與剛毅建議「緩辦」，大學堂的事直到 1898 年初仍毫無結果。光緒在 2 月 15 日再頒上諭催促，「著軍機大臣會同總理各國事務衙門王大臣妥籌具奏」。[①]

翁同龢曾負責章程，並轉讓張謇起草。翁的突然離去中斷了進度，張謇的草案也未令軍機處滿意，於是「軍機大臣及總署大人咸飭人來屬梁啟超代草」。梁啟超在《時務報》上的系列教育文章，在長沙的實踐，以及寫作速度，都令他成為再恰當不過的人選，「乃略取日本學規，參以本國情形，草定規則八十餘條」。[②] 經過軍機、總署的調整，《大學堂章程》最終以八章五十一節的面目出現。[③]

「中國學人之大弊，治中學者則絕口不言西學，治西學者亦絕口不言中學。此兩學所以終不能合，徒互相詬病，若水火不相入也。夫中學，體也，西學，用也。二者相需，缺一不可，體用不備，安能成才。」梁啟超構想了一個混合的知識版圖，還要設立一個大藏書樓，編纂大型叢書，將大學變成一部無所不包的百科全書。[④]

在他的設想中，總教習是統領一切的人物，鑒於大學堂在學堂中的統領地位，總教習自然也會成為學界領袖。「必擇中國通人，學貫中西，能見其大者」，他幾乎按照康有為的樣子描述了這個職位。「通

① 《上諭》(二十八)，中國史學會主編《戊戌變法》(二)，第 11 頁。
② 丁文江、趙豐田編《梁啟超年譜長編》，第 82 頁。
③ 茅海建《從甲午到戊戌：康有為〈我史〉鑒注》，第 515 頁。
④ 《總理衙門奏擬京師大學堂章程》，《北京大學史料》第一卷，北京：北京大學出版社，1993 年，第 81—82 頁。

人」是康門師徒最喜歡使用的詞彙，也是他們的自我認定。熟悉他們的朋友立刻感受到這一點，皮錫瑞在江西讀到章程，察覺到「大學堂總教習破格錄用，似乎意在南海，不知能破格否」，還誇獎梁撰寫的章程「說中西學極通達」。[①]

康有為日後說，孫家鼐請他出任總教習，李鴻章、陳熾也推薦他。這並非實情，不管是學識還是人品，孫家鼐都不信任康有為。嚴復也曾出現在人選中，他才是真正的「通人」，不過他對大學堂章程很不屑，覺得梁在有意要取悅孫家鼐與張之洞的思想，在給汪康年的信裡，嚴復評論梁啟超「英華發露太早」，這是蘇軾《稼說》中提到的病症。[②]並非人人想做大學堂總教習，候選人之一盛昱斬釘截鐵地聲稱：「若朝來請則午死，午來請則夕死。」[③]

五月二十九日，孫家鼐最終擬就的總辦、提調、教習名單中，沒有一個留給康門。大學堂與官書局一樣，變成了一個常規的衙門。維新者張元濟被任命為總辦，他「初頗心動」，但當提調、教習的名單出現後，發現「都不相習，且多有習氣」，開始感慨「將來能否不蹈書局窠臼，正未可知」。[④]翰林院學士們佔據了主宰地位，「派出提調十人，翰林院居其六」。葉昌熾倒是自得地說，這種安排「雖不盡公道，尚可為詞館吐氣」，同時有一些擔憂，「恐康、梁有後言耳」。[⑤]

這些未能阻礙康梁的熱忱。五月十八日（7月6日），康有為又上摺《請改直省書院為中學堂，鄉邑淫祠為小學堂，令小民六歲皆入

---

① 皮錫瑞《師伏堂未刊日記選》，尹飛舟編《湖南維新運動史料》，第 762 頁。
② 《嚴復集》，第 508 頁。
③ 茅海建《戊戌變法的另面：「張之洞檔案」閱讀筆記》，第 81 頁。
④ 《致沈曾植》，《張元濟全集》第二卷，北京：商務印書館，2007 年，第 226 頁。張人鳳、柳和城主編《張元濟年譜長編》，上海：上海交通大學出版社，2011 年，第 68 頁。
⑤ 葉昌熾《綠督廬日記鈔》，中國史學會主編《戊戌變法》（一），第 529 頁。

學摺》。這些新學堂不僅是為了教授新知識，也為振興孔教所用，是康有為全國教育改革的一部分。兩天後，皇帝下諭准奏。

孫家鼐不信任康有為，卻對梁啟超支持有加。六月二十九日（8月16日），他上摺為譯書局申請經費，請求皇上先撥開辦經費一萬兩。光緒當天便予以批准，甚至增加了一萬兩開辦費。上海譯書局有四萬兩開辦費，每月的經費兩千兩，頒給木質關防一顆。

梁啟超不僅忙於撰寫章程，也要編纂《變法通議》文集，因為皇帝要他進呈。他選取了《時務報》上發表的《變法通議》系列文章中的一部分，加上八篇政論及《湖南時務學堂課程》，抄成七冊，用黃紙封面、細黃絲線裝訂進呈，每一冊都注明「舉人臣梁啟超撰」。[①]

這是《變法通議》的第一次結集。檢視這兩年高產的時光，梁啟超想必感慨頗多，如今光緒皇帝也成了他讀者，他理應為自己得意。他自然也要進行必要的自我審查，刪除那些過分刺眼的論句，集中體現他從學校到議院再到強國的政治哲學。

索要《變法通議》展現出皇帝的閱讀熱情，而康有為接連進呈的《日本變政考》《泰西新史攬要》《列國歲計政要》等著作進一步擴展了皇帝的視野，他對兩份官辦報紙《官書局報》與同文館的譯報都有所不滿——前者平淡無奇，後者則內容太少——要求總理衙門定期呈進《時務報》，上面刊登的書單被視作通往現代世界的入口。他還要求總理衙門上呈全球地圖、各國條約。上海道蔡鈞奉命將書單所列圖書寄往北京。

皇帝對新知識的興趣令維新派倍感鼓舞。六月的軍機處《隨手檔》上留下了這樣的記錄：「遞會議康有為條陳節略，見面帶上，未發下；

---

① 茅海建《梁啟超〈變法通議〉進呈本閱讀報告》，《近代史研究》2016 年第 6 期。

遞泰西新史攬要，列國變通興盛記各一部」^①張元濟感慨，「果於此因勢利導，所造豈有限量」，可惜「廷臣不惟不喜，而且憂之」。^②

在很多人眼中，康有為與梁啟超擁有了皇帝的耳朵，他們的身影無處不在。「至戊戌春康君入都變法之事，遂如春雷之啟蟄，海上志士，歡聲雷動，雖謹厚者如飲狂藥」，羅振玉寫道。^③繆荃孫在信件中寫道：「近來新政迭頒，康先生志氣發紓，大有王介甫（安石）、張太岳（居正）氣象，言無不聽，計無不從，可謂盛矣。」^④張元濟也認為，「風氣之開，不可謂彼非（康）力」。^⑤身在上海的孫寶瑄對宋恕說，「自中日戰後，能轉移天下之人心風俗者，賴有長素焉。何也？梁卓如以《時務報》震天下，使士夫議論一變，卓如之功，而親為長素弟子，亦長素功也；八比廢，能令天下人多讀書……亦長素功也」，所以康有為「非立言之人，乃立功之人」。^⑥李鴻章在五月末的家信中也承認，京師發生的種種變革都與康梁師徒的鼓動有關，但同時料定「無一事能實做」。^⑦

康有為和梁啟超的這種做法也引發了一連串的憂慮。「欲令一年幼無知之梁啟超翻譯西書，刪定中學，此恐人才因之益復敗壞」，吳汝綸如此評論。另一封信中，他更平和地寫道：「學堂開辦，康公首唱大議，不為無功，惟其師弟於世事少閱歷，皆以一人室中私見，遂

---

① 第一歷史檔案館藏《光緒二十四年軍機處隨手登記檔》，參見孔祥吉《〈戊戌奏稿〉的改纂及其原因》，《晉陽學刊》1982 年第 2 期
② 《致沈曾植》，《張元濟全集》第二卷，第 225—227 頁。《張元濟年譜長編》，第 69 頁。
③ 羅振玉《貞松老人遺稿·集寥編》，中國史學會主編《戊戌變法》（四），第 249—250 頁。
④ 《汪康年師友書札》，第 3060 頁。
⑤ 同上，第 1738 頁。
⑥ 孫寶瑄《忘山廬日記》，第 220 頁。
⑦ 茅海建《從甲午到戊戌：康有為〈我史〉鑒注》，第 602 頁。

可推行天下，是其失也。其談中學尤疏謬……」[1]

康有為的個人風格更加劇了這種憂慮，他熱衷於捲入人事鬥爭，鼓動宋伯魯彈劾許應騤，說許守舊迂腐、阻撓新政。許隨即進行自我辯護，並展開反擊，稱康「少即無行，迨通籍旋里，屢次構訟，為眾論所不容」，在京師則「勾結朋黨、快意排擠，搖惑人心，混淆國事」，「其建言既不可行，其居心尤不可問」。[2]

對康有為更全面的指控也接着到來。五月二十日（7月8日），御史文悌上書彈劾，四千多字的奏章裡夾雜着事實與猜測，幾乎是對康有為半年來活動的全盤否定。這份指控在外人看來不免有些嘲諷，因為年初時二人還關係甚佳，文悌在奏章中也承認，康有為「凡至奴才處十餘次，路隔重城，或且上燈後亦至……奴才始尚以為其深通洋務……故兩次至其寓所回拜」。隨着交往的深入，他們的思想分歧出現了，康有為不但「尊俠力，伸民權，興黨會，改制度，甚則欲去跪拜之禮儀，廢除滿漢之文字，平君臣之尊卑，改男女之外內」，而且文悌在一次拜訪康時發現，康有為的書桌上「有洋字股信多件，不暇收拾，康有為形色張皇，忽坐忽立」，又與張蔭桓進行勾結，「行蹤詭秘，恆於深夜至錫拉胡同張大人處住宿」，甚至聯合言官，試圖「起台諫攻擊之風」。[3]

皇帝的反應有些出人意料，他剝奪了文悌的御史之職，不久又將其外放河南。這一事件令康有為得意揚揚，「皇上至於革文悌以保全我，天恩高厚，本朝所無」。[4] 據說康廣仁在街上遇到失敗的文悌時，

---

① 《吳汝綸全集》第 3 冊，合肥：黃山書社，2002 年，第 206、198 頁。
② 許應騤《明白回奏並請逐工部主事康有為摺》，中國史學會主編《戊戌變法》（二），第 480—482 頁。
③ 文悌《嚴參康有為摺稿》，中國史學會主編《戊戌變法》（二），第 482—489 頁。
④ 康有為《萬木草堂遺稿外編》，下冊，台北：成文出版社，1978 年，第 776 頁，轉引自茅海建《從甲午到戊戌：康有為〈我史〉鑒注》，第 486 頁。

還不無挑釁地「稱謝不已」。[1]

　　康有為的鋪張個性展露無遺，他將上斜街的寓所命名為萬木草堂，似乎將士大夫階層都視作自己的學生。張謇發現康有為已經過於張揚了，「僕從伺應若老大京官排場，且賓客雜遝」，感到康梁不僅「至是張甚，事固必不成」，甚至「禍之所屆，亦不可測」。[2] 他再度勸康有為不要輕舉，但康早已聽不進。身在北京的江標也有類似的感觸，他在一次聚會上對日本外交官中島雄說：「近日中國主張變法新學，與鄙人頗有異同；康氏取其虛，爾吾求其實。」李盛鐸則說，康有為「議論甚高，而不切實際」，一位翰林學士乾脆在一旁冷笑。權力結構的瓦解帶來的混亂給康帶來了嶄新的機會，改革派內部卻慢慢失去了平衡機制。身在上海的文廷式感慨康有為的魯莽正在毀掉改革，感歎「假留我輩數人，何至今渠跳梁至此？」[3] 他們肯定不願承認，倘若沒有康梁之「跳梁」，這變化又何從開始？

　　康有為不會在意這些，出任大學堂總教習不成，他又尋找出使日本的機會。張權在六月十二日給張之洞的信中提到，康有為本意出使日本，還聽說梁啟超曾向李鴻章建言，康有為出使日本會對中國大有裨益。[4] 康有為也通過保舉締造着自己的關係網，四月給女兒的信中，康有為就提到萬木草堂有十餘個同門被特科保薦，她的丈夫麥仲華也列其中。[5] 皮錫瑞的江西同鄉桂念祖也要前往北京投奔康有為。

　　康有為再度試圖推動制度局的建立。裁撤六部九卿的謠言四處瀰漫，甚至有人說要設立洋人的衙門，只用鬼子辦事。儘管皇帝從未公開表態，但已經引發了一陣恐慌：「懵懂無知之司官，焦急欲死者，惟

①　茅海建《從甲午到戊戌：康有為〈我史〉鑒注》，第 485 頁注 1。
②　《張謇年譜》，中國史學會主編《戊戌變法》（四），第 201 頁。
③　《文廷式集》下冊，第 834 頁。
④　茅海建《戊戌變法的另面：「張之洞檔案」閱讀筆記》，第 81 頁。
⑤　參見茅海建《從甲午到戊戌：康有為〈我史〉鑒注》，第 413 頁注 1。

有詛謗皇上，痛罵康有為而已。」這是對康有為的妖魔化，康的上書其實並沒有裁官的建議，他只是想要增加新的權力中心。沒人願意理解他，當時「物議沸騰，且因新黨中少年高興，到處議論某官可裁，某人宜去，現已如何奏請皇上飭辦，而皇上發下何旨，肆意矜張」，因此，「守舊中有心相仇者」聽到之後都開始四處傳播。[1]

恐懼與謠言變成了雙螺旋，它們相互滋養，變得荒誕異常，有人說康有為曾為皇上進藥水，皇上服用後「性情大變，急躁異常」，甚至加入了天主教，在宮中設立禮拜堂。當康有為改淫祠學堂的建議傳出後，另一個群體也深感不安。「京中僧尼道三等人，其氣勢等於顯官，且聲氣廣通門徑，直達大內，素皆聯絡太監故也；王大臣之門路，更不足數。」賢良寺與西山碧雲寺的僧人紛紛詢問太監拆廟之事，太監安慰他們：「有太后在，能拆廟宇乎？」[2]

如今，「朝野議論，無處不談康有為」，他很享受這種狀態 —— 被爭議總比無人理睬好得多 —— 也激發出更新奇的想像力。六月二十六（8月13日）日，他上摺建議在皇帝生日時舉辦全國慶典，停業一日，並「電告天下士民，許人人得立萬壽牌，家家得懸萬壽燈」，建議四處散發皇帝的御像（很多人並不知道皇帝到底長甚麼模樣）。新典禮將促成全國的團結，消除君民隔閡，讓光緒變成一個現代君主，更可能成為變法的推動力。[3]

對皇帝形象的熱忱，也反映出康有為不斷變化的政治哲學。五月二十八日（7月16日），他曾在《國聞報》上發表《康有為答人論議院書》一文，徹底逆反了他之前的論調。「今日之言議院、言民權者，是助守舊者以自亡其國也」，他將一個國家比作一個家庭，君

---

① 蘇繼祖《清廷戊戌朝變記》，中國史學會主編《戊戌變法》（一），第 337 頁。
② 同上，第 337—338 頁。
③ 清華大學歷史系編《戊戌變法文獻資料系日》，第 853 頁。

主是父親，人民是兒子，而「中國之民皆如童幼嬰孩……不由父母專主之……能成家自養否乎？」他認定此刻中國適合君權治天下，「若雷厲風行，三月而規模成，三年而成效著」。他對光緒的能力充滿信心，「泰西三百年而強，日本三十年而強，若皇上翻然而全變，吾中國地大人眾，三年可成」。[①]

康有為的妥協姿態並沒有換得諒解，對他的批評不僅來自變法路徑、個人風格，也來自學術理念。「康有為必欲以衰周之事行之今時，竊恐以此為教，人人存改制之心，人人謂素王可作」，孫家鼐在五月二十九日（7月17日）上摺批評《孔子改制考》，勸皇帝下旨，「康有為書中凡有關『孔子改制稱王』字樣……亟令刪除，實於風俗人心大有關係」。[②]

孫家鼐曾形容康有為「學術不端，而才華尚富」。在變法理念上，二人還有這樣的爭論，孫說，按照你的建言，萬端並起，每一項都需要經費，國家財力有限，如何應對？康回答說，可以用全國的礦產做抵押，或是賣邊疆的無用之地，款項供新政之用。[③]

孫家鼐將馮桂芬的《校邠廬抗議》上呈給皇帝，努力與康有為爭奪改革的話語權。這本書是他心中的改革藍圖，「其書皆主變法，臣亦欲皇上留心閱看，採擇實行」。[④]距離《校邠廬抗議》的寫作已過去了三十七年，馮桂芬也於二十四年前離世。這項建議如今才被想起來，不免令人悲哀。馮桂芬是自強運動的思想奠基人，他感受到了新

---

① 清華大學歷史系編《戊戌變法文獻資料系日》，第 789 頁。
② 孫家鼐《奏譯書局編纂各書請候欽定頒發並請嚴禁悖書疏》，中國史學會主編《戊戌變法》（二），第 431 頁。
③ 夏孫桐《書孫文正公事》，《碑傳集補》卷一，《清代碑傳全集》下冊，上海：上海古籍出版社，1987 年，第 1266 頁。
④ 孫家鼐《請飭刷印校邠廬抗議頒行疏》，中國史學會主編《戊戌變法》（二），第 430 頁。

的歷史潮流，大膽宣稱，教育、經濟發展、政治合法性、知識生產是西方「夷狄」超過中國的關鍵所在。中國接連遭遇失敗後，異端思想終於逐漸被接受，但最佳的變革時機已經錯過了。

另一位重臣也緊張地注視着康有為的動向，以自己方式做出駁斥。張之洞六月初三去信給北京的子侄，「摺差寄《勸學篇》三百本，以百本交仲韜、百本交叔喬，百本自留，親友願看者送之」。①《勸學篇》寫於 1898 年春天，是張之洞同時對於康有為的「邪說」與頑固保守派「迂說」的回應。在這本小冊子中，他承認西方影響和變革的迫切性，卻反對康有為推崇的「公羊」學說，以及日益蓬勃的「民權」「議院」理論。

這本小冊子也是張之洞性格的最佳例證。他試圖調和矛盾，同時對康有為迅速增加的影響力憂心忡忡。辜鴻銘記得張之洞在武昌棉紡廠的樓頂召集會議，想辦法反駁康學：「總督非常激動……在月光下來回踱步……他一遍又一遍地重複着：『不得了！不得了！』」②

從春天到夏天，張之洞關注着康有為的一舉一動，給京城的信件中充滿了這樣的問話：「康、梁近日情形如何」「康氣燄如何」。③

他迫切期待《勸學篇》被廣泛傳閱，進入皇帝的視野。最終，光緒確實也認為這本書「持論平正通達」，下旨頒給各省督撫、學政。與《校邠廬抗議》一樣，《勸學篇》成為皇帝欽定的政治思想著作。

三

康有為試圖把影響力延伸到更廣泛的領域，並為梁啟超譯書局六

---

① 茅海建《戊戌變法的另面：「張之洞檔案」閱讀筆記》，第 41 頁。
② 同上，第 38 頁。
③ 同上，第 80 頁。

品主管的身份感到不平。《時務報》變成了一個誘人的目標，它造就了梁啟超的盛名，亦可以成為宣揚康學的最佳平台。倘若他們師徒在京師再無施展空間，上海四馬路上的時務報館倒可以提供另一個選擇。

自從 3 月 3 日寫了那封決絕的信，梁啟超與汪康年沒有再見過面。五十五期上的《經世文新編序》之後，梁啟超未在《時務報》上發表任何文字。《經世文新編》見證了他與汪康年的友情，汪康年三年前催他南下上海時，他正編輯這本文集，這本書最終由麥仲華完成，但梁與汪的關係再未修復，連嘗試修復慾望也消失了。

沒有了梁啟超的《時務報》喪失了光彩。這位新會主筆開創的文風珠玉在前，很少有人敢於續貂。名士鄭孝胥短暫嘗試一下就放棄了。汪康年無暇也無力顧及編務，福州船政大臣的一篇製船條陳竟以「論說」連載五期。支持者都對這種變化心生怨言，不滿梁啟超式論說的消失。「去秋以來，論者動以貴報議論以竭為憾，厭心既生，銷路將窒」，汪有齡的信中充滿惋惜。湯壽潛也委婉地對汪康年說：「近閱貴報者，均以展卷無議論之文為歉。」[①]

二人的爭鬥並未因梁啟超入京而減少，內部不和甚至演變為公開的傾軋。當駐日公使裕庚發來汪康年會見孫文的消息時，康門一派藉此機會驅逐汪康年。「容甫東遊，牽動大局，速派人接辦報事」，徐勤通報說汪康年在日本大壞《時務報》的名聲，期望黃遵憲、梁啟超盡快向京城士大夫通報。鄒代鈞趕忙致信汪康年，讓他趕快想辦法，「慮此事陷公爾」。[②]

汪康年希望夏曾佑充當調節人，甚至出任《時務報》主筆，被夏婉拒了。猜忌與怨恨不斷滋長，汪大燮把康有為身邊的人統統視作康黨，提醒汪康年連夏曾佑都不要信任。

---

① 《汪康年師友書札》，第 1057、2214 頁。
② 同上，第 2756 頁。

「兩年以來，民間風氣大開……惟《時務報》之功為最多，此天下之公言也」，五月二十九日（7月17日），宋伯魯的《奏改時務報為官報摺》將爭端推至絕境。奏章在讚歎報紙的重要性後，把梁啟超描述為主要創辦人，「廣東舉人梁啟超嘗在上海設立一時務報局，一依西報體例，議論明達，翻譯詳博」，並將梁啟超的離去視作報館之衰落，「局中辦事人辦理不善，致經費不繼，主筆告退，將就廢歇，良可惋惜」。他建議讓受命辦理譯書局的梁啟超接手《時務報》，將之改為《時務官報》。新官報的編輯與流通形式也被重新定義，不再是一份私人報紙，而是代表朝廷的聲音——「每出報一本，皆先進呈御覽，然後印行」，全面進入官方的流通渠道，各省督撫要寫信給所屬文武人員及各地的學堂，全部訂閱。《時務報》的總部將移到北京，上海則作為分局。更重要的是，這份官報還將負起審查所有報刊的職責，由梁啟超擷取它們的精華部分上呈給皇帝，同時糾正「議論悖謬記載不實者」。至於新的《時務官報》的章程與管理各報的方式，自然都由梁啟超來起草。①

　　這份令人瞠目的奏摺可能出自康梁之手，也象徵了這對師徒迅速膨脹的野心。權力，甚至僅僅是接近權力本身，就改變了他們的根本看法。上海的自由氣氛鼓舞了《時務報》的崛起，也正是在這份報紙上，梁啟超曾經批判官僚權力扼殺了民智，如今他卻要借官僚權力來收回報紙，還要代替皇帝來檢審這些民間聲音。

　　光緒對奏摺不置可否，轉給孫家鼐「酌核妥議，奏明辦理」。②不過，外界傳出的消息已經引得汪大燮極度緊張，「以上諭口氣觀之，大約收作官辦居多」，他匆匆去信給汪康年，勸其「早日清理……何

---

① 宋伯魯《奏改時務報為官報摺》，中國史學會主編《戊戌變法》（二），第 349—351 頁。
② 茅海建《從甲午到戊戌：康有為〈我史〉鑒注》，第 555—556 頁。

犯着與此輩爭此萬不能結果之事業」。他對於康、梁的品性深感不屑，「大學堂孫相不用康、梁，將來康、梁亦必攻之」，相信康、梁多行不義必有報應，「終日賣人，必為人賣」，並叮囑汪康年「此時凡有與康、梁有瓜葛之事，皆不必沾邊」。他還攻擊《國聞報》是康黨，勸汪康年「將一切來往賬目理清，將以前康、梁、黃、譚、鄒、陳諸人來往函電，及一切有關緊要之件，編成紀事本末，錄至五月廿九上諭而止，不必遽印」，等待未來自辯。但汪康年這位堂兄也掩飾不了報紙質量下降的現實，「京城紛紛言近來《時務報》之壞，不堪入目，蓋欲打坍局面也，更不如歸官為妙」。[①]

當梁啟超、康有為以聖諭為號時，汪康年在尋求張之洞的幫助。雙方都焦急地等待着孫家鼐的復議。九天後，這位管學大臣給出的結果讓雙方都頗感意外。他贊同改為官報，卻沒讓它審議其他報紙，亦不用呈御覽，還反對把總部搬到北京。對於這份新官報的負責人，他頗有警惕：「如有顛倒是非，混淆黑白，挾嫌妄議……主筆者不得辭其咎。」[②]

更令人意外的是，孫家鼐把梁啟超留在了北京，建議「可否以康有為督辦官報之處，恭請聖裁」，其實是想把成為爭議中心的康有為送到上海。皇帝隨即准奏。[③]

六月十二日（7 月 30 日），康有為去信給汪康年，通知接管報館。「弟連年在粵，一無所助，館中諸事仍望足下相助為理」，他的口氣頗為無辜，對分歧輕描淡寫，「聞卓如與足下曾小有意見，然我輩同舟共濟，想足下必不因此而芥蒂也」。[④] 他說自己十天以後將前往上

---

① 《汪康年師友書札》，第 786—788 頁。
② 孫家鼐《奏遵議上海時務報改為官報摺》，中國史學會主編《戊戌變法》(二)，第 432 頁。
③ 茅海建《從甲午到戊戌：康有為〈我史〉鑒注》，第 567—568 頁。
④ 《汪康年師友書札》，第 1665 頁。

海，會先派一兩人去滬協商。六月二十六日，抵達上海的狄葆賢去信給汪：「此事究應如何辦理？伏乞詳示，以便遵辦，恭候回音。」[①]

汪康年給出了自己的對策。從六月二十日（8月7日）起，他開始在《申報》上刊登《上海時務倡言報告白》——《倡言報》是他創辦的新報紙，「倡言」二字正是取自改官報諭旨中的「據實倡言」。在告白中，他追溯了《時務報》的創辦過程，並對外宣告，《倡言報》是《時務報》的延續，從捐款與訂戶，都直接從舊報轉到新報，其中還有這樣語句：「康年於丙申秋在上海《時務報》，延請新會梁卓如孝廉為主筆。」[②]這可以視為對即將到來的接收的公然挑戰，接收者只能拿到《時務報》的空名，除此之外一無所有。

在刊登這則告白的第二天，第六十九期也是最後一期《時務報》出版，上面刊登了汪康年的兩篇社論《論西人處置東亞之意》《論宜令全國講求武事》。在這場事先張揚的死亡過程中，主要的創辦人忙於彼此爭鬥，沒精力做出任何體面的告別。《倡言報》於戊戌年七月初一（8月17日）出版，在內容、版式與編輯團隊上延續了《時務報》，甚至在封面注明「續《時務報》第六十九冊」。這不啻是對梁啟超的羞辱，《時務報》正是於兩年前的此刻出版，梁啟超以其雄辯文風開啟了新時代。汪康年似乎想證明，他已經不再需要這位主筆。第一期《倡言報》在卷首刊印了孫家鼐的條陳及皇帝的上諭，但在隨後撰寫的跋語上，汪康年再次羞辱了梁啟超，不僅宣稱《時務報》是自己在張之洞的支持下創辦的，還寫到「先後延請梁卓如、麥孺博、章枚叔、徐君勉、歐雲樵諸君為主筆」，把梁啟超的貢獻淡化至一連串名單之中。[③]

① 《汪康年師友書札》，第 1152 頁。
② 茅海建《戊戌變法的另面：「張之洞檔案」閱讀筆記》，第 273 頁注 1。
③ 同上，第 273 頁。

這讓梁啟超憤怒不已，立刻撰寫《創辦時務報源委記》，在《國聞報》與《知新報》上刊登。這或許是梁啟超一年來最動情的文字，把他從北京緊張的政治氣氛中暫時解脫出來，回到那個曾經甜蜜、但如今苦澀的回憶之中。他追溯與汪康年、黃遵憲、吳德瀟、鄒凌翰五人共同創辦的歷史，而如今「四人之名，豈可剔去」。黃遵憲、吳德瀟也站在梁啟超一邊，開始表態，他們在《申報》上連續一週刊登《創辦時務報總董告白》，重申這份報紙最初由五人創辦，其中「推汪君駐館辦事，梁君為主筆」。①

康有為隨即加入了討伐的行列，他發電給兩江總督劉坤一，聲稱汪的行為是「抗旨不交」，希望他禁止汪康年發售。②汪康年也立刻求助於張之洞。這件事驚動了皇帝，命黃遵憲在啟程前往上海時，再度開啟調查。

雙方的爭吵令一些維新者深感不安，他們本來就人數稀少，倍感孤立，如今又陷入內部分裂。「蓋自海內閎達，叩胸扼腕，爭主維新以來，未有若此事之傷心短氣者」，在七月初十（8月26日），嚴復發表了《〈時務報〉各告白書後》，難掩自己的沮喪。他同時為梁啟超與汪康年歎息。他質問梁啟超，誰給的權力，可以將眾人倡建的報紙轉變成官報？梁啟超漠視「總理（汪康年）及諸捐友之公義」，而「梁之所謂私者，正吾之所謂公；梁之所謂公者，正吾之所謂私」。他同樣批評了汪康年，既然以總理之名管理《時務報》，但在梁啟超離去後，報紙的質量迅速下降，而且「任事以來，未嘗照章清釐賬目」，這意味着汪不能勝任此職——「不勝任則宜自去」。他勸雙方能以「忠恕」的精神來對待彼此，否則「兩敗俱傷，而維新之事自此廢矣」。③

---

① 丁文江、趙豐田編《梁啟超年譜長編》，第 85 頁。
② 茅海建《戊戌變法的另面：「張之洞檔案」閱讀筆記》，第 275 頁。
③ 嚴復《〈時務報〉各告白書後》，《嚴復集》，第 492—495 頁。

第十四章

咸與維新

七月五日（8 月 21 日），譚嗣同終於抵達北京。距他出現在徐致靖的保舉名單上，已經過去了將近三個月。

保舉將譚嗣同從長沙日漸沉悶的生活中解救了出來。梁啟超離去後，維新的措施仍在繼續，南學會演講也在定期舉行；鄒代鈞講過地球的緯度、經度與赤道；李維格大談譯書之重要；陳寶箴說起對周漢的抓捕，告誡湘人不可圖一時之快而殺害遊歷到此的洋人；譚嗣同則說起人體學，腦、肺、肝、脾、小腸等構成「一副絕精巧之機器」，而這樣精巧的人體意味着「人要頂天立地，做出一番事業來⋯⋯不是與人當奴僕，當牛馬的」。[①]

黃遵憲推崇的警察制度也在湖南落地了。手持短棍的保衛局巡查現身長沙街頭，抓捕放火者、鬥毆者、盜賊，還救助醉漢、瘋人與迷路者，彈壓在公眾場合滋事的人⋯⋯[②]

湖南不纏足會在小東街上的湘報館正式設立，譚嗣同、黃遵憲、徐仁鑄、熊希齡、鄒代鈞、唐才常、畢永年、梁啟超等名列其中。譚嗣同與熊希齡等人還創辦了延年學會，鼓勵眾人減少繁文縟節，過更高效的生活，甚至有「無故不得請客」的條款。[③]

時務學堂也添加了新教習。除了萬木草堂的歐榘甲，唐才常與楊毓麟出任了中文教習。教習們在學堂中合影留念，身着長衫，垂手而立或雙手背後，兩位西文教習王史、李維格鼻梁上架着圓框眼鏡，葉覺邁與譚嗣同英俊端正，個子最高的熊希齡面帶憨態，唐才常則顯得

---

① 譚嗣同《南學會第八次講義》（原題《論全體學》），尹飛舟編《湖南維新運動史料》，第 441—442 頁。
② 劉夢溪《陳寶箴和湖南新政》，北京：故宮出版社，2012 年，第 118 頁。
③ 譚嗣同《延年會章程》，《譚嗣同全集》，第 412 頁，參見《譚嗣同與晚清社會》，第 232 頁。

很沉重。很可惜，梁啟超未能在照片中出現。第二次與第三次招生分別於三十一日與閏三月初八（4月28日）舉行。報考人數銳減到百餘人，難以再現初次招生時的盛況。這種轉變與流出的學堂札記、批注不無關聯，其中激烈、叛逆之語句令人不安，對學堂的不滿與質疑逐漸開始醞釀。

反對情緒因康有為爆發出來，且發生於維新群體內。三月初三（3月24日），《湘報》刊載《南海康工部有為條陳膠事摺》。譚嗣同在按語中對康先生大加讚揚：「言人所不敢言，其心為支那四萬萬人請命，其疏為國朝二百六十年所無也。」[1]鄒代鈞把這些追隨者叫作「康黨」，他們「同我者黨之，異我者仇之，勢可殺則殺之，其奸詭亦不可不防」。[2]梁鼎芬表達了類似的憤怒。陳三立更因學理異見而對「康門」感到不安，他與父親都多少同意朱一新七年前對康有為的反駁，不喜歡他「治今文公羊之學，附會孔子改制以言法」。[3]這些人都深信中國需要變革，但各自依據的思想卻大不相同。

「請轉語伯嚴吏部（陳三立），遠毋為梁星海（梁鼎芬）所壓，近毋為鄒沅帆（鄒代鈞）所惑」，譚嗣同、唐才常憤憤不平地致信歐陽節吾，還形容自己「如輕氣球，壓之則彌漲，且陡漲矣」。[4]兩人從未見過康有為，卻對他的學說欽佩有加。譚、唐二人也對歐陽節吾與陳三立的保守不滿。這一年，城南、求是兩書院原本準備廢除時文考試，但因無人閱卷，歐陽與陳卻決定沿襲舊題，結果「令守舊者鼓舞歡欣，維新者扼腕歎息」。[5]

---

① 譚嗣同《讀南海康工部有為條陳膠事摺書後》，《譚嗣同全集》，第421頁。
② 《汪康年師友書札》，第2757—2758頁。
③ 王夏剛《譚嗣同與晚清社會》，第226頁。
④ 譚嗣同《上歐陽中鵠》，《譚嗣同全集》，第475頁。李開軍《陳三立年譜長編》，第444頁。
⑤ 皮錫瑞《師伏堂日記》，第3冊，北京：國家圖書館出版社，2009年，第147頁。

強學會與時務報館結成的改革聯盟瓦解之後，一些更激烈的聲音也出現了，帶來更尖銳的衝突。唐才常主筆的《湘報》成了思想衝突的中心。邵陽名士樊錐在上面發表《開誠篇》，建議拘禁守舊者，生活習俗全面西化，用孔子紀年，還要「人人平等，權權平等」。另一位名士易鼐則在《中國宜以弱為強》一文中提倡西教與中教並行，民權與君權兩重，甚至要黃種人與白種人通婚。[①]

　　這種言論引發了張之洞的不滿，認為「十分悖謬，見者人人駭怒」，去電要求陳寶箴與黃遵憲更正，並決定湖北不再訂閱《湘報》與《湘學報》。[②]《湘報》自辯說，易鼐「所陳皆日本明治初年之已事，彼時日本危亡迫於眉睫，乃能大變一切政學，以有今日之君尊、臣樂、士貴、民榮」。[③]

　　決定性的衝突仍來自時務學堂。當教習們的批改札記流出課堂後，引發了普遍的不安。一些謠言宣稱，陳寶箴對梁啟超喪失了興趣，想請葉德輝出任總教習。葉德輝對公羊學說的厭惡盡人皆知，他甚至刻印了《輶軒今語評》，逐一批評梁啟超所撰原著。這股潮流在五月下旬達到了頂峰。一位叫賓鳳陽的嶽麓書院學生公開指責湖南學界的墮落，並把矛頭指向維新者，包括現任按察使黃遵憲與學政徐仁鑄：「自黃公度觀察來，而有主張民權之說；自徐硯夫學使到，而多崇奉康學之人；自熊秉三庶常請梁啟超主講時務學堂，以康有為之弟子大暢師說……我省民心頓為一變。」[④] 這份上書打動了王先謙，他聯絡張祖同、葉德輝、劉鳳苞等人上書陳寶箴，要求整頓時務學堂。幾人連署的《湘紳公呈》稱梁啟超等教習「自命西學通人，實皆康門謬

---

① 李開軍《陳三立年譜長編》，第 447 頁。
② 《張之洞全集》，第 7581 頁，參見劉夢溪《陳寶箴和湖南新政》，第 137—138 頁。
③ 李開軍《陳三立年譜長編》，第 447 頁。
④ 賓鳳陽《賓鳳陽等上王益吾院長書》，《翼教叢編》，上海：上海書店出版社，2002 年，第 144—145 頁。

種」，而譚嗣同、唐才常、樊錐、易鼐等人則「為之乘風揚波，肆其簧鼓」，導致學生們「效彼狂談……不復知忠孝節義為何事」。[①] 這也意味着湖南維新聯盟徹底瓦解。僅僅一年前，他們還圍繞陳寶箴為各項事業奔忙，如今已經分幫結派，形同水火。

這種局面肯定讓譚嗣同既憤怒又挫敗。他自己已經引發保守者的攻擊，連陳寶箴、陳三立父子對他的能力也不無懷疑，他在長沙一直未獲得可以一展所長的機會。閏三月下旬，他被張之洞任命為兩湖機器製茶總公司長沙分公司（又名湖南焙茶公司）總辦，負責購買機器、尋找廠房。他認為湖南危機已無法避免，必須加速自保舉措，對回瀏陽創辦團練更感興趣，請到一位叫師中吉的江湖人士，招募百餘人來到長沙，專在黃忠浩軍營中訓練。[②] 但如今，他又獲得了一個嶄新的機會。

「我此行真出人意外，絕處逢生。皆平日虔修之力，故得我佛慈悲也。」譚嗣同在給夫人的信中掩飾不住喜悅，但他把皇上的召見歸於佛法的力量，而非北京朋友的努力。五月初二（6月20日），他寫信請她收拾託帶物品，並向瀏通銀號借了四百兩銀子做路費，叮囑她「必須節儉，免得人說嫌話」。[③] 這一年是他們結婚十五年，譚嗣同流露出少見的溫情，想要跟妻子「生生世世，同住蓮花」。[④]

離開長沙前，譚嗣同試圖修復與老師歐陽節吾的關係。歐陽叮囑他「善藏其用，留俟彼時為四萬萬黃種立命」，建議他到京後設法讓皇上明詔天下，設立警部。[⑤]

① 王先謙等《湘紳公呈》，《翼教叢編》，第 149—150 頁。
② 譚嗣同《上歐陽中鵠》，《譚嗣同全集》，第 473 頁。
③ 譚嗣同《致李閏》一，《譚嗣同全集》，第 530 頁。
④ 《戊戌北上留別內子》，《譚嗣同全集》，第 284 頁。
⑤ 歐陽中鵠《復艮生書》，見政協長沙市委員會文史資料研究委員會，政協瀏陽縣委員會文史資料委員會等合編，《譚嗣同研究資料彙編》，1988 年，第 250 頁。

他身體不佳,「晦氣滿面……肝氣橫烈」,整夜乾咳,無法入睡,行程不得不暫時擱置了一陣。[①] 疾病令他的悲壯感更為強烈,他對送行的唐才常吟誦道:「三戶亡秦緣敵愾,勳成犁掃兩崑崙」,憤慨之情溢於言表。[②]

他的行動遲緩令光緒頗不耐煩,皇帝六月十二日(7 月 30 日)再次下諭,令譚嗣同與黃遵憲速來北京。「聖恩高厚,蓋可見矣」,譚嗣同當日給妻子寫信說。[③] 途經上海時,他發現舊友們對中國前途深感悲觀,宋恕「再三諷以時局之難,不如早歸」。[④] 在天津的酒樓上,譚嗣同高歎「有君無臣,奈何」,引來恰在隔桌的譚延闓與林旭一起「高睨大談,一座盡傾」。[⑤] 十八歲的譚延闓是兩廣總督譚鍾麟之子,湖南茶陵人,寫得一手好字,這次也是前往北京。林旭則是前來拜會榮祿,榮祿對他很賞識,一直邀他入幕。

二

譚嗣同定能感到北京的新氣象,這與他去年春天離開時已經大不相同。他抵達當日,光緒就頒佈了幾條有關新政的上諭。皇帝要求設立農工商總局,委派端方、徐建寅、吳懋鼎為督理。這個總局還將在各省府州縣設立農務學堂,開農會,刊刻農報,購買農器,邀田產富裕的鄉紳試辦。這條上諭是對康有為三天前所上《請開農學堂地質局以興農殖民而富國本》的回應,也是幾年來農學浪潮興盛的成果。三位督理都富有維新精神,正白旗出身的端方更是滿人中少見的變革

---

① 歐陽中鵠《復艮生書》,《譚嗣同研究資料彙編》,第 250 頁。
② 譚嗣同《殘句》,《譚嗣同全集》,第 542 頁。此詩又作「獄中題壁」。
③ 《致李閏》二,《譚嗣同全集》,第 531 頁。
④ 宋恕《致孫仲愷書》,《宋恕集》(下冊),第 690 頁。
⑤ 《近代湘賢手札》,沈雲龍《近代中國史料叢刊》,第 557—558 頁。

者，上任後隨即去信給羅振玉，商討農學事宜。翁同龢曾讚譽性格開朗的他「讀書多」「勤學可嘉」，推薦他進入官書局。有些人認為端方是保國會未登記的成員，與康有為相識。[1]

皇帝命前江西巡撫德馨前往奉天，辦理礦務，還命羅豐祿、伍廷芳等使臣在各地華僑社區創辦學堂，造就人才。羅、伍還奉命翻譯外文書籍，交由總理衙門呈覽。[2] 總理衙門則傳旨給康有為，為了嘉獎他編書有功，皇帝賞銀千兩。

這股新氣氛讓譚嗣同倍感鼓舞，他幾天後致信妻子：「朝廷毅然變法，國事大有可為」，連他自己的身體也轉好了，「體氣尚好，精神極健」。他寄了《女學報》與女學堂書一包，鼓勵她努力學習。[3] 康同薇與李蕙仙是這份報紙的主要創辦者與編輯。

譚嗣同在北京找到了久違的歸屬感。他見到了仰慕已久的康有為，兩人同時着迷於變法與崑曲，幾乎天天前往徐致靖的寓所，「來商量變法的事」。譚嗣同喜歡請徐唱《長生殿》中的《酒樓》一摺，在戲中，郭子儀在酒樓上看到眾臣為楊國忠慶賀新居，被封為東平郡王的安祿山走過樓下時飛揚跋扈，憤慨異常。康有為則鍾愛《刀會》的唱詞「大江東去浪千疊」。[4]

與長沙因「康學」而起的爭執不同，康有為在北京獲得了真正的影響力，皇帝似乎明顯對他表現出興趣，他身邊也確實圍繞着一個能量巨大的小團體。除了萬木草堂師生，楊深秀、宋伯魯、徐致靖、陳其璋等御史也是康有為熱切的追隨者，張元濟、壽富、闊普通武是更鬆散的成員。此外還有李盛鐸這樣的人物，時而表現出維新意識，時

---

① 尚小明《戊戌時期的端方》，王曉秋主編《戊戌維新與近代中國的改革》，北京：社會科學文獻出版社，2000年，第759—761頁。
② 《上諭》（一四二、一四三），中國史學會主編《戊戌變法》（二），第58頁。
③ 譚嗣同《致李閏》三《譚嗣同全集》，第531頁。
④ 許姬傳《許姬傳七十年見聞錄》，北京：中華書局，2007年，第22頁。

而又因為政治考量而走向相反的方向。

在品秩上，這個團體處於權力的邊緣，大部分人只有六品至四品的官銜，最顯赫的李端棻也只是戶部倉場侍郎而已，勉強算是高官。不過言官特權給他們帶來直接的影響力，讓他們成了一個高度活躍的團體。對於很多人來說，康有為可以直達天聽，懂得皇帝的心意，他自己也樂於宣揚這一點，儘管和皇帝僅有一面之緣。即使頗富維新意識的士大夫也常常對他們張揚的作風感到不安。翰林院學士蔡元培日後回憶說：「我雖表同情，然生性不喜趕熱鬧，未嘗一訪康氏。」他與梁啟超是鄉試同年，「但亦未與見面」。[1]

但另一些雄心勃勃的年輕官員很容易被「康黨」的大膽主張所吸引。三十七歲的岑春煊是太僕寺候補官員，他生於廣西的官宦之家，父親岑毓英曾署理雲貴總督。他以性格魯莽、暴烈著稱，這一年春天結識了康有為，並加入保國會。禮部主事王照時年四十歲，同樣脾氣暴烈。這個直隸人有位聲名顯赫的曾祖父王錫朋，是第一次鴉片戰爭戰死於定海的三位總兵之一。王照自幼對塾師教授的詩文缺乏興趣，熱衷於天文地理、兵法、中外掌故。他二十歲中秀才後，卻想投考京師同文館，並成了林樂知、傅蘭雅編譯書籍的熱心讀者。他在 1894年參加會試時高中進士，進入翰林院。他是一名與眾不同的翰林學士，享有「身軀奇偉，治事有能名」的名聲。[2] 他對時事的看法頗有見地，中日戰爭爆發後，與文人中普遍的主戰呼聲不同，他站在李鴻章一邊，甚至當前方傳來大捷的消息（通常是偽造的），他也感到憂慮而非喜悅，擔心這會令主戰派的呼聲更強烈。他甚至回到家鄉，辦

---

① 《蔡元培口述傳略》，蔡建國編《蔡元培先生紀念集》，北京：中華書局，1984 年，第 251 頁。
② 胡思敬《戊戌履霜錄・王照》，《戊戌變法》（四），第 84 頁。孔祥吉《難得一見的百日維新史料 —— 讀唐烜〈留庵日鈔〉未刊稿本》，載孔祥吉《清人日記研究》，廣州：廣東人民出版社，2008 年，第 42—44 頁。

理團練以自衛,「所練之鄉團,隊伍嚴整,餉項分明,為沿海一帶表率」。①

王照也是教育改革的實踐者,在兩位著名的同鄉徐世昌與李石曾(李鴻藻的孫子)的協助下,他在 1898 年初籌辦了「八旗奉直第一號小學堂」,與張元濟的通藝學堂相互呼應。但趨新行為沒有改變王照內在的保守與執拗性格,他在家鄉常以氣力壓服眾人,捍衛道統,據說有族人在服喪期生子,被他斥為非禮,不許進入族譜。他的妻子在母喪間懷孕,也被他逼迫自裁。②

王照最初驚異於康有為的思想與行動,卻沒有出現在保國會的名單裡,跟康也沒有深入交往。當定國是詔下達後,他才開始「窺服康之作用」。整個夏天,他都身體不佳,六月之後更是「肝肺兩傷,咳嗽甚劇」,不過病情沒有影響到他參與變法的熱情,或許還增加了他的緊迫感,因為寫不了小楷,他託人代寫奏摺。③

在這個群體中,梁啟超的個人光芒再度收斂起來。儘管「康梁」的稱謂已四處流傳,而且經由《時務報》,他在士林中的聲名甚至比康有為流傳得更廣,但在現實中,他遠不似紙面上那般文采飛揚。王照頻頻去往南海會館,只遇見過梁啟超兩次,還不如見徐致靖、楊深秀、譚嗣同的次數多。他猜梁啟超更像子游、子夏一樣的人物,以文學才能而不是謀略與組織著稱。④ 張元濟也有類似觀感,「卓如固不羈之才,然以云辦事,則未見其可」。⑤

這個夏天,梁啟超也確實一直在奔忙。除去處理《時務報》引來的糾紛,梁啟超一直在譯書局上班。大學堂在七月初八(8 月 24 日)

---

① 周敏之《王照研究》,長沙:湖南人民出版社,2003 年,第 4—5 頁。
② 胡思敬《戊戌履霜錄・王照》,中國史學會主編《戊戌變法》(四),第 84 頁。
③ 周敏之《王照研究》,第 6—8 頁。
④ 同上。
⑤ 《汪康年師友書札》,第 1733 頁。

正式開辦，禮部鑄好了大印，戶部的第一批撥款也到了，「年經費及購買中西功課書等，銀三萬七千二百四十五兩三錢二分」，兩天後就可以支取。①孫家鼐不信任康有為，對梁啟超則頗加支持。七月十日，他代梁啟超上奏的《擬在上海設立編譯學堂並准予學生出身呈》與《書籍報章概准免納稅釐呈》，建議培養新的翻譯人才，以免稅的辦法來刺激譯書業發展。奏摺當即得到皇帝的批准。北京、上海兩處譯書局以及編譯學堂加在一起，梁啟超每年可以支配四萬兩的花銷，比起兩年前為《時務報》四處籌款的光景，已經不可同日而語。

對於譚嗣同的到來，梁啟超欣喜若狂。自從長沙一別，他們已有半年未見了。藉由通信與新聞，他多少知曉了湖南的變動。他在湖南的影響力並未隨着離去而減少，被批評者視作罪惡的源頭。②他的朋友有意將他與康有為分開。黃遵憲則對陳三立說，梁啟超「淵雅溫厚，遠過其師」，即使他捍衛康有為學說，但「與之深談，每有更易」，當他勸梁啟超緩行民權後，「渠亦言民知未開，未可遽行」。③唐才常則說他「外似溫柔，內實剛勁」。④

湖南維新與北京息息相關，長沙的鬥爭也延伸到了這裡。徐致靖對黃遵憲、譚嗣同、梁啟超的保舉，多少是用來壓制長沙的反對者的。倘若這些維新者能在北京獲得更大權力，湖南的事務就更順理成章了。

梁啟超對譚嗣同的能力尤富信心，期待他為維新團體增加新活力。他們是一群四十左右的人物，梁啟超最為年輕，不過二十五歲。在整個帝國的官僚系統中，他們是不折不扣的異端。帝國被一種暮氣

① 《北京大學綜合檔案·全宗一》卷七，轉引自郝平《北京大學創辦史實考源》，北京：北京大學出版社，2008 年，第 128 頁。
② 桑兵《康梁並稱的緣起與流變》，《近代史研究》2013 年第 2 期。
③ 李開軍《陳三立年譜長編》，第 467 頁。
④ 《唐才常集》，北京：中華書局，1980 年，第 239 頁。

包圍着，中央與地方的權力被一群老人把控：大學士張之萬八十七歲，李鴻章七十五歲，徐桐七十八歲，額勒和布七十二歲，孫家鼐七十一歲，總督、巡撫，將軍、提督也普遍都是七十歲以上的老人。

軍機處與總理衙門的暮氣同樣明顯。總理衙門首席大臣奕劻有一張瘦長的臉，頜下的長白鬍子尤其引人注目，他既無野心也無個性，只是被強烈的貪婪驅動，一心想着自家的荷包；軍機處的禮親王世鐸同樣庸碌無為。這些人都是滿人統治者迅速衰敗的統治能力的象徵，全因是太后的人馬才得以身居要衝。一位旁觀者不無刻薄地形容他們的行事風格：「由於離群索居，其為人行事從某種程度上來說，比較刻板生硬，過分自律，不夠鎮定自若。」[1]

在翁同龢突然被廢黜之後，這兩個機構更是亂了陣腳，在年輕皇帝表現出的高漲的變革熱情面前，他們不知所措。光緒尤為倚賴的張蔭桓不斷受到彈劾，太后開始厭惡他對皇帝的影響力。

康有為的奏摺仍不斷到來，七月十三日（8月29日），他再度建議「開制度局於宮中，以籌全局」，「必舉選通才於左右，以備顧問」。他同時主張進行一場官制改革，「分別官差，以行新政」，官員的品級與實際職能嚴重分離，已經成了帝國的積疾，最終導致整個體系幾乎無人負責。[2] 岑春煊也在幾天前提出過相似的主張，認為整個官僚系統過分繁冗，主張裁員。[3]

在大多數大臣眼中，這些看法無疑太極端了。孫家鼐希望皇帝能

① 辜鴻銘《雅各賓主義的中國》，《辜鴻銘文集》，海口：海南出版社，1996年，第329頁。
② 康有為《恭謝天恩並陳編纂群書以助變法請及時發憤速籌全局以免脅制而圖保存摺》《為釐定官制請分別官差以行新政以高秩優耆舊以差使任才能摺》，見黃明同、吳熙釗《康有為早期遺稿述評》，廣州：中山大學出版社，1988年，第316—322頁。
③ 馬忠文《榮祿與晚清政局》，第202頁。

以馮桂芬的思想為路線，對抗康有為的維新主張。各級官員對《校邠廬抗議》的簽注陸續匯集到軍機處，不啻為對官僚系統思想狀況的一次檢驗。這部將近四十年前的著作，仍舊引發了兩極式的反應。闊普通武支持其中的變法議院，而一位左副都御史則說，「薦舉之權」即是民權，「實屬荒謬」。[①] 大部分簽注都是寥寥幾筆，沒有表現出明確的態度，要麼在觀望，要麼出於純粹的無知，尚不知做何決定。一位叫陳鼎的翰林院編修的回應最令人驚詫。他的簽注整整有四十八篇，幾乎比原書更豐富，分四冊用楷書抄寫，名為《校邠廬抗議別論》。他在論調上更讓人詫異，主張以君權變法，甚至是全盤西化式的變化，要變服裝、合宗教、通語言文字，且中西通婚，其離經叛道程度與湖南的易鼐不相伯仲。但他對議院缺乏興趣，認為俾斯麥正是通過解散議院才塑造出了普魯士的強權。

這些看法與陳鼎的個人背景大異其趣。除去在 1889 年充任浙江鄉試副考官（算是汪康年的座師），這個四十四歲的湖南人的人生乏善可陳。他的京官生涯稱得上清貧、抑鬱，充滿對時代的抱怨。他不喜歡酒食爭逐的士林氣氛，痛斥他們的守舊，又對「高譚雄談」的維新者心持懷疑。他被定國是詔鼓舞，甚至嫌廢除八股舉措仍不夠，想「盡燒宋人之書」。[②] 從他身上，折射出士大夫的另一種思維特性，他們缺乏邏輯訓練，很容易從一個極端滑向另一個極端。但皇帝似乎頗被其書觸動，命總理衙門審閱。

張之洞也試圖提供自己的改革思路。七月初六，皇帝讓總理衙門排印了三百部《勸學篇》，分發各處，與《校邠廬抗議》一起，作為指定閱讀的政治哲學著作。

① 熊月之《馮桂芬評傳》，南京：南京大學出版社，2004 年，第 269 頁。
② 孔祥吉《晚清知識分子的悲劇 —— 從陳鼎和他的〈校邠廬抗議別論〉談起》，《歷史研究》1996 年第 6 期，第 66—76 頁。

變革藍圖與現實行動相距甚遠，皇帝顯得愈發茫然與焦躁。兩個月來，他接連不斷地發佈維新詔書，也被接連不斷的挫敗所包圍，幾乎對每位召見者都下意識地進行抱怨。他對身邊人也失去了耐心。「自康召對，從前奏對，不過一二刻，近日率至五刻，諸大臣深嫉苦之」，使得大臣們心生抵觸，「凡遇新政詔下，樞臣俱模棱不奉，或言不懂，或言未辦過」。[①]奏章上的朱批語氣也越來越急切，字跡也潦草，多少透露出他的憤怒。

七月十四日（8月30日），皇帝下諭裁撤詹事府、通政司、光祿寺、鴻臚寺、太常寺、太僕寺、大理寺等一連串中央機構，湖北、雲南、廣東三巡撫、東河總督，以及各省無運可辦之糧道、無場銷鹽之鹽道，還命各省督撫將冗員裁汰乾淨。[②]這些機構是帝國低效、臃腫的官僚系統的縮影。詹事府是為東宮太子所設，其屬員名義上要陪太子讀書，但清帝國不設太子，詹事府也就變成了翰林院的附庸單位。光祿寺掌管典禮，預備宴席。鴻臚寺負責朝會與朝廷宴會禮儀，太常寺則掌握壇廟祭祀禮儀，太僕寺負責牧馬，隨皇帝出巡，這四個機構都本應歸屬禮部。大理寺的職責完全可以歸於刑部。

這道聖諭與岑春煊的奏摺直接相關，岑隨即被任命為廣東布政使。官場的緊張氣氛達到了高峰，人人知道大變將至，但沒人想到它會以如此突然的方式到來，「京師閒散衙門被裁者，不下十餘處，連帶關係，因之失職失業者將及萬人，朝野震駭，頗有民不聊生之感」。[③]

也有人讚賞這個舉動。惲毓鼎在日記中寫道：「各官有名無實，

①　馬忠文《戊戌政變研究三題》，中國第一歷史檔案館編《明清檔案與歷史研究論文集》，北京：新華出版社，2008年，第1000頁。
②　蘇繼祖《清廷戊戌朝變記》，中國史學會主編《戊戌變法》（一），第339頁。
③　陳夔龍《夢蕉亭雜記》，中國史學會主編《戊戌變法》（一），第485頁。

久應裁併，我皇上毅然廢之，一破宋元以來積習。」這語氣是躲過一劫的輕鬆，他一個多月前聽到改官制奏議時，還在感慨「未知當道大臣有能挽回此舉者否」，並自我安慰，最壞的結果不過「無官一身輕，余將遁跡荒江，抱聖賢遺書私自講明，以待後世」。[②]

諭旨「辭句很果斷」，竇納樂在給英國外交大臣的電報中猜測，可能是皇帝自己起草的。裁掉的官職據說涉及一百六十人，整個計劃若是嚴格執行，無異於一場政界革命。[③]這些機構亂作一團，目擊者第二天發現，衙門裡各種文件散落一地，官員們都開始四處謀求新出路。[④]

波浪尚未停息，王照又在其中投入了新的巨石。七月初五，王照請禮部代奏條陳，提出了三條變法主張。他希望光緒「宣示削亡之禍已在目前」，「俾人人知危急存亡，朝廷苦心挽救，庶海內從風……不為浮囂所惑」，以推動變法；還建議光緒與慈禧共同出訪國外，首站選擇日本，「藉以考證得失，決定從違」；並請設定教部、學部，「以西人敬教之法，尊我孔子之教，以西人勸學之法，興我中國之學」。[⑤]

對於禮部的堂官來說，第一與第三條都不算新奇，第二條則實在引人爭議。在中國歷史上，還沒有哪位皇帝曾出國遠遊，天子只會等待「萬邦來朝」。王照認定慈禧亦有變法意願，只要皇帝將名義上的領導權給予她，一切就能順暢地進行，而巡行也有助於母子和諧，消除四處蔓延的帝后之爭的流言。

禮部尚書許應騤沒興趣理解王照的苦衷。很有可能，他看到皇

---

① 惲毓鼎著，史曉風整理《惲毓鼎澄齋日記》，第 167 頁。
② 同上，第 161 頁。
③ 《英國藍皮書內關於戊戌變法的文件》，中國史學會主編《戊戌變法》（三），第547—548 頁。
④ 陳夔龍《夢蕉亭雜記》，中國史學會主編《戊戌變法》（一），第 485 頁。
⑤ 王照《禮部代遞奏稿》，中國史學會主編《戊戌變法》（二），第 352—354 頁。

帝東遊的內容時就已深感不安了，最後拒絕代奏。在繁忙的七月，一條未被代遞的奏摺算不上甚麼，整個官僚系統不知壓制了多少這樣的奏章。皇帝也不會多麼在意，自「明定國是」以來，各種奏片紛至沓來，他甚至還沒有時間來一一消化。

堂官們低估了王照的脾性。王照當面詰問許應騤與滿人尚書懷塔布，聲稱倘若不上遞，他就請都察院上呈，並上奏彈劾。兩位尚書怒不可遏，卻又不得不做出讓步。許應騤於七月十六日（9月1日）上奏這份條陳，隨之一起的還有對王照的彈劾，稱王照咆哮公堂，奏請皇上東遊是居心叵測——日本多刺客，俄國皇儲與李鴻章都曾蒙禍。

光緒的反應令所有人大吃一驚，他七月十九日（9月4日）斥責禮部積壓王照的上書，命各衙門不得再堵塞言路。王照的條陳再次成為他發洩挫敗的一個導火索，光申斥似乎難以排解憤怒，他再次下詔將禮部的兩位尚書、四位侍郎全部革職，王照則因「不畏強御，勇猛可嘉」，賞給三品頂戴，以四品京官候補。[1]

這或許是皇帝親政十年來做出的最為極端的決定，也引發了前所未有的驚駭，很多官員「相顧錯愕，蓋自通籍以來，未見此不測之賞罰也」。[2] 謠言開始四處流傳，有人說王照本來就是狂人，替六位堂官惋惜，「適逢天怒，亦無可如何，惟呼喪氣而已」。[3]

三

皇帝不僅貶斥舊人，也拔擢新人。七月二十日（9月5日），李端棻出任禮部尚書，王錫蕃、徐致靖、闊普通武也都被擢升為侍郎。

---

① 清華大學歷史系編《戊戌變法文獻資料系日》，第921頁。
② 葉昌熾《緣督廬日記鈔》，中國史學會主編《戊戌變法》（一），第530頁。
③ 清華大學歷史系編《戊戌變法文獻資料系日》，第922頁。

這是「康黨」的一大勝利，他們曾抱怨新黨人都是小官，如今一品與二品大員已經成批出現。

　　勝利接踵而至。譚嗣同也在同一天被召見，帶着對新政的期待與各式宮廷謠言去見皇帝，召見情形日後將以不同的版本流傳。「嗣同既得見上，慷慨論列當世利弊，上大悅」，梁啟超寫道。① 在另一份記述中，會面更有戲劇性，皇帝陷於無力感之中，對譚嗣同大倒苦水，「我為二十三年罪人，徒苦我民耳，我何嘗不想百姓富強，難道必要罵我為昏君耶」，但「特無如太后不要變政，又滿洲諸大臣總說要守祖宗之成法，我實無如之何耳」。他對譚嗣同說，「汝等所欲變者俱可隨意奏來，我必依從，即我有過失，汝等當面責我，我必速改也」。② 還有一種記載，譚嗣同帶着宮外的傳言，問起了皇帝的病情，後者則深感意外，說自己「未嘗有病」。③

　　這過分栩栩如生的場景可能都是臆想。不管具體事實如何，召見本身足以展現皇帝的變法決心。當日的軍機處向皇帝遞上已經召見的保舉人員名單，其中尚有五位沒有獲得委任，除去譚嗣同，還有內閣候補侍郎楊銳、刑部主事劉光第、內閣候補中書林旭、江西候補道憚祖祁，他們分別於七月十六日（9月1日）、十九日（9月4日）、十八日（9月3日）被召見。朱批略過了憚祖祁，欽點了剩餘的四人。眾人當晚通過邸報得知，他們「均著賞加四品卿銜，在軍機章京上行走，參預新政事宜」。④

　　這四人隨即以「軍機四章京」聞名於京城。實際上，四個人年齡懸殊、性格各異，政治主張也不盡相同。楊銳年齡最長，時年四十二

---

① 《清國殉難六士傳》，《知新報》75 冊，參見王夏剛《戊戌軍機四章京合譜》，第192 頁。
② 同上。
③ 梁啟超《戊戌政變記》，中國史學會主編《戊戌變法》（一），第 262 頁。
④ 清華大學歷史系編《戊戌變法文獻資料系曰》，第 928 頁。

歲。他在成都尊經書院就讀時曾贏得四川學政張之洞的讚賞，考取內閣中書後成為張之洞在北京的代理人，傳遞京師消息。[1]劉光第也來自四川，比楊銳年輕兩歲。二十四歲進士及第後，他在刑部候補主事的位置上一待多年。劉光第道德意識極強，「端重敦篤，不苟言笑」，不參與社交，很少收受京官常見的額外收入，飽受清貧之苦，常依賴親戚接濟過活。他對普遍的政治腐敗心懷不滿，「大官只曉得作官，不曉得甚麼叫國家。我們這班小官雖曉得國家，卻只有着急歎氣」。他原本已經對仕途喪失興趣，在城外租了幾畝地，閉門讀書、種菜，直到詔書改變了他的命運。[2]二十三歲的林旭是最年輕的一位，「文如漢魏，詩如宋人」的早熟天才，娶了沈寶楨的孫女，榮祿也對他倍加賞識。林旭受困於自己的口音，皇帝召見他時聽不懂他的福建話，所幸他的奏摺打動了皇帝。林旭的戊戌年兆頭不佳，他大年初一與朋友共遊陶然亭，日食令一切昏暗不明，烏鴉鳴叫，西山也看不到了。他還去觀音大士廟問過籤，相傳籤中有「巴、蜀、湘、閩」四字，沒人能意料到這與四章京日後的命運有關。[3]

只經過一天的學習，四位章京就正式當值了。雍正年間設立軍機處是為了應對日漸遲鈍的官僚系統，直接貫徹皇帝的意志。如今的光緒皇帝覺得，擁有六位軍機大臣、三十八位章京的軍機處已經再度壅塞，為了顯示四章京使命之新，他們沒在原軍機章京中排班，而是單獨輪流值班，負責處理迅速湧來的新政上書：楊銳與林旭一班，雙日入值，劉光第與譚嗣同為一班，單日入值。他們要在每日的條陳上加籤語，論證是否可行，再進呈御覽，由皇帝裁奪。

譚嗣同與林旭都以康有為的學生自居，楊銳、劉光第曾是保國

① 茅海建《戊戌變法的另面：「張之洞檔案」閱讀筆記》，第 134—139 頁。
② 梁啟超《劉光第傳》，中國史學會主編《戊戌變法》（四），第 62 頁。
③ 陳衍《石遺室詩話》卷一六，參見王夏剛《戊戌軍機四章京合譜》，第 151 頁。

會會員，屬於廣泛意義上的新黨。這個消息傳來，康梁都雀躍不已。「自是每日章奏條陳，上擇要批閱外，皆四臣閱看；新政詔諭，皆命恭擬」，這也意味着皇帝與康有為的關係更加密切，「自此皇上有所詢問於康，則命四卿傳旨，康有所陳奏，亦由四卿密陳，不復由總署大臣矣。」康有為乾脆誇張地說，這四個人的作用「實宰相也」。[①]

七月二十一日（9月6日），他們學習當值時的上書僅有六件，其中最重要是張元濟的奏章，奉旨「留中」。翌日，他們展現出自己價值，軍機奏片中出現「現在酌擬辦法」，也就是閱讀條陳後給出辦法，再請皇帝審定。[②]

條陳的數量隨着皇帝的態度而變化。從六月十五日至七月十九日（8月2日—9月4日），共有38人上書44件。七月二十日（9月5日）後，因為王照事件，人人都渴望獲得類似的垂青，上書的數量開始顯著增加。截止到八月五日（9月20日），十五天的時間中，上書次數是301人373件，七月二十七日（9月12日）這一天則創紀錄地達到了37人次53件。[③]

湧來的上書令四章京猝不及防，他們的人手與經驗均難以應付這一切，在七月二十四日（9月9日）收到的40人45件，他們只處理了4件。他們每兩日一班，三更後就開始工作，劉光第體會到與閒散多年的京官生涯大不相同，「忙迫極矣」。[④]

公文挑戰只是一種，他們還要應對來自官僚內部的敵意。他們是

① 蘇繼祖《清廷戊戌朝變記》，中國史學會主編《戊戌變法》（一），第340頁。梁啟超《戊戌政變記》，中國史學會主編《戊戌變法》（一），第253頁。康有為《康南海自編年譜》，中國史學會主編《戊戌變法》（四），第157頁。
② 茅海建《戊戌變法期間司員士民上書研究》，見茅海建《戊戌變法史事考》，北京：生活·讀書·新知三聯書店，2005年，第240—241頁。
③ 同上，第233頁。
④ 劉光第《京師與厚弟書》，《劉光第集》，第286—288頁。

系統的入侵者，「因有『參預新政』四字，遂為嫉妒者詬病」，有官員「不能贊置一詞，咸憤憤不平，怒皆欲裂於此四臣矣」。這種孤立甚至表現在空間上。章京只有一間辦公屋，「所謂南屋者甚狹，設案無多，滿漢分列」，當譚嗣同、林旭等人想要在漢章京這邊找席位時，漢人章京託言「我輩係辦舊政者」，予以拒絕；當他們無奈想轉到滿人章京這邊時，又遇到「我輩滿股，君何為攙雜」，譚與林只好憤然離去。在軍機大臣的調停下，他們最終在房屋正中設了案頭，結果「眾怒益甚矣」。[①]

四人的性格也加劇了這種衝突，譚嗣同、林旭「意氣尤甚」。林旭一日草擬諭旨，命滿人領班章京繼昌找人謄寫。繼昌說無人代書，林旭忍不住大怒，聲稱「既無人代書，汝可為我書之」。兩人的爭吵驚動了軍機大臣，大臣們相顧良久，裕祿最後勸繼昌替新人代寫一次，繼昌只好「含憤書之」。[②]

外界看到了他們的盛氣凌人，新貴們則覺得如履薄冰。劉光第對任命本身充滿了疑惑，覺得遲早會招來禍端，在家信中寫道，新舊關係「勢成水火，將來恐成黨禍」。[③] 楊銳則感慨皇帝與太后不和，「變法事大，禍且不測。吾屬處樞要，死無日矣」。[④]

這個孤立小團體的內部也不無矛盾。上任八天後，楊銳已開始在家書中抱怨合作者——「事體已極繁重，而同列又甚不易處」。他說譚嗣同「最黨康有為，然在直尚稱安靜」，林旭「則隨事都欲取巧。

① 劉光第《京師與厚弟書》，《劉光第集》，第 287 頁。蘇繼祖《戊戌朝變記》，中國史學會主編《戊戌變法》（一），第 340 頁。王夏剛《戊戌軍機四章京合譜》，第 200 頁。無悶居士《思痛吟稿本》，南京圖書館藏，轉引自湯志鈞《戊戌變法人物傳稿》，第 112 頁。
② 朱德裳《三十年聞見錄》，長沙：嶽麓書社，1985 年，第 95—96 頁。
③ 劉光第《京師與厚弟書》，《劉光第集》，第 287 頁。
④ 章太炎《革命之道德》，《民報》第 8 號（影印），北京：科學出版社，1957 年。

所答者有甚不妥當者，兄強令改換三四次」，讓他感到「積久恐漸不相能」。①

帝國正面臨全面性的困境，他們要處理的上書更是五花八門，涉及政治、經濟、軍事、外交、鑄幣、交通諸方面，象徵着遼闊帝國的多樣性，上海四馬路上的西洋玩意與《三國演義》的古老戲文並存。一位貴州舉人懇請徵集天下壯士，以三千人組成敢死軍，「日日操練，結以信義。若遇有事，願以三千人橫行天下，先行直當其鋒」。②一位國子監生強調外國人「足拙不靈屈伸不便，力不敵人而專恃槍炮以取勝，及至短兵相接，惟有引領受死」，建議多訓練短刀、藤牌、開山炮這些軍械。③一位曾駐過秘魯的前外交官建議在廣東、福建種植咖啡，替代受到衝擊的茶葉、絲綢的出口。④戶部四品官員陳星庚建議中國改變曆法，採用西人的時間，實行六天工作制，每七日有一次休息。⑤一位福建生員建議實行拼音法，以使婦孺皆可識字。⑥一位刑部主事建議在北京設立煤氣路燈，另一位則希望能開設電車，用電車的收費來支付修路費用。⑦張元濟認為早朝的效率太低，建議用午朝取代。⑧陳季同乾脆自薦出任比利時公使。⑨最長的條陳來自河南已革知縣孫寶璋，他在七月二十日（9月5日）上書四冊，每冊一萬多字；⑩廣西舉人李文詔是最頻繁的上書人，分別在七月十四日、十八日、二十二

① 楊銳《楊參政公家書》，中國史學會主編《戊戌變法》（二），第 572 頁。
② 茅海建《戊戌變法期間司員士民上書研究》，《戊戌變法史事考》，第 253 頁。
③ 同上，第 253 頁注 1。
④ 同上，第 327 頁。
⑤ 同上，第 329 頁。
⑥ 同上，第 333 頁。
⑦ 同上，第 337—338 頁。
⑧ 同上，第 328 頁。
⑨ 同上，第 353 頁注 1。
⑩ 同上，第 252 頁。

日、三十日上條陳十二件。[①]

　　這些工作還折射出皇權的局限，它看似無邊無際，但普通人遵循的卻是另一套生活準則。「有所謂折中作行書者，有如寫信式樣者，有如州縣署中所收呈狀式者，有寫『皇上』二字不知抬頭者，有自署為漢水漁人者，甚至有所謂從師學道在洞中修煉多年，神通廣大，今望氣知太平之運將至，故奉師命下山立功，以繼姜子牙、諸葛孔明而起者」。這些上書更像是一次作文比賽，上書者把策論訓練與一知半解的西方知識混在一起，不僅缺乏實踐性，甚至常常荒誕不經。人們第一次感到能到達「天聽」，都暗暗期待像王照那樣驟獲榮耀。

　　雪片式的上書象徵着一個長期被壓抑的社會突然被激活。思維慣性仍牢牢地攫住每一個人，令章京們深感不安。楊銳看到了人們「爭言新法，率多揣摩迎合，甚至萬不可之事」，[②]劉光第則感慨「學術不明久矣，條陳上書者多可笑，且有訐告惡習，斯為流弊耳」，「蓋目下條奏既多，即好者亦多與人雷同，便無足觀」。[③]

四

　　北京的政治氣氛詭譎不堪，人們能感覺到新秩序已經慢慢浮現，舊秩序正在迅速瓦解。七月二十日（9月5日），李鴻章還上摺，想減緩突然裁官帶來的震蕩，建議將詹事府歸到翰林院，通政司歸到內閣，光祿寺及鴻臚寺歸入禮部，大理寺併入刑部。裁併官職「誠為今日當務之急」，但「一切事宜，非倉猝所能遽定」，他主動請纓，「由臣等即日行知各衙門調取文卷，飭員迅速辦理」。令人頗感意外的

---

① 茅海建《戊戌變法期間司員士民上書研究》，《戊戌變法史事考》，第 253 頁。
② 同上，第 249 頁。
③ 同上，第 250 頁。

是，兩天後他就被逐出了總理衙門。[①]

消息驚動了官場與外交界，即使李鴻章早已不復當年的權力與聲望，但仍是最富象徵性的大臣，太后信任的人。各種猜測層出不窮。有人說這是恭親王的遺策，他不滿李大人將外交事務私人化的傾向，「恐有洩漏機要」；有人說這是緣於英國的壓力，因為李鴻章在盧漢鐵路問題上偏袒俄方；有人說主張聯日、英的士大夫（很可能是康黨）憎惡李鴻章的聯俄政策；還有人認定這只是被同列官員猜忌。李鴻章自己也「莫測來由」，認為可能是張蔭桓的詭計，後者為了攬權，蒙蔽了皇上。但他寬慰自己，「藉以靜養避謗，亦為得計」。[②]

對於英國人來說，這卻是個值得慶賀的消息，頑固的親俄派消失了。俄國人當然悶悶不樂，日本人則以旁觀者的角度記錄下這一切：「李鴻章已解除總理衙門大臣一職，但仍保留內閣大學士頭銜，據可靠消息，他被指責為親俄」，「俄國代辦並未向我掩飾對李失勢的不快。英國公使告訴我，他曾不得不對抗李的反英態度。」[③]隨李鴻章退出總理衙門的還有滿人敬信，沒引發太多關注。

舊人離去，新人躁動不安。王照又把矛頭指向張蔭桓，在七月二十四日（9月9日）的奏稿中，他彈劾張濫保「劣跡卓著」的官員，並指責他的品行，「志於聲色貨利，為外人所輕笑，於洋務僅識皮毛」。彈劾同樣令人意外，張蔭桓與皇帝的親密眾人皆知，何況他還是康有為與皇帝的引介人，是維新者。但王照認定他的道德瑕疵不可原諒，還離間皇帝與太后的關係。康有為試圖阻止王照，王照卻回

<hr>

① 李鴻章《大學士李鴻章等摺》，國家檔案局明清檔案館編《戊戌變法檔案史料》，北京：中華書局，1958年，第174—175頁。《上諭》（一九一），中國史學會主編《戊戌變法》（二），第77頁。
② 茅海建《從甲午到戊戌：康有為〈我史〉鑒注》，第744頁及注1。《李鴻章全集》36冊，信函八，合肥：安徽教育出版社，2007年，第193頁。
③ 茅海建《從甲午到戊戌：康有為〈我史〉鑒注》，第744頁注3。

答說：「不見得他是皇上的人，他敗壞皇上的聲名，我就看他是皇上的仇人。」[1]

康有為也以各種方式催促皇帝展開新行動。七月二十七日（9月12日），皇帝下諭要求各省督撫將已發佈的各種新政諭旨刊刻謄黃，命各省、州、縣教官四處宣講，務令家喻戶曉；還要求言路要通暢，不得阻撓各種上書，甚至要求將這道諭旨懸掛在督撫衙門大堂，「俾眾共觀」。梁啟超後來評論，「此詔為國朝第一詔書，惻怛愛民，飢溺自任，以變中國兩千年之弊政」。詔書很可能出自康有為的建議，再度展現了維新者的感受與思維方式 —— 被挫敗感包圍的他們，認定只要有了官僚系統的意識就能推動變化。[2]

他們還要為改革的遲緩尋找替罪羊。七月二十八日（9月13日），宋伯魯上摺參劾兩廣總督譚鍾麟，其中甚至出現了「兩目昏盲，不能辨字……文書皆須人口誦，拜跪皆須人扶持……走肉行屍，已屬無用」這樣的詞句。這份奏章也是康有為授意，他相信革除昏庸大員是推動變法最快的方式，其中或許還夾雜有個人恩怨。[3]

幾乎每個人都能感到這種騷亂，就連傾向變法的人物也不免不安。張之洞保舉的鄭孝胥七月初十（8月26日）抵京，很快就遇到王照事件帶來的「舉朝震駭」。他帶着這種震駭感面聖，發現皇帝「似頗瘦弱」，但氣色還算不錯，態度也「謙挹異常」。[4]四天後，鄭孝胥被授予總理衙門章京。

北京的亢奮氣氛令鄭孝胥憂慮。他在夢中與人爭論，維新新貴們「以蕩檢逾閑為彩旗，以奔競招搖為作用」，「試之以事，則斂怨紛騰；

① 王照《劾張蔭桓奏稿》，中國史學會主編《戊戌變法》（二），第 356 頁。
② 《上諭》（二一二），中國史學會主編《戊戌變法》（二），第 84—85 頁。
③ 宋伯魯《參譚鍾麟摺》，孔祥吉《康有為戊戌變法奏議考訂》，第 376 頁。
④ 勞祖德整理《鄭孝胥日記》，第 675、677 頁。

假之以權，則營私狼藉；跡其心術，則藉本朝之榮寵以為號召徒黨之資；按其學術，則襲西國之皮毛以開空疏剽竊」，變法前景不容樂觀，「小人量淺，易致驕盈，躁進不已，必至覆餗」。他還與另一個朋友感慨，「今有數學子，視綱常名教為迂闊，裂冠毀冕，悍然不顧，究其實際，毫無根底，可笑人也。此曹不能成氣候，而興亂則有餘」。這段話批評的很可能是康黨，同鄉林旭的行為也再度確認這一點。林對他說禮部堂官的事與自己無關，讓他覺得林「陰若辯解，意實招搖」。[①]

稍晚到來的嚴復也會有相似的哀歎。嚴復受榮祿所保，於七月二十三日（9月8日）到京，預備召見。當晚，他就去拜訪鄭孝胥，並帶去自己年初所寫的《上皇帝書》。鄭讚譽嚴復「文詞深雋，誠雅才也」，可能也把自己的抱怨與憂慮轉述給了嚴復。[②]

嚴復對政治生態的認識比鄭複雜、深刻得多。當很多人樂於談論新黨與舊黨的「黨爭」時，他覺得連真正的政黨都沒有。在六月十三日（7月31日）的《國聞報》上，他發表了《論中國分黨》一文，談及中西方在政黨理解上的不同，「中國所謂黨者……均以事勢成之，不必以學識成之也，故終有一敗而不能並存」，而「西人之黨，則各有所學，即各有所見……其所執者兩是，則足以並立而不能相滅」。倘若非要按西方視角粗略劃分中國黨派，那就是：守舊黨主聯俄，要保持現狀；中立黨主聯日，變法保國；維新黨主聯英，以作亂為自振之機。

按這種概念劃分，孫文是維新黨的代表，嚴復卻認定孫文「輕躁多慾，不足任重」。維新派康梁被劃入中立黨，他們「與守舊黨者比，不過千與一比，其數極小」，而且「此黨之中，實能間西方所以然之故而無所為而為者，不過數人」，其餘的人要麼「談新法為一極

---

①　勞祖德整理《鄭孝胥日記》，第 677 頁。
②　同上，第 678 頁。

時勢之妝，與扁眼鏡、紙煙捲、窄袖之衣、鋼絲之車正等，以此隨聲附和，不出於心」，要麼「見西人之船堅炮利、縱橫自雎，莫可奈何，以為此其所以強也，不若從而效之」，還有一類則是「極守舊之人……及見西法，不欲有一事為彼所不知不能也，乃舉聲光化電之粗跡，兵商工藝之末流」。嚴復悲觀地認定，他們都有「維新之貌，而無維新之心」，甚至守舊黨都不能成氣候，他們人數雖多，但「不過流俗之習氣」，純粹是為了個人私心，毫無真正保守甚麼的信念。嚴復感慨此刻的中國連「漢之黨錮，唐之牛李，宋之蜀洛，明之東林」都比不上，更何況西方之政黨。[①] 對於聲勢大震的康梁，他也不無懷疑。

自命溫和的維新者努力給出自己的方案。鄭孝胥在七月二十八（9月13日）日的《敬陳變法大要摺》中，感慨官僚「其老成者既苦於素無學術，其新近者又苦於未經歷練」，令變法步驟不無混亂，「近數月來，詔書所發，條緒至繁」，不僅「失之紛擾」，「有實效者尚難遽見」。他對各種新奇議論、全盤改革缺乏興趣，認為練兵造械才是最亟須的。[②]

張元濟提出了一個詳盡的解決方案，其中有些主張有些大膽。早在六月底，他就感到「近來舉動，毫無步驟，絕非善相」，而今又覺得「數月以來，中外因循，一仍舊習，欺罔蒙蔽，毫無朝氣」。他於七月二十日（9月5日）呈上一篇九千多字的奏章，分為設議政局以總變法之爭、融滿漢之見、通上下之情、定用人之格、善理財之策五部分，每一部分又分為八條具體執行的辦法。奏章確認了制度局的主張，只不過它這次是以「議政局」的面貌出現。張元濟首次將滿漢之分作為一個問題提了出來，這種分別越來越變成了帝國內部的裂痕。至於剩下的三部分，則都是老生常談，但其中一些具體建議令人印象

---

① 孫應祥《嚴復年譜》，第 107—108 頁。
② 鄭孝胥《總理衙門章京鄭孝胥摺》，《戊戌變法檔案史料》，第 11—12 頁。

深刻，例如建議免去跪拜之禮，內地滿蒙各旗統一編入民籍，甚至大膽提出廢科舉。然而這些計劃該如何實現呢？「中國固患無曉事之人，尤患無任事之人」，張元濟曾抱怨康梁師徒缺乏辦事能力，現在遇到具體問題，或許發現自己也無能為力。[①]

在新舊秩序的交替中，康梁師徒的顯要性再度上升。一條條上諭似乎正式遵循了他們的建議，但他們並沒獲得相應的官位。本該前往上海的康有為遲遲不動身，梁啟超也還只是譯書局的六品主管。

「康、梁二人又未見安置，不久朝局恐有更動」，楊銳在家信中擔心這對雄心勃勃的師徒會帶來新動盪。[②]康有為的確對自己的現實地位感到不滿，仍主動或借言官之手，將各式奏章呈給皇帝。他建議廢除漕運，以漕款鑄造鐵路，還主張建立新京師，因為北京「朔風凜冽，飛沙障目，於養生不宜，於興事艱阻」，他建議廣設陪都，以武昌為中京、成都為西京，廣州為南京，拉薩為藏京，伊犁或迪化為西域京共十京，他以普魯士為例，相信「多聯邦多京都而繁盛」；他甚至更為激烈地勸告「斷髮易服改元」，「垂辮既易污衣，而蓄髮尤增多垢……為外人指笑，兒童牽弄」，「褒衣博帶，長裾雅步」無法應對現代競爭，改元則等於宣告一個新時代的開始，這三項都可以重振國民精神。[③]

上奏中最關鍵的部分仍是自我推薦。七月十三日（8月29日），他借謝恩摺為《孔子改制考》自辯，並勸皇帝「舉選通才於左右，以備顧問」。[④]這個建議是康有為的制度局計劃的翻版。自從二月十九日

---

① 張元濟《總理各國事務衙門章京張元濟摺》，《戊戌變法檔案史料》，第42—49頁。王曉秋主編《戊戌維新與近代中國的改革》，第704頁。馬忠文《榮祿與晚清政局》，第199頁。

② 楊銳《楊參政公家書》，中國史學會主編《戊戌變法》（二），第572頁。

③ 康有為《請設新京摺》《請短髮易服改元摺》，中國史學會主編《戊戌變法》（二），第259—264頁。

④ 康有為《恭謝天恩並陳編纂群書以助變法請及時發憤速籌全局以免脅制而圖保存摺》，見黃明同、吳熙釗《康有為早期遺稿述評》，第316—322頁。

（3 月 11 日）最初提出這個建議以來，康有為一直在推動這個新權力機構的建立。它以「議政處」「設議院」「設散卿」的名目出現，但無一不被軍機處與總理衙門駁回。康的熱情從未真正澆滅，他要名正言順地接近皇帝，最大程度發揮個人影響力。

這種緊迫感還因現實的危險顯得更為突出。七月二十七日（9 月 12 日），湖南舉人曾廉在一份冗長的上書中將矛頭對準了康有為與梁啟超：「天下之禍不在夷狄，而在奸黨」，康有為與梁啟超就是奸黨的首領。附片更令人膽寒，「梁啟超並無學術，惟恃康有為無父無君之邪說，廣誘人心，為亂臣賊子佈置徒黨，以遂其私圖」。他把這對師徒比作雍正年間的曾靜、呂留良，「直詆我皇上，謗及祖宗」，建議「斬康有為、梁啟超以塞邪慝之門」。曾廉列出梁啟超在時務學堂的所批札記，比如建議去跪拜之禮、倡導平等，對《揚州十日記》的評論，都是大逆不道之言。[①]

曾廉的上書是湖南內部爭端的延伸。四十二歲的曾廉頗富文名 —— 熊希齡就是他主講沅州校經堂時的學生 —— 曾在中日戰爭時上書激烈主戰，相信紅船能擊敗日本軍艦。1895、1898 年，他兩次來京城參加會試，對康有為的主張與行動嗤之以鼻。他還曾在邵陽聚眾攻擊樊錐。

黃遵憲、譚嗣同、皮錫瑞的離去，加速了湖南改革動力的消退。皇帝六月二十三日（8 月 10 日）曾下諭支持陳寶箴推行新政，若有縉紳阻撓，必當嚴懲。饒是這樣，也擋不住這種消退。康梁正得到皇帝的恩寵，曾廉自然也知道上書蘊含的危險，所以用「烈女不辭水火，故能成其烈；忠臣不避斧鉞，故能成其忠」這樣的話來自陳心跡。[②]

---

① 曾廉《附陳康有為梁啟超罪狀片》，中國史學會主編《戊戌變法》（二），第 501—502 頁。
② 曾廉《應詔上封事》，中國史學會主編《戊戌變法》（二），第 489—500 頁。

這一天正是譚嗣同與林旭當值，他們恐怕會為其中濃濃的血腥氣憤怒，並即刻把信息轉告給康有為與梁啟超。譚嗣同建議以牙還牙，以毀謗新政之罪斬曾廉。光緒卻再次表現出節制與寬容，說自己剛要求廣開言論，怎能如此對待上書之人。不過，皇帝對康梁的偏愛表露無遺，他命譚嗣同逐條反駁曾文再呈進給太后。一位歷史學家日後估計，光緒已經被條陳的反變法論調弄得煩躁不堪，或許他也未看到附片，沒讀到那些大逆不道的言論。[①]

可以預見的傷害僥倖被壓制了下來，但它仍然給維新者帶來了強烈的心理衝擊。不僅變法推進困難，他們連生命也懸於一線。這種心理緊張或許促使他們展開更激烈的行動。梁啟超日後回想起來，認為「進呈嚴劾，戊戌黨禍之構成，此實一重要原因也」。[②]

七月二十八日（9月13日），宋伯魯再度上摺《請選通才以資顧問疏》，建議尋找「熟諳古今之學者數人，置諸左右」，皇上可以與他們「共商權何者宜行，何者宜革，何者宜緩，何者宜先」。[③]或許是接連挫敗令皇帝下了決心，他當日命譚嗣同擬旨，預備開設懋勤殿。位於乾清宮西側的懋勤殿建於嘉靖十四年，意指「懋學勤政」，南面為月華門，由此出入養心殿，月華門南是奏事處，再向南則是南書房。康熙曾在此讀書，秋季也在此親自批閱刑部檔冊，勾決死刑之犯。對於光緒來說，它意味着一個可信任的顧問議政場所，幫他跳脫衰老的軍機大臣的包圍。它正是制度局的最新變種。

消息隨即傳遍京城。

---

① 梁啟超《時務學堂札記殘卷序》，《飲冰室合集》第 4 冊，文集之三十七，第 69—70 頁。
② 《戊戌百日誌》，第 508 頁。
③ 宋伯魯《焚餘草》卷下，參見茅海建《康有為、梁啟超所擬戊戌奏摺之補篇——讀宋伯魯〈焚餘草〉札記》，《近代史研究》，2011 年第 5 期。

第十五章

政　變

　　皇帝的一天開始得很早，經常凌晨四點就召見廷臣，除了軍機大臣與當值衙官，他還要面見前來謝恩或特蒙召見的臣子。勤勉滿足了人們對天子的期待，但過度勤勉卻不符合身體規律，張元濟就上摺建議將早朝改為午朝，因為「諸臣秉燭入直，倉皇視事，神氣不清，豈能振作，且起居失宜，亦非保護聖明之道」。[①] 入值大臣普遍叫苦不迭，但偶蒙召見的外臣卻可能發現意外的詩意，有機會一睹紫禁城的莊嚴與靜謐。鄭孝胥有一次夜裡兩點進入東華門，朗月高照，「至景運門側九卿朝房小坐。昧爽，入乾清門，同入者張蔭桓、譚嗣同。至乾清宮廊下板屋中候照，俄而天曙」。[②]

　　七月二十九日（9月14日），皇上的作息稍有拖查。卯正，也就是五點，在軍機大臣、內閣學士張英麟，貴州古州鎮總兵張紹模之後，嚴復亦被召見，他是順天府尹胡燏棻舉薦的經濟特科。[③]

　　皇帝先是「垂詢辦理海軍並開辦學堂事，甚為詳悉」，然後問起他是否仍為《國聞報》撰稿，其中得意的篇章又是甚麼？嚴復答曰年初的《擬上皇帝書》或可一讀，其中談到要請皇帝到海外一行，以聯各國之歡，還要到國內各處巡查，結百姓之心。皇帝的反應頗為無奈，歎了一口氣說：「中國就是守舊人多，怎好？」在歷時三刻鐘的召見中，皇帝「垂問事甚多」，困於宮殿中的年輕天子似乎把每一次召見都當作難得的呼吸機會。[④] 嚴復或許也分享着梁啟超的複雜心情，他在筆下對專制君主大加批判，見到皇帝本人時卻是另一種感受。經

---

① 張元濟《總理各國事務衙門章京張元濟摺》，《戊戌變法檔案史料》，第 42—49 頁。
② 勞祖德整理《鄭孝胥日記》，第 675 頁。
③ 茅海建《戊戌變法史事考》，第 41 頁。
④ 孫應祥《嚴復年譜》，第 114 頁。

由《天演論》的翻譯，以及目睹康梁這些維新者的偏激與慌亂，他更加強調維新邏輯的重要性：它只能循序漸進，而且一個有力的君主是必要的。

皇帝今天頗為繁忙，除去接見諸臣，接連頒佈了幾道上諭：命兩江、湖廣總督，浙江各省督撫查清各衛所的屯田情況；命榮祿、劉坤一督率各海關申明約章，嚴查禁止金銀制錢流出外洋；他還電諭陳寶箴，鼓勵他「堅持定見，實力舉行，慎勿為浮言所動」。[①] 還有一道上諭允許八旗經商貿易，[②] 將滿漢之分的現實明確置於台前，擊中了滿人的恐慌之處。數量微小的滿人群體是帝國的統治階層與特權群體，他們的困境隨着帝國的衰落日趨顯著，不僅迅速漢化，丟掉自己的獨特性，常年享有特權還使得他們失去了活力與能量。在任何城市中，滿人群落總是顯得衰敗與蕭瑟，「他們的房屋更小，更貧窮，四處都是疏忽、浪費、敗落的傾向」。滿人形成了寅吃卯糧的習慣，「領到餉銀，便去還債，還了債，所餘無幾，就再去賒」。[③] 這條鼓勵滿人融入經濟生活的上諭引發了新的焦慮，滿人擔心朝廷不再關照他們的生活，認定這都是因變法而起。「我的大舅、大姐的公公和丈夫，都真着了急。他們都激烈的反對變法。……聽說：一變法，旗人就須自力更生，朝廷再不發給錢糧了」，一位滿人多年後以筆名「老舍」寫道。[④]

在處理完這一系列事務後，皇帝前往頤和園。新政的繁忙並未減少他前往頤和園的次數。在四月的三十天中，光緒有十九天與慈禧同住在頤和園，九次侍奉早膳，五次侍奉晚膳，一起看了三次戲。七

---

① 《上諭》（二三一、二三四、二三五），中國史學會主編《戊戌變法》（二），第93—94頁。
② 清華大學歷史系編《戊戌變法文獻資料系日》，第985頁。
③ 老舍《正紅旗下》，轉引自〔美〕路康樂《滿與漢：清末民初的族群關係與政治權力（1861—1928）》，北京：中國人民大學出版社，2010年，第47頁。
④ 路康樂《滿與漢：清末民初的族群關係與政治權力（1861—1928）》，第62頁。

月，他又與慈禧同住了十六天。①

　　每一次往返都耗資巨大，內務府《雜錄檔》中記錄了當日的儀仗隊列：「總管二名，用馬二匹。內殿總管、首領、太監、小太監二十七名，用馬二十七匹……奏事隨侍處首領、太監六名，用馬六匹……鳥槍三處首領、太監四名，用馬四匹。御茶房首領、太監十七名，用馬十七匹，大車二輛，抬挑蘇拉八名……」②這些儀仗維護着帝國最後的尊嚴，也展現了它無意義的繁冗、拖沓、浪費。

　　與展現孝道同樣重要的是，皇帝要了解太后的態度。不管是重要決策還是重要官員的任免，他都要事先請示。兩個多月來，不管是翁同龢的免職，剛毅進入軍機處，還是廢除八股，或是批准京師大學堂的創建，甚至裁撤詹事府等機構，都發生於頤和園。唯一例外的是七月十九日（9月4日）罷免六部六堂官，以及翌日任命新堂官，這兩天皇帝獨自住在紫禁城。

　　這一次，光緒帶着開懋勤殿的設想前往頤和園。他視之為打破僵局、加速變法的靈藥。在昨天召見湖北補用知府錢恂時，他還提到「議政局必設」，他同樣對嚴復說，「將開懋勤殿，選才行兼著者十人入殿行走，專預新政」。③

　　當皇帝身處昆明湖旁時，南海會館正沉浸在狂喜、忙碌與等待之中。定國是詔以來，汗漫舫變成了一個小型工作坊，康、梁與追隨者在此商討策略，撰寫奏章，暢想未來，猜忌敵手。二十八日（9月13日）午後，當王照與徐致靖正在斟酌新奏摺時，康有為面有喜色地走進來，說皇帝同意譚嗣同開懋勤殿的請求，將用顧問官十人。他要求

① 茅海建《戊戌政變的時間、過程與原委——先前研究各說的認知、補證、修正》，載茅海建《戊戌變法史事考》，第 32 頁。
② 同上，第 39 頁注 1。
③ 這是嚴復對鄭孝胥的轉述，見《鄭孝胥日記》，第 681 頁，參見茅海建《從甲午到戊戌：康有為〈我史〉鑒注》，第 712 頁。

徐、王二人速擬奏章，推薦十人。王照說自己也在擬就一道要摺，一時顧不上。康有為反駁道：「皇上業已說定，欲今夜見薦摺，此摺最要緊。」[1]

王照日後回憶說，他擬定了六人，首推梁啟超，徐的四人名單裡則是康有為排第一位。這個名單從未被正式確認過，在康有為的回憶中，宋伯魯推薦了黃遵憲、梁啟超，王照則推薦康廣仁、麥孟華、徐仁鑄、徐仁鏡、宋伯魯，還提到吳德瀟、沈曾植的名字。一個多月後的《字林西報》則說首位是李端棻。不管這個名單的確切人選都有誰，按照外界的看法，他們無一不是康黨。

沒人知道皇帝前往頤和園前能否拿到這個名單。但康黨的喜悅在二十九（9月14日）號更為高漲，因為袁世凱在這一天抵京。三天前，徐致靖上摺保舉袁世凱，稱他「年力正強、智勇兼備，血性過人」，建議皇帝「特於召對，加以恩意，並予破格之擢」。光緒當日就命直隸總督榮祿知會袁世凱，「即行來京陛見」。[2]

這次保舉也是康有為計劃的一部分。他將變法寄託在皇帝的個人權力上，然而現實是皇帝不僅受制於太后，還有失去生命之虞。朝廷在四月二十七日（6月15日）宣佈，皇帝與太后將在九月前往天津閱兵。康有為擔心皇帝可能在天津之行中被廢黜，這種想法使得他要尋找軍隊支持。

袁世凱是個恰當的人選。自從1895年末接管定武軍以來，他迅速成為朝廷最重要的軍事將領之一。他在小站的步兵隊配備了清一色的曼利夏步槍，馬隊是曼利夏馬槍及佩刀，炮隊有克虜伯七五山炮等，軍官則是六響左輪手槍及膛刀。士兵甚至還要學習英語，軍隊也

---

① 王照《關於戊戌政變之新史料》，見中國史學會主編《戊戌變法》（四），第332頁。
② 茅海建《從甲午到戊戌：康有為〈我史〉鑒注》，第731頁。

有軍樂，在徐世昌看來，簡直是「平生所未聞」。[1] 袁世凱對帝國危機的認識也頗為清晰，在 1898 年春天的北京之行中，他出示西洋畫報上的瓜分圖給翁同龢，與之「深談時局，慷慨自誓，意欲辭三千添募之兵，而以籌劃大局為亟」，他還認定當前局勢「必亡必分，必須大變法」，不過他的變法是依靠地方各省分別練出三四萬新兵，而不是中央的整體佈局。[2] 當然，他的建議沒得到響應。

康、梁與袁世凱的相識源於三年前的強學會。袁世凱迅速變化的地位，引來他們的新興趣。早在六月中，對袁世凱的拉攏就已開始。康有為派遣徐仁錄（徐致靖之侄）前往天津，試探袁世凱的態度。「少年氣盛、議論風生」的徐仁錄沒有見到袁，出面招待的是徐世昌，剛滿二十歲的袁克定也在一旁作陪。第二天，徐仁錄就冒雨回到了北京，並傳遞給康有為一個模糊信息，康有為隨即將之誇大為「袁為我所動，決策薦之」。[3]

當皇帝七月初八（8 月 24 日）再度確認將於九月初五（10 月 19 日）前往天津閱兵時，康有為的緊張感陡然增強了。他還寄望於策動聶士成。在保衛京畿的部隊中，除去駐紮小站的七千新軍，直隸提督聶士成的武毅軍駐紮蘆台鎮，有三十營，共萬餘人。甘肅提督董福祥的甘軍有萬餘人，正駐守山西。[4] 王照與聶士成是把兄弟，這激發起康有為另一種希望，試圖要王照前去遊說聶擁戴皇帝，並許諾他直隸總督的官位。當王照明確拒絕後，說客徐致靖不禁大怒：「爾如此怕事，乃是為身家計也。受皇上大恩，不趁此圖報……安心乎？」王照則回

① 《韜養齋日記》，光緒二十四年七月初六日，《徐世昌與韜養齋日記》，北京出版社，2014 年，第 60 頁。
② 翁萬戈整理《翁同龢日記》第七卷，第 3151 頁。
③ 茅海建《從甲午到戊戌：康有為〈我史〉鑒注》，第 727—728 頁。
④ 茅海建《戊戌政變的時間、過程和原委 —— 先前研究各說的認知、補證、修正》，《戊戌變法史事考》，第 50—51 頁。

應說，他寧做武則天的狄仁傑，也不做缺乏道義的范雎。而且，他認定這不過是「拉皇上去冒險」。[1]

袁世凱的到來令康有為感到喜悅，王照卻擔心這會引起慈禧的警覺，連夜撰寫條陳，請求皇帝命袁世凱駐守河南鎮壓土匪，以減少可能的猜忌。南海會館的另一位住客也有相似的憂慮。二十九歲的畢永年是唐才常的密友，自幼出入軍營，膽識過人，與哥老會聯繫密切，喜以江湖豪傑自居。他兩天前才抵達北京，昨晚搬入南海會館，此行目的正是為了助力變法。在梁啟超掌管的譯書局，他還把康、梁介紹給到訪的田山、瀧川、平山與井上，這幾個日本人都同情中國維新派，平山更是與孫文關係密切。康有為對於平山的在場感到不安，並對畢永年不無怪責。當晚九點，康有為把這個計劃告訴畢永年，以唐代張柬之起兵反武則天為例，還說已對袁世凱使反間計，讓袁深恨慈禧與榮祿，並且自己已經傳話給光緒，召見時務必對袁「降以禮貌，撫以溫言，又當面賞茶食，則袁必愈生感激而圖報矣」。[2]畢永年對此不盡贊同，他說袁世凱是李鴻章之黨，李又聽從太后，這個計謀恐怕不可行。

袁世凱早已察覺到北京的混亂。在天津時，他認為朝廷「政令甚糟」，還聽聞皇帝「病甚沉」的傳言。他當然高興自己受到保舉，卻還是對康黨保持距離。抵京後，他前往錢恂家拜會，提到自己將在召見中向皇帝推薦張之洞入京，認為只有這位湖廣總督的聲譽與能力才能為朝廷帶來穩定。[3]

---

① 茅海建《從甲午到戊戌：康有為〈我史〉鑒注》，第 729 頁及注 1。
② 同上，第 735 頁注 1。
③ 《袁世凱致徐世昌函》，《近代史資料》總 37 期，第 12—13 頁。

二

　　而在頤和園，故事並未按康梁的期待發展。皇帝不僅沒得到開懋勤殿的肯定，還遭遇了太后的怒火。在一種流傳的版本中，太后斥責皇帝，「使祖宗之法自汝壞之」。皇帝則哭着自辯：「時勢至此，敵驕民困，不可不更張以救祖宗」，「寧變祖宗之法，不忍棄祖宗之民、失祖宗之地。」太后對此不加理睬，二人在玉瀾堂不歡而散。[①]慈禧的怒火積壓已久，尤其罷免禮部六堂官，令她感到某種失控的態勢，這種感覺又因為禮部尚書懷塔布的失勢變得更為顯著。懷塔布也是葉赫那拉氏，其妻是深得太后寵信的遊伴，她在頤和園與太后下棋時哭訴，宣稱變法要「盡除滿人」。[②]梁啟超日後則寫到，「懷塔布、立山等率內務府人員數十人環跪於西后前，痛哭而訴皇上之無道」。[③]

　　皇帝陷入了恐懼，他的挫敗顯現無遺。他想找人調停，但恭親王已經去世，慶親王與端親王又站在太后一邊。翌日破例召見楊銳時，他將自己的無力傾瀉而出。對只見過一面的小臣這樣表露心境，在帝國歷史上還是第一次，從沒有哪位皇帝像他這樣孤立無援。

　　沒人知道楊銳是如何撫慰皇帝的。兩種猜測四處流傳。楊銳沒有提出解決方案，而是請皇帝與皇室宗親商議，因為「此陛下家事，當謀之宗室貴近，小臣懼操刀而自割也」。另一種說法是，他建議放緩變法速度、拔擢老臣主持，「請擇深信有方略大臣任之，命斟酌緩急，歲行一二事，則民不擾而國自強」。[④]

　　楊銳的話絲毫未能減緩皇帝的焦慮，他賜下一道密詔，尋求更廣

---

① 清華大學歷史系編《戊戌變法文獻資料系日》，第 1019 頁。
② 湯志鈞《戊戌變法人物傳稿》，北京：中華書局，1982 年，第 538 頁。
③ 梁啟超《戊戌政變記》，中國史學會主編《戊戌變法》（一），第 272 頁。
④ 高楷《劉楊合傳》，《清代碑傳集補》卷一二，王夏剛《戊戌軍機四章京合譜》，第 215 頁。

泛的幫助。「朕亦豈不知中國積弱不振至於阽危，皆由此輩所誤，但必欲朕一旦痛切降旨，將舊法盡變，而盡黜此輩昏庸之人，則朕之權力實有未足。」他知道罷黜禮部六堂官是轉折點，「皇太后已以為過重」，倘若堅持強硬，則「朕位且不能自保，何況其他」。他向臣子求救，有甚麼良策可以全變，罷黜昏庸之臣，擢用維新之人，又不致有違慈禧的意思。「爾其與林旭、劉光第、譚嗣同及諸同志等妥速籌商，密繕封奏，由軍機大臣代遞，候朕熟思，再行辦理。」皇帝還加上一句：「朕實不勝十分焦急翹盼之至。」[1]

楊銳並未立刻把密詔帶給其他幾位章京，或許並不信任他們。楊銳之子記得，父親回到家中，喚他入室，令他將密詔藏起。兒子問起復奏如何，楊銳約略說了三點：皇帝對太后作出讓步、變法有次第、對大臣的升降不可過驟。[2]

但表面上，沒人看出光緒的失控。八月初一（9月16日），皇帝還到樂壽堂向太后請安。在玉瀾堂召見袁世凱時，意外地將他從按察使升至侍郎，還給予他直接上奏權。袁次日謝恩時，皇帝還說：「人人都說你練的兵、辦的學堂甚好，此後可與榮祿各辦各事。」[3]這無疑是在鼓勵袁擺脫直隸總督的控制，獲得獨立。當日，新政如常。皇帝命戶部將每年出款入款分門別類，按月刊報，形成粗略的預算制度；他還下諭，徵送著名華僑回國任職。有關變法的上書仍陸續湧來，翰林院編修汪鳳梁還在上摺鼓勵出洋留學，讓富有紳商資助留學。[4]

---

① 密詔原文引自黃彰健《康有為衣帶詔辨偽》，《戊戌變法研究》，第 530 頁。參見茅海建《戊戌政變的時間、過程與原委——先前研究各說的認知、補證、修正》，《戊戌變法史事考》，第 44 頁。
② 同上。
③ 袁世凱《戊戌日記》，中國史學會編《戊戌變法》（一），第 549 頁。關於袁氏日記的寫作日期，參見黃彰健《論戊戌政變的爆發非由袁世凱告密》一文的分析，《戊戌變法史研究》，第 607—609 頁。
④ 清華大學歷史系編《戊戌變法文獻資料系日》，第 1017 頁。

梁啟超異常忙碌。鄭孝胥應梁啟超、康廣仁之約，前往譯書局共進午餐，但時間到了「主人猶未至，遂留字而去」。[①]當袁世凱的消息傳回時，康有為與梁啟超都大喜過望。畢永年記得，八點左右，正進晚餐的康、梁聽聞消息後拍案叫絕：「天子真聖明，較我等所獻之計，尤覺隆重，袁必更喜而圖報矣。」康有為隨即起身，帶畢永年進房商討接下來的行動。他想讓畢永年充任袁的參謀，監督其發動政變，還建議將招募來的江湖之士交給畢，隨袁世凱的部隊包圍頤和園，「率百人奉詔往執西后而廢之可也」。畢永年對這個建議頗感懷疑，認為袁世凱未必可信。他此前與譚嗣同商議時，譚也說「此事甚不可，而康先生欲為之，且是皇上面諭，我將奈何之」。[②]

為了打消畢永年的懷疑，康有為又拿出袁世凱的信札，「書中極謝康之薦引拔擢，並云『赴湯蹈火，亦所不辭』」。畢又說，他不認識袁世凱，要先見面，何時能見。康說再商量。接着，梁啟超與康廣仁進屋，梁啟超勸畢永年不用再懷疑，只要盡力去做就好，又激將說：「然兄敢為此事乎？」畢說「何不敢乎」，但還是覺得要見到袁世凱後才能了解其人是否真的可靠。梁啟超隨即安慰他，袁世凱是可靠的，讓畢永年先答應此事。畢永年面露躊躇，一旁的康廣仁已經掩飾不住忿怒之色。畢「終不敢獨任之」，但他找到了妥協的方式，要求唐才常參與行動。康梁表示同意，又擔心電召唐才常會耽誤時日。猶豫片刻，他們前往瀏陽會館找到譚嗣同，譚也認為「稍緩時日不妨也，如催得唐君來，則更全善」，梁啟超附和道：「畢君沉毅，唐君深鷙，可稱兩雄也。」康有為隨即令電報湖南，催促唐才常及師中吉的百名死士入京。[③]

① 勞祖德整理《鄭孝胥日記》，第 680 頁。
② 清華大學歷史系編《戊戌變法文獻資料系日》，第 1018—1019 頁。
③ 同上，第 1019 頁。

八月初二（9月17日），事情又發生了變化。皇帝下達了十八道明發、交片、字寄、電寄諭旨，其中一道明發尤其令人意外，是要康有為迅速前往上海，「此時聞尚未出京，實堪詫異」，「著康有為迅速前往上海開辦，毋得遷延觀望」，其中一句更為突兀：「朕深念時艱，思得通達時務之人，與商治法，聞康有為素日講求，是以召見一次。」在這道冷冷的諭旨背後，彷彿壓抑着挫敗與惋惜，毫無必要地澄清與康有為的關係。當日，皇帝意外地召見了林旭，據說還讓他帶密詔給康有為，其中有讓康「愛惜身體，善自保衛，他日再效驅馳」的語句。①

這突如其來的消息充滿不祥，皇帝或許已經失控。但對於外界來說，康有為仍令人矚目。一位吏部主事上摺推薦康有為，儘管他的著作「偏駁之譏，誠所不免」，但他「獨其總攬中外之政教，精察時勢之機宜，智慮深遠，忠義奮發……在廷諸臣，無有出其右者」。②

夜晚到來前，南海會館尚不知如何行動。畢永年自早晨起來就陷於疑惑與恐懼，不知計劃如何實行。早飯後，他帶着疑惑去問康廣仁。兩人很快爭辯起來，畢既不知道如何結識袁世凱，又擔心自己這樣一個南方人驟然進入北方人軍隊，無法調動他們，而且自己是一個正在守母喪的拔貢生，如何帶兵。康廣仁大怒，語帶譏諷地說：「汝等盡是書生，平日議論縱橫，及至做事時，乃又拖泥帶水。」最後「冷笑而出」。夜晚七點，奉詔人來到南海會館，催康有為出京。畢永年感慨，「今必敗矣，未知袁消息如何」。③

康有為仍在寄望於袁世凱。他要徐世昌、譚嗣同、梁啟超去對袁

---

① 清華大學歷史系編《戊戌變法文獻資料系日》，第1021—1022頁。
② 《吏部主事關榕祚摺》，《戊戌變法檔案史料》，第167頁。參見黃彰健《論光緒賜楊銳密詔以後至政變爆發以前康有為的政治活動》，《戊戌變法史研究》，第563—604頁。
③ 清華大學歷史系編《戊戌變法文獻資料系曰》，第1023頁。

世凱明言,「成敗在此一舉」。當畢向他抱怨康廣仁的無禮時,康有為則冷冷回應說:「汝以一拔貢生而將兵,亦甚體面,何不可之有?」[1] 在康有為記述中,當晚他先在宋伯魯家中做客,李端棻、徐致靖相伴左右,「唱崑曲極樂」,但幾個人「曲終哀動,談事變之急,相與憂歎」,回到會館時發現「敦促出京之旨」。林旭拜訪不遇,留書叮囑,「明日勿出,有要事告」。[2]

八月初三(9月18日)早晨,林旭帶密詔而來,「跪誦痛哭激昂」。[3] 整整三天後,楊銳才將密詔交給林旭,此間,他並未與皇帝指定的三位同僚商議,更不要說給同為光緒心中「英勇通達之人」的康有為和梁啟超了。按康有為的回憶,當時梁啟超、譚嗣同、徐仁錄、徐仁鏡、徐世昌也在場,會館中充滿悲壯之氣,眾人「痛哭不成聲」。康有為一邊奏報了四日出京、開用官報關防,一邊商量對策。[4]

內心的焦灼催促他們盡快採取行動,勸說袁世凱更是迫在眉睫。畢永年記得,「康氏兄弟及梁氏等紛紛奔走,意甚忙迫」。[5] 圍頤和園的計劃似乎已經傳開,同住會館的錢維驥甚至直接問畢永年是否有此事,並聲稱是梁啟超告訴他的。

三

康有為還把希望寄託在伊藤博文身上。五天前,這位前日本首相抵達北京,整個北京城都在談論他。這是一次被大肆張揚的訪問,儘管伊藤只是一位卸任首相,但作為明治維新的主要締造人、擊敗中國

① 清華大學歷史系編《戊戌變法文獻資料系曰》,第 1023 頁。
② 康有為《康南海自編年譜》,《戊戌變法》(四),第 161 頁。
③ 同上。
④ 茅海建《從甲午到戊戌:康有為〈我史〉鑒注》,第 753 頁。
⑤ 同上,第 755 頁。

軍隊的日本領導人，他在中國維新之時的來訪引人遐想。

嗜酒、夜食，熱愛威武、華麗的事物，喜漢詩與女人，身高五尺三寸的伊藤博文個性多姿多彩。他嗜讀拿破崙、加富爾、俾斯麥的傳記，面對暗殺依然保持鎮定。與維新同代人不同，伊藤對西方「文明」並無抗拒，抽雪茄煙，在日比谷建造鹿鳴館，學習西方的社交生活、穿洋服，鼓勵小姐夫人們將頭髮染、燙成金色。他推動日本獲得富強，其間也承受了劇烈的動盪。作為日本的憲法之父，議會政治也讓他飽嘗苦澀。年初，他第三次組閣，不到半年就被迫下野，標誌着藩閥政治正讓位於政黨時代。對於中國人來說，伊藤博文是日本最不可思議的政治人物，比李鴻章更符合「東方俾斯麥」的稱謂。他的個人形象與日本一樣，過去三年在中國迅速躍升，不再作為敵人被詛咒，而是一個值得模仿的楷模。

訪問中國既是伊藤多年的心願，也可以順便考察中國之風土人情，或說服中國接受日本軍官代為訓練軍隊，減少俄國對中國的影響。但自從他來訪的消息傳出之後，就有一種說法廣為流傳：他要成為朝廷的客卿，協助中國變法。不止一位官員奏請皇帝留用伊藤，鄭孝胥就曾建議張之洞推薦伊藤作為客卿[1]——士大夫毫不理解現代民族國家的概念，彷彿仍生活在戰國年代。李鴻章在家信中都說：「眾言龐雜，用人太亂，內意竟欲留伊藤為我參政，可笑也。」[2]

「此次伊藤侯訪問清國消息傳來時，正值清國改革之氣運旺盛，上下共同仰視日本，而欲將其作為清國文明先導者之議論甚囂塵上之際。」日本外務省官員松本在報告中寫道。在七月二十六日（9月11日）的天津，榮祿熱情地接待伊藤，兩人「並肩而坐，相互親切交

---

① 茅海建《從甲午到戊戌：康有為〈我史〉鑒注》，第 766 頁。
② 李鴻章給兒子李經方的信，見《李鴻章全集》36 冊，第 193 頁。參見茅海建《從甲午到戊戌：康有為〈我史〉鑒注》，第 751 頁。

談，氣氛十分融洽」，榮祿還請他為中國的改革提出意見。[①] 二十九日（9 月 14 日），伊藤一行抵達北京。各方人士都以會見伊藤為榮，他們的問題也都相似而直接：中國該如何取得與日本類似的成功？一位拜訪者記得，這位侯爵評論道，中國「變法既不得人，又無次序，恐致生亂」。[②] 他在總理衙門也勸王公大臣們，變法「尤應慎重周詳，切忌輕躁之行為」，用「老成練達之人」制定方針，「盛壯氣銳之士」具體執行，否則「亂階將起」。[③]

幾天後與《泰晤士報》駐京記者莫理循見面時，伊藤博文的觀點更為坦白，他「對中國的變法維新很失望，認為沒有政治家，沒有人願意負責，沒有人在他的追隨者們面前勇敢地、公開地站出來」，中國維新的操作方法讓人感到懷疑，「皇帝頒佈了大量變法維新的詔書，但是這些詔書從未付諸行動」，皇帝頗顯幼稚，「發出一道敕令，指出官吏應該正直、廉潔，這並不能改造那些不可救藥的官吏」。伊藤對中國的監察御史制度也相當懷疑，「監察官員沒有薪俸，他們的生活收入全靠敲詐勒索」，他覺得這個制度「是一切罪惡和貪污的根源」，「必須廢除」。[④]

伊藤的論調也呼應了日本輿論界的看法。《萬朝報》在 9 月 11 日與 13 日連載長篇評論《中國改革的風氣》。報道指出，雖然中國自咸豐、同治時起，就有對朝局的議論，也從未達到如今這種廣度與深度，提出如此之多的建議，更沒有湧現出康有為這樣的人物，但總體而言，「中國改革的氣勢尚未足恃」。文章將康有為、汪康年視作改革

① 茅海建《日本政府對於戊戌變法的觀察與反應》，《戊戌變法史事考》，第 480 頁注 1。
② 繆荃孫《藝風堂友朋書札》下冊，上海：上海古籍出版社，1981 年，第 960 頁。參見茅海建《從甲午到戊戌：康有為〈我史〉鑒注》，第 767 頁。
③ 清華大學歷史系編《戊戌變法文獻資料系日》，第 999 頁。
④ 《致瓦·姬樂爾》，駱惠敏編《清末民初政情內幕》，第 111—113 頁。

派領袖，他們「都很年輕」，「尚缺乏扭轉乾坤的大氣魄、大力量」，而中國人則「柔惰怯懦之風不易改變，雖然改革的建議層出不窮，但為使其風氣大開，尚需及早計議」。在兩天後的後續文章中，報道的口氣又趨向緩和，作者反問日本維新初年的變革者又所知多少，從這個角度看，中國的變化仍值得期待。[1]

比起其他拜訪者，康有為有更迫切、更具體的目的。伊藤也恰好對康也有興趣，他之前是從日本媒體的零星報道，或身處中國時聽到的種種議論對康有所了解，如今主動問起中島雄對康有為的看法。「康不啻是一個名士，但是處世經驗明顯不足」，在介紹了康的著作與為人後，中島雄如此評價。[2]

會面安排在下午三點。短暫寒暄後，康有為迅速切入正題，像很多人一樣，他希望伊藤能為中國的維新提供建議。伊藤說，貴國若想變法，要先除去自尊自大的陋習，不能自稱中華，把他人都視作夷狄。康有為自辯說，這是過去的看法了，甲午之後，「各地學校、學會、新聞、雜誌紛紛並起，民間知識大開」，年輕一代已有了新觀點。他希望聽到的是伊藤對於更根本的問題的回應：如何變法。伊藤反問康，他認為過去幾個月變法缺乏成效的原因是甚麼？康說，變法的要害是必須要全變，但皇帝卻缺乏足夠的權力推行這一整套方案。伊藤頗感意外：「貴國君權專制無限，環地球之所知」，怎麼反而說自己無權？康有為把問題歸咎於慈禧太后「不知中外情形、本國危機，故不欲改革」，圍繞在她周圍的「后黨」則「皆絕少見識」，甚至不知五大洲的名字，更擔心「改革唯利漢人，滿人不利，凡倡論變革者

① 〔日〕志村壽子《戊戌變法與日本 —— 甲午戰後的日本報刊輿論》，王曉秋譯，《國外中國近代史研究》第七輯，北京：中國社會科學出版社，1985 年，第 293—294 頁。
② 茅海建《從甲午到戊戌：康有為〈我史〉鑒注》，第 766 頁注 3，轉引自孔祥吉、村田雄二郎《一個日本書記官記述的康有為與戊戌變法》。

皆陰謀叛逆人」。康勸說伊藤，若能見到慈禧，要奉勸她中國的變革者是衷心為國家謀利，並無他意，而且滿人與漢人都受益，滿漢兩族「如一母生兩子……滿漢界限，切不可分」，他還想讓伊藤勸太后「與皇帝共講求變法條理」。談話一直持續到「暮色蒼茫，座皆舉燭」，伊藤沒給出任何確實的許諾。他兩天後才能面見皇帝，至於能否見到慈禧，仍是個未知數。[①]

回到南海會館的康有為，再度與眾人陷入焦灼。一段時間以來，他們風聞滿人權貴奔波於天津與頤和園之間，廢掉皇帝的謠言早已四處流傳。如今伊藤的態度令袁世凱變成了救命稻草，這個新任候補侍郎要肩負「復大權、清君側、肅宮廷」的重任。[②] 在眾人眼中，榮祿這位直隸總督手握重兵，又是太后最信賴的人物，愈來愈變成這個進程的主要障礙。

最終，譚嗣同決定去說服袁世凱。他雖然沒見過袁，但天子近臣的身份與獨特的個人膽識都使他成為這次行動的最佳人選。當時有人相信是譚嗣同最先提出動議，他「引有為入臥室，取盤灰作書，密謀招袁世凱入黨，用所部建新軍，圍頤和園，以兵劫太后」。聽到這個建議後，康有為「執嗣同手，瞪視良久」，質疑他豈可如此，但譚嗣同一意堅持，梁啟超也贊成。[③]

這天，軍機處給慈禧的奏片中出現下列字句：「簽擬辦法，恭呈慈覽，俟發下後，再行辦理。」[④] 太后才決定一切。

---

① 清華大學歷史系編《戊戌變法文獻資料系日》，第 1027—1029 頁。
② 梁啟超《譚嗣同傳》，中國史學會主編《戊戌變法》(四)，第 52 頁。
③ 王夏剛《軍機四章京合譜》，第 224 頁。
④ 茅海建《戊戌政變的時間、過程與原委——先前研究各說的認知、補證、修正》，《戊戌變法史事考》，第 65 頁。

四

七點過後，梁啟超進城前往金頂廟，譚嗣同則前往袁世凱寓居的法華寺，一同去的可能還有徐世昌。

他們應該乘坐騾車從正陽門進入內城。沒有路燈的北京即將陷入黑暗，顯露出另一種面貌。「夜晚的街道空無一人，也沒有任何照明，街道的兩旁堆砌着灰色的矮牆，一眼望不到頭，讓人壓抑得有些透不過氣來，感覺自己彷彿是這個消失的世界上唯一存活的生靈，偶爾也能碰上一兩個中國人，手裡提着一個燈籠，從黑暗中忽閃出來的模糊的輪廓看上去好像窮困迷途的魂魄一般；他們也在找路，所有人都沒有足夠的光線。」[①]

報房胡同的法華寺與京城歷史緊密相連。它原本是一個明代大太監的府宅，後改為寺廟，明憲宗欽賜法華寺碑額。到清代，它更是見證了混亂與屈辱。1860 年，李慈銘就聽說「夷人明日自安定門入，至法華寺和議，內城居人四出奔避」。[②]恭親王的京師巡訪處也設在這裡，他在此與外來者進行談判，由此展露的才幹把他推向了權力中心。再後來，這裡成了文人樂於選擇的居所，寺裡的海棠院尤受歡迎。

七月二十九日（9 月 14 日）入京後，袁世凱一直住在這裡。過去幾日既充滿喜訊，也令人不安。他不僅蒙皇上召見，還意外地升任候補侍郎。這裡的政治氣氛變化劇烈，人人都覺得變局將至，卻不知會以怎樣的形式爆發。八月初三（9 月 18 日）袁世凱更為繁忙，他一早就前往賢良寺拜會李鴻章，「久談兵事」—— 李中堂剛剛意外地被驅

---

① 海靖夫人《德國公使夫人日記》，第 53 頁。
② 李慈銘《越縵堂日記》咸豐十年庚申八月二十八日，揚州：廣陵書社，2004 年，第 1490 頁。

趕出總理衙門，卻還沒有喪失慈禧的信任。飯後，他又前往奕劻的王府，不巧的是，慶親王正在頤和園面見太后。傍晚，他接到小站軍營的電報，說多艘英國兵船在大沽海口游弋；榮祿也傳來電報，說已調聶士成的十營兵到天津，駐紮在陳家溝，並要袁世凱迅速回防。袁世凱還要等待向皇帝面訓，暫時不能回津。當天晚上，他與幕僚起草給皇帝的奏疏與給榮祿的書信，正在秉燭擬稿時，聽到外面有人說話，接着守門人持名片來，說是一位軍機大人求見。袁世凱「急索片視，乃譚嗣同也」。[1] 譚大人不候傳請，直接來到客堂。

　　很有可能，這是他們第一次見面。袁世凱比譚嗣同年長六歲，個子矮小，體格壯實，走路的時候還有些輕微搖擺，看似貌不驚人，但有些人覺得他「充滿魔力和智慧善於明察秋毫的眼睛，總能吸引人的注目」。[2] 譚嗣同有文人少見的武人氣，袁世凱則是具革新思想的軍人，他們都是各自圈內的異類，是皇帝寵幸的新貴、城中的話題中心。

　　「余知其為新貴近臣，突如夜訪，或有應商事件，停筆出迎」，袁世凱寫道。譚嗣同先是恭賀他榮升，接着要他進入內室，說是有密語要說。袁支出僕從，兩人進入內室。在照例久仰之類的寒暄過後，譚嗣同說袁世凱的面相有「大將格局」，又問起五號的請訓情況。袁世凱說正在擬摺請訓，因英國船來到天津附近海面，他想急速回去防備。譚嗣同卻說，中國真正的憂慮不是外敵，而是內患。接着，他說起南海會館眾人的猜測，榮祿正在密謀廢掉光緒，對於袁本人也頗有猜忌。袁這次超升，其實是多虧康有為等人的努力。譚嗣同又拿出一份名片狀的草稿，打開一看，竟然是光緒的口吻：榮某廢立殺君，若

① 袁世凱《戊戌日記》，中國史學會主編《戊戌變法》(一)，第 550 頁。
② 〔美〕斯蒂芬·R. 麥金農《中華帝國晚期的權力與政治：袁世凱在北京與天津 (1901—1908)》，牛秋實等譯，天津：天津人民出版社，2013 年，第 16 頁。

不除掉他，上位不能保，性命也不能保。皇帝在袁世凱初五請訓時會面付朱諭一道，令其回小營，帶兵前往天津，宣讀朱諭，將榮祿正法，並即刻代任直隸總督，然後昭示天下，封禁電局鐵路，再派遣一部軍隊入境，一半圍頤和園，一半守紫禁城。[1]

讀到此處，袁世凱已經「魂飛天外」，並詰問譚嗣同為何要圍頤和園。譚嗣同的回答一定讓袁世凱飛往天外的魂魄更回不來：「不除此老朽，國不能保。」他安慰袁世凱，除去慈禧的任務會交給湖南趕來的好漢，還不無威脅地要求袁世凱一定要答應下來，「如不許我，即死於公前」，或者反過來，「公之性命在我手中」。

袁世凱則試圖說服譚。「天津為各國聚處之地，若忽殺總督，中外官民必將大訌，國勢即將瓜分」，何況還有董福祥、聶士成以及淮軍、旗兵各種軍隊駐防，而新軍只有七千人，另外「本軍糧械子彈，均在天津營內，存者極少，必須先將糧彈領運足用，方可用兵」。袁對譚說需要半個月以上的準備，才能答覆。譚等不了這麼長時間，似乎真的拿出了一份上諭。據袁世凱日後回憶，「乃墨筆所寫，字甚工，亦彷彿上之口氣」，但他發現上面並無殺榮祿、圍頤和園的字句，只是要楊、劉、譚、林四章京另議變法之策。

譚嗣同轉而聲稱，這並非原詔，責怪林旭誤事，未把原件給他。在日後追憶中，袁世凱稱自己此刻已然識破譚嗣同的謊言，卻又要保持謹慎，因為譚不僅是天子近臣，且情緒愈加激動，「幾至聲色俱厲」，更重要的是，譚嗣同「腰間衣襟高起，似有兇器」。為了和緩氣氛，袁世凱建議將政變時間推遲到九月天津閱兵之時，「軍隊咸集，皇上下一寸紙條，誰敢不遵，又何事不成」？他還許諾，一定勸榮祿請皇上前往天津。這似乎說服了譚嗣同，他再次強調袁世凱的重

---

[1] 袁世凱《戊戌日記》，中國史學會主編《戊戌變法》（一），第 550 頁。

要性：「報君恩，救君難，立奇功大業，天下事入公掌握，在於公；如貪圖富貴，告變封侯，害及天子，亦在公；惟公自裁。」譚嗣同又向他談起皇帝與太后不合的原委，併發下狠話：「自古非流血不能變法，必須將一群老朽，全行殺去，始可辦事。」倘若這個場景屬實，袁世凱一定再度被震驚。此時夜已深，袁以還有奏摺要寫為由，請譚嗣同離去。[①]

對於那個夜晚，袁家的老僕多年後回憶說，「有一天下午八點多鐘，忽然有一個人求見袁大人」，門上攔不住，此人直入袁大人的書房。關於當晚的會面，「大人精神很不安，那個人態度很嚴肅，一手拿着手槍，一手拿着簿子，請大人在簿子上簽名。大人開始有為難的樣子，最後還是簽了」。老僕還記得，袁世凱等那人走後，就匆匆前往某親王處。之後不久，老僕聽說，「那個人就是譚嗣同」。[②]

當譚嗣同在法華寺與袁世凱辯論時，梁啟超一直在燒酒胡同的金頂廟等着他，這裡是老朋友容閎在北京的住所，維新者的另一個聚會之所。康有為則在南海會館收拾行李，一整天都閉門謝客。夜晚時，朋友們還是來了。楊深秀說，人人紛傳將有大變，米麵的價格都已經大漲，董福祥的軍隊也會從北門進入，居民紛紛遷居避難。李孟符則提到英國有七艘軍艦停泊在大沽，要與俄國交戰。即使是如此密切的團體，康有為也沒向他們提及皇帝的密詔，只拿出李提摩太帶來的瓜分圖，眾人再次沉浸在悲憤之中。康有為要這幾個人上摺，請調袁世凱的軍隊入京勤王。

八月初四（9 月 19 日）子時，當城門再度打開時，康有為入城與梁啟超、譚嗣同在金頂廟會面。當譚嗣同複述了與袁見面的場景之

① 袁世凱《戊戌日記》，中國史學會編《戊戌變法》（一），第 551—552 頁。
② 袁克齊《回憶父親二三事》，吳長翼編《八十三天皇帝夢》，北京：中國文史出版社，2016 年，第 69—70 頁。

後，他們或許都意識到，行動已經失敗了，只是還不清楚這場災難將以何種方式降臨，他們還抱着最後一絲僥倖，等待袁世凱再次面見光緒的結果。

經過這驚心動魄的一夜，譚嗣同吃完早飯後回到了會館。當畢永年前來探訪時，發現他正在梳頭，「氣憊憊然」，說袁世凱既未應允，也未徹底拒絕，「欲從緩辦也」。畢追問袁世凱是否可用，譚則回答，他為此與康有為爭辯過數次，但康堅持，他也無可奈何。畢永年感到大勢已去，勸譚嗣同「亦宜自謀，不可與之同盡」，當日下午也從南海會館搬出，「不願同罹斯難」。[①]

康梁這幾日刻意與眾人保持距離，即使在維新者的圈子裡，也很少有人知曉他們的忙碌與密謀。嚴復前往張元濟的通藝學堂，演講「西學源流旨趣，並中西政教之大原」，令他意外的是，竟有數十人到場，除去學生，還有好學的京官。[②]士大夫似乎開始真的對西學產生了些許興趣。甚至同為軍機四章京的劉光第對此事也一無所知，仍沉浸於繁忙與各種抱怨中，他說「新舊兩黨，互爭朝局」，自己則「無新舊之見，新者、舊者均需用好人」，他已經感到寒心，「惟聖恩高厚，急切不忍去也」。對他而言，軍機章京的任命反而加劇了生活的困窘，「隔數日須往頤和園住班。老騾不行，又要買馬，又要添皮衣，非狐皮不行，且定要貂褂」。[③]

康有為保持着一貫的活力，八月初四早晨，他前去拜會李提摩太。這位傳教士再度帶着雄心勃勃的主張來到中國，不過與三年前一樣，這次也只是匆忙一瞥。康有為告訴李提摩太，局勢變得很危險，他打算馬上去上海。他還說起宮廷矛盾，希望李提摩太能找到英國公

①　茅海建《從甲午到戊戌：康有為〈我史〉鑒注》，第 761 頁。
②　清華大學歷史系編《戊戌變法文獻資料系日》，第 1031 頁。
③　劉光第《京師與厚弟書》，《劉光第集》，第 287 頁。

使，去營救即將陷入困境的皇帝。李提摩太仍保持着一貫天馬行空的思維，還以為自己即將出任皇帝的顧問，可以提出與英、日、美結盟的解決方案。[①]

康有為傍晚回到南海會館時，一面磚牆恰好倒塌，這個不祥徵兆比皇帝詔書或是失敗的勸說更有力地提醒他危險正在逼近，康有為從來就是個迷信的人，決定離開北京。

五

頤和園內看似一切如常。八月初四，戲演了一整天，從上午十點一直到晚上八點半，戲目中有《丹桂飄香》《慶安瀾》，著名的義順和班也演了六齣戲。皇帝在下午兩點左右離開頤和園，返回紫禁城。[②]很可能在夜晚時，慈禧最後讀到了慶親王親自送來的楊崇伊的奏摺。奏摺竟是從攻擊文廷式開始，楊崇伊說這位兩年多前就被革職的官員開設了大同學會，「引用東人，深恐貽禍宗社」。他追溯了文廷式之前的罪行，例如「倡言用兵，遂至割地償款」，還說文廷式會帶來新的混亂，除去開辦大同學會，對外勾結叛民孫文，對內則「奉康有為為主，得黃遵憲、陳三立之標榜之力」，幾個人在湖南「專以訕謗朝廷為事」。到了戊戌年，康有為之流更是「不知何緣引入內廷，兩月以來變更成法，斥逐老成，藉口言路之開，以位置黨羽」。最危險的情況正在到來，他聽說伊藤博文不日到京，將「專政柄」，若果真如此，「則祖宗所傳之天下，不啻拱手讓人」。[③]奏摺中滿是錯誤與猜測，文廷式從未創建大同學會，他在上海參與的是同文學會，與此刻政局並無

---

① 清華大學歷史系編《戊戌變法文獻資料系日》，第 1040 頁。
② 同上，第 1042 頁。
③ 《戊戌變法檔案史料》，第 461 頁。

關係，楊崇伊更像是要激起慈禧的憤怒。作為珍妃與光緒最信任的人之一，文廷式一直令慈禧惱怒不已，太后可以把甲午之敗的屈辱感遷怒於他。

這封奏摺是多日運作的結果。按照名翰林蔡金台的說法，楊崇伊原本想和其他重臣共同上奏。他找到王文韶，後者告誡他「無牽老夫」。他於是去找張次山等九人，但沒有一位願意響應。這不表示這些人更有政治原則，更可能是出於恐懼，不知這件事會引發怎樣的後果。在另一種說法中，楊直接找到慶親王代奏他的條陳，請太后訓政。慶王剛剛面露難色，楊遂要拂袖而去，聲稱這並非他個人的意思，慶親王連忙拉住他同往頤和園。[①]

不管怎樣，這份臆想遠超事實的奏摺確實擊中了慈禧的心，或許也幫她釋放出心中積鬱已久的不滿與猜忌。她決定臨時回城，先乘船從頤和園抵達廣源閘西碼頭，在萬壽寺拈香，進膳後稍作休息，乘船至倚虹堂，再乘轎子從西直門入城，穿過西安門，抵達西苑的儀鸞殿。

整個戊戌年，慈禧只有六次回到紫禁城，兩次為了探望病危的恭親王，一次是六月初八（7 月 26 日）與初九（7 月 27 日），咸豐的生日；一次為咸豐的祭日，七月十七日（8 月 13 日）；然後是六月二十六日，光緒的生日。這次是一個臨時決定，當她在下午申時達到西苑時，奕劻通知光緒，後者連忙在瀛秀門跪迎。[②]

八月初四（9 月 20 日），北京城往日的節奏似乎一切照舊。袁世凱一早赴宮門請訓完，接着乘坐十一點四十五分的火車返回天津，

---

① 茅海建《從甲午到戊戌：康有為〈我史〉鑒注》，第 750 頁。
② 清華大學歷史系編《戊戌變法文獻資料系日》，第 1043 頁。

「同城文武各官咸往迎迓，一時頗為熱鬧」。[①] 康有為的離去則冷清得多，清晨四點，他把一切行囊留給康廣仁，「在火車上買了一個包房，一直到塘沽」。[②]

皇帝在勤政殿接見了伊藤博文，會談持續了兩刻，除去禮貌性問候，他們沒進行任何實質性的交流。維新派仍在繼續上摺，楊深秀甚至建議「固結英、美、日本三國」，合成一邦。在附片中，他還請求挖掘圓明園中可能窖藏的金銀，以作練兵之款。一位叫恩裕的官員上奏，請皇上下旨給孫家鼐，並轉飭梁啟超，務須不惜重金，聘請精於西學、通華語、識華文的西人主持譯事，而以精華文、通西學的中國人輔佐之，專譯西書。[③]

一場風暴即將到來。

① 《練兵大臣抵津》，《國聞報》1898 年八月初六日，中國史學會主編《戊戌變法》（三），第 411 頁。
② 《中國的危機》，《字林西報週刊》1898 年 10 月 7 日，中國史學會主編《戊戌變法》（三），第 512 頁。
③ 清華大學歷史系編《戊戌變法文獻資料系日》，第 1036、1039 頁。

致 謝

「倘若剽竊一本書，人們譴責你為『文抄公』；然而倘若你剽竊十本書，人們會認為你是學者；倘若你剽竊三十本書，則是位傑出的學者。」我在阿莫司・奧茲迷人的回憶錄中讀到它。

寫作這本書的三年中，這句話常給我慰藉。對於一個微電子專業的畢業生，完成一本帶有注釋的歷史著作，實在是一個冒昧、令人不安的嘗試。過分龐雜的史料與線索，仿若一片不斷深入的密林，讓我試圖抓住每一位偶爾路過的嚮導之手。我經常擔心自己不是在引用，而是剽竊。

茅海建先生對於康有為與戊戌變法的研究，幾乎構成了本書四分之一篇章的主線，我偶爾甚至不免覺得，自己不過是將他繁多的注釋串成了篇章，增加了一點情感色彩。湯志鈞先生對學會報刊的考證，葛兆光先生的思想史研究，羅志田先生對湖南維新派的分析，馬忠文先生對於康党、張蔭桓的考證，令我受益良多。在私下的閒聊中，馬勇先生大膽猜想了歷史的另一種可能，豐富了我對歷史情境的感受。本書注釋部分的文獻，顯示出眾多研究者對我的影響。因為引用的書籍遠超三十本，有時我心中還生出這已是一部傑作的幻覺。

我的朋友于威、譚徐鋒、孟凡禮閱讀了初稿，給出修改意見，徐添與克惠參與資料查證。二民與海玉的修繕，令本書增色。我

383

把最深的感激給予編輯朋友馬希哲，三年來，他從未放棄對我的信心，儘管偶爾顯得盲目，正是他的鼓舞與編輯，這本書得以成形。

最後，我要對周小姐表達特別的謝意。十多年前，正是她的一項提議令我對傳記寫作產生興趣，也是她令我清晰地意識到，用世界眼光觀察中國之必要。

至於書中的失誤，不管是行文還是注釋，都緣於我個人。因為學術訓練與耐心的雙重不足，我甚至完全遺忘了一些引文出自何處。

責任編輯　　楊克惠
書籍設計　　彭若東
排　　版　　高向明
印　　務　　馮政光

書　　名　　青年變革者：梁啟超 1873—1898

叢 書 名　　20 世紀中國

作　　者　　許知遠

出　　版　　香港中和出版有限公司
　　　　　　Hong Kong Open Page Publishing Co., Ltd.
　　　　　　香港北角英皇道 499 號北角工業大廈 18 樓
　　　　　　http://www.hkopenpage.com
　　　　　　http://www.facebook.com/hkopenpage
　　　　　　http://weibo.com/hkopenpage

香港發行　　香港聯合書刊物流有限公司
　　　　　　香港新界大埔汀麗路 36 號 3 字樓

印　　刷　　美雅印刷製本有限公司
　　　　　　香港九龍官塘榮業街 6 號海濱工業大廈 4 字樓

版　　次　　2019 年 5 月香港第 1 版第 1 次印刷

規　　格　　16 開（162mm×230mm）400 面

國際書號　　ISBN 978-988-8570-54-6